国家林业和草原局普通高等教育"十四五"规划教材
国家级一流本科课程配套教材

金融学：理论与农林实践

彭红军　石宝峰　主编

中国林业出版社

内 容 简 介

《金融学：理论与农林实践》是国家级一流本科课程"金融学A"的配套教材，是经济学科中的一门基础理论课程，是农林经济管理专业以及林业高校相关财经类专业的专业基础必修课，旨在为学生储备经济学科方面的基础知识，为以后学习各专业课程奠定基础。

本教材系统讲授金融学相关内容，包含4篇11章内容，包括金融基础篇、金融体系与运行篇、金融发展与创新篇、货币当局与金融监管篇。金融基础篇包含货币、信用与利率、金融风险3章内容；金融体系与运行篇包含金融体系概览、金融机构、金融市场3章内容；金融发展与创新篇主要包含金融发展、金融创新、金融科技3章内容；货币当局与金融监管篇主要包含中央银行、金融监管2章内容。

在金融学理论知识体系中融入林业金融实践，如林业贴息贷款、森林保险、林产品期货与期权、林业产业投资基金、林业信托、林业碳汇金融、林权抵押贷款等，形成了林业金融理论与实践体系。设置基础知识、阅读与思考、林业金融实践、农业金融实践、前沿专栏、探究与思考等模块，根据金融学领域最新理论和实践成果，借鉴相关金融学经典教材，并系统整理金融学在农林业领域的实践和应用案例，将思政教育贯穿教材全过程。

图书在版编目(CIP)数据

金融学：理论与农林实践 / 彭红军，石宝峰主编. — 北京：中国林业出版社，2022.1（2024.11重印）
国家林业和草原局普通高等教育"十四五"规划教材 国家级一流本科课程配套教材
ISBN 978-7-5219-1500-6

Ⅰ.①金… Ⅱ.①彭…②石… Ⅲ.①金融学-高等学校-教材 Ⅳ.①F830

中国版本图书馆 CIP 数据核字(2022)第 000602 号

策划、责任编辑：丰 帆　　**责任校对**：苏 梅
电　　话：(010)83143558　　**传　　真**：(010)83143516

出版发行	中国林业出版社(100009　北京市西城区刘海胡同7号)
	E-mail:jiaocaipublic@163.com
	http://www.cfph.net/
经　销	新华书店
印　刷	北京中科印刷有限公司
版　次	2022年3月第1版
印　次	2024年11月第2次印刷
开　本	787mm×1092mm　1/16
印　张	21.75
字　数	500千字
定　价	59.00元

未经许可，不得以任何方式复制或抄袭本书之部分或全部内容。

版权所有　侵权必究

《金融学：理论与农林实践》编写人员

主　　编　彭红军　石宝峰

副 主 编　俞小平　张胜良　顾光同　姚　萍
　　　　　　　杨爱军　张益丰　秦　涛　张龙耀

编写人员　（按姓氏笔画排序）
　　　　　　　石宝峰（西北农林科技大学）
　　　　　　　杨爱军（南京林业大学）
　　　　　　　张龙耀（南京农业大学）
　　　　　　　张胜良（南京林业大学）
　　　　　　　张益丰（南京林业大学）
　　　　　　　俞小平（南京林业大学）
　　　　　　　姚　萍（南京林业大学）
　　　　　　　秦　涛（北京林业大学）
　　　　　　　顾光同（浙江农林大学）
　　　　　　　彭红军（南京林业大学）

前　言

2019年2月22日，习近平总书记在中共中央政治局就完善金融服务、防范金融风险举行第十三次集体学习时指出，金融是国家重要的核心竞争力，金融安全是国家安全的重要组成部分，金融制度是经济社会发展中重要的基础性制度。改革开放以来，我国金融业发展取得了历史性成就。特别是党的十八大以来，我们有序推进金融改革发展、治理金融风险，金融业保持快速发展，金融改革开放有序推进，金融产品日益丰富，金融服务普惠性增强，金融监管得到加强和改进。同时，我国金融业的市场结构、经营理念、创新能力、服务水平还不适应经济高质量发展的要求，诸多矛盾和问题仍然突出。我们要抓住完善金融服务、防范金融风险这个重点，推动金融业高质量发展。

金融学课程是经济学科中的一门基础理论课程，是农林经济管理专业以及林业高校相关财经类专业的专业基础必修课，旨在为学生储备经济学科方面的基础知识，为以后学习各专业课程奠定基础。《金融学：理论与农林实践》是国家级一流本科课程"金融学A"的配套教材。本教材设置基础知识、农林金融实践、阅读与思考、探究与思考、案例专栏、前沿专栏等模块，根据金融学领域最新理论和实践成果，借鉴相关金融学经典教材，优化金融学知识体系，并系统整理金融学在林业领域的实践和应用案例，将思政教育贯穿教材全过程。

本教材的编写遵循以下3个层次的人才培养目标：

知识目标：①全面理解和深刻认识货币金融的基本概念、基本原理、基本知识和基本方法；②系统掌握货币、信用、利率、金融机构、金融市场、国际金融等基本范畴、内在关系及其运行规律；③掌握金融市场的运行、调控、监督，以及金融抑制、金融深化与金融创新、金融科技等相关知识与理论；④掌握农林金融等相关专题知识，为培养卓越农林人才奠定基础。

能力目标：①掌握观察和分析金融问题的正确方法，培养学生辨析金融理论和解决金融实际问题的能力；②提高学生在社会科学方面的素养，为进一步学习其他专业课程打下必要的基础。

素质目标：培养新时代遵纪守法、诚实守信、具有绿色金融理念和金融报国情怀的金融人才。

本教材包含4篇11章内容：金融基础篇、金融体系与运行篇、金融发展与创新篇、货币当局与金融监管篇。金融基础篇内容包含货币、信用与利率、金融风险3章；金融体系与运行篇内容包含金融体系概览、金融机构、金融市场3章；金融发展与创新篇内容主要包含金融发展、金融创新、金融科技3章；货币当局与金融监管篇内容主要包含中央银行、金融监管2章。

本教材的主要特色和创新总结如下：

(1) 填补了农林业金融，特别是林业金融相关本科生教材的空白

林业金融的实践和应用案例成果丰富，如林业贴息贷款、森林保险、林产品期货与期权、林业产业投资基金、林业信托、林业碳汇金融、林权抵押贷款等，形成了林业金融理论与实践体系。然而，全国林业金融相关的本科生教材建设尚处于空白阶段。在大力推进新时代生态文明建设的背景下，系统整理林业金融的理论和实践，编写《金融学：理论与农林实践》，对于培养创新型卓越农林人才具有重要的意义。

(2) 率先在教材中融入课程思政的元素

本教材明确"金融学A"课程的思政教育目标：培养新时代遵纪守法、诚实守信、具有绿色金融理念和金融报国情怀的金融人才。在教材编写中围绕这一目标，充分挖掘课程的思政元素，运用案例教学、讨论探究式、新闻事件等多种方法，潜移默化开展价值观教育、遵纪守法教育、诚信教育、自信教育、感恩教育、绿色金融理念教育以及金融报国情怀教育。

(3) 优化了"金融学"课程的知识体系

根据金融学知识体系，将金融学教学内容分为4篇11章内容，分别为金融基础、金融体系与运行、金融发展与创新、货币当局与金融监管，内容安排更加合理，既保持了相对完备的金融学教学体系，也使教学内容体现金融学最新研究成果。

(4) 加大了案例教学和最新知识前沿教学

设置案例专栏，通过正反面案例分析，实现知识理解和掌握，部分案例融合课程思政的元素，培养学生遵纪守法、诚实守信的品质以及绿色金融理念和金融报国情怀，达到教书育人的目的；设置前沿知识专栏，介绍供应链金融、数字货币、金融科技等前沿知识。

(5) 优化了课程的课后习题，加大了讨论探究问题的比重

课后习题加大了开放式的讨论探究问题的比重，其中包含课程思政方面的问题。

编　者

2021年10月

目 录

前 言

第1篇 金融基础

第1章 货 币 (2)
 1.1 货币的起源与形式演进 (2)
 1.2 货币的职能 (7)
 1.3 货币供应量 (14)
 1.4 货币制度 (17)
 阅读与思考：金钱观和价值观 (25)
 阅读与思考：习近平总书记讲到的特殊"财富观" (26)
 阅读与思考：世界上最早的纸币——交子 (27)
 阅读与思考：中国的数字货币 (28)
 探究与思考 (29)

第2章 信用与利率 (30)
 2.1 信用概述 (30)
 2.2 信用的形式 (36)
 前沿专栏：供应链金融 (39)
 农业金融实践：新希望六和以供应链金融为上下游企业注入资金活水 (43)
 林业金融实践：林业贸易信贷融资 (44)
 农业金融实践：农户小额贷款信用评级 (46)
 2.3 利息与利率的种类 (49)
 林业金融实践：林业贴息贷款 (54)
 阅读与思考：中国利率市场化进程 (55)
 阅读与思考：习近平总书记谈绿色金融 (57)
 阅读与思考：绿色金融 (58)
 2.4 货币的时间价值 (62)
 2.5 利率的决定 (65)
 阅读与思考：金融助力复工复产与金融报国情怀 (69)

阅读与思考：助学贷款 ………………………………………………… (71)
探究与思考 ………………………………………………………………… (72)

第3章　金融风险 ………………………………………………………… (73)
3.1　金融风险的概念与分类 …………………………………………… (73)
阅读与思考：习近平总书记谈金融风险 ……………………………… (88)
3.2　金融风险识别 ……………………………………………………… (88)
3.3　金融风险的度量 …………………………………………………… (94)
农业金融实践：茶农信用风险测评 …………………………………… (98)
农业金融实践：兼业型农户信用风险评价 …………………………… (100)
3.4　金融风险管理主要方法 …………………………………………… (102)
林业金融实践：林业投资风险管理 …………………………………… (106)
林业金融实践：森林保险 ……………………………………………… (107)
阅读与思考：巴林银行破产案与风险防范意识 ……………………… (112)
探究与思考 ……………………………………………………………… (115)

第2篇　金融体系与运行

第4章　金融体系概览 …………………………………………………… (118)
4.1　投融资活动与资金流动 …………………………………………… (118)
4.2　金融体系构成与功能 ……………………………………………… (122)
4.3　金融体系结构及演进 ……………………………………………… (125)
阅读与思考：习近平总书记谈直接融资与间接融资 ………………… (129)
林业金融实践：林业金融支持体系 …………………………………… (130)
探究与思考 ……………………………………………………………… (133)

第5章　金融机构 ………………………………………………………… (134)
5.1　商业银行 …………………………………………………………… (134)
5.2　投资类金融机构 …………………………………………………… (141)
5.3　保障类金融机构 …………………………………………………… (146)
5.4　其他非存款类金融机构 …………………………………………… (150)
阅读与思考：习近平总书记谈金融机构 ……………………………… (157)
阅读与思考：私募经理违法犯罪案例与遵纪守法意识 ……………… (158)
阅读与思考：金融报国拼搏奋进正当时 ……………………………… (158)
探究与思考 ……………………………………………………………… (159)

第6章　金融市场 ………………………………………………………… (160)
6.1　金融市场与功能结构 ……………………………………………… (160)
6.2　货币市场 …………………………………………………………… (169)

6.3 资本市场 …… (175)
6.4 衍生工具市场 …… (184)
6.5 风险投资与创业板市场 …… (192)
6.6 证券价格与市场效率 …… (196)
阅读与思考：习近平总书记谈金融市场 …… (198)
阅读与思考：獐子岛六年扇贝4次"跑路"与诚实守信意识 …… (199)
林业金融实践：林产品期货与期权 …… (199)
林业金融实践：林业产业投资基金 …… (202)
农业金融实践：中国农业产业投资基金案例 …… (204)
林业金融实践：林业信托 …… (208)
林业金融实践：森林资源资产证券化 …… (213)
探究与思考 …… (216)

第3篇 金融发展与创新

第7章 金融发展 …… (218)
7.1 金融发展及其指标 …… (218)
7.2 金融发展与经济发展 …… (220)
阅读与思考：习近平总书记谈金融与经济 …… (227)
7.3 金融结构与金融发展 …… (227)
7.4 金融压抑 …… (232)
7.5 金融自由化 …… (235)
阅读与思考：习近平总书记谈金融发展 …… (242)
探究与思考 …… (243)

第8章 金融创新 …… (244)
8.1 金融创新的概念和理论基础 …… (244)
8.2 金融创新与金融发展 …… (253)
8.3 中国金融创新的现状 …… (258)
林业金融实践：林业碳汇项目融资 …… (259)
林业金融实践：林权抵押贷款 …… (266)
阅读与思考：习近平总书记谈普惠金融 …… (270)
农业金融实践：普惠金融 …… (270)
林业金融实践：林票制度 …… (273)
探究与思考 …… (275)

第9章 金融科技 …… (276)
9.1 金融科技的发展 …… (276)

9.2 金融科技在风险管理中的运用 …………………………………………… (287)
农业金融实践：深度学习与农户违约风险预测 ………………………………… (288)
前沿专栏：分位数回归与商户违约特征挖掘 …………………………………… (291)
探究与思考 ………………………………………………………………………… (294)

第4篇　货币当局与金融监管

第10章　中央银行 ………………………………………………………………… (296)
10.1 中央银行的产生及其类型 ……………………………………………… (296)
10.2 中央银行的职能与地位 ………………………………………………… (302)
10.3 中央银行的主要业务 …………………………………………………… (310)
探究与思考 ………………………………………………………………………… (317)

第11章　金融监管 ………………………………………………………………… (318)
11.1 金融监管概述 …………………………………………………………… (318)
11.2 金融监管模式 …………………………………………………………… (319)
11.3 金融监管的实施 ………………………………………………………… (325)
阅读与思考：习近平总书记谈金融监管 ………………………………………… (332)
阅读与思考：中国金融改革——将"脱虚向实"进行到底 …………………… (332)
探究与思考 ………………………………………………………………………… (333)

参考文献 …………………………………………………………………………… (334)

第 1 篇
金融基础

第1章 货　币

1.1 货币的起源与形式演进

1.1.1 货币的起源

1.1.1.1 货币的出现

货币自问世以来，已经有几千年的历史。从历史资料的记载中可以看出，货币的出现是和交换联系在一起的。根据历史记载和考古发现，最早出现的是实物货币，在古波斯、印度、意大利等地都有用牛、羊作为货币的记载，埃塞俄比亚曾用盐作货币，美洲曾用烟草、可可豆作货币。中国古代许多地方使用贝作为货币，因此，自古以来与货币或财富有关的中国文字都带有贝字，如财、贫、贱、贮、货、贵、资等。世界上最早的铸币是在中国产生的，大约公元前800年中国就开始仿照农具铸造布币（又称铲币）、刀币等。而西方最早的钱币，则是在公元前7世纪初期由小亚细亚的吕底亚人铸造的金银铸币。

1.1.1.2 对货币起源的探讨

货币广为使用以后，货币是怎么产生的问题一直吸引着人们进行探究。古今中外众多学者们从不同的角度进行了研究，形成了不同的货币起源学说。

中国古代的货币起源学说主要从两个角度解释了货币的产生。一种是先王制币说，认为货币是圣王先贤为解决民间交换困难而创造出来的；另一种是司马迁的交换需要说，司马迁认为货币是用来沟通产品交换的手段，因此货币就是为适应商品交换的需要而自然产生的。

西方早期关于货币起源的学说大致有3种：一是创造发明说，认为货币是由国家或先哲创造出来的，主要代表人物如公元2~3世纪的古罗马法学家J·鲍鲁斯；二是便于交换说，认为货币是为解决直接物物交换的困难而产生的，主要代表人物如英国经济学家亚当·斯密；三是保存财富说，认为货币是为保存财富而产生的，主要代表人物如法国经济学家西斯蒙第等。

马克思在批判和继承资产阶级古典政治经济学货币理论的基础上，运用历史的和逻辑的方法，以劳动价值理论为基础，从商品价值表现和实现的角度阐明了货币产生的客观必然性。他认为在人类社会产生初期的原始社会中，人们共同劳动、共同消费，既不存在商品，也不需要货币。随着社会生产力的发展，出现了社会分工和私有制，劳动产品也就转化成了专门为交换而生产的商品。商品要进行交换，但交换比例怎么决定呢？各种商品功能和品质各异，无法直接进行比较，能够决定商品交换比例的只能是所有商品都共有的东西，这就是商品的价值——凝结在商品中的一般人类劳动。然而商品的价值是看不见、摸不到的，只能通过交换来表现。因此，随着交换的发展，也就产生了不同的价值形式。从原始公社时期的偶然价值形式，发展到社会分工和私有制产生后商品交换经常化时期的扩大价值形式。

货币的演变是从实物货币开始，发展到金属货币，再发展到纸质货币和信用货币。货币材料的演变过程，反映出商品交换的发展对货币材料的客观要求。需要说明的是，虽然币材总体上是沿着"实物货币—金属货币—信用货币"这样的历史顺序而发展演变，但在一些时期也出现过几种货币的并存，如中国唐代的钱帛兼行，就是金属货币和实物货币同时使用，而纸质货币出现在金属货币流通时期等。按币材划分货币形式的种类如图1-1所示。

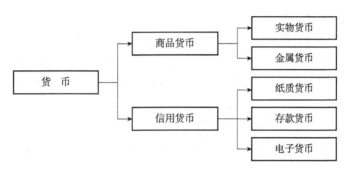

图1-1　按币材划分的货币形式

现代西方经济学家更侧重于从交易成本的角度研究货币的存在及其意义，通过分析物物直接交换与货币交换在交易成本上的差别，得出货币在交易中的成本优势是货币存在和货币形式发展的重要推动因素。

1.1.2　货币形式的演进

从货币产生至今，货币形式一直在不断地发展演变，主要反映出商品交换发展对币材的不同要求。币材(money material)是指充当货币的材料或物品。一般来说，币材应同时具备以下特质：价值较高，这样就可以用少量的货币完成大量的交易；易于分割，且分割后不影响其价值，以便实现价值量不等的商品交换；易于保存，指币材经久耐用，不会因时间长久而变质或长期保存而减少价值，满足频繁换手交易和保存购买力的需要；便于携带，以利于货币在较大区域内充当交换媒介。从币材的角度看，货币形式的演变沿着从低级向高级、从有形向无形、从注重货币材料自身的价值向注重货币形式发挥交换媒介功能的便利度，降低交易成本的轨迹发展。

事实上，最早出现的货币在不同程度上具备上述特征。如贝，作为计量单位不需分割，也便于携带，作为外来商品，价值也高。随着交换的发展，对币材的要求越来越高，金属便在货币商品的竞争中脱颖而出。金属可按不同比例任意分割，分割后还可冶炼还原；金属易于保存，特别是铜、金、银都不易被腐蚀。因此，世界历史上比较发达的民族都先后走上用金属充当货币的道路。

金属作为货币的先后顺序并非简单地、严格地从贱金属向贵金属过渡。中国最早的货币金属是铜和金两种。商代的墓葬中曾出土有铜铸的贝。进入周代以后，中国一直是铜本位的天下，直至20世纪30年代还有铜圆流通。黄金，在商代的遗址中即有所发现，但主要是作为饰物。到战国时期，在古籍中已有很多用黄金论价、估价财富、馈赠、赏赐的记载。到了西汉，在准确的记载中，黄金不断出现，赏赐动辄以数十斤、数百斤甚至以万斤、十万斤计。白银，在西汉的著述中已经出现，但直到宋代才逐渐成为货币材料，其使用历史直到20世纪30年代终止。西亚、中东、地中海沿岸，铜作为币材的时间大约在公元前1000年至公元800年。但在一些古文明较发达的国家，主要币材是银，其出现也在公元前1000年前后；金的出现或许更早，但与白银比，未占主要地位。自公元13世纪以来，在西欧，金币逐渐增多，到18、19世纪日益占主要地位。到20世纪初，在世界主要的工业化国家中，币材已均由黄金垄断。

最初的货币主要以实物货币的形式出现，后来发展到金属货币形式。由于这两种形式的货币原本都是普通的商品，具有作为普通商品的使用价值，因此这两种形式的货币又被称为商品货币。20世纪30年代以后，随着金本位制度的崩溃，商品货币逐渐从各国国内流通中消失，取而代之的是纸币、存款货币和电子货币等货币形式。由于这些形式的货币在流通中作为货币发挥各项职能主要是依赖于其发行机构的信用作基础，若作为普通商品则几乎没有价值，因此这些形式的货币便被称为信用货币。大致而论，货币形式的演进主要按照以下脉络。

1.1.2.1 实物货币

据古籍记载、青铜器铭文和考古挖掘，中国最早的货币是贝。其上限大约在公元前2000年。西汉桓宽《盐铁论·错币》中有"夏后以玄贝"的说法，考古发掘更屡有证实。商周的青铜器铭文和甲骨文都有关于用贝作赏赐的记载；墓葬发掘的陪葬品中则有大量可推断是用作货币的贝。作为货币的贝，单位是"朋"，10个贝串起来为1朋。贝流通的下限大约是在金属铸币广泛流通的春秋之后。在我国的文字中也可看出贝作为货币长期存在的事实：很多与财富有联系的字，其偏旁都为"贝"，如货、财、贸、贱、贷、贫等。产于南方海里的天然海贝成为北方夏、商、周的货币，这是外来物品作为货币的典型例子。此外，日本、东印度群岛以及美洲、非洲的一些地方也有用贝作货币的历史。

将商品用作货币的例子在历史上也不鲜见。古代欧洲的雅利安民族以及古波斯、印度、意大利等地，都有用牛、羊作货币的记载。荷马史诗中，经常用牛标示物品的价值，如狄俄墨得斯的铠甲值9头牛，而格劳科斯的铠甲值100头牛，一个工艺娴熟的女奴值4头牛，给第一名决斗士的奖品值12头牛等。这样的历史在文字中也有反映，如拉丁文的金钱Pecunia来源于牲畜Pecus；印度现代货币的名称Rupee（卢比）来源于牲畜的古文Rupye。除去牲畜，埃塞俄比亚曾用盐作货币；在美洲，烟草、可可豆等都曾经充当过货币。

1.1.2.2 金属货币

金属货币最初是以块状流通的。随着商品生产和交换的发展，有些富裕的、有名望的商人在货币金属块上打上印记，标明重量和成色，以便于流通。当商品交换进一步发展并突破地方市场的范围后，对于金属块的重量、成色要求更具有权威的证明。铸币（coin）是由国家的印记证明其重量和成色的金属块。

中国最古老的金属铸币是铜铸币，其型制有"布""刀"和铜贝（通常称为"蚁鼻钱"）等。到战国中期，在刀和布流行的地区，特别是在秦国，开始大量流通圜钱。圜钱是铜铸的圆形铸币，有圆孔和方孔两类。圆形方孔的秦"半两"钱在中国铸币史上占有重要地位。在秦统一中国的前后，正是这种形态的铜铸币统一了中国的铸币流通。到秦汉之际，出现一次全国性的货币流通大紊乱。经过汉初百年的摸索，于汉武帝时建立了"五铢"钱制度（一铢等于1/24两），自汉至隋行用七百余年。唐朝开始整顿币制，以"开元通宝"代替了五铢钱，以后各代基本沿用此型制，直至清代。

金银在出土文物中有铸成钱的，但在中国流通银圆之前，从来没有金银铸币在流通中广泛存在的记载。自宋代开始大量流通的白银，一直是以称量货币流通的，其计量单位是"两"。银铸币在明代开始大量流入和流通，但银圆的广泛流通是从鸦片战争之际开始的，其中流通最多的是墨西哥的鹰洋。由于流通方便，晚清之际，政府也开始铸造自己的银圆。最初是有龙的图案的"龙洋"。1910年规定以银圆为国币。袁世凯的北洋政府铸袁世凯头像银圆；1927年国民党政府铸孙中山头像银圆。西方金银铸币出现很早。圆形、无孔、铸有统治者的头像是其一贯特点。

在金属货币已经广泛流通的条件下，中国从魏晋到唐代有几百年还曾以布帛等作为币材，与铜铸币并行流通。

铸造重量轻、成色低的铸币是古代货币流通中反复发生的行为。汉初，允许私人铸钱，私人铸的"半两"钱，最轻的尚不及半两的1/10，被称为"榆荚"钱。在我国，大部分年代是禁止私人铸钱的，但严刑峻法也从未把私铸禁绝。

铸造劣质货币也是统治者为解决财政收入、搜刮民财的措施。比如汉末的董卓，坏五铢钱铸小钱，成为以后三四百年间货币流通大混乱的开端。虽然政治稳定时，统治者大多重视整顿币制，但足值铸币稳定流通的状况往往是短暂的。

当劣币出现于流通之中时，人们会把足值货币收存起来。这叫劣币驱逐良币定律。对于这种情况，西汉贾谊在两千多年前就说过："奸钱日繁，正钱日亡。"从而"法钱不立"。在西方，由于同样存在劣质铸币充斥流通的情形，所以西方社会也是很早就认识到了这一规律。

1.1.2.3 纸质货币

意大利旅行家马可·波罗曾在其著名的行纪中向西方人介绍中国的奇事："大汗国中商人所至之处，用此纸币以给赏用、以购商物、以取其货币之售价，竟与纯金无别。"外国人对中国纸币的类似报道，在马可·波罗以前已不止一起。

中国在10世纪末的北宋年间，已有大量用纸印制的货币，称作"交子"，成为经济生活中重要的交易手段。最初是由四川商人联合发行的，在四川境内流通，可以随时兑换。后来由于商人的破产，官府设置专门机构发行，名义上可以兑换，但大多时候不能兑换。流通范围由四川扩及各地，成为南宋的一种主要货币。

元代则在全国范围实行纸钞流通的制度，其中具有代表性的是忽必烈在位时发行的"中统钞"和"至元钞"开始时也曾一度可以兑换，但很快停止。元代纸钞流通的特点是大多数年份都不允许铜和金银流通。而宋则是纸钞与铜钱并行，并有白银流通。

明代发行"大明宝钞"，从不兑现。开始时曾禁铜，甚至禁金银流通，只准行使宝钞。但事实上行不通，遂逐步解除禁令。后来，一方面由于钱、银流通的增大，另一方面由于宝钞的滥发和急骤贬值，自宋以来开始的中国式纸钞流通遂逐渐退出经济舞台。

银行券是随着现代银行业的发展而首先在欧洲出现的一种用纸印制的货币。最初，一般商业银行都可发行银行券。发行银行券的银行，保证随时可按面额兑付金币、银币。到19世纪，在工业化国家中，先后禁止商业银行发行银行券并把发行权集中于中央银行。19世纪末20世纪初，在银行券广泛流通的同时，贵金属铸币的流通数量日益减少，表现出纸制钞票的流通终将取代铸币流通的趋势。

第一次世界大战前，只在战时或经济振荡时，一些国家才会停止银行券兑现并由国家法令支持其流通。在第一次世界大战期间，世界各国的银行券普遍停止兑现。第一次世界大战后，有的国家曾一度实行可兑换为金块或可兑换为外汇的制度。20世纪20年代末30年代初，世界主要国家的银行券完全不兑现。

与银行券同时流通的，还有一种由国家发行并强制行使的纸制货币。比如在英国，国库发行的钞票即称为纸币；过去日本也发行"大日本帝国纸币"；苏联曾长期流通过一种国库券，发行者是国库；在美国，这种性质的钞票则是有名的"绿背"钞票。当银行券与这种钞票并行流通时，两者的分工只体现在面额上，银行券多为大面额；国库发行的钞票则为小面额。

中国的现代银行出现较晚。19世纪中叶，外国银行开始在华设点；中国民族资本的现代银行直到19世纪末才开始创业。现代银行出现后，银行券也出现在中国经济之中。那时，西方列强各国的银行券已由中央银行垄断发行；而中国却是商业银行、外商银行、地方政府银行皆可发钞，银行券在名义上可兑换为银圆，但极无保障。1935年，国民党政权实行法币改革，规定中央银行、中国银行、交通银行，后来又加上农民银行这4家银行发行的钞票为"法币"，是法定不兑现的银行券；1942年又把钞票发行权集中于中央银行。与此同时，在20世纪三四十年代，各革命根据地多以根据地地方银行的形式发行钞票。其间，也发行过可兑换银圆的兑换券，但大多是不兑现的。人民币是1948年12月1日开始由刚刚组建的中国人民银行发行的不兑现银行券，这标志着中华人民共和国货币制度的建立。

1.1.2.4 存款货币

现代银行的一项重要业务是给工商业者开立支票存款账户。顾客可依据存款向银行签发支付命令书——支票，并用支票支付货款，支付各种收费，履行对国家的财政义务等。通过支票的收付，付款人在银行存款账户上的相应款项转为收款人在银行存款账户上的款项；依据存款，收款人又可履行自己的支付义务。这样的过程称为转账结算。可用于转账结算的存款，与银行券同样发挥货币的作用。所以，这种可签发支票的存款被称为存款货币。对于工商业者和机关团体，有钱没钱，主要不是看有多少现钞，而是看有没有或有多少存款，特别是可签发支票的存款；它们的货币收付，现钞只占一部分，大量的则是通过支票转账。在现代经济生活中，存款货币的数量通常都几倍于不兑现银行券的量。

事实上，定期存款和居民的银行储蓄也是货币，只不过它们是不能直接流动的货币。就现代经济生活中的货币都是信用货币这一点来说，与储存在家里的不流动的铸币和纸制的货币有类似之处。

1.1.2.5 电子形态的货币

在电子技术和网络技术迅速发展的今天，货币形态也受到了巨大的影响。

首先，计算机运用于银行的业务经营，使很多种类的银行卡取代现钞和支票，成为西方社会日益广泛运用的支付工具。1952年，美国富兰克林国民银行发行了全球第一张银行信用卡。1986年，中国银行发行了长城卡。此后，各类银行纷纷跟进，持卡支付也在公众中得到迅速普及。截至2019年年底，我国累计发行银行卡85.3亿张。由于这些银行卡的迅速发展，有人认为，它们终将取代现金，进而出现无现金社会。

其次，由于计算机网络迅速覆盖全世界，纯粹的网络银行出现了，传统银行的业务也有越来越大的部分在网上运作。在中国，支付宝、微信支付等第三方网上支付近年来异军突起，因其方便快捷深受公众青睐。自2015年以来，中国银联联手近20家商业银行推出了"云闪付"；2016年7月15日，以1.15亿张信用卡领跑全球的中国工商银行也推出了二维码支付等。这种情形是否有可能使得处于电磁信号形态上的货币成为货币的主要形态？这样的趋势将使货币本身乃至市场经济的运作发生怎样的变化？这些都值得我们关注。

数字货币简称为DIGICCY，是英文"Digital Currency"的缩写，是电子货币形式的替代货币。数字金币和密码货币都属于数字货币。数字货币是一种不受管制的、数字化的货币，通常由开发者发行和管理，被特定虚拟社区的成员所接受和使用。欧洲银行业管理局将虚拟货币定义为价值的数字化表示，不由央行或当局发行，也不与法币挂钩，但由于被公众所接受，所以可作为支付手段，也可以电子形式转移、存储或交易。世界各国也在酝酿数字货币，2008年，一种称作比特币（bitcoin）的网络虚拟货币开始风靡全球，随即出现了与法定货币兑换的网上交易平台，2011年，中国也出现了类似平台。目前，世界各国对待比特币的态度各异。2013年12月，中国人民银行等部门确认比特币不具备法偿性与强制性等货币属性，但普通民众在自担风险的前提下拥有交易的自由。

1.2 货币的职能

1.2.1 货币的职能

货币职能是指货币固有的功能。在金属货币制度下，由于货币本身有内在价值，因此，学者们对货币职能的认识没有实质性分歧，划分标准也大体一致。例如，色诺芬（公元前430年—前355年）就认为货币是用来交换和积累财富的；亚里士多德（公元前384年—前332年）明确指出货币具有价值尺度、流通手段和贮藏手段的职能；马克思从历史和逻辑统一的角度，对典型的货币——金币的职能按照先后顺序排列为价值尺度、流通手段、贮藏手段、支付手段和世界货币5个职能。

随着本体没有内在价值的信用货币出现与进入流通，对如何认识货币的职能产生了不同见解。早期名目主义的货币本质观下，人们认为信用货币只能作为交换媒介。现代名目主义者凯恩斯(John Maynard Keynes)认为，货币不仅仅是交换媒介，他从货币具有生产弹性等于零、替换弹性等于零和周转灵活性及保藏费低等特性出发，论证了信用货币也是最佳存货，因而也具有贮藏财富的职能，并且是买卖脱节造成供求失衡进而导致有效需求不足的重要原因，这个观点成为他阐释货币非中性思想的重要依据。

货币本质的具体表现形式随着商品经济的发展而逐渐完备起来。商品交换由物物交换逐渐转化为商品流通(即以货币为媒介的商品交换)。这是货币基本职能存在的前提条件。在发达的商品经济中，它具有价值尺度、流通手段、贮藏手段、支付手段和世界货币5种职能。其中最基本的职能是价值尺度和流通手段。

1.2.1.1 价值尺度

价值尺度是用来衡量和表现商品价值的一种职能，是货币的最基本、最重要的职能。衡量商品价值的货币本身也是商品，具有价值；没有价值的东西，不能充当价值尺度。电子货币除外。

货币作为价值尺度，就是把各种商品的价值都表现为一定的货币量，以表示各种商品的价值在质的方面相同，在量的方面可以比较。因为各种商品的价值都是人类劳动的凝结，它们本身具有相同的质，从而在量上可以比较。货币产生以后，一切商品的价值都由货币来表现，商品价值的大小就表现为货币的多少。商品的价值量由物化在该商品内的社会必要劳动量决定。在商品交换过程中，货币成为一般等价物，可以表现任何商品的价值，衡量一切商品的价值量。货币作为价值尺度衡量其他商品的价值，把各种商品的价值都表现在一定量的货币上，货币就充当商品的外在价值尺度。而货币之所以能够执行价值尺度的职能，是因为货币本身也是商品，也是人类劳动的凝结。可见货币作为价值尺度，是商品内在的价值尺度即劳动时间的表现形式。

货币在执行价值尺度的职能时，并不需要有现实的货币，只需要观念上的货币。例如，1辆自行车值1g黄金，只要贴上个标签就可以了。当人们在做这种价值估量的时候，只要在他的头脑中有金的观念就行了。用来衡量商品价值的货币虽然只是观念上的货币，但是这种观念上的货币仍然要以实在的金为基础。人们不能任意给商品定价，因为，金的价值同其他商品之间存在着客观的比例，这一比例的现实基础就是生产两者所耗费的社会必要劳动量。在商品价值量一定和供求关系一定的条件下，商品价值的高低取决于金的价值的大小。

商品的价值用一定数量的货币表现出来，就是商品的价格。价值是价格的基础，价格是价值的货币表现。货币作为价值尺度的职能，就是根据各种商品的价值大小，把它表现为各种各样的价格。例如，1头牛值100g金，在这里100g金就是1头牛的价格。

在历史上，有些国家曾一度实行过金、银复本位制，以金和银两种贵金属同时充当价值尺度。这样，一切商品就会有两种不同的货币表现，两种价格。但是，不能保证金和银的价值比例保持不变，因此，也就不能保证两种价格可以安然并存。金和银两种价值比例的任何变动，都会造成价格的混乱，扰乱商品的金价格和银价格之间的比例。实践表明，价值尺度二重化是同价值尺度的职能相矛盾的。在国内流通领域内，只能有一种商品充当价值尺度。所以，在资本主义货币史上，复本位制终于被单一金本位制所替代。

1.2.1.2　流通手段

流通手段是货币充当商品交换媒介的职能。在商品交换过程中，商品出卖者把商品转化为货币，然后再用货币去购买商品。在这里，货币发挥交换媒介的作用，执行流通手段的职能。货币充当价值尺度的职能是它作为流通手段职能的前提，而货币的流通手段职能是价值尺度职能的进一步发展。

(1) 物物交换转化为商品流通

在货币出现以前，商品交换是直接的物物交换。货币出现以后，它在商品交换关系中则起媒介作用。以货币为媒介的商品交换就是商品流通，它由商品变为货币(W-G)和由货币变为商品(G-W)两个过程组成。W-G 即卖的阶段，是商品的第一形态变化。这一阶段很重要，实现也比较困难。因为，如果商品卖不出去，不能使原来的商品形态转化为货币形态，则商品的使用价值和价值都不能实现，从而商品所有者就有可能破产。G-W 即买的阶段，是商品的第二形态变化，由于货币是一切商品的一般等价物，如果商品充足，有货币就可以买到商品，这一阶段是比较容易实现的。由于货币在商品流通中作为交换的媒介执行流通手段的职能，打破了直接物物交换和地方的限制，扩大了商品交换的品种、数量和地域范围，从而促进了商品交换和商品生产的发展。

(2) 货币流通

货币作为流通手段，在商品流通过程中，不断地当作购买手段，实现商品的价格。商品经过一定流通过程以后，必然要离开流通领域最后进入消费领域。但货币作为流通手段，却始终留在流通领域中，不断地从购买者转移到出卖者手中。这种不断的转手就形成货币流通。货币流通是以商品流通为基础的，它是商品流通的表现。货币作为流通手段，需要有同商品量相适应的一定的数量。在一定时期内，商品流通所需要的货币量由待售的商品价格总额和货币流通的平均速度两者决定。

商品流通所需要的货币量同商品价格总额成正比：商品价格总额大，流通中所需要的货币量便多；商品价格总额小，流通中所需要的货币量便少。流通中所需要的货币量同货币流通速度成反比：货币流通速度快，流通中所需要的货币量就少；货币流通速度慢，流通中所需要的货币量就多。在一定时期内，商品流通所需要的货币量，等于全部商品价格总额除以同一单位货币流通的平均速度，可用下列公式表示：

$$商品流通所需的货币量 = 商品的价格总额 / 单位货币的流通速度$$

(3) 作为流通手段的货币形式

充当流通手段的货币，最初是以金或银的条块形状出现的。由于金属条块的成色和重量各不相同，每次买卖都要验成色，秤重量，很不方便。随着商品交换的发展，金属条块就为具有一定成色、重量和形状的铸币所代替。铸币的产生使货币能够更好地发挥它作为流通手段的职能。铸币在流通中会不断地被磨损，货币的名称和它的实际重量逐渐脱离，成为不足值的铸币。货币作为价值尺度，可以是观念上的货币，但必须是足值的；货币作为流通手段则必须是现实的货币，但它可以是不足值的。这是因为货币发挥流通手段的职能，只是转瞬即逝的媒介物，不足值的铸币，甚至完全没有价值的货币符号，也可以用来代替金属货币流通。

用贱金属，例如，用铜铸成的辅币，是一种不足值的铸币。由国家发行并强制流通的纸币，则纯粹是价值符号。纸币没有价值，只是代替金属货币执行流通手段的职能。无论发行多少纸币，它只能代表商品流通中所需要的金属货币量。纸币发行如果超过了商品流通中所需要的金属货币量，那么，每单位纸币代表的金量就减少了，商品价格就要相应地上涨。

由于货币充当流通手段的职能，使商品的买和卖打破了时间上的限制，一个商品所有者在出卖商品之后，不一定马上就买；也打破了买和卖空间上的限制，一个商品所有者在出卖商品以后，可以就地购买其他商品，也可以在别的地方购买任何其他商品。这样，就有可能产生买和卖的脱节，一部分商品所有者只卖不买，另一部分商品所有者的商品就卖不出去。因此，货币作为流通手段已经孕育着引起经济危机的可能性。

1.2.1.3 贮藏手段

贮藏手段是货币退出流通领域充当独立的价值形式和社会财富的一般代表而储存起来的一种职能。货币能够执行贮藏手段的职能，是因为它是一般等价物，可以用来购买一切商品，因而货币贮藏就有必要了。

货币作为贮藏手段，是随着商品生产和商品流通的发展而不断发展的。在商品流通的初期，有些人就把多余的产品换成货币保存起来，贮藏金银被看成是富裕的表现，这是一种朴素的货币贮藏形式。随着商品生产的连续进行，商品生产者要不断地买进生产资料和生活资料，但他生产和出卖自己的商品要花费时间，并且能否卖掉也没有把握。这样，他为了能够不断地买进，就必须把前次出卖商品所得的货币贮藏起来，这是商品生产者的货币贮藏。随着商品流通的扩展，货币的权力日益增大，一切东西都可以用货币来买卖，货币交换扩展到一切领域。谁占有更多的货币，谁的权力就更大，贮藏货币的欲望也就变得更加强烈，这是一种社会权力的货币贮藏。

货币作为贮藏手段，可以自发地调节货币流通量，起着蓄水池的作用。当市场上商品流通缩小，流通中货币过多时，一部分货币就会退出流通界而被贮藏起来；当市场上商品流通扩大，对货币的需要量增加时，有一部分处于贮藏状态的货币，又会重新进入流通。

货币执行价值尺度的职能可以是观念上的货币，作为流通手段的货币可以用货币符号来代替。但是作为贮藏手段的货币，则必须既是实在的货币，又必须是足值的金属货币。因此，只有金银铸币或金银条块才能作为贮藏手段。货币在质的方面，作为物质财富的一般代表，能直接转化为任何商品，因而是无限的；但在量的方面，每一个具体的货币额又是有限的，只充当有限的购买手段。货币的这种量的有限性和质的无限性之间的矛盾，迫使货币贮藏者贪婪地积累货币。货币贮藏一般是直接采取金银条块的形式，也可以采取其他的贮藏形式，如把金银制成首饰等装饰品贮藏起来。

关于纸币能否充当贮藏手段的问题，存在着不同的看法。传统的观点是只有实在的、足值的金属货币，人们才愿意保存它，才能充当贮藏手段。但也有人认为，如果纸币的发行数量不超过商品流通中所需要的金属货币量，纸币就能代表相应的金量，保持稳定的社会购买力。在这种条件下，纸币也能执行贮藏手段的职能。当然，纸币如果发行量过多，就无法保持它原有的购买力，人们就不愿意保存它。可见，即使纸币能执行贮藏手段的职能，也是有条件的，并且是不稳定的。

1.2.1.4 支付手段

支付手段是指货币作为独立的价值形式进行单方面运动（如清偿债务、缴纳税款、支付工资和租金等）时所执行的职能。

(1) 货币支付手段的产生和特点

货币作为支付手段的职能是适应商品生产和商品交换发展的需要而产生的。因为商品交易最初是用现金支付的。但是，由于各种商品的生产时间是不同的，有的长些，有的短些，有的还带有季节性。同时，各种商品销售时间也是不同的，有些商品就地销售，销售时间短；有些商品需要运销外地，销售时间长。生产和销售时间上的差别，使某些商品生产者在自己的商品没有生产出来或尚未销售之前，就需要向其他商品生产者赊购一部分商品。商品的让渡同价格的实现在时间上分离开来，即出现赊购的现象。赊购以后到约定的日期清偿债务时，货币便执行支付手段的职能。货币作为支付手段，开始是由商品的赊购、预付引起的，后来才慢慢扩展到商品流通领域之外，在商品交换和信用事业发达的资本主义社会里，就日益成为普遍的交易方式。

在货币当作支付手段的条件下，买者和卖者的关系已经不是简单的买卖关系，而是一种债权债务关系。等价的商品和货币，就不在售卖过程的两极上同时出现了。这时，货币首先是当作价值尺度，计量所卖商品的价格。其次，货币是作为观念上的购买手段，使商品从卖者手中转移到买者手中时，没有货币同时从买者手中转移到卖者手中。当货币作为支付手段发挥职能作用时，商品转化为货币的目的就起了变化，一般商品所有者出卖商品，是为了把商品换成货币，再把货币换回自己所需要的商品；货币贮藏者把商品变为货币，是为了保存价值；而债务者把商品变为货币则是为了还债。货币作为支付手段时，商品形态变化的过程也起了变化。从卖者方面来看，商品变换了位置，可是他并未取得货币，延迟了自己的第一形态变化。从买者方面来看，在自己的商品转化为货币之前，完成了第二形态变化。在货币执行流通手段的职能时，出卖自己的商品先于购买别人的商品。当货币执行支付手段的职能时，购买别人的商品先于出卖自己的商品。作为流通手段的货币是商品交换中转瞬即逝的媒介，而作为支付手段的货币则是交换过程的最终结果。货币执行价值尺度是观念上的货币，货币执行流通手段可以是不足值的货币或价值符号，但作为支付手段的货币必须是现实的货币。

(2) 支付手段的作用

货币作为支付手段，一方面，可以减少流通中所需要的货币量，节省大量现金，促进商品流通的发展；另一方面，货币作为支付手段，进一步扩大了商品经济的矛盾。在赊买赊卖的情况下，许多商品生产者之间都发生了债权债务关系，如果其中有人到期不能支付，就会引起一系列的连锁反应，"牵一发而动全身"，使整个信用关系遭到破坏。例如，其中某个人在规定期限内没有卖掉自己的商品，他就不能按时偿债，支付链条上某一环节的中断，就可能引起货币信用危机。可见，货币作为支付手段以后，经济危机的可能性也进一步发展了。

从货币作为支付手段的职能中，产生了信用货币，如银行券、期票、汇票、支票等。随着资本主义的发展，信用事业越展开，货币作为支付手段的职能也就越大，以致信用货币占据了大规模交易的领域，而铸币却被赶到小额买卖的领域中去。

在商品生产和货币经济发展到一定程度以后，不仅商品流通领域，而且非商品流通领域也用货币作为支付手段，充当交换价值的独立存在形式。例如，地租、赋税、工资等，也用货币来支付。

由于货币充当支付手段，为了到期能偿还债务，就必须积累货币。因此随着资本主义的发展，作为独立的致富形式的货币贮藏减少以致消失了，而作为支付手段准备金形式的货币贮藏却增长了。

1.2.2 货币的作用

1.2.2.1 货币在经济中的作用

货币对人类生活产生的重要影响是显而易见的。从货币职能的角度看，货币的积极作用如下：

①克服了物物交换的困难，降低了商品交换的信息搜寻成本，提高了交换效率，促进了商品流通与市场的扩大。

②克服了价值衡量与交换比率确定等交易困难，为顺利实现商品交换提供了便利。

③可以通过支付冲抵部分交易金额，进而节约流通费用，还可以通过非现金结算加速资金周转。

④提供了最具流动性的价值贮藏和资产保存形式，在财富日益增长的过程中丰富了人们的贮藏手段和投资形式。

⑤通过在发挥支付手段时形成的活期存款和发挥资产职能所形成的定期存款等，可以促进社会资金的集中，使得金融体系能够有效利用社会资金，这是现代社会化大生产顺利进行最重要的前提条件。

马克思就曾用"货币第一推动力"来概括货币在资本周转和社会再生产运动中对经济发展的推动作用。马克思认为：货币具有集结各种生产要素从而启动社会生产的能力。在商品经济条件下进行生产活动，需要拥有一定数量的货币用来购买生产设备、原材料和雇佣劳动力，如果没有货币把各种生产要素合理组合起来，资本增值、积累以及扩大再生产都无从谈起；货币是保证再生产不断进行的持续动力，社会再生产必须依赖货币资本的不断投入才能周而复始地进行下去。

货币对人类的生产方式、生存方式乃至思想意识的发展也都产生了重要影响。货币成为推动经济发展和社会进步的特殊力量。在缺少货币的社会，人们积累的是实物财富，而实物财富的转移相对困难，这就限制了人们行动的自由，人们的思想也多受禁锢；而货币出现以后，人们的活动领域大为扩展，货币"使臣轻背其主，而民易去其乡"，与此同时，人们的思想也就不再受某地传统习俗及偏见的束缚，激发了人们的想象力和创造力，对商品生产的扩大、社会的发展和思想文化的进步产生了积极的作用。另一方面，也是更重要的，人们可以利用货币去进行财富的积累和承袭，这就激发了人们创造财富的欲望，随之而来的，也为资本积累和利用社会资本扩大再生产创造了条件。所以货币对社会和经济的发展起到了重要的推动作用。

同样需要重视的是，货币在发挥各种积极作用的同时，也对社会经济发展和人们的意识形态产生了一些负面的影响。首先，由于货币的出现将交换过程分离为买和卖两个环节，使得商品买卖脱节和供求失衡成为可能。其次，货币在发挥支付手段职能时形成了经济主体之间复杂的债务链条，产生了债务危机的可能性。再次，货币的跨时支付使得财政超分配和信用膨胀成为可能，货币过多会造成通货膨胀，而货币过少又会影响商品价值的实现，导致价格下跌。此外，把货币神化为主宰操纵人生与命运的偶像加以崇拜的货币拜物教，会扭曲人类的思想与行为，祸害社会经济的健康发展等。因此，对货币进行调控管理和端正对货币的认识是非常重要的。

1.2.2.2 货币发挥作用的内在要求

如上所述，货币通过发挥交换媒介和资产职能对人们的社会经济活动产生重要影响。但是，要正常发挥货币的积极作用必须具备一定的条件。

首先，币值稳定。只有当货币币值保持稳定，货币才能正常发挥计价标准的职能，才能稳定地充当交换手段和支付手段。如果货币币值剧烈变动，无论是升值还是贬值，都会影响货币的交换媒介职能。货币币值的状况对货币发挥资产职能也有重要影响，如果币值不稳，人们就难以选择货币作为财富价值的贮藏手段，也难以利用货币实现资产的保值增值。

其次，有一个调节机制使货币流通量能够适应经济社会发展的要求。随着社会经济和商品市场状况的变化，货币需求量也在不断地增减变化，这就要求货币供给应该具有弹性，这样才能实现货币供求的均衡和货币的正常流通。如上所述，在商品或金属货币制度下，有内在价值的货币供求具有自发调节的机制。但信用货币没有自我调节能力，需要中央银行通过货币政策来进行调控，使货币供给量能够根据货币需求的变化进行及时调整，否则货币难以正常发挥作用。

1.2.2.3 关于货币中性与非中性的争论

以上的论述主要说明了货币在经济中的重要性。但对货币在经济中的作用依然存在争论，焦点集中在货币对经济运行有没有实质性影响上，认为货币对经济运行没有实质性影响的观点称为货币中性观，认为货币对经济运行能够产生实质性影响的观点称为货币非中性观。

在西方经济理论中，早期货币中性观的代表是货币面纱论。以萨伊为代表的名目主义学者认为，货币仅仅是商品交换的媒介，除了在交易中即刻发挥交换媒介作用外，对实体经济活动没有实质性的影响。因为商品供求关系主要受商品价格变化的影响，货币数量的变动只是在总体上改变全部商品的绝对价格水平，而不会对商品的相对价格体系产生任何实质性的影响，故无法改变商品的供求关系进而影响实际产出，货币不过是覆盖于实体经济变量。这是由于公众的理性预期和预防性对策，使得名义变量的变动不会对实际变量发生作用，只有当货币数量突然而剧烈变动时，对失业率、产量和收入等实际变量才能产生暂时的影响，一旦人们做出理性预期，短暂的影响也随之消失。因此从长远来看，即便是突然一次性增发货币，其效应仍将是中性的，因为它最终只能导致价格水平的提高，而一切实际变量最终将保持不变。"从长期来说，货币增长对生产增长率的影响是中性的，并会在一对一的基础上影响通货膨胀率。"

而主张货币非中性论的西方学者们则认为，在货币信用经济中，货币并不是实物经济的一层面纱，它不仅能对经济发生重大影响，甚至可以改变经济的运行过程，而且与经济中的其他变量互相影响，紧密相关，从而成为改变经济运行最重要的内生变量。例如，凯恩斯学派的经济学家认为，货币不仅对所有经济活动和交易起传递和媒介作用，而且可以通过对工资、物价、利率和汇率等变量的影响对经济运行起能动的促进作用。他们认为由于人们普遍存在货币幻觉，注重货币的名义价值而忽视其实际价值，政府增加货币供应量后，随着货币工资的增加，人们就会增加劳动力的供给，提高实际消费水平，由此出现刺激投资、扩大产量和就业量、增加收入等真实变量变化的效应，名义货币量的变化可以影响实际经济变量。而货币学派则从现代货币数量说出发，认为"货币最重要"，一切经济变量的变动都与货币有关，货币数量是决定物价、产量和就业量的最主要因素，"货币一般不是中性的，它不只是蒙在实际经济上的一层轻纺纱。在调控和指导金融和实际经济活动中，货币体系有其重要的任务"。总体上看，越来越多的学者承认货币在现代信用经济中是非中性的。

1.3 货币供应量

货币供应量(money supply)也称货币存量、货币供应，指某一时点流通中的现金量和存款量之和。货币供应量是各国中央银行编制和公布的主要经济统计指标之一。现在中国的货币供应量统计是以天为基本单位，所谓的某年某月某日的货币量实际上是吞吐货币的银行每日营业结束之际那个时点上的数量。在这个基础上，月货币量如果指的是月平均量，计算的细一些，可以是全月每天货币量的平均。粗一些，可以是月初、月末两个货币存量数的平均。同样，年平均货币量计算也是如此。对有些问题的分析，也可用月末、季末、年末货币余额这样的数字。货币供应量的现实水平是一国货币政策调节的对象。预测货币供应量的增长、变动情况则是一国制定货币政策的依据。由于各国经济、金融发展和现实情况不同，以及经济学家对货币定义解释不同，各国中央银行公布的货币供应量指标也不尽相同。有狭义货币供应量(流通中的现金和商业银行活期存款的总和)和广义货币供应量(狭义货币供应量再加商业银行定期存款的总和)之分。

一般说来，中央银行发行的钞票具有极强的流动性和货币性，随时都可以直接作为流通手段和支付手段进入流通过程，从而影响市场供求关系的变化。商业银行的活期存款，由于可以随时支取、随时签发支票而进入流通，因此其流动性也很强，也是影响市场供求变化的重要因素。有些资产，如定期存款、储蓄存款等，虽然也是购买力的组成部分，但必须转换为现金，或活期存款，或提前支取才能进入市场购买商品，因此其流动性相对较差，它们对市场的影响不如现金和活期存款来得迅速。

1.3.1 划分信用货币层次的必要性

当代各国流通的都是由现金和存款货币构成的信用货币。其中，现金包括了中央银行发行的现钞与金属硬币。在商业银行支付业务十分发达的现代社会，现金的使用量在整个社会的交易额中所占的份额很小，存款货币占主体。

现金和各种存款货币都代表了一定的购买力，但是它们在购买能力上是有区别的。现金和活期存款是可以直接用于交易支付的现实购买力，而其他存款要成为现实购买力还必须经过提现或转换存款种类的程序，并且中央银行对现金、活期存款和其他存款的控制和影响能力也不同。因此，在进行货币量统计时，既要考虑货币量统计的全面性和准确性，又要兼顾中央银行调控货币量的需要，就必须对货币量划分层次进行统计分析。

所谓货币供给的层次划分，是指对流通中各种货币形式按不同的统计口径划分为不同的层次。目前在我国，中国人民银行会定期向社会发布 3 个层次的货币量统计数据。世界上绝大多数国家在统计货币量时，也都划分为不同的层次分别进行统计分析。

1.3.2 信用货币层次划分的依据

目前，各国中央银行在对货币进行层次划分时，都以"流动性"作为依据和标准。各种资产虽然都有流动性，但金融资产的流动性远远大于实物资产。不同的金融资产流动性强弱也不同。例如，现金就是流动性最强的金融资产，具有直接的现实购买力；定期存款则需要经过提现或者转成活期存款才能成为现实购买力，故流动性较弱。由于交换媒介职能是货币最基本的职能，流动性实质上反映了货币发挥交换媒介职能的能力。流动性程度不同的金融资产在流通中周转的便利程度不同，形成的购买力强弱不同，从而对商品流通和其他各种经济活动的影响程度也就不同。因此，按流动性的强弱对不同形式、不同特性的货币划分不同的层次，是科学统计货币数量、客观分析货币流通状况、正确制定实施货币政策和及时有效地进行宏观调控的必要基础。

1.3.3 国际货币基金组织和主要国家的货币层次划分

1.3.3.1 国际货币基金组织对货币层次的划分

目前按国际货币基金组织(International Monetary Fund, IMF)确定的货币统计口径，货币层次划分为 3 个：

(1) 通货

指流通于银行体系以外的现钞，包括居民、企业等单位持有的现钞，但不包括商业银行的库存现金。大部分国家将这一层次的货币简称为 M_0，由于这部分货币可随时作为交换手段和支付手段，因而流动性最强。

(2) 货币

由通货加上私人部门的活期存款构成。由于活期存款随时可以签发支票或刷卡而成为直接的支付手段，所以它的流动性仅次于现金。大部分国家将这一层次的货币简称为 M_1，又叫狭义货币。

(3) 准货币

主要包括银行的定期存款、储蓄存款、外币存款等。准货币本身虽不能直接用来购买,但在经过一定的程序之后就能转化为现实的购买力,故又称"亚货币"或"近似货币"。大部分国家将这一层次的货币划入广义货币中,一般将准货币简写成 QM。

1.3.3.2 美国、英国、日本的货币层次划分

目前各国对货币层次的划分有同有异。

(1) 美国

美国货币层次划分的口径变动较为频繁,仅自 1971 年 4 月至 1986 年 3 月,就作了大约 8 次调整。2009 年 6 月的划分口径是:

M_1 = 银行体系外的通货 + 旅行支票 + 活期存款 + 其他支票性存款

$M_2 = M_1$ + 小面额定期存款 + 储蓄存款 + 货币市场存款账户 + 货币市场互助基金份额 + 隔日回购协议 + 隔夜欧洲美元

$M_3 = M_2$ + 大额定期存款 + 长于隔夜期限的回购协议 + 定期欧洲美元

$Z = M_3$ + 短期国库券 + 商业票据 + 储蓄债券 + 银行承兑票据等

(2) 英国

英国 1991 年后的货币层次划分口径有 5 个:

M_1 = 英格兰银行发出的钞票和硬币 + 诸银行在英格兰银行的储备存款

$M_2 = M_1$ + 银行的无息即期存款 + 私人部门在银行和建房协会的小额英镑存款

$M_4 = M_2$ + 有息英镑即期存款和定期存款 + 公用部门定期存款 + 私人部门持有的建房协会股份和存款

$M_{4c} = M_4$ + 居民持有的各种外币存款

$M_5 = M_4$ + 私人部门持有的国库券、金融债券、地方当局存款、纳税存单等

(3) 日本

日本的货币量层次划分又不同于美国,中央银行控制重心也有很大差异。其划分方法为:

M_1 = 现金 + 活期存款(包括企业活期存款、活期储蓄存款、通知即付存款、特别存款和通知纳税存款)

$M_2 = M_1$ + 非活期性存款 + 可转让性存款(CD)

$M_3 = M_2$ + 邮局、农协、鱼协、信用组织和劳动金库的存款 + 货币信托和贷放信托存款

$L = M_3$ + 回购协议债券、金融债券、国家债券、投资信托和外国债券

1.3.4 我国货币层次的划分

我国是从 1994 年开始划分货币层次,并按照货币层次进行货币量统计的。目前我国将货币划分为以下层次:

M_0 = 流通中现钞

$M_1 = M_0$ + 企业单位活期存款(包括企业活期存款、农村集体存款、机关团体存款)

$M_2 = M_1$ + 企业单位定期存款(包括企业定期存款、建筑单位先存后用的自筹基建存款)+

居民储蓄存款

$M_3 = M_2 +$ 政府预算存款 + 债券市场票据

M_1 是狭义货币，M_2 是广义货币，M_3 也是广义货币的一个层次。由于 M_3 包括政府预算存款，波动大，影响指标的灵敏度，因此，只是作为参考性指标。

M_1 反映着经济中的现实购买力；M_2 不仅反映现实的购买力，还反映潜在的购买力。若 M_1 增速较快，则消费和终端市场活跃；若 M_2 增速较快，则投资和中间市场活跃。中央银行和各商业银行可以据此判定货币政策。

M_2 过高而 M_1 过低，表明投资过热、需求不旺，有危机风险；M_1 过高 M_2 过低，表明需求强劲、投资不足，有涨价风险。

1.3.5 货币层次划分的特点

从我国及其他国家货币层次划分状况来看，货币层次划分具有以下几个特点：

①随着流动性强弱的变化，货币的范围也在变化。流动性越强，所包括的货币的范围越小，如大部分国家流动性最强的货币只有现金。随着流动性的减弱，货币包括的范围在扩大。

②金融制度越发达，金融产品越丰富的国家，货币层次也就越多。经济发达国家的货币层次一般都多于经济欠发达的国家。

③不同国家各个货币层次所包含的内容不同。这是由于各个国家都有各自独特的金融产品，无论是产品的名称还是产品的功能都有差异，因此即使是两个国家流动性相同的货币层次，实际所包含的具体内容也有很大的差别。

④货币层次的划分不是固定不变的，随着金融产品的创新，经济环境的改变，原有的货币层次可能就无法准确地反映货币的构成状况，需要对货币层次进行重新划分。金融产品创新速度越快，金融体制的变化越大，对货币层次进行修订的必要性也就越大，例如，美国、英国等国家的货币层次划分的变动就很频繁。

⑤货币层次的划分及计量只能在一定程度上反映货币流通的状况。随着金融创新的加速，新的金融产品层出不穷，许多金融工具都不同程度地具有"货币性"。有的能够直接作为货币发挥作用，有的略加转化就能发挥交换手段和支付手段职能，要想十分清晰地划分货币层次越来越困难，货币层次及其计量也只能做到相对精确。

1.4 货币制度

货币制度是针对货币的有关要素、货币流通的组织与管理等内容以国家法律形式或国际协议形式加以规定所形成的制度，简称币制。其目的是保证货币和货币流通的稳定，使之能够正常地发挥各种职能。货币制度最早是伴随着国家统一铸造金属货币产生的。16 世纪以后，随着工业革命和资本主义生产方式的确立，以国家为主体的货币制度日益明确和健全，各国货币制度的构成也基本上趋于一致。随着贸易国际化、生产国际化和经济全球化的发展，国际货币制度和区域性货币制度也逐渐形成并得到发展。

从货币制度的形成方式和适用范围上看可分为国家货币制度、国际货币制度和区域性货币制度 3 类，下面分别讨论。

1.4.1 国家货币制度的内容及其演变

1.4.1.1 国家货币制度的内容

国家货币制度是指一国政府以法令形式对本国货币的有关要素、货币流通的组织与调节等加以规定所形成的体系。国家货币制度是一国货币主权的一种体现，由本国政府或司法机构独立制定实施，其有效范围一般仅限于国内。

国家货币制度是伴随着国家统一铸造货币开始的，从历史上看，早期的货币制度较为杂乱，各国的差异也很大。16 世纪以后，随着资产阶级国家政权和资本主义制度的确立，国家货币制度才逐步完善并相对规范与统一。国家货币制度从其存在的具体形式看，大致可分为金属货币制度和信用货币制度两类。历史上货币制度的主要种类如图 1-2 所示。

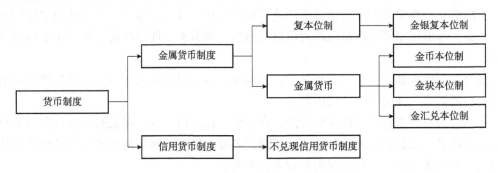

图 1-2 货币制度的主要种类

金属货币制度和不兑现信用货币制度的主要差别表现在币材和发行方面，从总体上看，两类货币制度的内容与构成大同小异，大体包括以下基本内容：

(1) 规定货币材料

确定不同的货币材料就构成了不同的货币本位，确定用黄金充当币材就构成金本位，用白银充当币材就构成银本位。目前世界各国都实行不兑现的信用货币制度，不再对币材作出规定。

(2) 规定货币单位

货币单位是指货币计量单位。货币单位的规定主要有 2 个方面：

①规定货币单位的名称　货币单位的名称最早与商品货币的自然单位或重量单位相一致，如两、磅。后来由于铸造和兑现等原因，货币单位与自然单位、重量单位逐渐相脱离，有的沿用旧名，有的重立新名。按国际惯例，往往加上该国简称，如美元、英镑、日元等。

②规定货币单位的值　在金属货币条件下，货币单位的值就是每一货币单位所包含的金属重量和成色；在不兑现的信用货币尚未完全脱离金属货币制度时，确定货币单位的值主要是确定每单位货币的含金量；当黄金非货币化后，纯粹信用货币制度一般不再硬性规定单位货币的值，货币单位的值主要体现在为维持本国货币币值稳定而采用的一些措施

上，如规定中央银行对币值稳定的责任与权力等。

(3) 规定流通中的货币种类

规定货币种类主要是指规定主币和辅币。

①主币就是本位币，是一个国家流通中的基本通货，一般作为该国法定的价格标准。主币的最小规格通常是1个货币单位。在金属货币制度下，主币是指用金属材料按照国家规定的货币单位铸造的货币；在信用货币制度下，主币的发行权集中于中央银行或政府指定的发行银行。

②辅币是本位货币单位以下的小面额货币，它是本位币的等分，主要解决商品流通中不足1个货币单位的小额货币支付问题。在金属货币流通条件下，为节约流通费用，辅币多由贱金属铸造，是一种不足值的货币，故铸造权由国家垄断并强制流通，但铸造数量一般都有限制，铸造收益归国家所有。由于辅币的实际价值低于名义价值，国家以法律形式规定其按名义价值流通，并规定其与主币的兑换比例。金属货币退出流通后，辅币制度仍然保存下来，在当代不兑现的信用货币制度下，辅币的发行权一般都集中于中央银行或政府机构。

(4) 规定货币的法定支付能力

货币的支付偿还能力包括无限法偿和有限法偿。

①无限法偿是指不论支付数额多大，不论属于何种性质的支付(买东西、还账、缴税等)，对方都不能拒绝接受。在金属货币制度下，本位币通常具有无限法偿的能力；在不兑现的信用货币流通下，中央银行发行的纸质货币具有无限法偿能力；而流通中的存款货币，在经济生活中是被普遍接受的，但大多数国家并未明确做出其是否具有无限法偿能力的规定。

②有限法偿是指在一次支付中若超过规定的数额，收款人有权拒收，但在法定限额内不能拒收。在金属货币制度下，不足值辅币通常为有限法偿，但是信用货币制度下则没有明确的规定。例如，我国目前仍然实行现金管理，国家对现金和非现金流通规定了适用范围和数量，但对本位币人民币"元"和辅币"角""分"未作明确的无限法偿或有限法偿的区分，只是规定它们都是法定货币，都具有法偿能力。

(5) 规定货币铸造发行的流通程序

①自由铸造与限制铸造　自由铸造即公民有权把法令规定的金属币材送到国家造币厂铸成金属货币，公民也有权把铸币熔化，还原为金属。限制铸造是指只能由国家来铸造金属货币，特别是不足值的辅币必须由国家铸造，其他机构和个人不得铸造。

②分散发行与垄断发行　信用货币出现后货币制度必须对发行权作出规定，分散发行是指允许私人部门按照规定的条件发行信用货币；垄断发行是指信用货币只能由中央银行或指定机构发行。例如，早期的银行券允许各商业银行分散发行，但后来为解决银行券分散发行带来的混乱问题，各国逐渐通过法律把银行券的发行权收归中央银行。在当代不兑现的信用货币制度下，各国的信用货币的发行权都集中在中央银行或指定机构。

(6) 规定货币发行准备制度

货币发行准备制度是指发行者必须以某种金属或某几种形式的资产作为其发行货币的

准备，从而使货币的发行与某种金属或某些资产建立起联系和制约关系。在金属货币制度下，法律规定以金或银作为货币发行准备，早期各国一般都采用百分之百的金属准备，后期各国采用部分金属准备制度以适应货币发行日益增加的需要，货币发行准备金的比例主要通过货币的含金量加以确定，在货币制度演化过程中，这个比例逐步递减，直至金属货币制度的崩溃。纯粹的信用货币制度下，货币发行的准备制度已经与贵金属脱钩，多数国家主要以外汇资产做准备，也有的国家以物资做准备，还有些国家的货币发行采取与某个国家的货币直接挂钩的方式。各国在准备比例和准备制度上也有差别。目前各国货币发行准备的构成一般有两大类：一是现金准备，包括黄金、外汇等具有极强流动性的资产；二是证券准备，包括短期商业票据、财政短期国库券、政府公债券等在金融市场上流通的证券。

1.4.1.2 国家货币制度的演变

古代的货币制度，前面分别从不同的侧面已有涉及，其详细的研究则属于货币史的范畴。近代的货币制度从资本主义发展初期开始，经历了从金属货币制度发展为不兑现的信用货币制度的演变过程，大致的演变顺序是：银本位制—金银复本位制—金本位制—不兑现的信用货币制度。

(1) 银本位制

早在中世纪，许多国家就采用过银本位货币制度。银本位制的基本内容包括：以白银作为本位币币材，银币为无限法偿货币，具有强制流通的能力；本位币的名义价值与本位币所含的一定成色、重量的白银相等，银币可以自由铸造、自由熔化；银行券可以自由兑现银币或等量白银；白银和银币可以自由输出输入。银本位制在16世纪以后开始盛行，至19世纪末期被大部分国家放弃。

我国用白银作为货币的时间很长，唐宋时期白银已普遍流通，宋仁宗景佑年间（1034—1037年）银锭正式取得货币地位。金、元、明时期确立了银两制度，白银是法定的主币。清宣统二年（1910年）4月政府颁布了《币制则例》，宣布实行银本位制，实际是银圆和银两并行。1933年4月，国民党政府废两改元，颁布《银本位铸造条例》，1935年11月实行法币改革，我国废止了银本位制。

(2) 金银复本位制

金银复本位制是金、银两种铸币同时作为本位币的货币制度，流行于16~18世纪资本主义发展初期的西欧各国。其基本特征是：金银两种金属同时作为法定币材，一般情况下，大额批发交易用黄金，小额零星交易用白银。金银铸币都可以自由铸造、自由输出入国境，都有无限法偿能力，金币和银币之间、金币银币与货币符号之间都可以自由兑换。

金银复本位制是一种不稳定的"平行本位"货币制度，当金银铸币各按其自身所包含的价值并行流通时，市场上的商品就出现了金价银价两种价格，容易引起价格混乱，给商品流通带来许多困难。而用法律规定金和银的比价，又会出现"劣币驱逐良币"的现象，即两种实际价值不同而法定价格相同的货币同时流通时，市场价格偏高的货币（良币）就会被市场价格偏低的货币（劣币）所排斥，在价值规律的作用下，良币退出流通进入贮藏，而劣币充斥市场，这种劣币驱逐良币的规律又称为格雷欣法则（Gresham's Law）。随着资本主义经济的进一步发展，这种货币制度越来越不能适应客观要求，于是改行单本位制成为必然。

（3）金本位制

从18世纪末到19世纪初，主要资本主义国家先后从金银复本位制过渡到金本位制，最早实行金本位制的是英国。金本位制主要包括金币本位制、金块本位制和金汇兑本位制3种形态。

①金本位制的典型是金币本位制。其基本特点是：只有金币可以自由铸造，有无限法偿能力；辅币和银行券与金币同时流通，并可按其面值自由兑换为金币；黄金可以自由输出输入；货币发行准备全部是黄金。

金币本位制被认为是一种稳定有效的货币制度，因为它保证了本位币的名义价值与实际价值相一致，国内价值与国际价值相一致，价值符号所代表的价值与本位币价值相一致，并具有货币流通的自动调节机制，曾经对资本主义经济发展和国际贸易的发展起到了积极的促进作用。但是后来随着资本主义经济的发展，特别是帝国主义列强矛盾加剧所导致的战争，使金币流通的基础不断削弱，第一次世界大战期间，各国停止了金币流通、自由兑换和黄金的自由输出输入，战后也难以恢复金币流通，只能改行残缺不全的金本位制——金块本位制和金汇兑本位制。

②金块本位制又称生金本位制，是不铸造、不流通金币，银行券只能达到一定数量后才能兑换金块的货币制度。

③金汇兑本位制又称虚金本位制，本国货币虽然仍有含金量，但国内不铸造也不使用金币，而是流通银币或银行券，但它们不能在国内兑换黄金，只能兑换本国在该国存有黄金并与其货币保持固定比价国家的外汇，然后用外汇到该国兑换黄金。实行金汇兑本位制的多为殖民地、半殖民地国家。

（4）不兑现的信用货币制度

20世纪70年代布雷顿森林体系彻底崩溃后，各国货币与黄金既无直接联系，亦无间接挂钩关系，意味着金属货币制度已经完全退出历史舞台，取而代之的是不兑现的信用货币制度。这种货币制度有3个特点：一是现实经济中的货币都是信用货币，主要由现金和银行存款构成；二是现实中的货币都是通过金融机构的业务投入到流通中去的；三是国家对信用货币的管理调控成为经济正常发展的必要条件。大多数国家都由中央银行来管理信用货币的发行与流通，运用货币政策来调控信用货币的供求总量与均衡。

1.4.1.3 我国现行的货币制度

我国现行的货币制度是一种"一国多币"的特殊货币制度，即在内地实行人民币制度，而在香港、澳门、台湾实行不同的货币制度。表现为不同地区各有自己的法定货币，各种货币各限于本地区流通，人民币与港元、澳门元之间按以市场供求为基础决定的汇价进行兑换，澳门元与港元直接挂钩，新台币主要与美元挂钩。

人民币是我国内地的法定货币，由中国人民银行于1948年12月1日开始发行。人民币主币的"元"是我国经济生活中法定计价、结算的货币单位,目前流通中的人民币主币有 1 元、2 元、5 元、10 元、20 元、50 元、100 元 7 种券别;辅币的货币单位有"分"和"角" 2 种,有 1 分、2 分、5 分和 1 角、2 角、5 角 6 种券别。分、角、元均为 10 进制。人民币的符号为"¥",取人民币单位"元"字的汉语拼音"Yuan"的第一字母 Y 加两横,读音同"元"。

人民币不规定含金量,是不兑现的信用货币。人民币以现金和存款货币两种形式存在,现金由中国人民银行统一发行,存款货币由银行体系通过业务活动进入流通,中国人民银行依法实施货币政策,对人民币总量和结构进行管理和调控。

1.4.2　国际货币制度及其演变

1.4.2.1　国际货币制度的内容

国际货币制度也称国际货币体系,是支配各国货币关系的规则以及各国间进行各种交易支付所依据的一套安排和惯例。国际货币制度通常是由参与的各国政府磋商而定,一旦商定,各参与国都应自觉遵守。

国际货币制度一般包括 3 个方面的内容:一是确定国际储备资产,即使用何种货币作为国际支付货币,哪些资产可用作国际储备资产;二是安排汇率制度,即采用何种汇率制度,是固定汇率制还是浮动汇率制;三是选择国际收支的调节方式,即出现国际收支不平衡时,各国政府应采取什么方法进行弥补,各国之间的政策措施如何协调等。理想的国际货币制度应该能够促进国际贸易和国际经济活动的发展,主要体现在国际货币秩序的稳定、能够提供足够的国际清偿能力并保持国际储备资产的信心、保证国际收支的失衡能够得到有效的调节。迄今为止,国际货币制度经历了从国际金本位制到布雷顿森林体系再到牙买加体系的演变过程。

1.4.2.2　国际金本位制

国际金本位制是指黄金充当国际货币,各国货币之间的汇率由它们各自的含金量比例即金平价决定,黄金可以在各国间自由输出输入,在"黄金输送点"的作用下,汇率相对平稳,国际收支具有自动调节的机制。1880—1914 年的 35 年间是国际金本位制的黄金时代。由于 1914 年第一次世界大战爆发,各参战国纷纷禁止黄金输出,停止纸币兑换黄金,国际金本位制受到严重削弱,之后虽改行金块本位制或金汇兑本位制,但因其自身的不稳定性都未能持久。在 1929—1933 年的经济大危机冲击下国际金本位制终于瓦解,随后,国际货币制度一片混乱,直至 1944 年重建新的国际货币制度——布雷顿森林体系。

1.4.2.3　布雷顿森林体系

布雷顿森林体系是第二次世界大战以后实行的以美元为中心的国际货币制度。1944 年 7 月,在美国新罕布什尔州的布雷顿森林召开了由 44 国参加的"联合国联盟国家国际货币金融会议",建立了以美元为中心的国际货币制度。其主要内容是:①以黄金作为基础,以美元作为最主要的国际储备货币,实行"双挂钩"的国际货币体系,即美元与黄金直接挂钩,其他国家的货币与美元挂钩。美元与黄金挂钩是指美国政府保证以 1934 年 1 月规定的 35 美元等于 1 盎司的黄金官价兑付其他国家政府或中央银行持有的美元。其他国家货币与美元挂钩是指根据 35 美元等于 1 盎司黄金的价格确立美元的含金量，其他国家也以法律形式规定各自货币的含金量，而后通过含金量的比例，确定各国货币与美元的兑换比例。②实行固定汇率制。各国货币兑美元的汇率一般只能在平价上下 1% 的幅度内浮动，各国政府有义务在外汇市场上进行干预，以维持外汇行市的稳定。国际收支不平衡则采用多种方式调节。这个货币体系实际上是美元—黄金本位制，也是一个变相的国际金汇兑本位制。

布雷顿森林体系对第二次世界大战后资本主义经济发展具有积极作用，但是其自身具有不可克服的矛盾，又被称为"特里芬难题"。这一难题指美元若要满足国际储备的需求就会造成美国国际收支逆差，必然影响美元信用，引起美元危机；若要保持美国的国际收支平衡，稳定美元，则又会断绝国际储备的来源，引起国际清偿能力的不足。布雷顿森林体系实施的早期，这个矛盾并未完全显现。20 世纪 60 年代以后，美国政治、经济地位逐渐下降，特别是外汇收支逆差大量出现，使黄金储备大量外流，到 20 世纪 60 年代末出现黄金储备不足抵补短期外债的状况，导致美元危机不断发生，各国在国际金融市场大量抛售美元，抢购黄金，或用美元向美国挤兑黄金。进入 70 年代，美元危机更加严重。1971 年 8 月 15 日美国公开放弃金本位，各国也随后纷纷宣布放弃固定汇率，实行浮动汇率，不再承担维持美元汇率的义务。1974 年 4 月 1 日起，国际协定正式解除货币与黄金的固定关系，以美元为中心的布雷顿森林体系彻底瓦解，取而代之的是牙买加体系。

1.4.2.4　牙买加体系

1976 年 1 月，国际货币基金组织在牙买加签署了《牙买加协定》，形成了新的国际货币制度——牙买加体系。其主要内容包括：

(1) 国际储备货币多元化

黄金完全非货币化，各国可自行选择国际储备货币。美元仍作为主要的国际货币，日元、德国马克等货币则随着本国经济实力的增强而成为重要的国际货币。

(2) 汇率安排多样化

出现了以浮动汇率为主，钉住汇率并存的混合体系，也称"无体制的体制"，各国可自行安排汇率。

(3) 多种渠道调节国际收支

运用国内经济政策，通过改变国内的供求关系和经济状况，消除国际收支的失衡；运用汇率政策影响本币币值，通过增强本国出口商品的国际竞争力减少经常项目的逆差；通过国际融资平衡国际收支；通过加强国际协调来解决国际收支平衡问题；通过外汇储备的增减来调节国际收支失衡。

牙买加体系的实行，对于维持国际经济运转和推动世界经济发展发挥了积极的作用。多元化国际储备货币的结构为国际经济提供了多种清偿货币，摆脱了布雷顿森林体系下对一国货币——美元的过分依赖；多样化的汇率安排适应了多样化的、不同发展程度国家的需要，为各国维持经济发展提供了灵活性与独立性；灵活多样的调节机制，使国际收支的调节更为及时有效。

然而，牙买加体系也存在一些缺陷，其中较突出的有 3 点：第一，以国家主权货币作为国际储备货币,发行国可以享受"铸币税"等多种好处,但却不承担稳定国际储备货币及其所致风险的责任。第二,以浮动汇率制为主体,汇率经常出现大起大落,变化不定,加大了外汇风险,在一定程度上抑制了国际贸易活动,但极易导致国际金融投机的猖獗,对发展中国家而言,这种负面影响更为突出。第三,目前的国际收支调节机制并不健全,各种调节渠道都有各自的局限性,全球性的国际收支失衡问题并没有得到根本的改善。因此,国际货币制度仍有待于进一步改革和完善。

1.4.3 区域性货币制度

区域性货币制度是指由某个区域内的有关国家(地区)通过协调形成一个货币区,由联合组建的一家中央银行来发行与管理区域内的统一货币的制度。利用区域性货币制度可以使成员国在货币区内通过协调的货币、财政和汇率政策,实现经济增长、充分就业、物价稳定和国际收支平衡。

区域性货币制度的理论依据是20世纪60年代西方经济学家蒙代尔(Robert A. Mundell)率先提出的"最适度货币区"理论。他认为要使浮动汇率更好地发挥作用,必须放弃各国的国家货币制度而实行区域性货币制度。"区域"是指有特定含义的最适度货币区、由一些彼此间商品、劳动力、资本等生产要素可以自由流动,经济发展水平和通货膨胀率比较接近,经济政策比较协调的国家(地区)组成的一个独立货币区,在货币区内通过协调的货币、财政和汇率政策,达到充分就业、物价稳定和国际收支平衡。

在现实中,区域性货币制度一般与区域内多国经济的相对一致性和货币联盟体制相对应。20世纪60年代后,一些地域相邻的欠发达国家首先建立了货币联盟,并在联盟内成立了由参加国共同组建的中央银行,如1962年建立的西非货币联盟制度、1973年建立的中非货币联盟制度和1965年建立的东加勒比货币联盟制度等。

欧洲货币制度则是区域性货币制度的一个典范。欧洲货币制度从起源到实施经历了一个较长的阶段。1950年欧洲经济合作组织建立了欧洲支付同盟,启动了欧洲货币联合的进程。1957年欧共体建立之后,正式提出建立欧洲经济和货币联盟并设计了时间表。1991年欧共体更名为欧盟,规定最迟在1999年1月1日之前建立经济货币联盟(Economic and Monetary Union, EMU),统一货币进程加快。1994年成立了欧洲货币局,1995年12月正式决定欧洲统一货币的名称为欧元(EURO)。1998年7月1日欧洲中央银行成立,1999年1月1日欧元正式启动,法国、德国、卢森堡、比利时、荷兰、意大利、西班牙、葡萄牙、芬兰、奥地利、爱尔兰共11个国家为首批欧元国,希腊于2001年加入欧元区。2002年1月1日起,欧元的钞票和硬币开始流通,欧元的钞票由欧洲中央银行统一设计,由各国中央银行负责印刷发行;而欧元硬币的设计和发行由各国完成。2002年7月1日,各国原有的国家主权货币停止流通,与此同时,欧元正式成为各成员国统一的法定货币。2007年斯洛文尼亚加入欧元区。2008年塞浦路斯和马耳他加入欧元区。2009年斯洛伐克加入欧元区。2011年爱沙尼亚加入欧元区。目前欧元区共有19个成员国,此外还有9个国家和地区采用欧元作为当地的单一货币。

欧洲货币制度的建立和欧元的实施,标志着现代货币制度又有了新的内容并进入了一个新的发展阶段,也为世界其他地区货币制度的发展提供了一个示范。但是欧洲货币制度的实施也存在诸多问题,如欧元区国家货币政策与财政政策的协调问题、成员国经济发展不平衡与生产要素自由流动的问题等,直接影响了欧洲货币制度的稳定。2009年爆发的欧债危机就先后涉及希腊、葡萄牙、意大利、爱尔兰、西班牙等欧元区国家,德国和法国也受到影响。2012年10月8日欧洲稳定机制(ESM)正式启动,其规模为5000亿欧元的永久性救援基金首先向陷入债务危机的欧元区主权国家提供救助贷款,用于稳定欧洲货币制度。然而欧洲货币制度与生俱来的缺陷使得其能否发挥预期功能充满了悬念。

2018年以来,随着美欧关系发生变化,欧洲政要有关提升欧元国际地位、借助欧元推进欧洲一体化的呼声不断高涨。2018年12月,欧盟发布一项旨在提升欧元国际地位的行动倡议,同意强化欧洲稳定机制的作用,加强对欧元区国家预算的监管,并建议在国际能源合约和交易中更多使用欧元。欧盟委员会主席容克发布的声明中也表示:欧元已经成为团结、主权和稳定的象征。

2019年1月1日,欧元迎来了20岁生日。从最初只用于会计和金融交易的虚拟货币,到现在19个欧盟国家3.4×10^8人口正在使用的实实在在的货币,欧元在过去20年接受过质疑,经历过危机。

阅读与思考

金钱观和价值观

有人说"钱能通神",只要货币存在,货币的权势就是客观必然。也有人认为,道德和法律的约束会把货币的权势约束在社会可以接受的限度之内。历史上不乏有志之士视"钱财如粪土,仁义值千金";还有人认为"钱是万能的,有钱就有一切""有钱能使鬼推磨",因而视金钱为上帝,爱金钱如生命;而不少的人则表现出对金钱的憎恨和厌恶,认为"钱是肮脏的""钱是万恶之源",世间的好多事,一旦掺进了钱的成分后,马上就会发生质变。社会上的一切腐败现象和罪恶,或多或少的都能找到金钱的痕迹。人们对钱的不同看法,说到底是由人们不同的人生观、价值观所决定的。有什么样的人生观、价值观就有什么样的金钱观。

马克思主义科学地揭示了金钱的本质和历史作用,认为金钱作为物质财富,是人类创造的,并为人类服务,人类应当是金钱的主人,而不是金钱的奴隶。人们依靠自己的劳动创造财富,获取财产、金钱是光荣的,而那种用剥削、掠夺欺诈的手段不劳而获,则是可耻的。金钱在促进商品交换的过程中起了重要作用,但金钱并非万能,世界上有比金钱更重要、更宝贵的东西。

正确的金钱观,指导我们通过合乎道德与法律的正当途径挣钱,把钱用到有利于国家、社会、他人的地方,用到有利于全面发展自己、实现人生价值的地方。树立正确的金钱观,我们的灵魂更纯洁,道德更高尚,人生更有意义。居里夫人放弃"镭专利"的巨额金钱,毅然将炼镭的技术公布于世,并把自己几乎全部奖金捐给了科研事业和战争中的法国。著名数学家华罗庚于1950年拒绝美国伊利诺伊大学终身教授的重金聘约,携妻子儿女一起越过太平洋的惊涛骇浪，投身于祖国的建设事业。

作为一名大学生，我们应该正确认识金钱，树立科学的金钱观。

阅读与思考

习近平总书记讲到的特殊"财富观"

"生态是资源和财富，是我们的宝藏。"这是 2021 年 6 月 8 日下午，习近平总书记在青海湖考察时提出的一个重要观点。

从绿水青山就是金山银山，到生态是资源和财富，习近平总书记强调生态本身就是价值。这一特殊的"财富观"对于树立正确的生态观、发展观，深入推进生态文明建设有着重要的指导意义。

生态本身就是价值

2021 年全国两会期间的一幕令人难忘——

3 月 7 日下午，人民大会堂东大厅，青海代表团审议现场，孔庆菊代表拿出照片，请坐在对面的习近平总书记观看。一张照片中，是漫步在草丛中的荒漠猫；另一张，则是行走在树丛中的雪豹。"以前很少见的珍稀物种，现在频频现身了。"孔庆菊说。

"这说明生态保护见效了。"习近平总书记指出，特别是大家的生态保护意识也增强了，看到了生态本身的经济价值。

在内蒙古代表团，周义哲代表向习近平总书记讲述林业工人从"砍树人"变为"看树人"，林区得到休养生息的情况。2018 年他所在林区的森林与湿地生态系统服务功能总价值 6159.74 亿元。

习近平总书记说："你提到的这个生态总价值，就是绿色 GDP 的概念，说明生态本身就是价值。这里面不仅有林木本身的价值，还有绿肺效应，更能带来旅游、林下经济等。"

生态本身就是经济，保护生态就是发展生产力。有了"生态是资源和财富"的"财富观"，才能够坚持正确的生态观、发展观。

着眼未来，"十四五"乃至更长时期，我国经济社会发展要锚定高质量发展这个主题，而坚持生态优先、坚持绿色发展是其中应有之义。

"十四五"开局之年，习近平总书记赴地方考察调研，看山看水看生态都是一项重要安排——

2 月，在贵州乌江河畔，强调要守住发展和生态两条底线，努力走出一条生态优先、绿色发展的新路子。

3 月，在福建，考察武夷山国家公园、调研集体林权制度改革、了解福州城市水系综合治理情况等，生态省的生态建设成为考察的重要内容。

4 月，在广西桂林，提出"坚持正确的生态观、发展观"。

5月，在河南南阳，主持召开推进南水北调后续工程高质量发展座谈会强调"坚持山水林田湖草沙一体化保护和系统治理"。

每月一次地方考察，每次必谈生态文明建设。从这个频次和力度，不难看出习近平总书记对于推动"三新"（新发展阶段、新发展理念、新发展格局）落地的重视程度。

只有秉持这样的"财富观"，才能自觉摒弃先污染后治理的老路，走出一条生态优先、绿色发展的新路。

阅读与思考

世界上最早的纸币——交子

一、简介

交子是中国最早的纸币，也是世界上最早使用的纸币。北宋初年，四川用铜钱，体重值小，1000个大钱重25斤*，买1匹绢需要90斤到上百斤的铜钱，流通很不方便。于是，商人发行一种纸币，命名为交子，代替铜钱流通。兑换时每贯必须要扣除30枚铜钱。成都16户富商为了印造发行并经营铜钱与交子的兑换业务而开设交子铺，开创民间金融的先声。他们每岁在丝蚕米麦将熟之时，用同一色纸印造交子。

随着市场经济的发展，交子的使用也越来越广泛，许多商人联合成立专营发行和兑换交子的交子铺，并在各地设分铺。由于铺户恪守信用，随到随取，交子逐渐赢得了很高的信誉。商人之间的大额交易，为了避免铸币搬运的麻烦，也越来越多的直接用交子来支付货款。后来交子铺户在经营中发现，只动用部分存款，并不会危及交子信誉，于是他们便开始印刷有统一面额和格式的交子，作为一种新的流通手段向市场发行。正是这一步步的发展，使得"交子"逐渐具备了信用货币的特性，成了真正的纸币。

随着交子影响的逐步扩大，对其进行规范化管理的需求也日益突出。1004—1007年，益州知州张咏对交子铺户进行整顿，剔除不法之徒，专由16户富商经营。至此"交子"的发行正式取得了政府认可。1023年，政府设益州交子务，以本钱36万贯为准备金，首届发行"官交子"126万贯，准备金率为28%。

从商业信用凭证到官方法定货币，交子在短短数十年间就发生了脱胎换骨的变化，具备了现代纸币的各种基本要素，将还处在黑暗的中世纪的欧洲远远抛在后面。

二、历史意义

纸币的出现是货币史上的一大进步。北宋时期四川成都的"交子"则是真正纸币的开始。纸币出现于北宋并不是偶然的，它是社会政治经济发展的必然产物。宋代商品经济发展较快，商品流通中需要更多的货币，而当时铜钱短缺，满足不了流通中的需要量。当时的四川地区通行铁钱，铁钱值低量重，使用极为不便。当时一铜钱抵铁钱十，每千铁钱的重量，大钱25斤，中钱13斤。买一匹布需铁钱两万，重约500斤，要用车载。因此客观上需要轻便的货币，这也是纸币最早出现于四川的主要原因。再者，北宋虽然是一个高度集权的封建专制国家，但全国货币并不统一，存在着几个货币区，各自为政，互不通用。

---

* 1斤=0.5千克

当时有13路(宋代的行政单位)专用铜钱，4路专用铁钱，陕西、河东则铜铁钱兼用。各个货币区又严禁货币外流，使用纸币正可防止铜铁钱外流。此外，宋朝政府经常受辽、夏、金的攻打，军费和赔款开支很大，也需要发行纸币来弥补财政赤字。种种原因促成了纸币——"交子"的产生。

"交子"的出现，便利了商业往来，弥补了现钱的不足，是我国货币史上的一大业绩。此外，"交子"作为我国乃至世界上发行最早的纸币，在印刷史、版画史上也占有重要的地位，对研究我国古代纸币印刷技术有着重要意义。

阅读与思考

中国的数字货币

一、什么是数字货币

数字货币可以认为是一种基于节点网络和数字加密算法的虚拟货币。数字货币的核心特征主要体现在3个方面：①由于来自某些开放的算法，数字货币没有发行主体，因此没有任何人或机构能够控制它的发行；②由于算法解的数量确定，所以数字货币的总量固定，这从根本上消除了虚拟货币滥发导致通货膨胀的可能；③由于交易过程需要网络中的各个节点的认可，因此数字货币的交易过程足够安全。

比特币的出现对已有的货币体系提出了一个巨大挑战。虽然它属于广义的虚拟货币，但却与网络企业发行的虚拟货币有着本质区别，因此称它为数字货币。从发行主体、适用范围、发行数量、储存形式、流通方式、信用保障、交易成本、交易安全等方面将数字货币与电子货币和虚拟货币进行了对比。

二、数字货币在全球

截至2020年7月18日，全球加密数字货币一共有5740种，交易市场23 280个，总市值18 900亿元。前五大数字货币为比特币、以太坊、泰达币(tether)、瑞波币、Bitcoin Cash，目前市值分别为11 800亿，1820亿，642亿，603亿，288亿。作为最早发布的数字货币，比特币在过去几年发展迅速的同时也经历了诸多波折。

尽管比特币、以太币等加密货币在全球仍然有着上万亿的市场，但是由于其是脱离国家信用的去中心化虚拟货币，为了防范系统性金融风险，我国一直在采取不断加大的行动来打击一切非法定数字加密货币，禁止ICO(Intial Coin offering)、禁止人民币与数字货币的交易、引导矿工企业退出，并在全国范围禁止访问涉及加密货币交易的网站等。

三、中国的数字货币

2019年7月8日，在数字金融开放研究计划启动仪式暨首届学术研讨会上，中国人民银行研究局局长王信曾透露，国务院已正式批准央行数字货币的研发，央行在组织市场机构从事相应工作。8月10日，央行支付结算司副司长穆长春在中国金融四十人伊春论坛上表示，"央行数字货币可以说是呼之欲出了"。我国的央行数字货币叫作DC/EP(digital currency and electronic payment)，翻译成字面意思是"数字货币和电子支付工具"，官方定义是"具有价值特征的数字支付工具"。

实际上，我国央行在数字货币方面的研究最早可追溯到 2014 年央行行长周小川提出进行法定数字货币研发，至今已有 5 年。2016 年 9 月，经中央编办批准，中国人民银行设立了直属事业单位，即中国人民银行数字货币研究所。该所根据国家战略部署和中国人民银行整体工作安排，承担数字货币和金融科技的研究开发、标准规划等职能。2017 年，中国人民银行数字货币研究所正式成立，开展数字货币研究。此后，该研究所在各地积极布局研发机构。2018 年 6 月 15 日，深圳金融科技有限公司成立，该企业由中国人民银行数字货币研究所 100% 控股。2018 年 9 月，"南京金融科技研究创新中心"和"中国人民银行数字货币研究所(南京)应用示范基地"正式揭牌成立。

自 2020 年 5 月在中国深圳、苏州、成都和雄安这 4 个城市进行中央银行数字货币(CBDC)试点之后，中国央行——中国人民银行如今正在与私营公司商谈扩大其测试范围。多家大型公司，例如，中国最大的打车公司滴滴出行以及外卖巨头美团，都已被纳入候选名单，以通过其影响广泛的平台大规模推行数字货币。

据美国《纽约时报》2021 年报道，中国正大举推进一项大胆行动，推出属于自己的数字货币。自去年开始在几个城市试点后，近来中国央行将试点扩大到京沪等更大城市。这是世界各地央行尝试数字货币的诸多行动之一。近来，随着比特币等加密货币迅猛升值且变得更加流行，许多国家都已采取相关行动。国际清算银行数据显示，过去 12 个月来超过 60 个国家开展国家数字货币试点，而一年前数量仅略超 40 个。不过，目前没任何其他大国像中国走得这么远。因此，中国的早期行动或将预示着世界其他地方的数字货币走向。"这并非仅仅关乎钱"，智库经济和金融实力中心研究员亚亚·范努西说："还关乎开发新工具以收集并利用数据，从而使中国经济变得更加智能且基于实时信息。"最近用数字人民币在商店购买零食的一名深圳金融分析师说："我很乐意用数字人民币支付，因为它足够流畅迅捷。""其实，数字人民币是一种防御机制，旨在保持央行资金的重要地位。"国际货币基金组织中国部前负责人普拉萨德表示，若取得成功，它将赋予央行新权力，包括促进经济增长的新型货币政策。经济学家已在讨论一种可能性：央行可通过一定手段鼓励消费者尽快消费。一些经济学家表示，中国的数字货币还将使人民币更容易作为一种全球货币与美元竞争，因为它能在更少的障碍下在国际上流通。但分析人士表示，还将需要许多努力才能使之成为现实。

探究与思考

1. 简述钱、货币、通货、现金的定义，银行卡是货币吗？
2. 货币的形态为什么不断由低级向高级演进？
3. 简述货币制度与国家主权之间的联系。
4. 简述信用货币制度的主要特点。
5. 试述货币在经济发展中的作用。
6. 与金属货币制度相比，不兑现信用货币制度主要特点是什么？
7. 简述我国货币制度的基本内容。
8. 简述货币制度的要素构成。

第2章 信用与利率

2.1 信用概述

2.1.1 信用的基本概念

信用是指依附在人之间、单位之间和商品交易之间形成的一种相互信任的生产关系和社会关系。信誉构成了人之间、单位之间、商品交易之间的双方自觉自愿的反复交往,消费者甚至愿意付出更多的钱来延续这种关系。

2.1.1.1 伦理角度的"信用"

从伦理角度理解"信用",它实际上是指"信守诺言"的一种道德品质。

人们在日常生活中讲的"诚信""讲信用""一诺千金""说到做到""君子一言,驷马难追",实际上反映的就是这个层面的意思。从这个层面来看信用,它对一个国家、一个民族都是至关重要的,因为一个社会只有讲信用,才能够形成一个良好的社会"信任结构",而这个信任结构是一个社会正常运转的重要基础。

在我国,崇尚信用的风尚有几千年的传统,《论语》中有"自古皆有死,民无信而不立""大德不官,大道不器,大信不约""言必行,行必果""与国人交,止于信"等的描述。在西方社会,守信同样也是人们奉行的道德主轴,《圣经》中关于信用、信任的词汇也出现了几十次之多。

从企业的商业伦理角度来看信用的含义,狄乔治认为诚信行为既指与自身所接受的最高行为规范相一致的行为,也是指将伦理道德要求的规范加于自身的行为。他指出了诚信行为的最大特点是:道德规范是"自加的和自愿接受的",所以对企业主体而言,"要强调商家及其最高管理层的自律"。更为重要的是,他限定了诚信行为的范围,至少要以伦理上"无可非议的、正当的正面价值"为最低的道德底线。

2.1.1.2 经济角度的"信用"

经济范畴的信用是指以还本付息为条件的借贷活动。也就是说,信用这种经济以收回本金并获得利息为条件的贷出,或以偿还本金并支付利息为前提的借入,它代表着一种债权债务关系。在借贷行为中,无须支付利息的情况也并不少见,比如说亲友之间的借贷,友好国家间的无息贷款等,它们在一定程度上体现了亲友之间以及友好国家之间的互助关系,不妨将其理解为一种略显特殊的信用关系——信用关系外加"贷方向借方的利息赠予"。西方国家的商业银行一般也无须对企业活期存款支付利息,在这种信用关系中,商业银行其实是通过对存款企业减免服务收费的方式来冲抵其本应向企业支付的利息。

偿还与收回本金、支付与收取利息是信用关系确立的必要条件,利息从信用关系中产生,又引导信用关系的发展。信用作为借贷行为的特征是以收回为条件的付出,或以归还为义务的取得;而且贷者之所以贷出,是因为有权取得利息,借者之所以可能借入,是因为承担了支付利息的义务。现实生活中有时也有无利息的借贷,但这是由于某种政治目的或经济目的而采取的免除利息的优惠,是一般中的特殊。西方不少国家的银行对企业的活期存款也往往不支付利息,但存款者可以享受银行的有关服务和取得贷款的某些权利,所以实际上还是隐含有利息的。

从经济的角度理解信用有着丰富的层次,至少可以从国家、银行、企业、个人四个层次来理解。

国家信用至少包含着这样的两层意思,首先是国家和国家之间的借贷关系,即所谓的主权债务,如著名的布雷迪债券、美国 20 世纪 80 年代对拉美国家的贷款、我国对亚洲和非洲一些国家和地区的低息贷款、日本的海外协力基金贷款、世界银行贷款等。其次表现在一国政府与本国的企业与居民之间的借贷关系,政府发行国债,由企业和居民购买,这实际是政府先向企业和居民借到一笔钱,然后进行投资,并在到期时偿以本息。

银行与企业、个人之间的信用是相互的。银行要从企业与个人取得信用,也就是要向企业与个人借到钱,这是它们的生存之根基。同时,企业与个人也需要向银行取得信用,企业可用它解燃眉之急,或投资扩张等;个人可用它应不时之需,提高生活质量等。

企业与企业、个人之间的信用,主要体现在两个方面:商业信用(也称交易信用,即 trade credit),或者可以称 B-B 信用,它主要是指企业与企业之间的非现金交易,也就是人们常说的赊销,我们不要简单地将赊销对象只看成是一些有形的商品,如汽车零配件供应商提供的一批零件;它实际上也可以是一个工程,比如建筑公司完成了一幢大厦的建筑,工程款尚未完全收回,这时该建筑公司赊出去的不仅是在这幢大厦建筑中的预垫的资金、材料,同时还有在建筑过程中的劳动;甚至还可以是一些无形的服务、智力产品等,比如管理咨询公司提供的咨询服务等。企业与个人之间的信用,也可以称为 B-C 信用,这种形式的信用在我们的日常生活中是很常见的,比如我们分期付款就是一种信用消费。

2.1.2 信用的产生与发展

2.1.2.1 私有制是信用产生的基础

从逻辑上讲,私有财产的出现是借贷关系赖以存在的前提条件。在公有制度下,要么是根据需要取用属于公有的财产,要么是按照某种既定的计划对公有财产进行分配。无论采取哪一种公有财产的使用模式,其本质都是无偿的:付出不必要求偿还,取用也无须考虑归还,更不会涉及与利息相关的超额偿还问题。只有在财产与其所有者利益息息相关的私有财产制度下,借贷作为一种经济行为才具有存在的必要性,因为它解决了以不损害所有者利益为前提在不同所有者之间进行财富调剂的问题。

产权制度的逐步建立与完善,为信用的良性发展奠定了坚实基础。产权作为信用体系和信用秩序的基础,在于追求产权必须以诚实履行信用并遵守市场秩序为前提,履行信用的能力也在很大程度上受制于是否拥有产权。对产权的清晰界定、顺畅流转和严格保护,也是增强生产经营动力、稳定投资预期、规范投资和经营行为的基础条件。而在我国现实生活中普遍存在的制假售假、逃废债务和违约等失信行为，也恰恰与没有形成良好的产权制度密切相关。因此，只有逐步完善现代产权制度，才能推动我国信用的良性发展。

2.1.2.2 金融范畴的形成

信用和货币是两个不同的经济范畴。信用是一种借贷行为，它在不同所有者之间财富余缺的调剂中扮演着非常重要的角色。货币是一般等价物，是不同所有者之间进行商品交换的媒介。尽管如此，在信用与货币之间一直存在密切的联系。而随着金属货币退出流通和不兑现信用货币制度的建立，这种联系变得越发密切。

(1) 古代相对独立的货币与信用范畴

如前所述，信用与货币的产生都与私有制以及不同所有者之间财富的调剂和转移密切相关。在货币范畴和信用范畴的发展之间，一直存在相互促进和推动的关系。一方面，货币借贷拓展了信用的范围，扩大了信用的规模；另一方面，信用拓展了货币的形态及其流通的领域。

尽管货币范畴与信用范畴有着如此密切的联系，但在现代市场经济出现之前，这两个范畴的发展却一直保持着相对独立的状态。当货币以实物和金属货币形态存在时，它是以其内在价值与各种有价物交换，货币本身与信用没有任何必然的联系，实物和金属货币体制也无须依赖于信用范畴而存在。与之相对应，在前资本主义社会，信用一直以实物借贷和货币借贷两种形式并存，信用关系的建立和发展也没有完全借助或依赖于货币。即使是那些随着货币借贷发展而出现的信用流通工具，在当时也不是流通中货币的主要形态。

(2) 现代银行出现与金融范畴的形成

随着现代银行的出现，有了银行券和存款货币。随着金属货币逐步退出流通，银行券和存款货币逐渐变得不可兑现，并在19世纪末20世纪初完全占领流通领域而成为货币的主要形态。此时，任何货币的运动都是以信用为基础，任何货币，无论是银行券还是存款货币，其本身就是信用的产物，都意味着相应的债权债务关系，几乎难以设想任何独立于信用的货币制度。与此同时，实物信用在整个信用规模中的比重已经变得微不足道，任何信用活动也几乎是指货币的运动，信用的扩张与紧缩意味着对货币供给与流通的调整，微观主体的信用活动意味着货币在不同主体之间的流动。此时的货币运动与信用活动融为一体，二者相互渗透、不可分割，不存在独立于信用的货币和货币制度，也不存在不依赖于货币的信用体系。

当货币流通与信用活动变成了上述同一个过程时，我们就说在经济生活中又增添了一个由货币范畴与信用范畴相互渗透、相互融合而形成的新范畴——金融。"金融"一词，其本意就是"资金的融通"，即"以货币为载体的借贷活动"，而这正好与以上新范畴的外延相吻合。只是在金融范畴出现以后，货币和信用作为两个重要的范畴，仍然会存在于经济和社会生活之中。

2.1.3 高利贷

高利贷是指索取特别高额利息的贷款。它产生于原始社会末期，在奴隶社会和封建社会，它是信用的基本形式。也就是说，在资本主义社会出现之前，在现代银行制度建立之前，民间放贷都是利息很高的。

高利贷的借贷方式主要有以下几种。

(1)大耳窿就是借钱1万元，只能得到9000元，但还款时却要支付13 000元。而且，高利贷的利息是逐日起"钉"（利息），以复息计算，此谓之"利叠利"。往往借几百元，过了一年半载才还，连本带利可能要还几万。

(2)驴打滚多在放高利贷者和农民之间进行。借贷期限一般为1个月，月息一般为3~5分，到期不还，利息翻番，并将利息计入下月本金。依此类推，本金逐月增加，利息逐月成倍增长，像驴打滚一样。

(3)羊羔息就是借一还二。如年初借100元，年末还200元。

(4)坐地抽即借款期限1个月，利息1分，但借时须将本金扣除1/10。到期按原本金计息。如借10元，实得9元，到期按10元还本付息。

在中国古代，对高利贷主要存在两种态度。一类是将高利贷视为一种正常的经营行为，因而无可厚非。其代表者如司马迁，他认为应将放债与冶铁、煮盐、种田、畜牧、酿造、经商等同等看待，包括以上提到的向列侯封君放贷的无盐氏，都不是靠做官或犯法致富，而是审时度势，甘冒高风险以获取高额利润。另一类则是揭批高利贷的压榨行为，但也并不主张将其取缔。如西汉景帝时期的御史大夫晁错的言论就极具代表性。他说农民勤苦而负担很重，遇灾害和重税则只能低价卖粮，无粮则不得不借"取一偿二"的高利贷，最后有些人落到了卖田地、房子，甚至子孙来偿还债务的地步。

在古代的西方国家，由于受宗教教义的影响，不仅对高的利率，甚至对利息本身都有彻底否定的倾向。其主流观点是在道德上视利息为罪恶，政策上加以取缔。如圣经《旧约·利未记》中就有"借给人钱，不可取利；借人以粮，不可多要"的表述。在伊斯兰教和婆罗门教的教义中，也有不得向同胞兄弟收取利息的禁律。但尽管如此，这些禁律也未能改变这些国家高利贷长期存在甚至盛行于古代的事实。

极具讽刺意味的是，尽管古代教会通常将反高利贷作为一项重要的政策主张，其自身却是高利贷的主要贷放者之一。虔诚的教徒会将大量的贵金属器皿捐献给寺院，而寺院则将这些器皿熔化后向造币厂兑换铸币用于贷放。中国的寺庙庵观也曾用施主布施的银钱放债取息。

2.1.4 民间借贷

2.1.4.1 民间借贷的概念

民间借贷是指公民之间、公民与法人之间、公民与其他组织之间借贷。只要双方当事人意见表示真实即可认定有效，因借贷产生的抵押相应有效，但利率不得超过中国人民银行规定的相关利率。民间借贷是一种直接融资渠道，银行借贷则是一种间接融资渠道。民间借贷是民间资本的一种投资渠道，是民间金融的一种形式。根据《中华人民共和国合同法》第二百一十一条规定："自然人之间的借款合同约定支付利息的，借款的利率不得违反国家有关限制借款利率的规定。"同时根据最高人民法院《关于人民法院审理借贷案件的若干意见》的有关规定："民间借贷的利率可以适当高于银行的利率，但最高不得超过银行同类贷款利率的 4 倍。"

2.1.4.2 民间借贷的特点

①民间借贷具有灵活、方便、利高、融资快等优点，运用市场机制手段，融通各方面资金为发展商品经济服务，满足着生产和流通对资金的需求。

②民间借贷出于自愿，借贷双方较为熟悉，信用程度较高，对社会游资有较大吸引力，可吸收大量社会闲置资金，充分发挥资金之效用。且其利率杠杆灵敏度高，随行就市，灵活浮动，资金滞留现象少，借贷手续简便，减去了诸多中间环节，提高了资金使用率，这在目前我国资金短缺情况下，无疑是一有效集资途径。

③民间借贷吸引力强，把社会闲散资金和那些本欲扩大消费的资金吸引过来贷放到生产流通领域成为生产流通资金，在一定程度上缓解了银行信贷资金不足的压力，对抑制消费扩大也起了一定作用。

④民间借贷向现存的金融体制提出了有力挑战，与国家金融展开激烈竞争，迫其加快改制。

2.1.4.3 民间借贷的作用

①作为银行、信用合作社的补充，民间借贷能更广泛地动员、挖掘游资，使更多的闲散资金用于生产和流通，满足农村经济发展对资金的需要。

②民间借贷大多服务热情、手续简便、经营灵活、条件宽松，成为银行、信用合作社的竞争对手，可促使它们提高服务质量和工作效率。

③为银行、信用社拾遗补缺，更好地适应家庭及多种合作经济分散经营的特点，满足其对资金融通多渠道、多形式的要求。

民间借贷因其自身的局限性，也有其消极作用，如脱离国家信贷政策的制约和监督，盲目性较大；债权缺乏法律保证，易产生纠纷，增加社会不安全因素；贷款有的用于非法经营，助长不良风气；有的利率偏高，刺激部分资金趋向高利贷。因此，对民间借贷应加强管理，积极引导，趋利避害，以利更好地发挥其积极作用。

2.1.5 部门的划分及其信用关系

按照经济主体的基本特征，可以将宏观经济划分为以下 5 个部门：居民、企业、政府、金融机构和国外部门。

2.1.5.1 信用关系中的居民

居民主要是指有货币收入的自然人。就单个居民而言，既可能因收大于支形成结余，也可能因收不抵支而需要借入资金。但一般来说，居民支出主要依靠其收入，由于在生命周期中个人能够取得收入的时间要短于其生存的时间，为了能够在没有收入时保持一定的生活水准，居民不可能将当期收入全部花光，他们通常会有所结余。因此，如果将所有居民作为整体来看，其总体上会是一个盈余部门，并因此对其他部门拥有净的债权。

个人的货币收入扣除了缴纳社会保障基金应由个人所负担的份额和应纳税款等缴纳义务后，是个人在当期的货币收入中可以由自己支配的部分，叫可支配货币收入。可支配货币收入分割为消费与储蓄的规律："预算约束"与"跨时预算约束"。预算约束是指一个企业的支出要受到其货币存量和收入的制约。跨时预算约束是指在没有流动性约束的前提下，消费者可以用借贷的手段在现时支出未来可能获得的收入。

2.1.5.2 信用关系中的企业

企业在信用关系中是至关重要的一环。企业既是资金的主要供给者，也是资金的主要需求者。现代经济中企业是最基本的生产单位，为了实现其未来的发展目标，它们通常都具有明显的扩张性。企业扩张需要以增加资金投入为基础，如果完全依靠企业自身的积累，不仅速度十分缓慢，而且筹资规模会受到严重制约，许多大额投资也就无法适时完成，通过信用方式借入资金也就成了解决问题的最有效途径。就单个企业而言，既可能因盈余而拥有净债权，也可能因赤字而需借入资金。但是企业作为一个整体，却是国民经济5个部门中最大的赤字部门，并因此对外承担净的债务。

2.1.5.3 信用关系中的政府

政府在信用关系中的地位是由政府的财政收支状况决定的。财政收入主要来自税收，税收通常比较稳定，大部分税收都有一个固定的税率和缴纳时间，相比较而言，财政支出则由于经济社会等环境的变化而显得不太稳定。如果是收大于支，会形成财政结余；如果是收不抵支，则会形成财政赤字。综观世界各国的财政运行会发现，尽管财政收大于支的情况并不少见，但财政收不抵支而出现财政赤字则是一种常态。政府弥补财政赤字最常用的手段就是举债，即政府作为债务人，以发行国债的方式向其他部门借款，从而与本国居民、企业、金融机构以及国外部门建立信用关系，成为这些部门的债务人。

2.1.5.4 充当信用中介的金融机构

金融机构的主要功能就是充当信用中介或信用媒介。作为信用媒介，金融机构一方面从社会各个部门吸收和聚集资金，另一方面通过贷款、投资等活动将所筹集的资金运用出去。吸收资金形成金融机构的负债，运用资金形成金融机构的债权，因此金融机构的日常经营活动本身就是信用活动。即便是那些赤字方发行各种证券融入资金，盈余方通过购买有价证券直接进行投资的活动中，金融机构也会在其中为投融资活动提供专业化的服务。

2.1.5.5 信用关系中的国外部门

如果将除本国之外的所有经济体视为一个整体，则形成了与国内部门相对应的国外部门。国内部门与国外部门之间的商品和服务交易、资金流动以及由此形成的债权债务关系，其流量体现为一国的国际收支状况，可以用国际收支平衡表来显示，其存量变化体现为该国国际投资头寸的变化，通常用国际投资头寸报表加以反映。国际收支是指某一国家或地区在一定时期内与其他国家或地区之间进行的全部经济交易的系统记录。国际收支盈余则表现为顺差，顺差意味着向国外部门提供了相应规模的信用并增加对外债权（或减少对外债务），逆差则意味着从国外部门借入相应规模的资金并增加对外债务（或减少对外债权）。国际投资头寸表反映了因上述流量引起的对外资产和负债存量以及对外资产负债净值的变化。如果国际头寸表为对外净资产，则意味着对外拥有净的债权，反之则意味着需对外承担净的债务。

2.2 信用的形式

信用形式是信用关系的类型。按行为主体划分，信用有商业信用、银行信用、国家信用等形式；按行为的时间跨度划分，信用有短期信用、中期信用和长期信用3种形式；按行为目的或功能划分，信用有生产信用、流通信用、消费信用等形式；还有其他的划分标准和相应的信用形式。现代信用主要有如下形式：商业信用、银行信用、国家信用、消费信用。

2.2.1 商业信用

典型的商业信用是工商企业以赊销方式对购买商品的工商企业所提供的信用。例如，一个工厂，它所生产的产品需要通过商业网进行销售，当销售其产品的商店缺乏购买这部分产品所需的货币资本时，就可以采取赊销方式，即约定经过一定期限，如3个月、半年等，由该商店归还赊销的货款，这种方式对双方都有好处。缺乏购货资本的商店利用这种信用方式，可以购入货物、进行推销并取得商业利润。假如在约定还款期限之前可将商品销售出去，这个商店甚至不必准备自有资本。对于工厂来说，虽然当时没有收入货款，但产品毕竟销售出去了，只是推迟到约定的期限才能收款。产品能否销售具有关键的意义：不能销售，工厂必须考虑是否继续再生产；销售出去虽不能立即收到货款，但这展现了该产品有销售的前景，就可以设法筹集资本继续生产。而产品有销售前景的工厂也易于取得贷款者的信任，因为它们有归还贷款的潜力。

典型的商业信用中实际包括两个同时发生的经济行为：买卖行为和借贷行为。就上例来说，工厂向商店提供商业信用，一方面是工厂向商店卖出了自己的产品，另一方面则是商店欠了工厂以一定货币金额表示的货款，从而发生了债权债务关系。就买卖行为来说，在发生商业信用之际就已完结，即该产品从工厂所有变成商店所有，就与通常的现款买卖一样；而在此之后，它们之间只存在一定货币金额的债权债务关系，这种关系不会因已经属于商店的这批货物的命运如何(如能否销售出去)而发生变化。

商业信用不仅在各国国内交易中广泛存在，并且也广泛存在于国际贸易之中，对于推动商品交易和经济增长有着重要意义。

商业票据是在商业信用中被广泛使用的表明买卖双方债权债务关系的凭证，是商业信用中卖方为保证自己对买方拥有债务索取权而保有的书面凭证。

商业票据可以经债权人背书后转让流通，从而使其具有流通手段和支付手段的职能。在这一意义上，商业票据的背书转让过程中，事实上使其发挥着货币的职能。也正因为如此，人们通常也将商业票据称为商业货币，并将其纳入广义信用货币的范畴之内。在商业票据转让流通的过程中，背书是必须要履行的手续。所谓背书即商业票据的债权人在转让票据时在其背面签字以承担连带责任的行为。从这一意义上讲，商业票据的背书人信用等级越高，参与背书的人数越多，该商业票据接收方所面临的信用风险也就越低。因为所有背书人都要对该商业票据承担连带责任，而任何一位背书人因受到追索而偿还了债务，他也同时拥有了向其前面的任一背书人进行追索的权利。

2.2.2 银行信用

银行信用是银行或其他金融机构以货币形态提供的信用。银行信用是伴随着现代银行产生，在商业信用的基础上发展起来的。银行信用与商业信用一起构成现代经济社会信用关系的主体。

与商业信用不同，银行信用属于间接信用。在银行信用中，银行充当了信用媒介。马克思这样描述："银行家把借贷货币资本大量集中在自己手中，以至于产业资本家和商业资本家相对立，不是单个的货币贷出者，而是作为所有贷出者的代表的银行家。银行家成了货币资本的总管理人。由于他们为整个商业界而借款，他们也把借入者集中起来，与所有贷出者相对立。银行一方面代表货币资本的集中、贷出者的集中，另一方面代表借入者的集中。"

与其他信用形式相比，银行信用具有3个突出特点：①银行信用的资金来源于社会各部门暂时闲置的资金，银行通过吸收存款的方式将其积聚为巨额的可贷资金，银行的资金贷放因而可以达到非常大的规模。②银行信用是以货币形态提供的，因此它可以独立于商品买卖活动，具有广泛的授信对象。③作为银行信用的存贷款在数量和期限上都具有相对的灵活性，可以满足存贷款人在数量和期限上的多样化需求。

商业信用的出现虽然先于银行信用，但其局限性使其难以满足资本主义社会化大生产的需要。银行信用及其内在特性，则使其克服了商业信用的局限性。首先，在资金提供规模方面，银行通过吸收存款汇集成的巨额货币资金，不仅能够满足小额资金的需求，而且能够满足大额信贷资金的需要。其次，在信贷资金提供的方向性问题上，所有拥有闲余资金的主体都能够将其存入银行，所有需要资金的企业，只要符合信贷条件都可以获得银行的贷款支持。以银行为中介，资金供求双方被联系起来，他们完全不必受商业信用中上下游关系的限制，可以是毫不相干的企业或个人。最后，就银行信用的期限而言，银行吸收的存款可以是短期的也可以是长期的，其贷款也是如此，既有长期贷款又有短期贷款。由于银行在存续期内储户不可能同时提取存款，再加上银行具有吸收短期存款、发放长期贷款的"续短为长"的功能，也使得银行信用克服了商业信用在期限上的局限性。由于银行信用在资金提供规模、资金流向与范围、借贷期限3个方面都克服了商业信用的固有局限，因而也就成为现代经济中最基本、占主导地位的信用形式。

尽管相对于商业信用而言，银行信用具有诸多优势，但银行信用的发展却不会排斥商业信用。恰恰相反，银行信用通常与商业信用有着极密切的联系，银行信用通常是在商业信用的基础上产生和发展起来的。在银行信用发展的初期，银行通常是通过办理商业票据贴现和抵押贷款、为商业汇票提供承兑服务等业务介入到商业信用领域的，此举不仅促进了商业信用的发展，也为银行信用的良性发展奠定了坚实的基础。

2.2.3 国家信用

国家信用是指以国家为主体进行的一种信用活动。国家按照信用原则以发行债券等方式,从国内外货币持有者手中借入货币资金,因此,国家信用是一种国家负债,指以国家为一方所取得或提供的信用,包括国内信用和国际信用。国内信用是国家以债务人身份向国内居民、企业、团体取得的信用,它形成国家的内债。

原始的不规范的国家信用,在中国很久以前就产生了。相传战国时期周赧王(公元前314年—前256年)由于负债太多无力偿还,避居高台之上,周人称为逃债台。东汉时期,政府财政拮据,有时也向富户和贵族举债。以后历代也有向公众举债以充国用的。

在现代社会,政府信用主要包括中央政府债券、地方政府债券和政府担保债券3种形式。

(1) 中央政府债券

中央政府债券也称国债,是一国中央政府为弥补财政赤字或筹措建设资金而发行的债券。根据期限的不同,国债可被区分为短期国债和中长期国债。以美国为例,短期国债又称国库券,是指期限在1年或者1年以下的国债,这类国债一般采取贴现的方式发行。中央政府发行国库券的主要目的,是调节年度内的财政收支不平衡。中长期国债是指期限超过1年的国债,其中期限在10年或者10年以下的国债通常被称为中期国债,又称国库票据;而期限在10年以上的国债则被称为长期国债,也称国库债券。中长期国债一般按照固定的面值发行,在市场利率波动较大时,也可以溢价或折价发行。中长期国债一般附有固定的息票,每半年付息一次。中央政府发行中长期国债的目的,是缓解长期财政赤字的压力,或者是为了公共建设的需要而筹集资金。

(2) 地方政府债券

地方政府债券是由地方政府发行的债券,在美国也被称为市政债券。地方政府债券又被分为一般义务债券和收益债券。一般义务债券是以地方政府的税收、行政规费等各项收益为偿还来源,期限非常广泛,从1年到30年不等。收益债券则是以某一特定工程或某种特定业务的收入为偿还来源的债券,其期限通常与特定工程项目或者业务的期限密切相关。由于购买市政债券的利息所得通常会享有免缴地方所得税的优惠,这使得市政债券对那些边际税率较高的投资者而言,通常会具有很大的吸引力,即使它所提供的利率相对较低,也仍会受到这类投资者的欢迎。

(3) 政府担保债券

政府担保债券是指政府作为担保人而由其他主体发行的债券。政府担保的主体通常是政府所属的企业或者那些与政府相关的部门。政府担保债券的信用等级仅次于中央政府债券,因为其发行人一旦失去了偿还能力,则由中央政府代其偿还债券的本息。其利率水平一般与市政债券相当,但不享受利息免税的优惠。在美国,政府机构债券就属于政府担保债券。如美国联邦国民抵押协会(Fannie Mae,又称房利美)、政府国民抵押协会(Ginnie Mae,又称吉利美)、联邦住房抵押贷款公司(Freddie Mac,又称房地美)3个中介机构发行的债券就属于政府机构债券而享有中央政府的担保。在2007年爆发的美国次贷危机中,政府接管抵押贷款巨头房利美和房地美(简称"两房")后,投资者持有的"两房"债券由于拥有中央政府的全额担保,也因此而转变成了政府担保债券。

2.2.4 消费信用

消费信用，又称消费者信用，是工商企业、银行和其他金融机构提供给消费者用于消费支出的一种信用形式。在资本主义制度下，消费信用的主要形式是"分期付款"和"消费贷款"。分期付款是资本家推销商品的一种技巧，其业务内容是消费者在购买高档商品时，不付款或付一部分款就可取货，以后再分期偿还所欠货款。如果消费者不能按时偿还所欠款，其所购商品将被收回，并不再退回已付款项。消费贷款是由银行通过信用放款或抵押放款以及信用卡、支票保证卡等向消费者提供的贷款。消费贷款一般是向现实支付能力不足者提供的，住宅和汽车购买者是资本主义国家消费贷款的主要对象，个人将所购的房屋、汽车等作为担保品取得抵押贷款。

现代消费信用的方式多种多样：企业直接以赊销的方式，特别是分期付款的赊销方式对顾客提供信用；银行和其他金融机构直接贷款给个人，用于个人购买耐用消费品、住房以及支付旅游等费用；银行和其他金融机构对个人提供信用卡，客户只需持信用卡，便可以在接受该种信用卡的商店购买商品，定期与银行结账等。

目前，消费信贷在世界范围内快速发展。美国的消费信贷始于20世纪40年代，经过长期的发展，消费信贷体系已比较健全、立法也逐渐完善。在我国改革开放之初，开始出现小规模的消费信用。例如，针对某类产品的销售困难，采用赊售办法以促销。但比较有意义的是配合住房管理体制的改革，试行购买商品房的贷款。随着我国经济体制改革的进一步深入，以配合居民住房管理体制改革为主要目的的各种商品房信贷业务逐渐开展起来。随后，其他一些耐用消费品的促销，如汽车的促销，也越来越多地采用分期付款、抵押贷款等方式。在东南亚金融危机爆发之后的1998年，为了保持必要的经济增长速度，我国确定了拉动内需的方针，而加速发展消费信用是所采取的重要措施之一。从各国信用消费的构成来看，住房信用消费、汽车信用消费和信用卡消费所占比例在90%以上，是信用消费的主体部分。

消费信用的发展，能在很大程度上有效解决耐用消费品供给快速增加与居民当期购买能力相对不足的矛盾。这对于促进耐用消费品生产、帮助居民提前实现较高的生活水准、促进现代科技发展和生产力水平的提高、促进产品更新换代等，都具有非常重要的作用。

但是，尽管消费信用具有诸多好处和便利，但其发展也需要遵循信贷的基本规律，如果盲目发展，也会给正常经济生活带来不利影响。首先，消费信用的过度发展，容易导致虚假需求，导致某些消费品的生产盲目发展，严重时可能导致产能过剩和产品的大量积压。其次，过量发展消费信用很容易导致信用膨胀，如果对消费信贷发放的规模和节奏控制不当，很容易导致某一时期信贷投放规模过大，从而导致通货膨胀的压力。

前沿专栏

供应链金融

一、供应链金融的概念与背景

供应链金融(Supply Chain Finance，SCF)，是商业银行信贷业务的一个专业领域(银行层面),也是企业尤其是中小企业的一种融资渠道(企业层面)。它是指银行向客户(核心企业)提供融资和其他结算、理财服务,同时向这些客户的供应商提供贷款及时收达的便利,或者向其分销商提供预付款代付及存货融资服务。简单地说,就是银行将核心企业和上下游企业联系在一起提供灵活运用的金融产品和服务的一种融资模式。供应链金融是核心企业与银行间达成的,一种面向供应链所有成员企业的系统性融资安排。

随着社会化生产方式的不断深入,市场竞争已经从单一客户之间的竞争转变为供应链与供应链之间的竞争;与此同时,由于赊销已成为交易的主流方式,处于供应链中上游的供应商,很难通过传统的信贷方式获得银行的资金支持,而资金短缺又会直接导致后续环节的停滞,甚至出现"断链"。维护所在供应链的生存,提高供应链资金运作的效力,降低供应链整体的管理成本,已经成为各方积极探索的一个重要课题,因此,供应链金融系列金融产品应运而生。

从近几年国内中小企业融资比例来看,中小企业贷款增速高于大型企业贷款。近年来,主要金融机构及农村合作金融机构、城市信用社和外资银行中小企业人民币贷款(含票据贴现)大幅增加,而各家商业银行受到信贷规模的限制,可以发放的贷款额度十分有限。但是通过承兑票据、信用证等延期支付工具,既能够增强企业之间的互相信任,也稳定了一批客户,银行界空前重视供应链金融业务。目前,商业银行在进行经营战略转型过程中,已纷纷将供应链金融作为转型的着力点和突破口之一。供应链管理已成为企业的生存支柱与利润源泉,几乎所有的企业管理者都认识到供应链管理对于企业战略举足轻重的作用。

供应链金融对商业银行的价值还在于:首先,供应链金融实现银企互利共赢,在供应链金融模式下,银行跳出单个企业的局限,站在产业供应链的全局和高度,向所有成员的企业进行融资安排,通过中小企业与核心企业的资信捆绑来提供授信。其次,供应链金融能够降低商业银行资本消耗。根据《巴塞尔资本协议》有关规定,贸易融资项下风险权重仅为一般信贷业务的20%。供应链金融涵盖传统授信业务、贸易融资、电子化金融工具等,为银行拓展中间业务增长提供较大空间。

2001年下半年,深圳发展银行在广州和佛山两家分行开始试点存货融资业务(全称为"动产及货权质押授信业务"),年底授信余额即达到20亿元人民币。利用特定化质押下的分次赎货模式,并配合银行承兑汇票的运用,结算和保证金存款合计超过了20万元。之后,从试点到全系统推广,从自偿性贸易融资、"1+N"供应链融资,到系统提炼供应链金融服务,该行于2006年在国内银行业率先推出"供应链金融"品牌,迄今累计授信出账超过8000亿元。

供应链金融巨大的市场潜力和良好的风险控制效果,自然吸引了许多银行介入。深发展、招商银行最早开始这方面的信贷制度、风险管理及产品创新。随后,围绕供应链上中小企业迫切的融资需求,国内多家商业银行开始效仿发展"供应链融资""贸易融资""物流融资"等名异实同的类似服务。时至今日,包括四大行在内的大部分商业银行都推出了各自特色的供应链金融服务。

2008年下半年开始,因为严峻的经济形势带来企业经营环境及业绩的不断恶化,无论是西方国家还是中国,商业银行都在实行信贷紧缩,但供应链融资在这一背景下却呈现出逆势而上的态势。根据2009年一季报数据，6家上市银行（工行、交行、招行、兴业、浦发和民生）一季度新增贴现4558.25亿元，较2008年底增长66.4%，充分显示出中小企业对贸易融资的青睐及商业银行对供应链结算和融资问题的重视。

同时，随着外资银行在华业务的开展，渣打、汇丰等传统贸易融资见长的商业银行，也纷纷加入国内供应链金融市场的竞争行列。

二、供应链金融的模式

单个企业的流动资金被占用的形式主要有应收账款、预付账款、库存3种。金融机构按照担保措施的不同，从风险控制和解决方案的导向出发，将供应链金融的基础性产品分为应收类融资、预付类融资和存货类融资3类。下面将重点对这3种融资方式进行说明。

1. 应收类

应收账款融资是指在供应链核心企业承诺支付的前提下，供应链上下游的中小型企业可用未到期的应收账款向金融机构进行贷款的一种融资模式。

图2-1是一个典型的应收账款融资模式。在这种模式中，供应链上下游的中小型企业是债权融资需求方，核心企业是债务企业并对债权企业的融资进行反担保。一旦融资企业出现问题，金融机构便会要求债务企业承担弥补损失的责任。

应收账款融资使得上游企业可以及时获得银行的短期信用贷款，不但有利于解决融资企业短期资金的需求，加快中小型企业健康稳定的发展和成长，而且有利于整个供应链的持续高效运作。

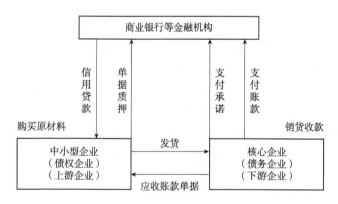

图2-1 供应链金融的应收账款融资模式

2. 预付类

很多情况下，企业支付货款之后在一定时期内往往不能收到现货，但它实际上拥有了对这批货物的未来货权。

未来货权融资（又称为保兑仓融资）是下游购货商向金融机构申请贷款，用于支付上游核心供应商在未来一段时期内交付货物的款项，同时供应商承诺对未被提取的货物进行回购，并将提货权交由金融机构控制的一种融资模式。

图2-2是一个典型的未来货权融资模式。在这种模式中，下游融资购货商不必一次性支付全部货款，即可从指定仓库中分批提取货物并用未来的销售收入分次偿还金融机构的贷款；上游核心供应商将仓单抵押至金融机构，并承诺一旦下游购货商出现无法支付贷款

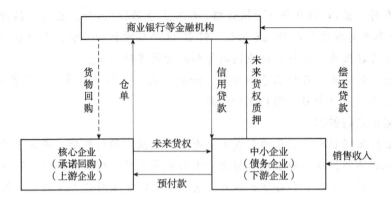

图 2-2 供应链金融的未来货权融资模式

时对剩余的货物进行回购。

未来货权融资是一种"套期保值"的金融业务,极易被用于大宗物资(如钢材)的市场投机。为防止虚假交易的产生,银行等金融机构通常还需要引入专业的第三方物流机构对供应商上下游企业的货物交易进行监管,以抑制可能发生的供应链上下游企业合谋给金融系统造成风险。例如,国内多家银行委托中国对外贸易运输集团(简称中外运)对其客户进行物流监管服务。一方面,银行能够实时掌握供应链中物流的真实情况来降低授信风险;另一方面,中外运也获得了这些客户的运输和仓储服务。可见,银行和中外运在这个过程中实现了"双赢"。

3. 存货类

很多情况下,只有一家需要融资的企业,而这家企业除了货物之外,并没有相应的应收账款和供应链中其他企业的信用担保。此时,金融机构可采用融通仓融资模式对其进行授信。融通仓融资模式是企业以存货作为质押,经过专业的第三方物流企业的评估和证明后,金融机构向其进行授信的一种融资模式。

图 2-3 是一个典型的融通仓融资模式。在这种模式中,抵押货物的贬值风险是金融机构重点关注的问题。因此,金融机构在收到中小企业融通仓业务申请时,应考察企业是否有稳定的库存、是否有长期合作的交易对象以及整体供应链的综合运作状况,以此作为授信决策的依据。

但银行等金融机构可能并不擅长于质押物品的市场价值评估,同时也不擅长于质押物

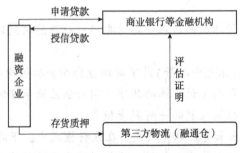

图 2-3 供应链金融的融通仓融资模式

品的物流监管,因此这种融资模式中通常需要专业的第三方物流企业参与。金融机构可以根据第三方物流企业的规模和运营能力,将一定的授信额度授予物流企业,由物流企业直接负责融资企业贷款的运营和风险管理,这样既可以简化流程,提高融资企业的产销供应链运作效率,同时也可以转移自身的信贷风险,降低经营成本。

农业金融实践

新希望六和以供应链金融为上下游企业注入资金活水

山东新希望六和集团有限公司成立于1995年,总部位于青岛,主营业务涉及饲料生产、食品加工、种畜禽繁育、进出口贸易、养殖担保等产业。目前,饲料与禽肉销量均居国内领先位置。

今年3月,在深圳召开的"2019第六届中国供应链金融创新高峰论坛"上,深耕农牧领域37年的新希望六和,被评为"2019中国供应链金融最佳供应链平台企业",引来众多媒体关注。

1. 小微企业的难处

2018年3月,青岛气候逐渐转暖,而此时,一家生产花生粕的小微企业主却犯了难:公司成立多年,想拓展一下业务规模,但是资金却周转不开。当时这家小微企业主要为新希望六和旗下多家饲料生产公司供货,由于缺少固定资产和抵押物,找普通金融机构贷款可谓是"难于上青天"。

2. 转机出现

转机发生在几天后,新希望六和联合农业银行应市场需求,推出了携带着互联网基因的供应链金融产品"数据网贷",彻底解决了小微企业的大难题。这家公司也成为山东享受该项服务的首个幸运者。

3. 神奇的"数据网贷"

业务主要面向新希望六和的供应商群体,最高额度为0.1亿元,年化利率不到5%。与普通信贷相比,无须抵押担保,仅凭借与新希望六和发生的订单或应收账款即可申请,见发票即贷。为新希望六和上游的广大中小微企业开启了一扇崭新的融资之门。

2017年8月,新希望六和牵手青岛供应链金融科技平台"闪收付",在平台上,作为供应商的中小微企业可以提前回收应收账款,进行紧急融资。假如大企业应付给供应商0.1亿元账款,正常账期3个月,但供应商急需用钱,按照折扣率年化8%计算,便可在"闪收付"平台上提出现在支付0.099亿元即可,就这样,双方达成交易,账款当日或次日便可到账。

据了解,截至2019年6月18日,新希望六和这一业务规模已达10亿元,促成交易3713笔,290家供应商在平台注册,其中233家融资成功。

4. 供应链金融在路上

近年来,新希望六和还相继联合各大银行开发了"希望贷""线上贷""好养贷""订货贷"等10类融资产品。

林业金融实践

林业贸易信贷融资

20世纪90年代，"订单农业"开始在我国兴起，农业龙头企业通过赊销种子、支付预付款或生产性贷款、提供技术服务等形式为订单户提供贸易信贷。发展"订单农业"，可促进农业龙头企业与农户有机结合，能带动分散农户进入市场，有利于农户引进新技术及其他生产要素来提高农业生产率，因此，"订单农业"是促进农业向现代化转型、提高农业收入和增加农民福利的重要手段。但在参与订单农业的龙头企业中，真正向订单关系农户提供贸易信贷且运作成功的案例较为鲜见，订单农业高达80%以上的违约率不可避免地带来贸易信贷的失败。对少数运作成功的企业，出于风险和成本等方面的考虑，其提供的信贷规模及覆盖农户的数量也较小，远不能满足农村信贷市场上众多分散农户的融资需求，更达不到全球范围内贸易信贷在农村信贷市场所占的重要份额。

在很多国家和地区农户可以从农业投入品供应商（供应种子、化肥、农药、农机具等的供应商）除购农业生产资料，或从农产品购买商（包括乡村代理人、加工厂主、批发商、零售商等）获得农产品销售的预付款，或者直接获取现金形式的贷款，并通过向其出售农产品的方式偿还贷款。企业和农户之间的这种交易安排将商品交易和信贷交易联结在一起，定义为"贸易信贷"，是一种互联带宽或捆绑信贷。它在农村金融市场上是一种重要而广泛的非正规金融形式。许多理论和实践研究表明，它在克服农村信贷市场上信息不对称、较高的交易成本、缺乏有效抵押品及违约率高等问题比正规金融显现出明显优势，对缓解农户普遍面临的信贷约束问题能起到积极的作用。

通过向贸易商放款，贸易商再向农户转贷，可以降低银行的交易成本。关于菲律宾的研究论证了互联机制不仅减低了违约风险（实际上是一种抵押品的替代），而且可以控制农产品的市场销售渠道。贸易商提供信贷，他们收购农户的农产品的价格通过低于市场价格，由于对分散的农户提供信贷服务交易成本大、违约风险大，商业银行、甚至合作性金融机构都不愿意提供金融服务，而这些金融服务是农户引进新的要素、新的技术所必需的。信贷与销售的融合是解决小农户传统的银行抵押贷款问题的一个有力工具。

作为"大农业"下的一个分支，我国的林业贸易信贷的发展也面临着同样的问题。随着集体林权制度改革的全面推进，林业产业化龙头企业迅速发展，"公司+基地+农户"的模式也日渐成熟。由林业产业化龙头企业通过与农户合作造林或基于订单林业的贸易信贷可将资金从金融机构传导至农户，从而缓解那些不能直接从金融机构贷款的农户所面临的信贷约束。福建省永安市木业有限公司通过"公司+农户"的方式为农户提供造林、育林资金支持，公司也通过与农户的林木收购合同保证了其原料供应。由此可见，林业贸易信贷既可以缓解农户的信贷约束，又有助于保证林产加工企业的原料供应，是能够实现双赢的金融安排。但在实践中，林业贸易信贷在我国并未呈现应有的繁荣景象。

随着我国林权改革制度的推进，林农投资造林、育林、护林的积极性普遍高涨，但是林农在得到了林权证之后，资金问题仍然没有很好地解决，林业中小企业也面临着同样的问题。而林农企业是否存在信贷约束以及如何解决即成为值得深入的课题。

一、林农面临的信贷约束总体概况及信贷约束因素分析

据有关调查显示，在申请贷款的林农当中，只有不到50%的林农获得了金融机构的贷款，几乎所有的林农还从信用社以外的渠道（银行、企业、集体、私人、亲戚和朋友等）借过钱和物，我们可以粗略地看出林农所面临的信贷约束情况。林农和林业中小企业融资难主要有以下几个因素：难于提供合适的抵押品；由于单户林农和林业中小企业规模较小，信息透明度低，所以金融机构与借款人的信息不对称程度大，贷款后监督成本大，导致金融机构不愿意为规模小的借款人提供贷款；林农与林业中小企业缺乏信誉记录，导致金融机构不愿借款。由于林木产品的生产周期长，生产投入大，易受气候影响，存在的风险较大，金融机构因此要承担较大的风险。林业产业资金供求矛盾突出，如果不能有效解决林农融资难的问题，将对我国林业发展产生巨大的阻碍作用。

二、发展基于订单林业下的贸易信贷

订单林业是农业产业化经营的一种重要形式，可以缓解农户难以从正规金融机构贷款的困境。订单林业下的贸易信贷之所以可以开展，是因为林业企业可以利用以往交易活动所捕获的信息，了解借款人的信誉、生产经营能力、财产收入状况；增加观察、监督借款人行为的机会，从而避免了由于信息不对称问题而导致的逆向选择与道德风险问题；通过提供技术支持、投入品及销售协议，降低生产经营失败的可能性而降低借款人的信贷风险；直接从林产品收购款中扣除贷款。通过企业与林农签订订单，可以建立起稳定的原料来源，监督和指导投入品的使用，确保收购的林产品的质量与数量，还可以打消林农对推广新产品的疑虑，促进经济的发展。

三、基于订单林业的贸易信贷运行机制

基于订单林业的贸易信贷或合作造林实际上是一个产品交易和信贷交易的互联制度。林产加工企业在生产之前和林农就生产、销售等各个环节签订契约，农业银行、农信社等农村金融机构以企业信用作为担保，以企业和林农之间的这种合作所带来的收益作依据，向林农提供贷款，林农借助企业信用获得贷款从事生产经营。此种模式适用于产品适销对路、供不应求、在某地区或较大范围内知名度较高的林产品生产过程中的信贷供给，由金融机构以林农手中持有的订单为担保或质押进行放贷。订单林业能将分散林农和林业技术服务、信贷服务等渠道有效地连接起来，还可把分散林农与有保障的、有利可图的产品市场联系起来。贸易信贷成为林农获得资金的一个重要来源，成为正规金融机构贷款的一种替代，其机理如图2-4所示。林业企业可以利用以往交易活动所捕获的信息，了解借款人（林农）信誉、生产经营能力、财产收入状况，通过提供技术服务、投入品及销售协议，降低林业生产经营失败的可能性，进而降低借款人的信贷风险，直接从林产品收购款中扣除贷款，采取将来不再提供贷款的"动态威胁"来激励借款人还款。同时，企业与林农签订订单，可以建立起稳定的原料来源。

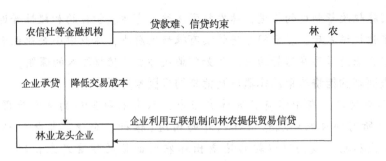

图 2-4 林业贸易信贷融资机制

四、林业贸易信贷融资典型案例

LY 公司是一家生产中密度纤维板的专业厂家，主要利用林区木材"三剩物"和"次小薪材"生产各种规格的中高密度纤维板，年生产能力 6.8 万 m^3，产值 7012 万元，年销售收入 6680 万元。产品主要销往广东、浙江、上海、江苏及福建等地，具有牢固的客户群体和良好的品牌优势。

LY 公司是 2001 年 3 月在邵武市政府招商引资政策的号召下来到邵武落户的。为了充分利用当地的林木资源，邵武市积极发展林木加工业，建立林业产业集群，对从外地来邵武投资落户的企业，政府都给予一定的政策优惠，如在兴建厂房、用水用电、税收等方面，尤其在原材料供应上，林业部门积极帮助企业组织原材料，而原料供应正是所有林产加工企业最关心的问题。

2005 年 4 月，在林业服务中心投融资窗口和基地办的牵线搭桥下，LY 公司先后与 11 户林农签订了《工业原料林基地专项资金借款合同》。合同规定，林农以林权证作为抵押物，由 LY 公司向林农提供借款，用于原料林的营造、施肥和抚育，到可采伐利用时，林农向企业按市场价定向销售林木产品，企业从应付贷款中直接划拨还款，不计利息，借款期限长达 7 年。此外，该公司还通过租山造林、部分投资模式与林农进行合作造林，这 2 种模式中同样隐含公司对林农的信贷供给。

农业金融实践

农户小额贷款信用评级

一、农户小额贷款现状

目前，农户融资困境的表现可概括为"四个短缺"：①资金总量供给短缺，使农村地区经济发展得不到足够的资金支持；②组织体系供给短缺，使涉农金融机构总量及结构难以满足需求；③金融产品供给短缺，使得金融产品与服务方式与三农需求存在脱节；④制度政策供给短缺，对农村金融需求和涉农金融机构发展缺乏主动性、制度性安排。

农村小额信贷在缓解广大农民贷款难、促进农民增收、增强农村信用社盈利能力等方面，发挥了其他信贷方式无法替代的重要作用，是实现农村经济发展、农村信用社自身发展"双赢"的现实选择。而影响农户小额信用贷款发挥正常效益的主要原因有以下 3 个方面：①农户小额信用贷款在推广使用过程中，由于农户认识和了解不足，信用观念和法制意识缺失，导致贷款逾期；②由于农村人口的流动性大、农村信用社客户经理队伍整体素质不高造成的贷后管理缺失，形成贷款逾期；③经济环境以及天灾人祸造成的"三农"抗风险能力差，直接影响到贷款质量。

当前，农户小额贷款存在的主要问题：信用评级体系极不完善，甚至大多数金融机构尚未建立这个体系。而当前主要的难点是：①在现有农户小额贷款信用评级体系极不完善甚至缺乏的情况下，如何有效构建出较为完善的适用于农户小额贷款的信用评级指标体系；②如何避免评价指标间的相互替代性（权重大、得分低的指标和权重小、得分高的指标具有相同的信用得分）对评价结果可靠性的冲击；③如何消除现有信用等级划分中违约概率阈值或信用得分区间人为主。

总而言之，我国农户面临严重的信贷约束，他们从正式金融机构融资非常困难，金融抑制下的农村信用社制度紊乱，城市和农村地区经济发展差别大，资金外流导致农村地区进一步加剧金融抑制困境。而建立和完善农户的信用风险评价体系是有效缓解农户融资困境、促进普惠金融发展的重要途径。只有制订一套科学客观的农户信用风险评价体系，才能正确指导和支持金融机构开展各项农户信贷业务，同时有效地规范农户信用贷款的标准。

二、农户小额贷款信用评级方法

1. 海选指标体系构建

（1）评价指标的海选

以标普、穆迪、惠誉等权威机构的信用评级指标为基础，结合中国邮政储蓄银行、中国农业银行等农户信用评级指标，建立反映农户小额贷款信用评价特点的海选指标体系。

（2）评价指标数据的预处理

综合评价中，为了消除由于指标单位和量纲不一致对评价结果的影响，常常需要对指标数据进行预处理，常见的数据预处理方法分为定量指标数据预处理和定性指标数据预处理。

对于定量指标，一般是根据指标的所属类型（正向、负向、区间或适中），采用标准化打分公式，将原始数据转化为[0，1]之间的标准化数值。对于定性指标，一般是通过实地访谈调研，结合专家知识经验，制订定性指标定量化打分标准，进行将定性指标转化为可以量化的标准化数值。在本案例中，通过对中国某商业银行总行风险管理部总经理、支行授信审批部经理、网点信贷部经理等多位银行实务专家进行访谈调研，并结合某省银监局及多所高校的10名专家学者的访谈建议，制订了适合农户小额贷款信用风险评价的定性指标打分标准，将定性指标转化为[0，1]区间的数，见表2-1所列。

表2-1 农户小额贷款定性指标打分标准

（1）序号	（2）准则层	（3）指标	（4）选项编号	（5）选项内容	（6）得分
1	X_1 基本情况	$X_{1,3}$ 婚姻状况	1	已婚有子女	1.00
2			2	已婚无子女	0.80
3			3	单身	0.40
4			4	离异无子女	0.20
5			5	离异有子女或数据缺失	0.00

(续)

(1)序号	(2)准则层	(3)指标	(4)选项编号	(5)选项内容	(6)得分
…	…	…	…	…	…
16	X_3 还款意愿	$X_{3,2}$ 居住状况	1	自有住房	1.00
17			2	按揭贷款购买的住房	0.75
18			3	共有住房	0.50
19			4	亲属住房	0.25
20			5	其他或数据缺失	0.00

2. 评价指标的定量筛选

定量筛选分为两步：剔除反映信息冗余的指标；遴选能显著影响农户违约损失大小的指标。

在准则层内通过共线性检验，删除相关性大的指标，避免指标反映信息重复。进而利用 Logistic 回归分析，保证引入的所有自变量对 Y 影响最显著，并将不显著的变量剔除，最终保留能够显著鉴别农户小额贷款违约的变量。

3. 农户小额贷款信用风险评价

指标的信息熵反映了其在农户信用评级中的重要程度。熵值越大，表明该指标所蕴含的信息量越大、在综合评价中所起的作用越大，指标越重要、权重也就应该越大；反之，权重越小。因而，可利用熵值法求解评价指标权重。

ELECTRE Ⅲ 评价（消去与选择转换评价）是应用较为普遍的一种复杂系统决策评价方法。在电厂选址、零售商选择、经济、环境、能源评价等诸多领域，现有研究已经证实 ELECTRE Ⅲ 方法能够克服指标之间的相互替代性，提供更加客观、实用的评价结果。该方法详见文献 Agis 等（2008）[13]。

依据各等级贷款农户数近似服从正态分布的特征，所有贷款农户可以分为 9 个等级（表 2-2）。

表 2-2 农户小额贷款信用等级划分标准

(1)信用等级	(2)样本比例	(3)信用状况	(4)备注
AAA	8%	特优	农户信用很好，还款能力强，还款意愿正常，授信风险小
AA	16%	优	
A	30%	良	
BBB	16%	较好	客户信用较好，授信有一定风险，需落实有效的保证、联保，以规避授信风险
BB	10%	一般	
B	8%	较差	客户信用较差，授信风险较大，应采取措施改善债务人的偿债能力和还款意愿，以确保信贷安全
CCC	6%	差	
CC	4%	很差	
C	2%	极差	

2.3 利息与利率的种类

2.3.1 理论基础

利息是指货币持有者(债权人)因贷出货币或货币资本而从借款人(债务人)手中获得的报酬。包括存款利息、贷款利息和各种债券发生的利息。

利息不仅可以为货币资本"定价",还可用来衡量金融产品的信用水平。概括地说,信用的衡量方式分为非市场方式和市场方式。非市场方式包括血缘、人情以及互惠等;市场方式包括市场签约、评级以及金融产品的市场出价和要价等,利息便属于此类。通常说来,品质越高的金融产品,市场定价(即利率)会越低;反之,品质较低的金融产品,市场定价会高一些。因此,我们可以借助利率水平的高低分辨某种金融产品的信用水平和风险水平。

2.3.1.1 马克思政治经济学观点

马克思主义认为利息实质是利润的一部分,是剩余价值的转化形式。货币本身并不能创造货币,不会自行增值,只有当职能资本家用货币购买到生产资料和劳动力,才能在生产过程中通过雇佣工人的劳动,创造出剩余价值。而货币资本家凭借对资本的所有权,与职能资本家共同瓜分剩余价值。因此,资本所有权与资本使用权的分离是利息产生的内在前提。而由于再生产过程的特点,导致资金盈余和资金短缺者的共同存在,是利息产生的外在条件。当货币被资本家占有,用来充当剥削雇佣工人的剩余价值的手段时,它就成为资本。货币执行资本的职能,获得一种追加的使用价值,即生产平均利润的能力。所有资本家追求剩余价值的利益驱使,利润又转化为平均利润。平均利润分割成利息和企业主收入,分别归不同的资本家所占有。因此,利息在本质上与利润一样,是剩余价值的转化形式,反映了借贷资本家和职能资本家共同剥削工人的关系。

2.3.1.2 现代经济学观点

现代经济学的研究更加侧重于对利息补偿的构成以及对利率影响因素的分析。其基本观点就是将利息看作投资者让渡资本使用权而索取的补偿或报酬,这种补偿一般包括2个部分,即对放弃投资于无风险资产机会成本的补偿和对风险的补偿。对于投资者而言,他至少可以投资国债这一几乎没有风险的资产,如果投资于其他有风险的资产,首先意味着必须放弃持有国债带来的利息收入,即无风险收益,因此需要对这部分损失(即放弃投资于无风险资产的机会成本)进行补偿,该补偿即为用国债利率表示的无风险利率。而且由于持有该风险资产相对于持有国债而言具有更高的风险,还需要根据该风险资产的风险高低对其进行风险补偿,这部分补偿称为风险溢价。因此,风险资产的收益率等于无风险利率和风险溢价相加之和。这一原理,已经成为现代金融资产定价的依据和基础。

2.3.2 利息与收益的一般形态

2.3.2.1 收益的一般形态

利息是资金所有者由于借出资金而取得的报酬,它成为资金所有者放弃该笔资金使用权而获得的收益。显然，利息的产生是与借贷活动密切相关的，没有借贷，就没有利息。

但在现实生活中，利息通常被人们看作收益的一般形态：无论贷出资金与否，利息都被看作资金所有者理所当然的收入——可能取得或将会取得的收入；与此相对应，无论借入资金与否，生产经营者也总是把自己的利润分成利息与企业收入两部分，似乎只有扣除利息后剩余的利润才是经营所得。于是，利息就成了一个衡量是否值得投资的尺度：如果利润总额与投资额之比低于利息率，则根本不应该投资；如果扣除利息，所余利润与投资额之比甚低，则说明经营效益不高。

2.3.2.2 收益资本化

利息转化为收益的一般形态，其主要作用在于导致了收益的资本化，即各种有收益的事物，不论它是否是一笔贷放出去的货币资金，甚至也不论它是否为一笔资本，都可以通过收益与利率的对比倒算出它相当于多大的资本金额，这便是收益的资本化。

收益资本化公式

$$P = \frac{C}{r} \tag{2-1}$$

式中　P——本金；

　　　C——收益；

　　　r——利率。

例如，一笔贷款 1 年的收益是 500 元，市场年平均利率是 5%，本金 = 500/5% = 10 000 元；

再如，一个人年工资 10 万元，按平均年利率 5% 计算，这个人"价值" = 10/5% = 200 万元；

再如，一块土地年平均收益是 1000 元，按年利率 5% 计算，那么这块土地价值多少？如果年利率是 10%，则土地价值是多少？

年利率 5%：土地价值 = 1000/5% = 20 000 元；

年利率 10%：土地价值 = 1000/10% = 10 000 元。

收益资本化是商品经济中普遍存在的一种规律，只要利息成为收益的一般形态，这个规律就会起作用。例我国市场经济发展过程中，这一规律正日益显示出其重要作用。例如，在土地的买卖和长期租用、相对工资体系的调整、住房价格的确定、有价证券的买卖活动以及技术转让、专利买卖等活动中，收益资本化规律都在相关价格形成中起着重要作用。随着我国市场经济的进一步发展，收益资本化规律的作用会不断扩大和深化。

2.3.3 利率的作用

在发达的市场经济中，利率的作用是相当广泛的。从微观角度说，对个人收入在消费与储蓄之间的分配，对企业的经营管理和投资等方面，利率的影响非常直接；从宏观角度说，对货币的需求与供给，对市场的总供给与总需求，对物价水平的升降，对国民收入分配的格局，对汇率和资本的国际流动，进而对经济成长和就业等，利率都是重要的经济杠杆。在西方经济学中，无论是微观经济学部分还是宏观经济学部分，在基本模型中，利率几乎都是最主要的、不可缺少的变量之一。

从宏观经济角度来看，利率具有以下作用：积累资金的功能；调节信贷规模的功能；调节国民经济结构的功能；抑制通货膨胀的功能；平衡国际收支的作用。从微观经济角度来看，利率具有以下作用：刺激企业提高资金使用效率；影响家庭和个人的消费与储蓄的分配比率；影响家庭和个人的金融资产投资。

在发达的市场经济中，利率的作用之所以较大，基本原因在于对于各个可以独立决策的经济人（企业、个人以及其他）来说，利润最大化、效益最大化是基本的准则，而利率的高低直接关系到他们的收益。在利益约束的机制下，利率也就有了广泛而突出的作用。

在我国过去的中央集中计划体制下，由于市场机制受到极强的压制，利率没有什么显著的作用。改革开放之后，市场调节提上了日程，利率越来越受到重视。其中，个人、个体经营者及非国有经济的其他各种成分，独立的决策权是自然而然的事情，所以可明显看出利率的作用有了很大提高。至于国有经济，特别是国有大中型企业，首先是独立的决策权仍有待进一步落实。在独立经营、自负盈亏、自我发展的自我约束机制还远未完善的条件下，利率的高低很难起到引导作用，如果利率提高不能促使其节约人力、物力消耗和加速资金周转，那么利率降低更会促成浪费。当企业无力从自己的盈利中解决一个相当部分的再投资需要（如扩大规模、更新改造和增补流动资金等）时，只要还得继续经营，多高的贷款利率也难以使贷款需求降下来。应该说，随着近年来市场机制的广泛引入，利率的作用在明显增强。

2.3.4 利率的分类

2.3.4.1 按计息时间分为年利率、月利率和日利率

年利率是以年为单位来计算利息的。月利率是以月为单位来计算利息的。日利率则是以日为单位来计算利息的。通常，年利率以本金的百分之几表示；月利率以本金的千分之几表示；日利率按本金的万分之几表示。三者之间可以按时间换算。例如，对于同样一笔贷款，年利率为7.2%，也可以用月利率6‰或者日利率0.2‰（每月按照30d计）来表示。

中国传统上还喜欢用"厘"作单位，年息1厘是指年利率为1%，月息1厘是指月利率为1‰，日息1厘则是指日利率为0.1‰。在民间，被经常使用的利率单位还有"分"，分为厘的10倍，如月息3分是指月利率为3%。在西方国家，习惯上以年利率作为表示利率的主要方式。中国曾以月利率为主，但随着国际化程度的推进，目前越来越多地采纳了以年利率作为标示利率的方法。

2.3.4.2 按照决定方式分为市场利率、官定利率和公定利率

市场利率是按照市场规律自发变动的利率，即由借贷资本的供求关系决定并由借贷双方自由议定的利率。

官定利率是一国货币管理部门或者中央银行所规定的利率。该利率规定对所有金融机构都具有法律上的强制约束。

公定利率是由非政府部门的民间组织，如银行公会、行业协会等，为了维护公平竞争所确定的属于行业自律性质的利率，也可称为行业利率。这种利率对行业成员尽管不具有法律上的约束力，但作为行业成员的金融机构一般都会遵照执行。

一般来说，无论是官定利率还是公定利率，通常都只是规定利率的上限或者下限，在上下限之间，则是由市场供求来对利率进行调节。

2.3.4.3 按照借贷期限内是否浮动分为固定利率与浮动利率

固定利率是指在整个借贷期限内，利息按照借贷双方事先约定的利率计算，而不是随市场资金供求状况所导致的利率变化进行调整。实行固定利率对于借贷双方准确计算成本与收益十分方便，适用于借贷期限较短或市场利率变化不大的情形。但在借贷期限较长、市场利率波动较大的情况下，则不宜采取固定利率。因为固定利率一经双方协定，就不能单方面变更。在此期间，通货膨胀和市场资金供求关系的变化使得借贷双方需要承担利率波动的风险。因此，在借贷期限较长、市场利率波动幅度较大且较频繁的情况下，借款协议通常会采取浮动利率的形式。

浮动利率是指在借贷期限内根据市场利率的变化定期进行调整的利率，多用于期限较长的借贷和国际金融市场上的借贷。在采取浮动利率计息的情况下，借贷利率通常会依据某一基准利率(如伦敦同业拆借市场利率)定期(通常为3~6个月)进行调整。这也使得浮动利率能够灵活反映市场资金的供求状况，更好地发挥利率的调节作用。与此同时，浮动利率可以定期进行调整，有利于降低利率波动风险，从而克服了固定利率的缺陷。但由于浮动利率变化不定，可能使得借贷成本的计算和核定相对复杂，并可能加重贷款人的负担。

在实行利率管制的国家，当局允许以官定利率为基准在规定的范围内上下浮动通常也叫浮动利率，但实际上是指官定利率的浮动区间，与国际上通用的浮动利率是有区别的。

2.3.4.4 按是否考虑币值变化分为实际利率与名义利率

在借贷过程中，借贷双方需要承担因币值变化导致物价变动的风险，物价水平上涨则债权人面临损失；物价水平下降则债务人的债务负担会增加。实际利率和名义利率的划分，正是从这一角度来加以考虑的。

名义利率，是央行或其他提供资金借贷的机构所公布的未调整通货膨胀因素的利率，即利息(报酬)的货币额与本金的货币额的比率，即指包括补偿通货膨胀(包括通货紧缩)风险的利率。

从名义利率剔除通货膨胀因素是实际利率，是指物价水平不变从而货币的实际购买力不变时的利率。

在市场上，只要存在物价水平的变动，所见到的各种利率就都是名义利率，实际利率不易直接观察到，需要进行计算后才能得到。但对经济产生实质性影响的，是不易观察到的实际利率。在物价水平变动成为一种常态的背景下，划分名义利率和实际利率的意义，在于它为分析利率变动及其影响提供了可靠的依据和行之有效的工具。

实际利率的计算公式为

$$i = \frac{1+r}{1+p} - 1 \tag{2-2}$$

式中　i——实际利率；

　　　r——名义利率；

　　　p——物价变动率。

如某一年的通货膨胀率为5%,名义利率为10%,则实际利率为多少?
$$i=(1+r)/(1+p)-1=1.1/1.05-1=4.76\%$$

名义利率适应通货膨胀(包括通货紧缩在内)的变化而变化并非同步的。在市场经济中也是这样。我国由政府管制的利率,在考虑是否需要调整和利率水平高低是否适当时,币值的变化是一个极其关键的因素。20世纪最后15年7次调整利率都是与通货膨胀率的涨落密切相关的。

2.3.4.5 按国家政策意向不同,分为一般利率和优惠利率

优惠利率是指国家通过金融机构对于认为需要重点扶植或照顾的企业、行业所提供的低于一般贷款利率水平的利率,如林业贴息贷款、绿色信贷等。

2.3.4.6 按照给定的不同期限分为即期利率与远期利率

即期利率是指对不同期限的金融工具以复利形式标示的利率。如3.00%、3.75%、4.25%、4.75%,即为我国自2012年7月6日以来实行的1年期、2年期、3年期、5年期定期存款按复利计息的即期利率。

远期利率是指隐含在给定即期利率中的从未来某一时点到另一时点的利率。

以存款金额为10 000元的2年期定期存款为例,其即期利率为3.75%,2年到期的本利和为:
$$10\,000\times(1+0.0375)^2=10\,764.06(元)$$

2年期存款的第一年,应该视为与存款1年期无差别,在理论上应该按照1年期定期存款计算利息,则第1年年末其本利和为:
$$10\,000\times(1+0.03)=10\,300.00(元)$$

如果存1年定期,则存款人在第1年年末拥有自由处置本利和的权利,假如他没有其他更好的投资方式可供选择,则可以再存1年定期,则到第2年年末的本利和为:
$$10\,300\times(1+0.03)=10\,609.00(元)$$

存2年期定期之所以可以多获得利息155.06元,就是因为放弃了在第2年期间对第1年的本利和10 300.00元的自由处置权。也即2年期定期存款与1年期定期存款相比,其较高的收益是来自于第2年,如果认为两者在第1年的利率应该相同,则2年期定期存款第2年的利率应该为:
$$(10\,764.06/10\,300-1)\times100\%=4.51\%$$

4.51%即为第2年的远期利率。如果要计算第3年、第4年……第n年的远期利率,也可以采取同样的方法进行推算。

远期利率使债权债务期限延长的价值具有了定量的说明。如果用f_i代表第i年的远期利率,用r_i代表i年期的即期利率,则第n年远期利率的计算公式为:
$$f_n=\frac{(1+r_n)^n}{(1+r_{n-1})^{n-1}}-1 \tag{2-3}$$

1年期和2年期的国债利率分别为3%和5%,则国债的第2年远期利率为:
$$f_n=\frac{(1+r_2)^2}{1+r_1}-1=7.04\%$$

由于远期利率是通过推算得到的，常称为隐含的远期利率。

林业金融实践

林业贴息贷款

我国林业贴息贷款政策最早于1986年出台，并随着我国财政、金融体制改革、林业改革发展的深入推进而不断完善，取得了突出成效。现行贴息政策基本要求为：中央财政对各类银行(含农村信用社和小额贷款公司)发放的符合贴息条件的贷款，安排一定比例的利息补助，通过引导，促进林业产业发展，实现增绿、惠民、富民的政策性目标。

《林业贷款中央财政贴息资金管理办法》中规定林业贷款是指各类银行(含农村信用社和小额贷款公司)发放的符合以下贴息条件的贷款：

①林业龙头企业以公司带基地、基地连农户的经营形式，立足于当地林业资源开发、带动林区、沙区经济发展的种植业、养殖业以及林产品加工业贷款项目。

②各类经济实体营造的工业原料林、木本油料经济林以及有利于改善沙区、石漠化地区生态环境的种植业贷款项目。

③国有林场(苗圃)、集体林场(苗圃)、国有森工企业为保护森林资源，缓解经济压力开展的多种经营贷款项目，以及自然保护区和森林公园开展的森林生态旅游项目。

④农户和林业职工个人从事的营造林、林业资源开发和林产品加工贷款项目。

贴息率与贴息期限：对各省(含自治区、直辖市、计划单列市，下同)符合本办法规定条件的林业贷款，中央财政年贴息率为3%；对大兴安岭林业集团公司和中国林业集团公司符合本办法规定条件的林业贷款，中央财政年贴息率为5%。林业贷款期限3年以上(含)的，贴息期限为3年；林业贷款期限不足3年的，按实际贷款期限贴息。对农户和林业职工个人营造林小额贷款，适当延长贴息期限。贷款期限5年以上(含)的，贴息期限为5年；贷款期限不足5年的，按实际贷款期限贴息。农户和林业职工个人营造林小额贷款是指在贴息年度内(上年10月1日至当年9月30日，下同)累计额小于30万元(含)的营造林贷款。贴息资金采取分年据实贴息的办法。对贴息年度内贷款期限1年以上(含)的林业贷款，按全年计算贴息；对贴息年度内贷款期限不足1年的林业贷款，按贷款实际月数计算贴息。

林业贴息贷款政策的设立、发展、完善，坚持从实际出发，体现了创新、协调、绿色发展的理念，以最广大的人民的根本利益为工作的出发点和落脚点。

1. 设立林业专项贴息贷款

为缓解国家投入不足，探索引入金融资本投入林业建设，保障和改善林区人民生活，1986年中国农业银行、林业部、财政部联合出台《关于发放林业项目贷款的联合通知》，正式设立林业项目贴息贷款。林业项目贴息贷款实施专门计划、专门资金、专门用途和专门管理。1986年，全国仅3亿元的林业项目贴息贷款为创新林业投融资方式打开了一扇窗，注入了一丝清泉。

2. 突破计划经济管理模式

2001年，伴随我国金融体制的重大改革，1986年以来先后设立的林业项目、森工企业多种经营、治沙和山区综合开发4个项目，林业专项贷款政策相继取消，林业贷款改由商业银行自主发放，林业贴息贷款不再具有指令性特征，从此开始了市场经济下商业贷款、政府择优重点扶持的管理模式。

3. 打破多项贴息壁垒限制

2005年，财政部、国家林业局联合出台了《林业贷款中央财政贴息资金管理规定》，林业贴息贷款政策迎来了划时代的重大突破。一是林业贷款贴息政策由此稳定下来。二是打破了非公有制企业林业贷款不予贴息的限制。三是取消了对贷款行的限制。将各银行业金融机构(含信用社)发放的符合规定的林业贷款纳入贴息范围，初步建立起了市场经济条件下国家扶持、各种市场经济主体均能参与的林业信贷扶持政策。

4. 突显兴林富民政策目标

2009年，为落实《中共中央 国务院关于全面推进集体林权制度改革的意见》要求，积极推进集体林权制度配套改革，财政部、国家林业局联合修订出台了《林业贷款中央财政贴息资金管理办法》，林业贷款贴息政策得到进一步发展完善。一是提高财政贴息比例，将年林业贷款贴息率提高到3%。二是鼓励资源培育，将各类经济主体从事木本油料经济林和沙区、石漠化地区的种植业贷款纳入贴息范围。三是促进林农增收，将林业小额造林贷款贴息期限延长到5年，并将小额贷款公司贷款纳入申报范围。

5. 落实资金整合简政放权

为加强和规范资金使用管理，推进资金统筹使用，2014年起，林业贷款中央财政贴息并入林业补助资金统一管理，现行贴息政策执行《林业改革发展资金管理办法》相关规定。现行规定加强了制度的顶层设计，为省级部门做好工作提供了遵循，主要包括取消贴息期限限制，适当放宽贴息范围，明确要求据实贴息，明确省级的监管职责，严格落实征信查询和公示公告，要求加强绩效管理。

阅读与思考

中国利率市场化进程

我国利率市场化改革采取渐进式，分步进行(即先外币再人民币、先贷款再存款、先大额再小额)，这样可以在整个改革过程中保持对利率的灵活管理。具体操作应按以下3个原则进行：

第一个原则是货币市场利率市场化优先。因为放松利率管制以后，中央银行仍然必须保持对利率的控制力，利率市场化而货币市场是中央银行调控金融机构头寸、实现货币政策意图的主要场所。

第二个原则是贷款利率市场化应先于存款利率市场化。利率市场化如果存款利率先于贷款利率放开，则会缩小贷款机构利差，进而导致其经营状况恶化。而贷款利率先于存款利率放开则会加大存款机构的利差，进而改善其经营状况。如果存贷款利率同时放开，存款利率上升除了会增加存款机构经济成本外，还会加速贷款利率上升，造成金融体系的剧烈动荡。

第三个原则是大额存款利率市场化要先于小额存款利率市场化。放开小额存款利率相当于放开存款市场的所有利率。利率市场化实际上，对小额存款进行利率管制以降低银行存款市场的竞争是许多国家长期采取的措施。利率市场化进程中，中央银行始终对利率和汇率信号保持足够的调控能力，并将资本账户放开的时间表和利率市场化的时间表错开是极其重要的。

一、萌芽期

1986年1月，国务院颁布《中华人民共和国银行管理暂行条例》，规定专业银行资金可相互拆借，资金拆借期限和利率由借贷双方协商议定。

1987年1月，在《关于下放贷款利率浮动权》的通知中，中国人民银行首次进行贷款利率市场化尝试。

1990年3月，《同业拆借试管理行办法》出台，确定拆借利率实行上限管理原则。

二、发展阶段

1993年，《国务院关于金融体制改革的决定》提出，中国利率改革的长远目标是：建立以市场资金供求为基础，以中央银行基准利率为调控核心，由市场资金供求决定各种利率水平的市场利率体系的市场利率管理体系。

1996年1月，全国范围内同业拆借市场正式成立；6月，中国人民银行放开了银行间同业拆借利率，此举被视为利率市场化的突破口。

1997年6月，银行间债券市场正式启动，同时银行间债券回购利率放开。

1998年，国家开发银行在银行间债券市场首次进行了市场化发债；中国人民银行改革了贴现利率生成机制，贴现利率和转贴现利率在再贴现利率的基础上加点生成，在不超过同期贷款利率(含浮动)的前提下由商业银行自主确定。

1999年10月，国债发行也开始采用市场招标形式，从而实现了银行间市场利率、国债和政策性金融债发行利率的市场化。

1998年、1999年，中国人民银行连续三次扩大金融机构贷款利率浮动幅度。央行行长周小川在发表的《关于推进利率市场化改革的若干思考》中坦承，2003年之前，银行定价权浮动范围只限30%以内。

1999年10月，中国人民银行批准中资商业银行法人对中资保险(放心保)公司法人试办由双方协商确定利率的大额定期存款(最低起存金额3000万元，期限在5年以上不含5年)，进行了存款利率改革的初步尝试。2003年11月，商业银行、农村信用社可以开办邮政储蓄协议存款(最低起存金额3000万元，期限降为3年以上不含3年)。

2000年9月，放开外币贷款利率和300万美元(含300万)以上的大额外币存款利率；300万美元以下的小额外币存款利率仍由中国人民银行统一管理。2002年3月，中国人民银行统一了中、外资金融机构外币利率管理政策，实现中外资金融机构在外币利率政策上的公平待遇。2003年7月，放开了英镑、瑞士法郎和加拿大元的外币小额存款利率管理，由商业银行自主确定。2003年11月,对美元、日元、港币、欧元小额存款利率实行上限管理。

2002—2003年,存款人试点范围扩大到社保基金、养老基金和邮政汇储局等机构。

三、攻坚阶段

2004年1月1日,中国人民银行再次扩大金融机构贷款利率浮动区间。商业银行、城市信用社贷款利率浮动区间扩大到[0.9,1.7],农村信用社贷款利率浮动区间扩大到[0.9,2],贷款利率浮动区间不再根据企业所有制性质、规模大小分别制订。扩大商业银行自主定价权,提高贷款利率市场化程度,企业贷款利率最高上浮幅度扩大到70%,下浮幅度保持10%不变。

2004年10月,贷款上浮取消封顶;下浮的幅度为基准利率的0.9倍,还没有完全放开。与此同时,允许银行的存款利率都可以下浮,下不设底。

2006年8月,浮动范围扩大至基准利率的0.85倍;2008年5月汶川特大地震发生后,为支持灾后重建,中国人民银行于当年10月进一步提升了金融机构住房抵押贷款的自主定价权,将商业性个人住房贷款利率下限扩大到基准利率的0.7倍。

2007年1月,上海银行间同业拆借利率(Shibor)正式运行。

四、全面放开阶段

2012年6月,央行进一步扩大利率浮动区间。存款利率浮动区间的上限调整为基准利率的1.1倍;贷款利率浮动区间的下限调整为基准利率的0.8倍。7月,再次将贷款利率浮动区间的下限调整为基准利率的0.7倍。

2013年7月,进一步推进利率市场化改革,全面放开金融机构贷款利率管制。将取消金融机构贷款利率0.7倍的下限,由金融机构根据商业原则自主确定贷款利率水平。并取消票据贴现利率管制,改变贴现利率在再贴现利率基础上加点确定的方式,由金融机构自主确定。

2014年,放开中国(上海)自贸试验区小额外币存款利率上限。

2014—2015年,存款利率浮动区间上限相继被调整为1.2倍、1.3倍、1.5倍。

2015年10月,央行对商业银行和农村合作金融机构等不再设置存款利率浮动上限。

2018年5月,央行发布《2018年第1季度中国货币政策执行报告》指出,推动利率"两轨"逐步合"一轨"。

阅读与思考

习近平总书记谈绿色金融

2016年8月30日,习近平总书记在中央全面深化改革委员会第二十七次会议上的讲话指出,发展绿色金融,是实现绿色发展的重要措施,也是供给侧结构性改革的重要内容。要通过创新性金融制度安排,引导和激励更多社会资本投入绿色产业,同时有效抑制污染性投资。要利用绿色信贷、绿色债券、绿色股票指数和相关产品、绿色发展基金、绿色保险、碳金融等金融工具和相关政策为绿色发展服务。

> 阅读与思考

绿色金融

绿色金融有两层含义：一个是金融业如何促进环保和经济社会的可持续发展，另一个是指金融业自身的可持续发展。前者指出"绿色金融"的作用主要是引导资金流向节约资源技术开发和生态环境保护产业，引导企业生产注重绿色环保，引导消费者形成绿色消费理念；后者则明确金融业要保持可持续发展，避免注重短期利益的过度投机行为。

绿色金融的定义：一是绿色金融的目的是支持有环境效益的项目，而环境效益包括支持环境改善、应对气候变化和资源高效利用；二是给出了绿色项目的主要类别，这对未来各种绿色金融产品包括绿色信贷、绿色债券、绿色股票指数等的界定和分类有重要的指导意义；三是明确了绿色金融包括支持绿色项目投融资、项目运营和风险管理的金融服务，说明绿色金融不仅仅包括贷款和证券发行等融资活动，也包括绿色保险等风险管理活动，还包括了有多种功能的碳金融业务。

根据2016年8月31日，中国人民银行等七部委发布的《关于构建绿色金融体系的指导意见》中，绿色金融定义为支持环境改善、应对气候变化和资源节约高效利用的经济活动，即对环保、节能、清洁能源、绿色交通、绿色建筑等领域的项目投融资、项目运营、风险管理等所提供的金融服务。

与传统金融相比，绿色金融最突出的特点就是，它更强调人类社会的生存环境利益，它将对环境保护和对资源的有效利用程度作为计量其活动成效的标准之一，通过自身活动引导各经济主体注重自然生态平衡。它讲求金融活动与环境保护、生态平衡的协调发展，最终实现经济社会的可持续发展。

绿色金融与传统金融中的政策性金融有共同点，即它的实施需要由政府政策来推动。传统金融业在现行政策和"经济人"思想引导下，或者以经济效益为目标，或者以完成政策任务为职责，后者就是政策推动型金融。环境资源是公共品，除非有政策规定，金融机构不可能主动考虑贷款方的生产或服务是否具有生态效率。

一、绿色金融的国际实践

从国际上来看，德国是"绿色金融"主要发源地之一，经过数十年的发展，其相关政策已经较为成熟，体系也比较完善。分析来看，德国实施"绿色金融"的经验主要有：

首先，国家参与。这是德国发展"绿色金融"过程中最重要特征。举例来说，德国出台政策，对环保、节能项目予以一定额度的贷款贴息，对于环保节能绩效好的项目，可以给予持续10年、贷款利率不到1%的优惠信贷政策，利率差额由中央政府予以贴息补贴。实践证明，国家利用贴息的形式支持环保节能项目的做法取得了很好的效果，国家利用较少的资金调动起一大批环保节能项目的建设和改造，"杠杆效应"非常显著。

其次，发挥政策性银行的作用。德国复兴信贷银行在整个"绿色金融"体系中始终发挥了重要的作用，不断开发出"绿色金融"产品。还值得一提的是，复兴银行的节能环保的金融产品从最初的融资到后期金融产品的销售都没有政府的干预，各项活动都通过公开透明的招标形式开展，保证了过程中的公正、透明，政府的主要作用就是提供贴息及制订相关的管理办法,这样保障了资金高效公平的使用。

最后,环保部门的认可。这是德国发展"绿色金融"取得成功的关键。在德国"绿色金融"政策实施过程中,环保部门发挥着重要的审核作用,以确保贴息政策能够准确地支持节能环保项目。每个节能环保项目要想得到贴息贷款,必须得到当地或上级环保部门的认可后才能申请。

二、绿色金融的中国实践

当前,我国进入了经济结构调整和发展方式转变的关键时期,绿色产业的发展和传统产业绿色改造对金融的需求日益强劲,尤其随着我国"2030年碳达峰、2060年碳中和"国家战略目标的提出,生态文明建设的推进,"绿色金融"越来越受到国内金融机构、金融部门以及社会各界的关注。特别是成为银行业发展的新的趋势和潮流。

2019年11月,中国人民银行发布的《中国绿色金融发展报告(2018)》显示,绿色金融发展取得新成绩和新进展。截至2018年年末,全国银行业金融机构绿色信贷余额为82 300亿元,同比增长16%;全年新增11 300亿元,占同期企业和其他单位贷款增量的14.2%。2018年绿色企业上市融资和再融资合计224.2亿元。绿色基金、绿色保险、绿色信托、绿色PPP、绿色租赁等新产品、新服务和新业态不断涌现。

中国人民银行发布的数据显示:截至2021年一季度末,我国本外币绿色贷款余额130 300亿元,同比增长24.6%,高于各项贷款增速12.3个百分点,其中投向具有直接和间接碳减排效益项目的贷款分别为64 700亿元和22 900亿元,合计占绿色贷款的67.3%。2021年第一季度,我国绿色贷款保持较快增长,分用途看,基础设施绿色升级产业和清洁能源产业贷款余额分别为62 900亿元和34 000亿元,同比分别增长25%和17.2%。分行业看,交通运输、仓储和邮政业绿色贷款余额38 500亿元,同比增长15%;电力、热力、燃气及水生产和供应业绿色贷款余额37 300亿元,同比增长19.7%。

自2020年9月我国"碳达峰、碳中和"的目标提出后,券商正在发挥业务所长方面,积极开启"碳"索之旅。2021年7月国泰君安证券与中金公司成功落地首单挂钩CFETS银行间碳中和债券指数收益互换,该笔交易同时成为市场首单通过CFETS交易系统完成的线上收益互换交易。据悉,未来券商将继续推动"碳中和"等绿色主题相关金融工具及衍生产品的创新和发展,积极组织市场成员探索绿色金融服务,支持市场成员间及向客户开展碳中和相关衍生品交易,充分发挥衍生品在价格发现、资源配置、风险管理等方面的作用,为绿色金融市场发展创造有利条件。

尤其,2021年7月16日9时15分,全国碳市场启动仪式于北京、上海、武汉三地同时举办,备受瞩目的全国碳市场正式开始上线交易。建设全国统一碳排放权交易市场是以习近平同志为核心的党中央作出的重要决策,是利用市场机制控制和减少温室气体排放、推动经济发展方式绿色低碳转型的一项重要制度创新,也是加强生态文明建设、落实国际减排承诺的重要政策工具。全国碳排放权交易市场(简称碳市场)正式启动,标志着绿色金融中全球规模最大的碳金融市场正式运行,碳市场具有天然的金融属性,故也可称为碳金融市场。早在2011年,北京、天津、上海等地开展了碳排放权交易试点工作。2017年年底,中国启动碳排放权交易。2021年元旦起,全国碳市场发电行业第一个履约周期正式启动。2021年5月浦发银行携手上海环境能源交易所,为申能碳科技有限公司落地全国首单碳排放权(SHEA)、国家核证自愿减排量(CCER)组合质押融资。将两种碳资产组合运用,既充分挖掘了企业 SHEA 的资产价值,又有效释放了 CCER 对于节能减排的社会价值,充分发挥了碳交易在金融资本与实体经济之间的联通作用。全国碳市场的启动将大幅提升碳交易水平和规模,为银行业金融机构进一步拓展碳金融业务提供了广阔的市场空间。碳金融市场是成熟碳市场的重要组成部分,有助于提高碳交易市场的有效性,合理配置资源,吸引更多投资者,从而增加企业的减排意愿、扩大减排效应。

1. 兴业银行的绿色金融实践

作为绿色金融先行者,兴业银行深耕绿色金融十多年,先后牵头主承销了全国首单蓝色债券、全国首批碳中和债券、全国首单权益出资碳中和债券、全国首单绿色乡村振兴债券等,为加快推进我国经济社会绿色低碳发展,助力碳达峰、碳中和目标实现提供有力金融支持。由兴业银行牵头主承销的"广西柳州钢铁集团有限公司2021年度第一期中期票据(可持续挂钩)"在银行间市场成功发行,成为全国首批可持续发展挂钩债券,也是广西壮族自治区首单可持续发展挂钩债券。"林票制"是指国有林业企事业单位与村集体经济组织及成员共同出资造林或合作经营现有林地,由合作双方按投资份额制发的股权(股金)凭证,具有交易、质押、继承、兑现等功能。林票质押,不仅打破森林资源流通性差的壁垒,完善林票资本权能,实现资源变资产的转换,利用金融资源配置引导实体经济绿色发展。2021年4月2日,兴业银行三明分行向福建省三明市沙县林农杨孙忠发放149万元林票质押贷款,用于购买苗木,扩大生产,成为全国落地的首笔林票质押贷款。权益出资型碳中和债券主要指募集资金专项用于具有碳减排效益的企业权益投资的绿色金融债务融资工具。由兴业银行牵头主承销的"华电福新能源有限公司2021年度第一期绿色中期票据(碳中和债)"在银行间市场成功发行,成为全国首笔权益出资型"碳中和"债券,也是福建省首单"碳中和"主题债券。

2021年中央"一号文件"提出要大力实施乡村建设行动,实施农村人居环境整治提升五年行动,统筹农村改厕和污水、黑臭水体治理,因地制宜建设污水处理设施。4月22日,由兴业银行牵头主承销的"嘉兴滨海控股集团有限公司2021年度第二期绿色中期票据(专项乡村振兴)"在银行间市场成功发行,为全国首笔绿色乡村振兴债券,也是浙江省首单乡村振兴领域债券。该期项目建成后将从源头上扭转片区生态环境恶化趋势,有效缓解水体污染,显著改善当地的人居环境,方便周边居民的生产生活,提高居民的生活质量。根据污水量及污水处理厂进出水水质情况测算,项目实施预计每年可削减 COD(化学需氧量)等有害物质 2.5 万 t 左右。

在中国人民银行杭州中心支行的指导和推动下,2021年7月16日,兴业银行杭州分行为浙江某环保能源公司成功办理全国首笔碳排放权质押贷款业务,金额1000万元,这是全国首例以全国碳排放配额为质押物的贷款,也是浙江省首单"碳排放配额"质押贷款。该笔业务创新采用"第三方碳排放配额"质押的融资模式,将该公司下属子公司持有的全国碳排放配额作为质押物,参考全国碳排放权交易市场首笔碳排放权交易价格,通过人民银行征信中心下属的动产融资统一登记公示系统(中登网)进行质押登记和公示,有效打通了碳排放配额质押的各环节和流程，盘活了企业的碳配额资产，是碳金融支持碳达峰碳中和的有益探索和创新实践。2021年8月13日，兴业银行杭州分行为浙江万马天屹通信线缆有限公司发放了1000万元的"双碳贷"，资金用于企业的绿色经营生产。"双碳贷"是兴业银行杭州分行依托"天目临碳"数智大脑记录的企业"碳账户"信息，针对综合碳效为"先进级"的企业，推出的一款专项金融产品。该产品将企业的碳排放数据纳入企业授信准入、授信审批和利率审批环节，开通专项绿色审批通道，优先保障信贷规模，并提供利率优惠，切实帮低碳企业降低融资成本。2021年8月18日，兴业银行青岛分行以胶州湾湿地碳汇为质押，向青岛胶州湾上合示范区发展有限公司发放贷款1800万元，专项用于企业购买增加碳吸收的高碳汇湿地作物等以保护海洋湿地，成为全国首单湿地碳汇贷。

2. 中国建设银行的绿色金融实践

近年来，中国建设银行积极开展新金融实践，运用金融手段解决社会痛点难点问题，在推进生态优先、绿色发展方面进行了有益的探索，取得了比较显著的成效。在全球绿色发展潮流的带动下，中国建设银行在绿色资本市场中更是积极作为、创新实践，主动承担起国有大行引领绿色市场的先行者责任，对推动境内外绿色资本市场发展作出了一系列有益的探索，精心打造"飞驰绿鑫"绿色投融平台，发展出与传统绿色信贷有机互补、投贷承联动的绿色金融服务新模式。

作为国有大行和全球系统重要性银行，多年来，中国建设银行积极承担生态文明建设社会责任，在发展绿色金融方面勇于担当、主动作为、锐意创新，取得了积极成效。

强化绿色金融顶层设计。普及推广绿色金融理念，深入推进绿色发展战略，科学设计绿色金融发展制度框架，树立了良好品牌形象。2015年，中国建设银行设立绿色信贷委员会，支持绿色信贷业务发展。2016年，制定《绿色信贷发展战略》和《绿色信贷业务发展指导意见》。2018年召开绿色信贷工作推进会，调整设立绿色金融委员会。2019年召开绿色金融工作座谈会，首次提出培育绿色金融新优势。同年正式加入并签署《"一带一路"绿色投资原则》，大幅提升绿色金融战略地位。中国建设银行不断优化绿色金融支持政策，在资源投入上，对绿色信贷纳入经济资本和贷款战略性专项配置，对新发放绿色贷款项目经济资本占用给予倾斜支持，有效释放绿色信贷规模；在考核评价上，完善分行绿色金融评价体系，将绿色信贷纳入综合经营计划和关键业绩指标（KPI）考核，加大激励力度；在客户选择上，把客户环境和社会风险嵌入信贷流程，增强客户甄别、选择能力。截至2019年年末，中国建设银行绿色贷款余额11 800亿元，较年初增长1355亿元；绿色贷款不良额总计103亿元，不良率0.88%，较全行平均不良率低1.55个百分点，成为改善资产质量的重要推手。2019年，全行绿色信贷支持项目节约标准煤3197万t，较上年增加185万t；减排二氧化碳当量7233万t，较上年增加307万t，有力推动经济社会绿色转型。

创新绿色金融发展模式。中国建设银行充分发挥金融科技优势，利用现代信息技术积极探索绿色金融发展新举措、新手段、新模式。比如，总行搭建"智汇生态"绿色金融服务平台，高效撮合建筑节能等新兴领域项目，助力银政企需求精准对接；广东分行瞄准绿色出行，推出绿色e销通、绿色电桩融、绿色租融保等产品；新疆分行针对西北干旱气候，围绕节水难题，搭建"农业全产业链云平台"，探索生态友好发展道路；浙江分行把握环境权益物权化发展态势，推出"排污权融资贷"，推动传统产业转型升级；贵州分行通过绿色资产证券化工具，支持多能互补分布式能源中心建设，探索清洁能源智能化调度方式。

提升绿色金融服务水平。充分发挥金融全牌照优势，以银行业为主，结合证券、基金、信托、租赁、保险等各种现代金融业态，激活全市场投融资服务功能，丰富多层次绿色金融产品。在绿色金融债、绿色信贷资产支持证券发行等方面实现历史性突破。2019年，中国建设银行以应对全球气候变化为主题境外发行5亿欧元绿色债券和10亿美元可持续发展债券，承销首单银行间市场绿色建筑熊猫债，发行市场首单44亿元引入债券通机制的绿色信贷资产支持证券，以创始股东身份积极设立国家绿色发展基金。各子公司也积极创新绿色定制化产品，建信租赁以"链式租赁"模式助推新能源汽车租赁，绿色租赁资产余额占比26%；建信理财2020年以来为120只绿色债券配置资金136亿元；建信信托积极开展绿色项目股权投资，开展绿色资产证券化业务13.3亿元。

筑牢绿色金融风险底线。积极研究环境和社会风险压力测试技术方法，实现对环境和社会风险的系统化、主动化、智能化管控，做到早预判、早部署、早安排。一是深化系统化管控。整合外部环境监测信息和自身资产组合信息，紧盯污染严重、环境违法违规问题突出的区域和行业，精准定位环保问题"黑天鹅"。二是优化主动化管控。积极应用环保信息科技发展新成果，加强环境敏感区域和环境敏感行业的识别，主动调整信贷结构，对不符合环保要求的信贷项目，严格实行"一票否决制"。三是强化智能化管控。充分利用大数据工具，通过风险预警平台提前识别风险隐患、定向推送风险信息、分级预警分类管理，未雨绸缪，警钟长鸣，确保守牢风险底线。

当前，商业银行发展绿色金融是大势所趋，对于商业银行而言，既是挑战，也是机遇。尽管我国商业银行在绿色金融发展的道路上不断探索前进，取得了一定成效，但仍然面临着许多挑战，主要可以分为市场环境角度和商业银行自身角度。从市场环境来看，一是绿色金融标准体系不够健全。我国绿色金融顶层设计相对较为完善，而标准体系建设相对较为滞后；二是缺乏合理有效的激励机制。从商业银行自身来看，一是绿色金融产品与服务缺少针对性；二是绿色项目存在信息不对称现象；三是绿色金融运营能力尚显不足；大部分商业银行缺少环境、金融及法律等方面复合型人才和团队，在从事绿色金融项目的评估、授信审批等业务的团队及人员方面有所欠缺，且尚未建立绿色金融相关的完整组织机构，制约了商业银行绿色金融业务的发展。

因此，在我国当前绿色金融发展局势下，金融机构和金融部门应采取有效措施，借鉴国内外成功经验，积极解决所面临的挑战，充分利用政策优势，优化顶层设计，深化科技创新，加强人才的培养，由点及面地助推绿色金融发展。

2.4 货币的时间价值

货币的时间价值是指货币和再投资所增加的价值，也称为资金的时间价值。本杰明·弗兰克说：钱生钱，并且所生之钱会生出更多的钱。这就是货币时间价值的本质，当前拥有的货币比未来收到的同样金额的货币具有更大的价值,因当前拥有的货币可以进行投资,复利。即使有通货膨胀的影响,只要存在投资机会,货币的现值就一定大于它的未来价值。利息中对货币机会成本的补偿,就是补偿货币的时间价值。

利率是借贷期满的利息总额与贷出本金总额的比率。其基本公式为:

$$利息率 = \frac{借贷期内的利息额}{借贷本金额} \times 100\% \tag{2-4}$$

$$年利率 = 月利率 \times 12 = 日利率 \times 365 \tag{2-5}$$

利率的计算有两种基本方法,即单利法和复利法。

2.4.1 单利法

单利法是指在计算利息额时,只按本金计算利息,而不将利息额加入本金进行重复计算的方法。其计算公式为:

$$S = P + I = P(1 + rn) \tag{2-6}$$

式中 I——利息额;
  r——利率;
  P——本金;
  n——期限;
  S——本息和。

例 1:本金 1000 元,年利率为 10%,期限为 3 年,按单利计算,则 3 年后的本息和 $S = 1000 + 1000 \times 10\% \times 3 = 1300$ 元。

2.4.2 复利法

复利法与单利法相对应,是指将按本金计算出来的利息额再计入本金,重新计算利息的方法。其计算公式如下:

$$S = P(1 + r)^n \tag{2-7}$$

式中 r——利率;
  P——本金;
  n——期限;
  S——本息和。

例 2:本金 1000 元,年利率为 10%,期限为 3 年,按复利计算,则 3 年后的本息和 $S = 1000(1 + 10\%)^3 = 1331$ 元。

复利更能反映利息的本质特征。就本质而言,复利和单利仅仅是利息计算方式的不同而已。只要承认利息的合理性,就等同于承认资本可以依据其所有权获得一部分增加值,从而取得一部分社会产品的分配权,进而认可复利的合理性。因为认可利息,也就等于认可了可以凭借资本所有权获得额外的报酬,最初凭借本金而获得的利息也就应该享有与本金同样的进一步获得额外报酬的权利。

2.4.3 终值与现值

在未来某一时点上的本利和,也称为"终值"。其计算式就是复利本利和的计算式。

未来某一时点上一定的货币金额,把它看作是那时的本利和,就可按现行利率计算出要取得这样金额在眼下所必须具有的本金。这个逆算出来的本金称"现值",也称"贴现值"。计算公式是:

$$P = S \cdot \frac{1}{(1+r)^n} \tag{2-8}$$

式中 r——利率;
P——现值;
n——期限;
S——终值。

例3:现值在实际中的应用:一建设项目建设期为3年,投资有2种方案:第1年年初投资500万元,第2年与第3年年初各投资200万元;第1年年初投资100万元,第2年年初投资300万元,第3年年初投资600万元。如果市场投资收益率为15%,则哪种方案最优?

第一种方案的投资现值:$I_1 = 500 + \frac{200}{1+15\%} + \frac{200}{(1+15\%)^2} = 825(万元)$;

第二种方案的投资现值:$I_2 = 100 + \frac{300}{1+15\%} + \frac{600}{(1+15\%)^2} = 815(万元)$。

所以,方案二优于方案一。

贴现:把未来某一时期的资金值按一定的利率水平折算成现在时期的资金值。贴现公式为:

$$PV = \frac{R_1}{(1+i)} + \frac{R_2}{(1+i)^2} + \cdots + \frac{R_k}{(1+i)^k} + \cdots + \frac{R_n}{(1+i)^n} = \sum_{k=1}^{n} \frac{R_k}{(1+i)^k} \tag{2-9}$$

式中 PV——资产的现值;
$R_1, R_2, \cdots, R_n$——当期预期第1,2,…,n的收益;
i——贴现率。

如一项投资利率为 i,分期还本付息,第1年本利和为 R_1 元,第2年本利和为 R_2,…,第 n 年本利和为 R_n 元,而 n 年后还有 J 元的剩余价值,则这项投资的现值为:

$$PV = \sum_{k=1}^{n} \frac{R_k}{(1+i)^k} + \frac{J}{(1+i)^n} \tag{2-10}$$

例4:假定某债券期限为4年,息票收益为50元,债券收益率为5%,债券到期收回本金为1000元,则该债券的市场价格是

$$PV = \frac{50}{(1+5\%)} + \frac{50}{(1+5\%)^2} + \frac{50}{(1+5\%)^3} + \frac{50+1000}{(1+5\%)^4} = 1000$$

如果债券收益率提高到6%,则债券价格为:

$$PV = \frac{50}{(1+6\%)} + \frac{50}{(1+6\%)^2} + \frac{50}{(1+6\%)^3} + \frac{50+1000}{(1+6\%)^4} = 965.34$$

通常将计算现值的过程称为贴现,也称其为现金流贴现分析。计算现值时所使用的利率,通常称为贴现率。从以上计算现值的公式可知,在其他条件相同的情况下,现值的大小与贴现率负相关,即贴现率越大,现值越小;贴现率越小,现值越大。

2.5 利率的决定

当进行金融投资的时候,我们需要比较各种金融资产的投资收益率。金融资产的名义利率在一定程度反映了其投资收益率。因此,我们首先可能会去比较其名义利率。初步的比较我们就会发现以下几个问题:

①相同期限的不同金融资产具有不同的利率 如图2-5所示,同为1年期限的银行存款和国债的利率是不同的,同为10年期限的国债和企业债的利率也是不同的。

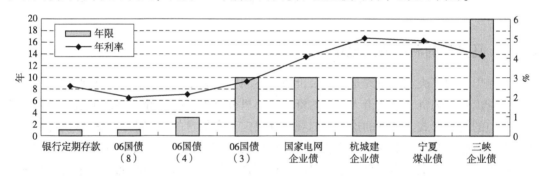

图2-5 1年期金融资产利率

②不同期限的国债的利率是不同的,不同期限的银行存款的利率也是不同的 是什么原因导致了这些差异?如图2-6所示。

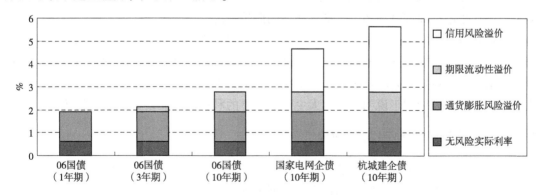

图2-6 我国几种金融资产的利率结构分解

第一种差异是由于不同金融资产的风险差异导致的,它被称为利率的风险结构。
第二种差异是由于金融资产的不同期限导致的,称为利率的期限结构。
第三种差异是利率水平的变动导致的。

在此，我们将分别讨论利率水平以及利率的风险结构和期限结构的决定。利率的期限结构反映了不同期限的金融资产的期限溢价；利率的风险结构反映了不同金融资产的风险溢价；而扣除风险和期限差异后的无风险短期实际利率的高低及其变动，则反映了经济供求状况等因素的影响。

因此，我们在分析利率决定时，必须对它们进行分类讨论。

作为无信用风险的国债，其名义利率是不含有信用风险溢价的，但是却都含有通货膨胀风险溢价。但不同期限国债的期限溢价是不同的。企业债券是(信用)风险债券，它们的利率还应该包括信用风险溢价。不同企业债券的信用风险是不同的。通货膨胀风险溢价是对通货膨胀导致的货币购买力损失的一种补偿。

无风险实际利率的高低及其变动将影响所有的金融资产利率。一般利率水平的决定就是指无风险实际利率的决定。在现代经济中，由于资金的流动支配着实物资源的流动，利率作为货币资金的价格，其高低是否合理自然会对资金流动和资源配置产生重要影响。因此，利率水平如何决定，哪些重要因素会导致利率的变化，是金融理论中极重要的内容。

2.5.1 马克思的利率决定理论

马克思对利率决定的研究是以剩余价值在不同资本家之间的分割作为起点的。他认为利息是贷出资本的资本家从借入资本的资本家那里分割出来的一部分剩余价值，而利润是剩余价值的转化形式。利息的这种质的规定性决定了它的量的规定性，即利息量的多少取决于利润总额，利息率取决于平均利润率。正如马克思所说："因为利息只是利润的一部分，所以利润本身就成为利息的最高界限，达到这个最高界限，归职能资本家的部分就会等于零。"可见，平均利润率构成了利息率的最高界限。至于利息率的最低界限，从理论上说是难以确定的，它取决于职能资本家与借贷资本家之间的竞争。但不管怎样总不会等于零，否则借贷资本家就不会把资本贷出。因此，利息率的变化范围在零与平均利润率之间。当然，也不排除利息率超过平均利润率的偶然情况。

马克思进一步指出，在平均利润率与零之间，利息率的高低取决于两个因素：一是利润率，二是总利润在贷款人和借款人之间进行分配的比例。这一比例的确定主要取决于资金的供求关系及借贷双方的竞争，一般来说，资金供大于求时利率下降；供不应求时利率上升。马克思的理论对于说明社会化大生产条件下的利率决定问题具有指导意义。

2.5.2 古典学派的利率决定理论

西方经济学中关于利率决定的理论全都着眼于利率变动取决于怎样的供求对比。总的来说，对决定因素的观察不断加细；观察角度则各有不同。

在凯恩斯主义出现以前，传统经济学中的利率理论，现在人们称之为实际利率理论。这种理论强调非货币的实际因素在利率决定中的作用。它们所注意的实际因素是生产率和节约。生产率用边际投资倾向表示，节约用边际储蓄倾向表示。这里所说的"储蓄"是指经济学使用的观念，等于收入减消费(比我们日常所用的银行储蓄存款的储概念包括的范围大)。投资流量会因利率的提高而减少,储蓄流量会因利率的提高而增加,故投资是利率的递减函数,储蓄是利率的递增函数。而利率的变化则取决于投资流量与储蓄流量的均衡。

图 2-7 中,II 曲线为投资曲线,曲线向下倾斜,表示投资与利率之间的负相关关系;SS 曲线为储蓄曲线,曲线向上倾斜,表示储蓄与利率之间的正相关关系。两条线的交点所确定的利率 r_0 为均衡利率。如果有些因素引起边际储蓄倾向提高,则 S 曲线向右平移,形成 $S'S'$ 曲线,后者与 II 曲线的交点所确定的利率 r_1 即为新的均衡利率。显然,在投资不变的情况下,储蓄的增加会使利率水平下降。

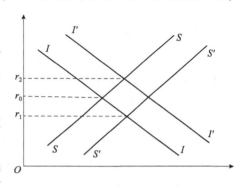

图 2-7 实际利率理论

如果有些因素引起边际投资倾向提高,II 曲线向右平移,形成 $I'I'$ 曲线,则 $I'I'$ 曲线与 SS 曲线的交点确定新的利率均衡点 r_2。显然,若储蓄不变、投资增加,则有均衡利率的上升。

20 世纪 30 年代严重的世界性经济危机爆发以后,以利率自动调节为核心的"古典"利率理论遭到了前所未有的挑战,利率的自动调节并不能实现经济运行的均衡。

2.5.3 凯恩斯的流动性偏好理论

凯恩斯的流动性偏好理论更加重视货币因素对利率决定的影响。凯恩斯认为,利率取决于货币供求数量的对比,货币供给量由货币当局决定,而货币需求取决于人们的流动性偏好。在货币供给不变的情况下,人们的流动性偏好增强,意愿持有的货币数量(即货币需求)随之上升,利率也会随之走高;反之,人们的流动性偏好减弱,会导致意愿持有的货币数量下降,利率也会随之走低。

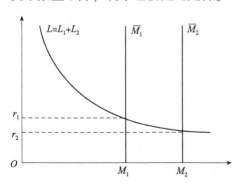

图 2-8 凯恩斯的流动性偏好理论

货币供给曲线是由货币当局决定的外生变量,它是一条垂直于横轴的直线,货币供给增加会导致供给曲线右移和均衡利率走低,货币供给减少则会导致供给曲线左移和均衡利率走高。流动性偏好曲线即货币需求曲线,它是一条向右下方倾斜的曲线,流动性偏好增强会导致货币需求曲线上移和均衡利率走高,流动性偏好减弱则会导致货币需求曲线下移和均衡利率走低。凯恩斯认为,随着利率不断下降至非常低的位置,以至于不可能再下降时,人们就会产生利率将会上升、债券价格将会下跌的预期,人们对流动性的偏好就会趋于无穷,货币需求的利率弹性也会变得无限大,此时无论增加多少货币供给,都会被人们储存起来,这就是著名的流动性陷阱假说。流动性偏好曲线右方趋于平行的部分即为"流动性陷阱",此时供给再多的货币也无法使利率进一步下降(图2-8)。

与实际利率理论关注投资和储蓄的角度不同,流动性偏好利率论是从货币供求对比的视角来分析利率的变化趋势。由于货币供求受短期因素的扰动较大,该理论在分析短期利率走势的变化时更具说服力。

2.5.4 可贷资金理论的利率决定

凯恩斯的利率理论在学术界曾引起争论。反对方的典型代表是英国的罗伯逊与瑞典的俄林,他们提出的"可贷资金理论"一方面反对古典学派对货币因素的忽视,认为仅以储蓄、投资分析利率过于片面,另一方面也抨击了凯恩斯完全否定非货币因素在利率决定中的作用的观点。

按照可贷资金理论,借贷资金的需求与供给均包括2个方面:借贷资金需求来自某期间的投资流量和该期间人们希望保有的货币余额;借贷资金供给则来自同一期间的储蓄流量和该期间货币供给量的变动。用公式表示:

$$D_L = I + M_D \tag{2-11}$$

$$S_L = S + M_S \tag{2-12}$$

式中　D_L——借贷资金的需求;

　　　I——投资;

　　　S_L——借贷资金的供给;

　　　M_D——该时期内货币需求的改变量;

　　　S——储蓄;

　　　M_S——该时期内货币供应的改变量。

显然,作为借贷资金供给一项内容的货币供给与利率呈正相关关系;而作为借贷资金需求一项内容的货币需求与利率则呈负相关关系。就总体来说,均衡条件为:

$$I + M_D = S + M_S \tag{2-13}$$

这样,利率的决定便建立在可贷资金供求均衡的基础之上。该理论认为,在投资和储蓄实际因素保持不变的情况下,货币供求力量的对比将会导致利率的变动。从这一意义上讲,利率变动在一定程度上是一种货币现象。由于可贷资金总量在很大程度上受制于中央银行,货币政策也就成了利率决定中必须考虑的重要因素。

2.5.5 模型与利率决定

IS-LM模型是由英国经济学家约翰·希克斯根据凯恩斯宏观经济理论框架创建,后经美国经济学家汉森加以完善和发展的一个经济模型,也称希克斯-汉森模型。

IS-LM模型将市场划分为商品市场和货币市场,认为国民经济均衡是商品市场和货币市场同时出现均衡。该模型在进行利率分析时,加入了国民收入这一重要因素,认为利率是在既定的国民收入下由商品市场和货币市场共同决定的。

如图2-9所示,IS曲线是商品市场均衡时利率r与收入Y的组合,由于利率与市场需求呈负相关,从而r与Y负相关。LM曲线为货币市场均衡时利率r与收入Y的组合。货币

需求与 Y 正相关，与 r 负相关，在货币供给为外生变量的假设前提下，必须使 Y 和 r 同向变动才能保持货币市场的均衡，即在 LM 曲线上 r 与 Y 正相关。

将 IS 曲线和 LM 曲线放到同一图上，两者的交点即为商品市场和货币市场同时达到均衡时的利率和收入水平，这对宏观经济问题的分析具有非常重要的意义。当 IS 曲线和 LM 曲线发生移动时，均衡利率也必然会发生变动。由于 IS 曲线的移动是由投资和储蓄变动引起的，LM 曲线的移动是由货币

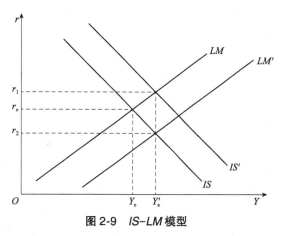

图 2-9 *IS-LM* 模型

供求的变化引起的，因此这些变量的变动都将改变均衡利率的位置，并引起均衡收入的变化。

阅读与思考

金融助力复工复产与金融报国情怀

2020 年突如其来的新冠肺炎疫情，打乱了很多人的计划，也让很多人措手不及。疫情发生以来，在以习近平总书记为核心的党中央坚强领导下，全党全国人民团结一致、共同努力，全国疫情防控形势持续向好、生产生活秩序加快恢复的态势不断巩固和拓展，统筹推进疫情防控和经济社会发展工作取得积极成效。企业复工复产，金融保障不可或缺，发挥了重要的作用。

当前国内疫情防控形势持续向好，各地企业陆续复工复产，金融机构也不断创新完善支持方式。提供专项信贷额度，加大贷款展期、续贷力度，减免利息等各类扶持举措推出，让企业的金融活水源源而来，为经济发展保驾护航。企业复工复产，金融保障不可或缺。近段时间以来，各地金融机构创新完善金融支持方式，推出各类举措，为一些企业提供专项信贷额度，加大企业贷款展期、续贷力度，适当减免企业贷款利息，为推动企业复工复产提供资金支持。

一、提供专项信贷额度，为发展注入金融活水

当前国内疫情防控形势持续向好，企业陆续复工复产，多地金融机构创新授信模式，为企业提供专项信贷额度，给企业引来了金融活水，为经济发展保驾护航。

正式复工之前，苏州银行根据工信、科技、金融监管局等职能部门梳理的企业名单，全面摸排科技人才企业经营情况和融资需求。在对一家存量客户进行现场摸排时，苏州某高科技类设备公司负责人面对新增的订单十分焦急。

"在疫情发生之初，对于省市区的创业人才和领军人才，我们推出了信用类人才贷款产品——人才贷，不需要抵押物就可以获得最高 1500 万元的信用贷款。"苏州银行高新区支行公司业务一部总经理陈颖介绍。

该企业在复工第一天，就收到了苏州银行发放的 1000 万元人才贷。企业负责人坦言，

这如同及时雨一样缓解了新增接单备货压力，帮助了企业顺利平稳复工复产。目前，该企业研发和生产人员已全部复工到岗，生产线正常运转，新增订单不仅没有受到影响，而且又增长了一部分。

山东省济宁市兖州区金融监管局积极组织协调驻兖金融机构对接工业企业生产项目、基础设施项目、小微企业需求，成立专班逐户了解企业融资需求，通过开展线上顾问、远程服务，推出创新信贷产品，支持受冲击行业复工复产。

济宁鸿峰食品有限公司主要从事食品销售，疫情期间缺乏资金无法支付采购费用。中国农业银行兖州支行了解这一情况后，按照"特事特办、急事急办"原则，安排专人上门对接，全程跟办帮办贷款，指导企业利用手机线上申请纳税e贷，仅用两天就完成授信申请、审批及发放，向企业发放贷款100万元，解决了企业的资金需求。

二、加大贷款展期、续贷力度，保障企业资金链畅通

"今年受疫情影响，游人大幅减少，景区关闭，我们旅游行业的感受很直观。"眼看着在银行的160万元贷款即将到期，回款又无着落，三亚信海畅游旅行社有限公司负责人闫渊心里十分着急。

"幸亏银行送来了好政策。"让闫渊有底气的是邮储银行三亚市分行信贷客户经理的一个电话。了解到旅行社有限公司实际情况后，信贷客户经理通过微信视频指导客户，以网上受理、线上办公的手段，仅用2个工作日，就为企业办理了160万元贷款的展期业务，极大地缓解了企业的现金流压力，为企业经营脱困提供了强有力的金融支持。

受疫情影响，不少企业资金较为紧张，经营面临严峻考验。各地金融机构推出措施，加大企业贷款展期、续贷力度，帮助企业渡过难关。

"无还本续贷，真是帮了大忙。"近日，在湖南常德企业续贷中心，常德佳和冷链食品销售科技有限公司主要负责人邓丕志握着中国农业银行常德分行客户经理胡植菘的手激动地说。

佳和公司是一家从事冷链物流、仓储、农产品收购、加工、销售的企业，疫情发生后，业务受到不小影响。邓丕志说："这800万元存量贷款原本是2月末到期，疫情一来，货款回笼、复工复产都成问题，没有多余流动资金，原来的还款计划被打乱了。"听说已经有一些企业通过新成立的常德企业续贷中心拿到了无还本续贷，他也来到中心，在农行常德分行窗口提交了相关材料，很快便成功办理了无还本续贷。

春节过后，贵州凯里水韵清江酒店管理有限公司在贵州银行黔东南分行的500万元贷款到期，由于酒店去年刚翻修，运营资金较紧张，加上受疫情影响，企业面临严峻考验。

公司向贵州银行黔东南分行营业部提出续贷申请，营业部立即开展调查审批并顺利完成审批流程。为确保该公司办妥续贷手续，黔东南分行营业部及时与分行个人及小微业务部和风险管理部放款中心沟通，分支行相关人员迅速到岗，特殊时期采取特事特办的方式，在还款当日为公司实现续贷450万元放款无缝对接。

三、减免利息，降低企业融资成本

"利率优惠，效率还高。银行真是帮咱企业解决复工复产的大问题了！"当陕西省铜川

市宜君县农村信用联社把资金发放到企业账户时,陕西鼎兴能源有限公司董事长周雷激动地说。

位于宜君县的陕西鼎兴能源有限公司主要向华能电厂等电力生产及供暖企业供应煤炭。能否顺利复工复产关系到电力生产企业和供暖企业正常生产,但由于流动资金紧张,很多订单无法及时供应。

就在周雷焦急万分的时候,宜君县农村信用联社理事长程义平带队来到企业对接了解复工复产情况。在得知企业急需800万元流动资金后,宜君联社当即特事特办,开通绿色通道,现场收集资料,实施优惠利率。连夜召开贷审会,利率比现同类贷款下降超过200个基点,2个工作日内为该企业发放贷款800万元,有效缓解企业复工复产资金压力。

为解决企业流动资金需求,各地组织银行业金融机构与企业积极对接,提供优惠利率,适当减免企业贷款利息,缓解企业复工复产资金压力。

绍兴市创达医疗器械有限公司是一家小微型医用耗材生产企业,产品专门用于呼吸道病毒检测,正是这次抗击疫情的"对症"刚需品。自2月1日复工复产以来,公司一直处于超负荷生产状态,更新购置设备、采购原材料存在较大的资金缺口。

了解到企业的信贷需求后,浙江农信辖内上虞农商银行启动疫情审批绿色通道,一天内就将1000万元贷款投放到位,企业的资金问题迎刃而解。同时,公司实际承担的利率也有所优惠。

疫情发生后,浙江省农信联社及时出台减费降息助力企业复工复产服务举措。对受疫情影响较大、暂时出现经营困难且有发展前景的普惠型小微企业,通过合理增加授信、发放信用贷款和中长期贷款等给予优先支持,并减免1~3个月利息,确保总体让利金额不少于5亿元,为企业复工复产降本减负。对制造业、批发和零售业、住宿和餐饮业等受疫情影响较重行业的企业,视情况给予1~3个月的利率优惠,确保总体让利金额不少于5亿元。

根据你学习金融学课程的知识,你认为金融机构可以从哪些方面助力企业复工复产?作为学习经济学和金融学的当代大学生,应该树立和践行怎样的报国情怀和志向?

阅读与思考

助学贷款

国家助学贷款是党中央、国务院在社会主义市场经济条件下,利用金融手段完善我国普通高校资助政策体系,加大对普通高校贫困家庭学生资助力度所采取的一项重大措施。国家助学贷款是由政府主导、财政贴息、财政和高校共同给予银行一定风险补偿金,银行、教育行政部门与高校共同操作的专门帮助高校贫困家庭学生的银行贷款。借款学生不需要办理贷款担保或抵押,但需要承诺按期还款,并承担相关法律责任。借款学生通过学校向银行申请贷款,用于弥补在校期间各项费用不足,毕业后分期偿还。

2013年8月,国家开发银行新增助学贷款达到127亿元。2015年12月9日举行的教育规划纲要中期评估资助专场发布会上,全国学生资助管理中心主任张光明表示,2015年我国的助学贷款有望首次突破200亿元。同时,《教育规划纲要》就"健全国家资助政策体系"作出了全面部署,国家助学贷款作为其中的重要组成部分,发挥了重要作用。2014

年，我国共发放助学贷款167亿元，惠及学生逾280万人，其中发放生源地助学贷款145亿元，受益学生240万人。

2015年7月20日，教育部等部门联合发布了《关于完善国家助学贷款政策的若干意见》。《意见》表示，为切实减轻借款学生的经济负担，将贷款最长期限从14年延长至20年，还本宽限期从2年延长至3年整，学生在读期间贷款利息由财政全额补贴。

2020年7月21日，教育部、财政部、中国人民银行、银保监会等4个部门联合印发《关于调整完善国家助学贷款有关政策的通知》（教财〔2020〕4号），通知明确，为加大对家庭经济困难学生的支持力度，进一步减轻贷款学生经济负担，从还本宽限期、贷款期限和贷款利率等3个方面对助学贷款有关政策作出调整。

2021年5月27日发布《关于2021年度高校国家助学贷款工作有关问题的通知》，要求各高校对家庭经济困难学生应贷尽贷，不设贷款人数或规模上限，确保所有家庭经济困难学生的贷款需求得到满足。

助学贷款主要有4种贷款形式：国家助学贷款；生源地信用助学贷款；高校利用国家财政资金对学生办理的无息借款；一般性商业助学贷款。其中，国家助学贷款资助力度和规模最大，是助学贷款的主要内容。

探究与思考

1. 简述传统意义上的"信用"和金融学中的"信用"的异同。
2. 当前的民间借贷是否是高利贷？民间借贷行为是否应该禁止？
3. 简述当代的纸币体现的信用关系。
4. 请举例说明经济生活中的信用，并指出属于哪种信用形式？
5. 请通过文献梳理、案例分析等途径，整理供应链金融的形态，并分析其对于解决中小企业融资难问题的有效性。
6. 林农信贷约束问题众所周知，请分析林农融资难的原因，并通过供应链金融的理念，为林农设计供应链金融模式，并分析该设计的供应链金融模式缓解林农融资难问题的机理。
7. 简述利息存在的原因。
8. 简述复利更能体现利息的本质。
9. 不同金融资产具有不同的利率，简述导致这些差异的原因。

第 3 章 金融风险

3.1 金融风险的概念与分类

3.1.1 金融风险的概念

金融企业或金融机构为了生存和发展必须承担风险,必须判别当前持有资产或投资的风险是否可以接受。如果风险不能接受,应提出相应的控制措施。尽管很多人已经认识到风险管理的重要价值,并且也认知了不同类型的风险。但对于风险,各自的表述却有很大差异,这归根结底是因为业界对风险管理长期以来没有统一的界定,世界上对风险的定义最多时高达 14 种。常见的定义主要有以下几种。

(1) 风险是结果的不确定性

这种观点认为风险等同于结果的不确定性。不确定性是指对事物的未来状态,人们不能确切知道或掌握,也就是说,人们总是对事物未来的发展与变化缺乏掌控力。根据能否在事前估计最终结果,又可将不确定性分为可衡量的不确定性和不可衡量的不确定性 2 种。从不确定性的角度出发,事物的结果有好有坏,即潜在损失与盈余机会并存。美国经济学家奈特在其名著《风险、不确定性和利润》一书中认为:风险是可以测定的不确定性。美国经济学家阿瑟·威廉姆斯等人在《风险管理与保险》一书中,则将风险定义为:在给定的情况下和特定的时间内,那些可能发生的结果间的差异。如果肯定只有一个结果发生,则差异为零,风险为零;如果有多种可能结果,则有风险,且差异越大,风险越大。

(2) 风险是各种结果发生的可能性

这种观点认为风险是一种不确定的状态,故风险与可能性存在必然的联系。风险是以一定概率存在的各种结果的可能性,具有一定的可度量性,风险导致的各种结果出现的概率总是在 0~1 之间波动,概率越接近于 0,表明发生的可能性越小;概率越接近于 1,则说明发生的可能性越大。可能性是对不确定性的量化描述,是对风险或不确定性的进一步认知。

(3) 风险是实际结果对期望值的偏离

在投资学中,风险常被定义为风险因素变化的波动性。如我们经常提到的市场风险中的利率风险、汇率风险、股票价格风险等都是风险因素变量围绕其期望值上下波动造成的,计算期望值和方差(或标准差)则是描述这种波动的常用方法。这种将风险定义为波动性的观点主要用于定义易于量化的市场风险。将风险和波动性联系起来的观点实质上是将风险定义为双侧风险,即不仅考虑了不利的波动——下侧风险,还考虑了有利的波动——上侧风险,风险既是损失的可能又是盈利的机会。双侧风险的定义与单侧风险相比,更符合风险管理的发展方向——全面风险管理,更有利于对盈利部门和明星交易员的风险管理,而且还为全面经济资本配置和经风险调整的业绩衡量提供了理论基础。

(4) 风险是造成损失的可能性

这是典型的、传统的风险定义,只重视下侧风险,即损失的可能,而将盈利机会排除在外,是典型的单侧风险概念。如《人身保险公司全面风险管理实施指引》中对风险的定义即:对公司实现经营目标可能产生不利影响的不确定因素。基于这个定义,传统的风险管理并不包括对现在盈利的部门进行管理。事实上,风险是事前概念,而损失是事后概念,风险是损失或盈利结果的一种可能的状态,在风险事件实际发生前风险就已经存在,而这时损失或盈利并没有发生,一旦损失或盈利发生后,事件处于某种确定的状态,此时风险又不存在了。因此,从严格意义上讲,风险和损失是不能并存的两种状态,只重视下侧风险这种定义不符合现代风险管理的要求,并且会造成对明星部门、明星交易员的放任管理,巴林银行的倒闭也有部分原因是源于这样的认知。

(5) 风险是容易发生的危险

因为风险同时具有损失性和风险性,故而在理论界中也有一部分人将风险视为容易发生的危险。这种把风险等同于危险的定义同样不符合现代风险管理的要求。虽然在日常生活中经常将风险与危险互换使用,但在保险学和风险管理中,将风险简单地理解为危险是不恰当的。风险是结果的不确定性,这种不确定性既可以是坏的方面也可以是好的方面,因此风险是一个中性的概念。而危险是单侧的,侧重于坏的方面,是带有贬义色彩的。

(6) 风险是不确定性对目标的影响

《中国工商银行全面风险管理框架》第二条称:"本框架所称风险,是指对本行实现既定目标可能产生影响的不确定性,这种不确定性既可能带来损失也可能带来收益。"《中央企业全面风险管理指引》第三条称:"本指引所称企业风险,指未来的不确定性对企业实现其经营目标的影响。"而 ISO31000 风险管理标准中对风险的定义是:"不确定性对目标的影响。"这几个定义均同时考虑了上侧风险和下侧风险,并注重以结果为导向,体现出很大的灵活性和普适性。这样的风险定义已经得到世界上广大风险管理从业者的认可。

3.1.2 金融风险的特点

现实中,只有深入了解并真正把握了金融风险的特点,才能更好地管理风险。随着金融市场的全球化程度加深,全球金融市场的交易更加频繁,随之产生的振荡幅度也越来越大,同时金融风险的发生方式、影响范围、表现形式等也发生着变化,并表现出许多新特点。尽管如此,金融风险仍然具有以下一些共同特点:

(1) 金融风险的普遍性

金融风险在现代市场经济条件下具有普遍性,只要存在着金融活动,就会伴随着金融风险,这是不以人的意志为转移而客观存在的。由于市场具有有限理性和机会主义倾向,以及市场信息的非对称性和主体对客观认识的有限性,市场经济主体做出的决策可能不是及时、全面和可靠的,有时甚至是错误的,从而在客观上可能导致金融风险的发生。

(2) 金融风险的不确定性

金融活动的不确定性导致了未来收益的不确定性，也即金融风险，因而金融风险本质上是一种不确定性。

如果掌握了一定的信息，就可以运用概率论、统计学等方法估计出未来各种可能的结果发生的概率，在此基础上，可对金融活动的不确定性（即金融风险）进行测度，并有针对性地采取相应的风险管理措施，以降低风险损失，甚至规避金融风险。

(3) 金融风险的主观性

由于金融活动本身及外部条件错综复杂且多变，而人们的知识水平和认识能力等又往往有限，所以很难完全认识和把握金融活动的各个层面，这容易使得人们的金融活动出现失误或偏差，从而引发风险。这类由人们主观认识能力的局限性导致的风险，称为主观性风险。

人们主观认识能力的局限性主要包括两种情况：一种是人类对金融活动本身及其发展变化的规律缺乏认识；另一种是由人的阅历、经验、知识水平、思维方式和判断能力等个体素质差异所造成的。所以，我们一方面应深入、全面地认识和把握经济金融知识；另一方面，也应采取有效措施，尽快提高人们的知识素质和行为能力，以减少因主观认识能力的局限性所导致的行为过程中的不确定性，最大限度地降低主观性风险。

(4) 金融风险的隐蔽性

金融风险并非一定在金融危机爆发时才存在，金融活动本身的不确定性带来的损失很可能因信用关系而一直被良好的表象所掩盖。这种"滞后性"是由以下因素决定的：首先，授信业务是一种循环过程，导致许多损失或不利因素被信用循环所掩盖；其次，银行等存款性金融机构具有创造派生性存款的功能，从而使本属于即期金融风险的后果，被通货膨胀、借新还旧、贷款还息等形式所掩盖；最后，金融业务的垄断和政府干预或政府特权，使一些本已显现的金融风险，被人为地行政压抑所掩盖。

(5) 金融风险的扩散性

金融风险不同于其他风险的另一个显著特征是金融机构的风险损失不仅影响着自身的生存和发展，更严重的会导致众多的储蓄者和投资者的损失，从而引起社会动荡。这就是金融风险的扩散性，它主要表现在以下几个方面：首先，金融机构作为储蓄和投资的信用中介，它一方面联结着成千上万的储蓄者，另一方面联结着众多的投资者，金融机构经营管理的失败，必然因连锁反应而造成众多储蓄者和投资者的损失；其次，金融业不仅向社会提供信用中介服务，而且通过贷款可以创造派生存款，从这个意义上来说，金融风险具有数量上成倍扩散的效应。

(6) 金融风险的偶然性

金融风险的存在及发生服从某种概率分布，并非毫无限制，但亦非确定不移的因果规律，而是以一种偶然规律存在和发生着。金融风险的可控性，是指市场金融体系主体依一定的方法、制度可以对风险进行事前识别、预测，事中化解和事后弥补。其原因有以下几个方面：首先，金融风险是可以识别、分析和预测的，人们可以根据金融风险的性质及其产生的条件，识别金融业务管理和管理过程中存在的各种可能导致风险的因素，从而为控制风险提供前提；其次，人们可以根据概率统计及现代化的技术手段，建立各项金融风险的技术参数，例如，人们依据历史上金融风险事件出现的概率来估计和预测金融风险在何种参数水平下发生，从而为金融风险的控制提供技术手段；最后，现代金融制度是控制金融风险的有效手段，金融制度是制约金融主体行为、调节金融关系的规则，它的建立、健全与创新发展，使金融主体行为受规则的有效约束，从而把金融风险纳入可控的制度保证之中。

(7) 金融风险的内外部因素的相互作用性

金融风险主要是由于金融体系内的不稳定因素引起的，但是，如果经济运行中存在着结构失衡、相互拖欠款项或严重的通货膨胀等问题，那么即使金融风险程度不是很高，也可能从外部环境角度引发金融危机。因此，宏观经济状况也是导致金融风险转化为金融危机的重要因素。

(8) 金融风险的可转换性

一个国家存在金融风险，不一定会发生金融危机，但如果对金融风险控制不够及时，则引发金融危机的可能性很大。

首先，金融服务的社会性和金融机构相互联系的紧密性，使金融体系内部形成了信用链相互连接、相互依存的关系，一家金融机构出现问题或破产，会迅速影响有信用联系的其他金融机构。

其次，信息的不对称使债权人不能像对其他产业那样根据公开信息来判断某个金融机构的清偿能力，从而将某一金融机构的困境或破产视为其他所有机构同时存在风险，形成对金融机构的挤兑风险。

最后，经济全球化和金融全球化使金融风险的扩散更为迅速。如果一个国家的金融系统发生了普遍的不良预期，那么国际金融机构将会更加谨慎地从事与该国有关的金融活动，结果将会由于这种急剧收缩的国际金融环境导致该国金融资产风险的全面上升，而金融国际化的发展则使得个别国家的金融风险迅速波及全球范围。

(9) 金融风险的叠加性

所谓风险的叠加性，是指同一时点上的风险因素会交织在一起，相互作用、相互影响，从而产生协同作用，将风险放大。比如在金融活动中，证券市场、银行机构等会同时受到利率、汇率风险及一些外部因素(石油危机、自然灾害、战争等)的干扰和冲击，这就增加了金融风险交叉感染、风险叠加的可能性。

综上所述，把握金融风险的特征，不仅要从单个层面上去认识，还要从系统的角度去认识。由于金融日益成为现代经济的核心，因此金融风险不是某种孤立的系统内风险，它会扩散、辐射到经济运行的各个层面。金融机构之间存在着密切而复杂的信用关系，一旦某一金融机构的金融资产发生贬值，使其正常的流动性头寸难以保持，则会由单一或局部的金融风险演变成为系统性和全局性金融动荡。

3.1.3 金融风险的分类

根据划分依据的不同，金融风险可以分为不同的类型。按照金融风险的性质，将其划分为市场风险、信用风险、操作风险、流动性风险等。

3.1.3.1 市场风险

(1) 市场风险的内涵

广义的市场风险是指金融机构在金融市场的交易头寸由于市场价格因素的变动而可能带来的收益或损失。广义的市场风险充分考虑了市场价格可能向有利于自己和不利于自己的方向变化，可能带来潜在的收益或损失。

狭义的市场风险是指金融机构在金融市场的交易头寸由于市场价格因素的不利变动而可能遭受的损失。在实际业务中，投资部门会更多关注市场风险带来的收益性，而传统的风险管理部门可能会更加关注市场风险的损失性，即更关注狭义上的风险。基于中国当前风险管理的现状，以狭义的市场风险定义作为管理的基础是具有现实意义的。中国银监会于2004年发布的《商业银行市场风险管理指引》第三条认为，市场风险"是指因市场价格（利率、汇率、股票价格和商品价格）的不利变动而使银行表内和表外业务发生损失的风险"。《人身保险公司全面风险管理实施指引》中市场风险的定义则是："由于利率、汇率、权益价格和商品价格等的不利变动而使公司遭受非预期损失的风险。"这两个定义有一些差别，《人身保险公司全面风险管理实施指引》认为只有市场因素造成的非预期损失才是风险，而《商业银行市场风险管理指引》则认为造成的预期损失和非预期损失都是风险。《商业银行市场风险管理指引》的定义更接近国际公认的狭义的市场风险定义。

相对于信用风险，市场风险可采用的数据较多，易于建模和计量是市场风险的一大优势，可以采用多种方法来加以控制。但是，由于市场风险主要来源于参与的市场和经济体系所具有的明显的系统性风险特征，因此，比较难以通过分散化投资的方式来完全消除。

在相当长的一段时间里，市场风险并没有如同信用风险一样引起各国金融机构和金融监管机构的充分重视，甚至在1988年的巴塞尔协议Ⅰ中，计算银行资本充足率时对银行资产风险的考虑也只是局限于信用风险，并没有包括市场风险。这是由于当时商业银行是以银行贷款等间接融资方式为主，表外业务不太突出，交易账户资产额度在银行总体中占比很小，因此各国政府管制相对比较稳定，金融机构面临的利率风险和汇率风险都比较小。

然而，自20世纪七八十年代以来，国际金融市场发生了很大变化，金融自由化、全球化、资产证券化等发展趋势对金融领域产生了重大影响。这些变化和影响一方面使得金融机构所面临的市场风险大大增加；另一方面也对金融机构和金融监管机构对市场风险的管理水平和监管力度提出了更高的要求。

基于此，巴塞尔银行监管委员会在1996年1月颁布的《资本协议市场风险补充规定》中首次将市场风险纳入资本要求的范围。从此，市场风险成为商业银行乃至整个金融业都极为重视的关键风险之一，而对其提出的监管指引层出不穷，伴随着业务的创新不断发展。

(2) 市场风险的分类及特征

市场风险可以分为利率风险、汇率风险（包括黄金）、证券投资风险和大宗商品风险，分别是指由于利率、汇率、股票价格和商品价格的不利变动所带来的风险。其中，利率风险尤为重要，受到商业银行和保险公司的高度重视，利率风险按照来源的不同，可分为重新定价风险、收益率曲线风险、基准风险和期权性风险。保险公司的利率风险中还包括资产负债不匹配风险。

①利率风险　利率风险是指市场利率变化导致资金交易或信贷价格波动时，投资者可能遭受的损失。换句话说，利率风险意味着金融机构将面临潜在的收益减少或者损失。例如，对于按固定利率收取利息的金融机构，将面临市场利率可能高于原先确定的固定利率的风险，当市场利率高于固定利率时，利率收入就比按市场利率收取利息的方式要低。对于金融机构而言，如果持有利率敏感性正缺口，将面临利率下降、净收益或净利息收入减少的利率风险；反之，如果持有利率敏感性负缺口，则面临利率上升、净收益和净利息收入减少的利率风险。

目前，我国金融机构面临的利率风险主要存在于债券投资业务中。商业银行、证券公司、基金公司、保险公司以及信托公司等众多金融机构大都获准经营债券投资业务，而债券投资业务面对的货币市场也已成为我国市场化程度最高的金融市场，拆借利率和债券回购利率已经成为我国最为市场化的利率，给参与其中的金融机构带来了一定的利率风险。

②汇率风险　汇率风险是指一个经济实体或个人，在国际经济、贸易、金融等活动中以外币计价的资产或负债因外汇汇率的变动而引起价值上升或下跌造成的损益。具体来说，汇率风险包括以下3类：

a. 交易风险，指汇率变化前未清偿的金融债务在汇率变化后结账时，这些金融债务的价值发生变化造成的风险。因此，交易风险涉及公司将来自身商业债务的现金流变化。例如，美国福特公司在日本的一家子公司M向英国出口汽车，8月1日与英国公司签订合同，定于9月1日付款。合同以英镑计价，金额为2000万英镑，8月1日的即期汇率为1英镑兑换180日元，合同价值折合36亿日元。如果在9月1日，英镑与日元汇率变为1英镑兑换160日元，合同价值就变成了32亿日元，M公司将损失4亿日元。

b. 经营风险，是指由未预期汇率变化所引起的公司未来现金流的改变，从而使公司的市场价值发生变化所造成的风险。价值上的变化取决于汇率变化对未来销售量、价格和成本的影响程度。例如，福特公司在日本的子公司M，从美国进口某些重要零部件，其产成品在日本国内外市场都有销售。如果日元贬值，M公司的进口零部件以日元表示的价格会大幅上升，进而使生产成本上升。

c. 折算风险，有时称为会计风险，是为了合并母子公司的财务报表，将用外币记账的外国子公司的财务报表转变为用母公司所在国货币重新做账时，导致账户上股东权益项目的潜在变化所造成的风险。例如，福特公司在日本的子公司M在10月1日有一笔银行存款以1200万日元入账，当时汇率为1美元兑换107日元，因此这笔存款在母公司的资产负债表上价值约11万美元。当年末（12月31日）进行资产负债表汇总时，即期汇率变成了1美元兑换120日元，因此这笔存款在母公司的资产负债表上只值10万美元，母公司的账面资产损失了约1万美元。

③证券投资风险　证券投资风险是指源于股票等有价证券价格变动而导致投资主体亏损或收益的不确定性，也可称为股票风险。从风险产生的根源来看，证券投资风险可分为

企业风险、货币市场风险、市场价格风险和购买力风险等。从风险与收益的关系来看，证券投资风险可以分为系统性风险和非系统性风险两种。

例如，1987年10月19日，纽约股票行市突然崩溃，道琼斯工业股票指数在一天内暴跌了508.32点，跌幅达22.62%，上市的5000家公司的股票价值总额顷刻间减少了5000亿美元以上，这一天也因此被称为"黑色星期一"。这一危机又迅速扩散到其他股票市场，如伦敦股票交易所当天股票价格下跌11%，为以往最大跌幅的3倍之多，投资者损失达500亿英镑。我国证券市场自1990年上海证券交易所成立至今，也经历过多次大涨大跌。其中，以沪市从2007年初的3000点水平一路飙升到2007年10月底的6100点，然后又在不到3个月的时间内暴跌至3300点的过程，最为惊心动魄。在这样的股价大涨大跌的过程中，投资者所面临的风险是不言而喻的。

④大宗商品风险 大宗商品风险是指源于大宗商品合约价值的变动（包括农产品、金属和能源产品）而可能导致亏损或收益的不确定性。应该注意，与以上金融产品不同，商品"入账"交易通常会发生成本。因为商品合约要设定交割的形式和地点，例如，锌的合约中会规定用于交割的锌块的纯度、形状和仓库地址等。在远期合约定价中，运输、储蓄和保险等费用都将是影响因素。不同于金融产品，在商品市场中现货或远期合约套利会受到一定限制，无法做到完全的无成本套利。在汇总风险头寸时，必须谨慎考虑套利的限制对风险测度的影响，不管是在不同时间之间、不同交割地点之间，还是不同交割等级之间。这些方面的错配是商品风险的显著因素，风险管理者应该检查商品风险有没有被那些隐藏风险的交割时间、地点或其他价格因素间的头寸集聚所低估。

3.1.3.2 信用风险

(1) 信用风险的内涵

信用风险是指债务人或交易对手未能履行合约所规定的义务，或信用质量发生改变而影响金融产品价值，从而给债权人或金融商品持有人造成经济损失的风险。在商业银行中信用风险主要存在于授信业务中。《人身保险公司全面风险管理实施指引》中的信用风险定义则是："由于债务人或交易对手不能履行或不能按时履行其合同义务，或者信用状况的不利变动而导致的风险。"

狭义的信用风险是指因交易对手无力履行合约而造成经济损失的风险，即违约风险。广义的信用风险则是指由于各种不确定因素对金融机构信用的影响，使金融机构的实际收益结果与预期目标发生背离，从而导致金融机构在经营活动中遭受损失或获取额外收益的一种可能性。

随着现代经济的发展，以合约为基础进行生产或交易已普遍存在，以保证经济有序进行。同时，以银行信用为主导的信用制度已经成为左右经济运行的关键因素，经济中的风险越加体现在信用风险当中。可以说，在现代经济中，只要信用关系存在，则信用风险恒在。信用风险的大小与金融机构在信用活动中所使用的信用工具的特征和信用条件的优劣紧密相关。

例如，J·P·摩根由于受到亚洲金融风暴的影响而约有6亿美元的贷款无法收回，只能划为不良贷款，导致其1997年第四季度的每股盈利比1996年下降35%；1998年6月我国海南发展银行就由于信用风险而导致挤兑行为，国家在调集34亿元资金仍不能改变局面的情况下，为了防止风险蔓延被迫将其关闭；2008年3月，世界著名投资银行——美国贝尔斯登，因受美国次贷危机影响，最终被摩根大通收购，收购价仅为其市值最高点时的1/12。

（2）信用风险的分类

信用风险是一种非常复杂的风险，根据其成因可以分为违约风险、交易对手风险、信用转移风险、可归因于信用风险的结算风险等主要形式。

①违约风险　有价证券发行人在证券到期时无法还本付息而使投资者遭受损失的风险，它通常针对债权而言。违约风险蕴涵于所有需要到期还本付息的证券当中。

②交易对手风险　交易对手未能履行契约中的义务而造成经济损失的风险。银行业实务中产生交易对手风险的主要业务类型有：

有头寸的结算交易，一般指银行与交易对手之间约定以债券、证券、商品、外汇、现金或其他金融工具进行交易；

证券融资业务，一般包括回购、逆回购、证券借贷；

借贷交易，即通过银行贷款来购买、销售、持有或交易证券；

场外衍生工具交易，指银行与交易对手在交易所以外进行的各种衍生工具交易，如外汇、利率、股权以及商品的远期、互换、期权等交易合约和信贷衍生工具等交易合约。

违约风险和交易对手风险是客观存在的，不以证券发行人或交易对手的经济状况、还款意愿为转移。理论上讲，每一个经济体中的自然人与法人均会对应于一个违约概率，且该违约概率恒大于0、小于1。广义的交易对手也包括证券的发行人。

③信用转移风险　债务人的信用评级在风险期内由当前评级状态转移至其他所有评级状态的概率或可能性。该风险主要通过信用转移矩阵管理，著名的 CreditMetrics 信用风险评价模型即建立在信用转移矩阵的基础上，对信用转移风险进行测量。

④可归因于信用风险的结算风险　因为交易对手的信用原因导致转账系统中的结算不能按预期发生的风险。

按照信用风险发生的主体可以分为金融机构业务信用风险和金融机构自身信用风险。而金融机构业务信用风险又包括金融机构信贷过程中的信用风险和交易过程中的信用风险。金融机构自身信用风险是在金融机构日常的经营管理中，由于内控机制不健全而导致的信用风险。

按照信用风险性质可以分为主观信用风险和客观信用风险。主观信用风险是指交易对手的履约意愿出现了问题，即因主观因素形成的信用风险，这主要由交易对手的品格决定。这种信用风险在某些场合被称为道德风险。客观信用风险是指交易对手的履约能力出现问题，可以说是由于客观因素造成的信用风险，这里的交易对手可以是个人或企业，也可以是主权国家。

（3）信用风险的特征

①信用风险的概率分布为非正态分布　正常情况下，债务人违约属于小概率事件，但

因为金融机构尤其是银行的债务人非常集中，这就造成了债务人收益和损失的不对称，造成了信用风险概率分布的偏离。故而信用风险的分布是非对称的，收益分布曲线的一端向左下倾斜，并在左侧出现肥尾现象。

②道德风险和信息不对称是信用风险形成的重要因素　信用交易活动存在明显的信息不对称现象，即交易的双方对交易信息的获取是不对称的。一般情况下，受信人因为掌握更多的交易信息，从而处于有利地位。而受信人所拥有的信息较少，处于不利地位，这就会产生所谓的道德风险问题，使得道德风险成为信用风险的一个重要因素。此外，受信人可能为了获取对其更为有利的贷款条件，而贿赂或与受信人的办事人员勾结，导致受信人获取的信用信息严重失真。实践中，受信人在经济状况趋向恶劣、违约不可避免时，更倾向于将银行授信提取使用，使银行对其信用风险敞口进一步放大。与之相对的是，对其他经济风险，如市场风险，由于交易双方的交易信息基本是对等的，因而道德风险的信息在其风险的形成过程中起到的作用则不那么明显。

③信用风险具有明显的非系统性风险特征　虽然信用风险也会受到宏观经济环境，如经济危机等系统性风险影响，但在更大程度上还是由个体因素决定，如贷款投资方向、受信对象经营管理能力、财务状况甚至还款意愿等，因此，信用风险具有明显的非系统性风险特征。尽管如此，关于如何计算信用风险的相关参数，依然是风险管理界的前沿理论之一，并深刻影响到资产证券化的定价。

④信用风险难以进行准确的测量　由于贷款等信用产品的流动性差、缺乏高度发达的二级市场，从而为各种数理统计模型的使用带来了不便。加之信息不对称的原因，使直接观察信用风险的变化较为困难。另外，由于贷款等信用产品的持有期限较长，即便到期时发生了违约，能够观察到的数据也非常少，因而不易获取。故而在实务中，相当多的金融机构将逾期的数据进行处理后，与违约数据放在一起，对信用风险进行测量。

3.1.3.3　操作风险

(1) 操作风险的内涵

广义上的定义认为除信用风险和市场风险以外的所有风险，都属于操作风险，这种定义简单且涵盖范围较宽，但由于未给出任何定义性或描述性的字眼，对操作风险的识别、衡量和管理意义不大。该定义只是在1999年发布的巴塞尔协议Ⅱ首次征求意见稿中提出，随后遭到普遍反对。

狭义的定义则有多种。尽管不同机构对操作风险的定义还存在一定的分歧，但是业界对操作风险应包括的基本内容已达成一定的共识，以巴塞尔协议Ⅱ对操作风险的定义为主要代表：操作风险是指金融机构由于人员失误、外部事件或内部流程及控制系统发生的不利变动而可能遭受的损失。中国银监会于2007年发布的《商业银行操作风险管理指引》中对操作风险进行了以下定义：由不完善或有问题的内部程序、员工和信息科技系统，以及外部因素所造成损失的风险。《人身保险公司全面风险管理实施指引》中的定义则是：操作风险是指由于不完善的内部操作流程、人员、系统或外部事件而导致直接或间接损失的风险，包括法律及监管合规风险。

操作风险的表现形式主要有：内部欺诈、外部欺诈、雇员活动和工作场所安全性，客户、产品及业务活动，实物资产损坏，营业中断和信息技术系统瘫痪，执行、交割和流程管理中出现的操作性问题。

操作风险存在于金融业务的各个方面，具有普遍性。此外，不同于信用风险、市场风险的是由于操作风险仅为下侧风险，即并不能因承担该风险而给金融机构带来潜在盈利，因此对它的管理策略应该是在一定的管理成本约束下，尽可能降低操作风险。

相对于银行对信用风险的重视，直到20世纪90年代以后，随着以巴林银行的倒闭为代表的国内外金融要案的频繁发生，对操作风险进行有效度量与管理才成为人们最关注的话题之一。其实操作风险并不是一个新生事物，它从金融机构诞生时便一直存在，确切地说，它蕴涵于所有组织的所有操作中。但是，与信用风险和市场风险相反，操作风险通常不是主动产生的，往往不易辨别也不能分散，而是存在于各类业务单元和业务中。在一个流动的交易市场中，操作风险是不会得到根本性消除或规避的。更重要的是，任何完备的体系和IT系统，毕竟还是要由人来操作，而人在不确定的时间出现不确定的失误造成不确定的损失，这样的情况是确定的。金融界中，将交易员因操作失误而导致大盘失控的事故称为"肥手指综合征"，即交易员或经纪人在输入指令时敲错键盘。

随着世界经济一体化、金融市场全球化的发展，银行及其他金融机构面临的竞争压力不断加大，金融产品尤其是金融衍生产品的不断推出，网上银行、电子商务等新交易模式的出现，计算机信息技术的迅猛发展使得金融机构面临的风险越来越复杂并难以控制，由操作风险引发的金融案件频频发生，给整个金融界造成巨大的损失。近年来出现的金融业重大损失绝大多数都是源于操作风险，如日本的住友银行、大和银行以及巴林银行，因操作风险导致的损失都超过10亿美元，其中巴林银行由于新加坡附属机构交易员尼克·里森的期权期货交易使得巴林银行因亏损14亿美元最终倒闭；2005年，日本瑞穗证券因某交易员将一个指令输入错误，而导致它在16min内损失270亿日元；2008年初，法国兴业银行一个前台交易员的非法操作也给该银行带来了71.4亿美元的损失；2011年，瑞士银行一个前台交易员的非法操作导致该银行损失了23亿美元。操作风险以其单个案件即可造成巨额损失的特点而引发了全球金融监管者、从业人士尤其是风险管理者的高度重视，但对于如何从完全意义上规避该类事件的发生，尤其是如何规避不同岗位之间的合谋等风险事件，仍然缺乏良好的解决方案。

与国外相比，国内由于操作风险引发的金融案件也是层出不穷，如中国农业银行邯郸分行特大金库被盗案（涉案金额5100万元），南海华光的74亿元骗贷案，中国银行黑龙江河松街支行10亿元高山案，海通证券西安营业部员工桂璟挪用客户资金8600万元炒股票和期货，广东证券股份有限公司的"国洪起案"（涉案金额约20亿元）等。这些案件一方面让金融机构遭受了较大的经济损失，更为重要的是，给这些机构的声誉带来了巨大的损害，使监管机构及其利益相关人对其风险管理能力产生质疑，影响到它们的正常运营与发展。

为遏制金融操作风险案件蔓延的势头，1998年巴塞尔银行监管委员会公布了关于操作风险管理的咨询文件，随后在 1999 年 6 月、2001 年 1 月、2003 年 4 月 3 次提出征求意见稿，并于 2004 年 6 月在颁布的巴塞尔协议 Ⅱ 中，首次将操作风险与信用风险、市场风险并列为金融机构所面临的三大风险，要求将操作风险作为独立的范畴纳入银行风险管理框架，要求各金融机构为操作风险配置相应的资本金。这对于有效地监管操作风险，以及提高金融机构，尤其是银行对操作风险的重视起到重要作用，但巴塞尔协议 Ⅱ 在测度操作风险对应的监管资本模型方面仍然与信用风险、市场风险相差甚远。

风险管理部门对操作风险进行积极评估、监控、控制、缓释和报告的过程，是定期主动地评估风险、加强内部控制，是标准化的、系统化的管理而非随意性管理，是对金融机构内部控制的深化。操作风险管理不是一项计划，而是贯穿于一个公司不懈和勤勉的管理过程。操作风险管理成功的关键要素是良好的管理和诚实、可信、经验丰富的员工。

(2) 操作风险的分类

① 按风险事故发生的频率和损失程度分类(图 3-1)

a. 发生频率低、损失程度也低的操作风险事件。这些事件的损失一般属于预期损失，金融机构可采取信用风险防范的"备抵法"，以风险准备金的形式预先扣除损失。

b. 发生频率高、损失程度低的损失事件，如计算机错误、交易误差等。这些损失可运用直接观察得到的客观数据通过统计模型来评估并通过流程再造、人员培训、建立风险报告系统等控制方式来控制风险水平，降低损失发生的概率。

c. 发生频率低、损失程度高的事件。这些事件包括自然灾害、政治及军事事件、内外部欺诈、会计违规等。如 2001 年的"9·11"事件，2003 年美国加州发生的大面积停电事件，2008 年的汶川地震等。这类事件的发生往往不能预料且损失巨大，因发生频率低，故而损失数据难以收集，很难用模型来进行评估。金融机构可通过业务外包、保险等风险转移或缓冲方式来有效管理，或者在参考外部数据的情况下，运用极值理论测算并提取相应的准备金。

d. 风险发生频率高、损失程度也高的事件。这部分需要风险管理者高度关注，尽量做到在事前加以防范，一旦发生则应及时采取措施加以控制。

② 按操作风险发生原因分类 "四类型法"将操作风险分为内部操作流程的缺陷、人员因素、系统因素和外部事件 4 类。

a. 内部操作流程是指交易、结算及日常的业务操作过程，这方面的操作风险主要包括数据录入、评估资产、客户争端及客户资产损失等方面造成的风险损失。

b. 人员因素是指由于雇员及其相关人员有意或无意造成的损失或者公司与

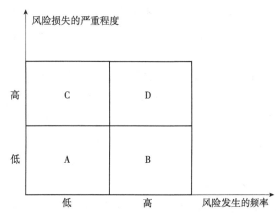

图 3-1 按事故发生的频率和损失程度分类

其客户、股东、第三方或监管者之间的关系而造成的损失,包括歧视性交易、未授权交易、关联交易和内部欺诈等。

c. 系统性因素是指由于硬件、软件和通信系统发生故障,致使交易系统中断、延迟、崩溃或发生偏差、程序错误,电脑病毒以及交易人员或风险管理者使用了错误的模型,或模型参数选择不当等方面造成的损失。

d. 外部事件是指由于第三方而造成的损失,如外部欺诈、撤资、监管的变化使得业务发生变化,自然灾害、恐怖袭击、勒索、信用卡欺诈、互联网犯罪等。

③按操作风险的损失事件类型分类 分为7种事件类型:内部欺诈;外部欺诈;雇员活动和工作场所安全性风险;客户、产品及业务活动中的操作风险;实物资产损失;营业中断和信息技术系统瘫痪;执行、交割和流程管理中的操作性风险。

(3) 操作风险的特征

操作风险同时具有人为性、多样性、内生性、风险与收益非对称性、关联性等特点。

①操作风险具有人为性 由于操作风险主要来自金融机构的日常运营,因此,人为因素在操作风险的形成原因中占了绝大部分。只要是与人员相关的业务,都存在操作风险。如果说市场风险来自金融市场上价格的波动,信用风险来自债务人的违约,那么大多数操作风险则来自有意或无意的金融机构内部的人为因素或失误。

②操作风险具有多样性 操作风险在金融机构中无处不在,并构成其业务经营中重要的组成部分。从覆盖范围看,操作风险几乎覆盖了金融机构经营管理的所有方面。从业务流程看,它既包括后台业务、中台业务,又包括前台与客户面对面的服务;从风险的严重程度看,既包括工作疏忽、计算失误等小问题,又包括影响很大的内外部欺诈、盗用等恶性事件;从风险的主体看,既包括操作人员的日常操作性失误,也包括高层管理的决策失误。因此操作风险涵盖的范围很大。

③操作风险具有内生性 市场风险、信用风险一般为外生性风险,是由于外部不确定性因素而引发的风险。而操作风险除自然灾害以及外部冲击等一些不可预测的意外事件外,大部分是一种内生风险。即由于金融机构内部不合规的操作因素引起,它的防范依赖于金融机构的结构、效率和控制能力。只要金融机构的业务没有被中断,操作风险将永远存在,并成为业务经营中的重要组成部分,故而对操作风险只能进行管理,而不能完全消除。

④操作风险具有风险与收益的非对称性 信用风险和市场风险与收益的一般原则遵循高风险高收益、低风险低收益的特点,存在风险和收益的对应关系。但是操作风险则不然,没有任何金融机构能够因为长期、持续地承担操作风险而获得高收益,操作风险损失在多数情况下与收益的产生没有必然关系,即没有额外的收益与之相对应。

⑤操作风险具有关联性 操作风险往往与信用风险、市场风险相生相伴,它会加大信用风险和市场风险的冲击力度。操作风险的大小与交易业务范围和规模联系密切,业务交易量大、规模大、结构变化迅速的业务领域受到操作风险冲击的可能性

大，而一些业务品种单一、业务规模小、交易流程简单的业务领域受到操作风险冲击的可能性较小。

3.1.3.4 流动性风险

(1) 流动性风险的内涵

流动性风险是金融机构管理过程中天然存在的最基本的风险种类之一，它主要是指经济主体由于金融资产流动性的不确定性而遭受经济损失的可能性。在商业银行系统内，流动性风险指商业银行无力为负债的减少或资产的增加提供融资而造成损失或破产的风险。中国银监会2009年发布的《商业银行流动性风险管理指引》中对流动性风险的定义为："流动性风险是指商业银行虽然有清偿能力，但无法及时获得充足资金或无法以合理成本及时获得充足资金以应对资产增长或支付到期债务的风险。"《人身保险公司全面风险管理实施指引》中对流动性风险的定义为："流动性风险是指在债务到期或发生给付义务时，由于没有资金来源或必须以较高的成本融资而导致的风险。"《商业银行流动性风险管理指引》中的定义强调了商业银行即便拥有清偿能力仍然遭受流动性风险的情况，《人身保险公司全面风险管理实施指引》中的定义则不考虑事后拥有足额的清偿能力，相比较而言，《商业银行流动性风险管理指引》的定义更为狭窄，但两者的共同之处是都认同流动性风险应为无法获取资金来源或以合理成本获取资金所导致的风险。

商业银行流动性风险的根源在于硬负债与软资产的不对称性，是流动性供给与流动性需求不匹配导致的，当流动性需求远远超过流动性供给时，就会发生流动性风险。例如，1984年上半年，作为当时美国十大银行之一的大陆伊利诺伊银行(Continental Illinois Bank)经历了一次严重的流动性危机，后来在金融监管当局等多方救助下，该银行才得以渡过危机，避免了倒闭的结局。

(2) 流动性风险的分类及特征

流动性风险有内生性和外生性两大特征。商业银行将缺乏流动性的资产与高流动性的负债进行转换时，集中了整个社会的流动性冲击压力，故而流动性风险为商业银行的内生性风险之一。一般来说，流动性风险常常是由其他原因造成的，如操作风险、信用风险和市场风险，还有管理和声誉问题、法律法规和执行困难等问题。当这些问题一起或某几种同时出现时，就会导致极其严重的风险。操作风险导致日常业务流程的中断，可能会影响现金流量，造成流动性方面的损失；信用风险可以引发流动性的问题，如签约方不能履行已签订合约的交易，例如一种衍生品或者贷款，则可能会导致流动性方面的损失。市场风险如利率出现巨大变动而导致银行资产的损失巨大，造成现金短缺，同时筹资成本上升，使银行承受现金流损失风险。

从实际情况来看，银行的流动性危机往往是由外部冲击造成的，体现为外生性。外部力量，如系统性的市场危机、循环信用危机，或者发生诸如资本管制或债务延期偿付等重大事件，也有可能使银行面临流动性的压力。原本风险管理水平很高的商业银行，可能因为外部的不利冲击所导致的流动性黑洞，从而突然出现流动性不足；而一个风险管理水平不太令人满意的公司，如果一直处在一种有利的市场环境中，流动性危机很可能不会展现出来。

流动性风险由资产流动性风险和融资流动性风险组成。资产流动性风险，是指资产头寸在市场深度不足或市场崩溃时，无法在不显著影响市场价格的情况下快速变现的风险。融资流动性风险是指金融机构在不遭受意外损失的情况下便无法筹资来偿还债务的风险。

总体来说，资产流动性取决于以下因素：①市场条件。买卖价差越小、大额交易造成的市场冲击可以很快恢复的反弹性越强，则流动性越好。②变现时间范围。在不影响价格剧烈变动的情况下，变现所需时间越短，流动性越好。③资产和证券类型。容易定价、交易活跃、近期发行的热门证券流动性更好。④资产的可替代性。标准的、集中交易的合约，如期货或股票相对于场外交易的衍生工具更具可替代性，流动性更好。

融资流动性风险的发生主要有以下原因：①无法预测的现金流量冲击；②金融机构管理不善；③负面印象和市场反应；④金融系统性恐慌带来的流动性风险。

更糟糕的是，在流动性风险发生时，某些情况下，资产流动性风险与融资流动性风险会接踵而至，为了满足外部监管的硬性要求而不得不进行融资，以便摆脱困境。然而，在不能快速、廉价地获取外部流动性支持时，便不得不快速使资产变现。在变卖资产数量较大时，便会造成市场价格剧烈下挫，从而引发市场上的绝大多数参与者同时做出卖出行为且不再买入，造成"流动性黑洞"，这会出现本来试图保证增加流动性的行为，结果却造成融资成本的不断增加和融资弹性的不断降低。当流动性黑洞出现后，每一次想获取现金来源的新的尝试都会加剧原有的危机，导致新的困难和更高的成本。

这里的流动性黑洞，是指金融市场在极端事件中骤然丧失流动性的一种现象。总体而言，金融机构多种多样，故而金融市场的流动性要求是多种多样的。但银行和其他金融机构广泛采用基于类似模型或完全一致的计量模型，这导致风险控制系统会针对某种市场指标对不同的机构给出同一个指令，提示其买入或卖出。与此同时，金融行业整体监管放松等措施减少了市场参与者行为的多样性，使其行为越加趋同，其后果是非常严重的。当金融机构从事市场交易时，由于外部环境变化、内部风险控制的需要以及监管机构的要求，会在某些时刻出现金融产品的大量抛售。而交易成员由于具有类似的投资组合、风险管理目标和交易心态，会同时存在大量抛售的需要，此时整个市场只有卖方没有买方，市场流动性骤然消失，被抛售资产的价格急速下跌与卖盘持续增加并存，又会进一步恶化流动性状况，流动性骤然消失，流动性危机可以迅速升级为偿付危机。在证券市场上出现了越来越多类似"银行挤兑"的事件。拥有上百亿元市场资本的企业可能在数日内变得失去偿付能力。最终出现流动性好像被市场和机构瞬间吸收殆尽一样，这种现象就被形象地称为"流动性黑洞"。

流动性黑洞理论认为，流动性的核心是金融市场的多样性，流动性黑洞的形成一般与市场规模没有必然的关系，而是与金融市场的多样性密切相关。一般而言，流动性黑洞在那些同质的市场即信息、观点、头寸、投资组合、交易主体、风险管理缺乏多样性的市场中非常容易出现，而在那些存在较大差异性的市场中则会较少出现。

3.1.3.5 其他金融风险

除了《巴塞尔协议》非常关注的市场风险、信用风险、操作风险、流动性风险之外，战略风险、声誉风险、法律风险、合规风险和国家风险(主权风险)也成为以商业银行代表的金融机构所关注的风险。

(1) 战略风险

战略风险是指金融机构在追求短期商业目的和长期发展目标的系统化管理过程中,不适当的未来发展规划和战略决策所带来的对金融机构未来发展的潜在威胁。在实际操作中,战略风险可以被理解为两层意思:一是金融机构发展战略的风险管理,针对金融机构临时内部和外部情况,系统地识别和评估它所制订的战略存在的风险;二是从战略性的角度管理金融机构的各类风险,以战略的角度来管理市场风险、信用风险、操作风险和流动性风险,保障金融机构的稳定运营。中国银保监会在《人身保险公司全面风险管理实施指引》中也将战略风险视为保险公司的主要风险之一。

(2) 声誉风险

声誉风险是指由于意外事件、机构政策调整、市场表现等产生的负面结果,可能对金融机构的声誉造成损失的风险。声誉风险一般是受其他风险影响所产生的风险,它对金融机构的影响是巨大而深远的。遭遇声誉风险的金融机构在极端时可能会遭遇挤兑。汇丰集团前主席庞约翰爵士曾说:"过去摧毁一座金融帝国可能需要一个漫长的过程,但是现在,即使是经营了上百年的金融帝国也可以在一夜之间倾塌。"相对来说,声誉因素比财务业绩更能提升或挫伤一家金融机构的声誉,然而它也更加难以衡量、控制乃至预测。中国银监会在2009年发布的《商业银行声誉风险管理指引》中强调:"商业银行应当将声誉风险纳入本行公司治理及全面风险管理体系。商业银行在所有业务和经营管理的过程中,应该始终贯穿声誉管理意识。"而巴塞尔协议也于2009年1月明确将声誉风险列入第二支柱,协议指出:银行应将声誉风险纳入其风险管理程序中,并在内部资本充足评估程序和流动性应急预案中适当涵盖声誉风险。

一般来说,金融机构规模越大,抵御风险的能力就越强,但同时也意味着金融机构可面临的风险因素越多,对其声誉的潜在威胁也越大。管理和维护声誉风险需要金融机构考虑几乎所有内外部风险因素。实践证明,良好的声誉风险管理已经成为金融机构的主要竞争优势,有助于提高其自身的盈利能力和实现长期的战略目标。

(3) 法律风险

法律风险是一种特殊的操作风险,是指在金融机构的日常经营过程中,由于无法满足或违反法律要求,导致金融机构无法履行合同,引发争议甚至是法律纠纷,给金融机构带来经济损失的风险。法律风险包括但不限于下列风险:一是金融机构签订的合同因违反法律或行政法规可能被依法撤销或者确认无效的;二是金融机构因违约、侵权或者其他事由被提起诉讼或者申请仲裁、依法可能承担赔偿责任的;三是金融机构的业务活动违反法律或行政法规,可能承担行政责任或者刑事责任的。

(4) 国家风险

国家风险也称国别风险、主权风险,是指经济主体在与非本国交易对手进行国际经贸与金融往来时,由于别国经济、政治和社会等方面的变化而遭受损失的风险。

根据产生国家风险的因素,国家风险还可以细分为政治风险、经济风险和社会风险3

类。政治风险是指一国发生的政治事件或一国与其他国家的政治关系发生变化对金融机构造成不利影响的可能性。经济风险是指境外金融机构仅仅受到特定国家直接或间接经济因素的限制，而使得本国金融机构遭受损失的风险。社会风险是指由于经济或非经济因素造成特定国家的社会环境不稳定，从而使金融机构遭受损失的风险。国家风险有两个特征：一是国家风险发生在国际经济金融活动中，在同一个国家范围内的经济金融活动不存在国家风险；二是在国际经济金融活动中，经济中的每一个主体都有可能遭受国家风险带来的损失。国家风险最典型的情况即俄罗斯债务违约导致了长期资本管理公司的倒闭。在欧债危机之后，国家风险越来越受到金融监管当局和金融机构的重视。

阅读与思考

习近平总书记谈金融风险

2019年2月22日，习近平总书记在中共中央政治局就完善金融服务、防范金融风险举行第十三次集体学习时指出，金融是国家重要的核心竞争力，金融安全是国家安全的重要组成部分，金融制度是经济社会发展中重要的基础性制度。改革开放以来，我国金融业发展取得了历史性成就。特别是党的十八大以来，我们有序推进金融改革发展、治理金融风险，金融业保持快速发展，金融改革开放有序推进，金融产品日益丰富，金融服务普惠性增强，金融监管得到加强和改进。同时，我国金融业的市场结构、经营理念、创新能力、服务水平还不适应经济高质量发展的要求，诸多矛盾和问题仍然突出。我们要抓住完善金融服务、防范金融风险这个重点，推动金融业高质量发展。

习近平总书记强调，实体经济健康发展是防范化解风险的基础。要注重在稳增长的基础上防风险，强化财政政策、货币政策的逆周期调节作用，确保经济运行在合理区间，坚持在推动高质量发展中防范化解风险。

习近平总书记指出，防范化解金融风险特别是防止发生系统性金融风险，是金融工作的根本性任务。要加快金融市场基础设施建设，稳步推进金融业关键信息基础设施国产化。要做好金融业综合统计，健全及时反映风险波动的信息系统，完善信息发布管理规则，健全信用惩戒机制。要做到"管住人、看住钱、扎牢制度防火墙"。要管住金融机构、金融监管部门主要负责人和高中级管理人员，加强对他们的教育监督管理，加强金融领域反腐败力度。要运用现代科技手段和支付结算机制，适时动态监管线上线下、国际国内的资金流向流量，使所有资金流动都置于金融监管机构的监督视野之内。要完善金融从业人员、金融机构、金融市场、金融运行、金融治理、金融监管、金融调控的制度体系，规范金融运行。

习近平总书记2021年8月17日主持召开中央财经委员会第十次会议，研究扎实促进共同富裕问题，研究防范化解重大金融风险、做好金融稳定发展工作问题。习近平总书记在会上发表重要讲话强调，金融是现代经济的核心，关系发展和安全，要遵循市场化法治化原则，统筹做好重大金融风险防范化解工作。

3.2 金融风险识别

金融风险识别就是利用相关的知识、技术和方法，对处于经济活动中的经济主体所面临的金融风险的类型、受险部位、风险源、严重程度等进行连续、系统、全面的识别、判断和分析,从而为度量金融风险和选择合理的管理策略提供依据的动态行为或过程。

相关的知识、技术和方法主要是指对金融风险的认识以及在此基础上发展起来的各种金融风险的计量方法和管理策略。从金融风险的定义可以看出,这些知识、技术和方法不是一成不变的,而是随着人们对金融风险理解的加深和金融风险本身的演化而逐步完善的。

金融风险识别的任务就是辨识金融风险的类型和风险源。风险源是指导致风险发生的因素。金融风险的类型按照不同的角度和需要有不同的划分标准和方法。例如,按能否分散风险,将金融风险划分为系统性风险和非系统性风险。系统性风险是指由影响整个经济体系的因素引起的、所有经济主体共同面临的未来收益的不确定性,是单个经济主体不能通过投资分散化等策略来消除或减弱的风险。非系统性风险主要是指与主体从事的特定业务相关的风险,该风险采取适当的风险分散化策略选取适当的投资组合,可降低甚至消除非系统性风险。

3.2.1 金融风险识别的原则

(1) 实时性原则

风险具有动态变化性,经济主体的财务状况、市场环境等各种可能导致风险的驱动因素时常处于动态变化之中,金融机构面临的市场风险的类型、受险部位、严重程度等都会发生改变,因而要实时关注、连续识别、及时调节。

(2) 准确性原则

对金融风险的识别,首先,应准确识别各风险类型、风险存在部位和风险源,否则,就有可能将风险识别的后续工作引入歧途。其次,要做出对风险严重性的准确估计,过分高估会提高金融风险管理的成本,造成管理过度,带来新风险;过分低估又可能使得管理不足,导致更大的潜在金融风险。因而风险的衡量应在普遍估计的基础上,以严格的数量分析为工具,进行统计和计算,以得出比较合理的分析结果。

(3) 系统性原则

经营活动的每一环节、每一项业务都可能带来一种或多种金融风险。有的金融风险容易识别,有的则不易察觉,对其中任何一个环节的忽视都可能导致金融风险管理的失败。除了对经营活动的每一个环节、每一项业务进行独立分析外,还应特别注意各环节、各业务之间的紧密联系。金融机构面临的整体风险可能大于也可能小于其单个风险的总和。只有进行全面系统的调查分析,才能对风险进行综合归类,以揭示其性质、类型和后果。否则,就不可能对风险有总体的综合认识,就难以保证风险分析的准确性,就难以合理地选择控制和处置风险的方法。

(4) 成本效益原则

金融风险识别的目的在于为金融机构的风险管理提供决策依据,保证金融机构以最小的支出来获得最大的安全保障或者最小的金融风险损失。金融风险的识别和分析需要花费人力、物力、财力和时间等,风险管理收益的大小取决于因风险管理而避免或减少的损失大小。一般来说,随着金融风险识别活动的进行,辨别的边际成本会越来越大,而边际收益会越来越小,因而需要权衡成本和收益,以选择和确定最佳的识别程度与识别方法,使得风险识别活动获得最大效率。

3.2.2 金融风险识别方法

现实中不同金融风险识别主体要识别的金融风险内容有差异,同一金融风险识别主体随着时间的推移、外界经济环境的变化,要识别的金融风险内容也会有变化。这就要求不同的金融风险主体必须按照实际情况选用合适的金融风险识别方法,并根据外界经济环境的变化不断做出调整。

3.2.2.1 现场调查法

现场调查法,是指金融风险识别主体通过对可能存在风险的各项业务及其所涉及的部门进行详尽的现场调查来识别金融风险的方法。

(1) 现场调查法的优点

①该法简单、实用、经济。

②通过现场调查法可以直接获得进行金融风险识别的第一手资料,从而达到眼见为实的效果,在某种程度上可以确保所得资料和信息的可靠性。

③现场调查活动还能加深风险管理人员和基层人员之间的相互沟通、了解和联系,既可以使基层人员获得有关风险识别和分析处理的经验和知识,又可以使得风险管理人员在现在和未来可及时获得所需要的相关资料和信息。

④通过现场调查法容易发现潜在风险,有助于将风险控制在萌芽阶段。现场调查法因这些优点而在金融风险识别中得到广泛应用。

(2) 现场调查法的缺点

①在某些情况下进行现场调查可能需要花费大量的人力和物力,过于频繁的调查活动还会使得被调查人员疲于应付,甚至可能影响正常的生产经营活动。

②现场调查一方面要求调查者必须深入了解被调查对象的可能很复杂的运转机制和组织结构等,能准确把握调查的重点和难点;另一方面现场调查没有固定的方法可循,同时又可能面对诸多突发情况,因而需要调查人员具有敏锐的观察力、很强的沟通能力和灵活性,这对调查人员是一个巨大的挑战。

3.2.2.2 问卷调查法

问卷调查法可看作是对现场调查法的一种替代,是通过调查人员发放问卷调查表让被调查人员现场填写来识别金融风险的方法。

正确运用问卷调查法的关键是合理编制问卷调查表。对不同的调查对象,问卷调查表的编制千差万别,但都要求问卷调查表的编制过程中要考虑被调查者的知识、态度、素养等,尽可能使得调查表问题简单易懂、易于回答。

与现场调查法相比,问卷调查法可以节省大量的人力、物力和时间,有助于降低风险管理成本,而且同样可获得大量信息。但问卷调查表的制订对问卷调查者认识和发现风险的能力要求较高,同时问卷调查表存在的微小漏洞都可能导致获得的调查资料和信息不可靠。被调查者的知识、素养、态度、责任心以及能否正确理解问卷调查者的意图都难得到保证。因此，问卷调查法常作为识别金融风险的辅助方法，较少单独使用。

3.2.2.3 组织结构图示法

组织结构图示法，是用图形来描绘经济主体的组织结构并据此识别金融风险的方法。

组织结构图示法主要包括以下几个步骤：①对金融机构组织结构的整体及其各个组成部分进行识别与分析；②绘制出金融机构的组织结构图，当要分析的对象涉及多个子组织结构时，可以先绘制出各个子组织结构图，再组合成总的组织结构图；③对组织结构图进行解释与剖析；④通过组织结构图识别金融风险。

通过运用组织结构图示法，风险管理部门可以分析、判断经济主体组织结构的设置是否合理，能否适应经济环境的变化，能否提高经营效率，进而识别出由于组织结构设置的不足而导致的潜在金融风险，尤其是经营风险。

3.2.2.4 流程图法

流程图法是按照业务活动的内在逻辑关系将整个业务活动过程绘制成流程图，并借此识别金融风险的方法。根据业务活动的不同内容、不同特征及其复杂程度，可以将风险主体的业务活动绘制成不同类型的流程图。例如，按照业务内容可以绘成生产流程图、销售流程图、会计流程图、放贷流程图等。一般地，金融机构的规模越大、业务活动越复杂，流程图分析就越具有优势。

概括地说，流程图法的最大优点是能把一个复杂问题分解成若干个较为简单明了、易于识别和分析的单元。以金融机构为例，风险管理人员可以借助于流程图法将较为复杂的财务会计流程、放贷流程分解成一个个简单、易于分析和识别金融风险及其影响范围的单元。当然，流程图法在金融风险识别方面同样存在缺陷：首先，绘制流程图往往需要耗费大量的人力、物力和时间；其次，要准确绘制流程图，需要绘图人员充分了解和把握业务活动之间的逻辑关系以及业务流程的各个阶段，并具有抽象、概括、提炼主要流程的能力，这对绘图人员来说其实并非想象的那样简单；最后，由于一些业务流程非常复杂，这可能导致流程图的绘制很难把握或顾及所有细节，而流程图绘制过程中的任何疏漏和错误又有可能导致金融风险识别时出现不准确、不全面的情况(图3-2)。

3.2.2.5 专家调查法

专家调查法主要是指利用专家的集体智慧识别金融风险的方法。专家调查法包括头脑风暴法、德尔菲法等多种方法。最常用的是头脑风暴法和德尔菲法。

(1) 头脑风暴法

头脑风暴法最早由 Osborn 于 1939 年提出，是一种刺激创造性、产生新思想的技术。应用头脑风暴法的一般步骤是：先召集有关人员构成一个小组，然后以会议的方式展开讨论。

头脑风暴法的优点是比较容易获得结果，而且节省时间，所以运用广泛。然而，也有研究表明，头脑风暴法可能由于某些原因反而会阻碍一些创造性的思考，有3个原因可能导致此情况：①"评价焦虑"，小组参与者可能由于担心别人的评价而不能充分表达自己的想法；②"搭便车"，由于在集体工作中每个人的责任比起单独工作时小，所以就会付出更小的努力；③"产出阻碍"，倾听别人发言会妨碍自己的思考，从而阻碍了想法的产生。

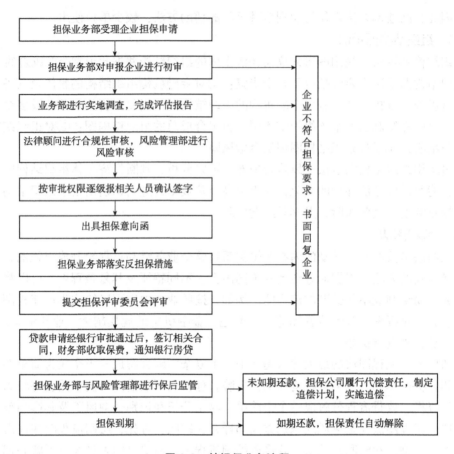

图 3-2 某担保业务流程

(2) 德尔菲法

德尔菲法，其本质上是一种反馈匿名函询法，其大致流程是在对所要预测的问题征得专家的意见之后，进行整理、归纳、统计，再匿名反馈给各专家，再次征求意见，再集中，再反馈，直至得到一致的意见。由美国著名的咨询机构兰德公司发明，最早用于军事领域的预测。

与传统的圆桌会议、头脑风暴法或仅遵循某一个人的意见相比，运用德尔菲法所得结论的准确度和可信度会更高一些，而且既可以避免各个专家之间的直接冲突或相互影响，又能引导他们进行独立思考，从而有助于逐渐形成一种统一意见。如果实验的目的是量化估计，即使开始时各个专家的意见不一，但随着实验的反复进行，专家们的意见也将由于经过反复表格化、符号化、数字化的科学处理而逐渐达到统一，并便于统计分析。

德尔菲法的主要缺点是：缺少思想沟通交流，可能存在一定的主观片面性；易忽视少数人的意见，可能导致预测的结果偏离实际；存在组织者主观影响。

3.2.2.6 主观风险测定法

主观风险测定法主要依赖于风险管理者的主观努力、个人经验及判断力来进行。具体而言，主观风险测定法主要包括以下 4 类：

①财务报表透视法　即通过观察财务报表上的相关科目推测、识别金融风险。
②直接观察法　即根据客户表现出的各种表象推测、识别金融风险。
③连锁推测法　即根据客户身上已发生的典型事件推测、识别金融风险。
④证券市场追踪法　即通过追踪上市公司在证券市场中的表现推测、识别金融风险。

主观风险测定法主要适用于可得数据较少的情形。该法的主要优点是方法简单、直接；主要缺陷是受风险管理者的主观意识、个人经验及判断力的影响较大，容易出现偏差。

3.2.2.7　客观风险测定法

客观风险测定法是一种以反映经营活动的实际数据为依据进行金融风险识别的方法。传统的客观风险测定法主要利用单一的财务分析指标，如流动比率、资产周转率等来分析财务状况，进而识别金融风险。随着金融风险管理活动的深入，人们认识到，单一分析指标已不能满足风险识别的需要。为此，人们建立了多种综合评判指标体系，试图对金融风险进行更加准确、更加高级的综合识别。

总的说来，根据客观风险测定法得到的结论比主观风险测定法更具有说服力。客观风险测定法的关键在于准确选择与确定综合评判指标体系。

3.2.2.8　情景分析法

情景分析法是一种识别引致风险的关键因素及其影响程度的方法。一个情景就是对拟考察的风险主体未来某种状态的描绘，这种描绘可通过图表或曲线等形式表现出来。

(1) 情景分析的结果
①对未来某种状态的描述。
②对未来某个发展过程或者说未来若干年某种情况变化链的描述。

(2) 情景分析方法的操作过程
先利用有关数据、曲线与图表等资料对未来状态进行描述，以便考察引起有关风险的关键因素及其影响程度，然后再研究当某些因素发生变化时，又将出现何种风险以及将导致何种损失与后果。

(3) 情景分析主要包括情景构造和情景评估
情景构造是情景分析的基础，主要方法包括历史模拟情景法、典型情景法和假设特殊事件法。情景评估是指完成情景构造后，评估该情景的发生对资产组合价值变化的影响和后果。

(4) 情景分析法的主要优缺点
①优点　在于可以识别和测定资产组合所面临的最大可能损失。
②主要缺点　从操作过程来看，该方法的实施效果很大程度上依赖于有效情景的构造和选择，而有效情景的构造和选择需要良好的判断能力、丰富的经验和技巧，这在面临多变量和复杂情况时尤为突出，所以有效情景的构造和选择通常比较困难；从结果来看，情景分析不能给出不同情景实际发生的可能性，只是指出了特定情景产生的损失大小。

以上介绍的只是几种常见的方法，还有模糊集合分析法、故障树分析法、预期净现值法、平衡点法、决策树法等。不同的风险辨识方法各具特点，各有优势和不足。在具体应用时要根据具体情况选用最为合适的辨识方法。

3.3 金融风险的度量

本节将按照产生的时间顺序分别对均值—方差框架、风险价值法进行介绍。

3.3.1 均值—方差框架

1952年，美国经济学家马科维茨发表论文《资产组合选择——投资的有效分散化》，提出使用风险资产的均值与方差或标准差来研究投资组合的资金最优分配问题，此后，以均值—方差为基本框架的投资组合理论成为现代投资理论的基础。在均值—方差框架中，使用均值表示预期收益，运用方差测度投资风险，投资者在取得最大的单位风险报酬时实现资金的最优配置。

实现最优配置的方法分为2个步骤：

(1) 确定风险资产组合的构成，即各风险资产在风险资产组合中的比例

假设风险资产组合 p 由 n 种风险资产组成，x_i，r_i，σ_i 分别表示第 i 种风险资产在风险资产组合中所占的权重、预期收益率以及预期收益率的方差，则资产组合的预期收益率 r_p 与方差 σ_p 分别可表示为：

$$r_p = \sum_{i=1}^{n} x_i r_i \tag{3-1}$$

$$\sigma_p^2 = \sum_{i=1}^{n} x_i^2 \cdot \sigma_i^2 + 2 \sum_{0 \leq i < j \leq n} x_i x_j \sigma_i \sigma_j \rho_{ij} \tag{3-2}$$

多种资产的收益率之间的相关关系：可能是正相关，可能是负相关，也可能是不相关。正相关关系越强，通过组合投资降低风险的程度就越低；负相关关系越强，通过组合投资降低风险的程度就越高。投资分散化可以降低风险，这是极其古老的经验总结。从上式可以看出，通过增加持有资产的种类数就可以相互抵消的风险称为非系统风险，即并非由于"系统"原因导致的风险；投资分散化可以降低的就是这类风险。对于系统风险，投资分散化无能为力（图3-3）。即投资组合的预期收益是各风险资产预期收益的加权平均数，投资组合的方差为各风险资产方差的加权平均数与所有资产之间协方差的加权值之和。在 r_i，σ_i，ρ_{ij} 确定的情况下，预期收益率 r_p 与方差 σ_p 随着各风险资产的比例 x_i 变化而变化，将预期收益率 r_p 与方差 σ_p 的对应关系绘制成图3-4，图中阴影区域即为投资组合的所有可行集。

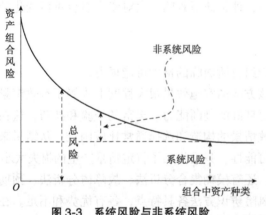

图3-3　系统风险与非系统风险

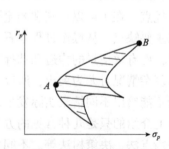

图3-4　投资组合可行集

理性的投资者将按照以下原则选择最优组合：第一，在既定的风险水平下，选择最大预期收益的组合；第二，在既定的预期收益下，选择最小的风险水平。由此得到的最优资产组合的集合称为有效边界，如图3-4所示，A点风险最小，B点预期收益最高，曲线AB即为有效边界。

(2) 确定无风险资产与风险资产的资金配置比例

假设无风险资产在新的资产组合中的比例为x_1，收益率为r_f，由无风险资产与风险资产组合p组成的新的资产组合P的预期收益率与标准差分别为R和σ，则有

$$R = x_1 r_f + (1-x_1) r_p \tag{3-3}$$
$$\sigma = (1-x_1) \sigma_p \tag{3-4}$$

即风险资产组合的比例$(1-x_1)$等于其标准差与新的资产组合标准差的比值$\dfrac{\sigma}{\sigma_p}$，因此，上式可转换为：

$$R = r_f + \frac{r_p - r_f}{\sigma_p} \sigma \tag{3-5}$$

式中 $\dfrac{r_p - r_f}{\sigma_p}$——单位风险报酬率或夏普比率(Sharpe's ratio)。

此时，如图3-4所示，无风险资产点$F(r_f, 0)$与原有可行集内任意一点的连线都有成为新投资组合的可能，这一连线被称为资产配置线，其斜率即为相应的单位风险报酬率。因此，引入无风险资产后，投资组合的可行集得到了极大拓展，有效边界也随之发生改变。如图3-5所示，假设曲线AB上存在点M，使得直线FM与原有效边界相切于M，在不允许以无风险利率借入资金时，显然，对于曲线AM上任意一点，都能在线段FM上找到对应的一点，使之在相同的收益率下的风险更小。因此新的有效边界分为2个部分：M点右侧的曲线与左侧的线段FM；当允许无风险借入资金时，有效边界进一步变换为射线FM。此时，所有投资者拥有相同的风险投资组合(即点M所代表的风险资产组合，称为市场组

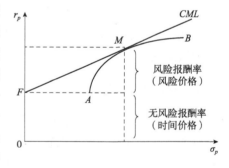

图3-5 最优投资组合的确定

合)，不同投资者仅依据对风险的厌恶程度而在市场风险投资组合与无风险资产之间进行不同比例的分配。

综上所述，均值—方差框架不仅能测度风险，而且能指导投资者如何在不同的风险资产之间进行选择，这似乎说明方差(标准差)是非常理想的风险测度。然而，这一测度方式的最大问题在于其必须满足投资收益服从正态分布的假设条件，因为只有正态分布才能仅利用均值与方差两个参数即确定分布形状。对于一些非正态分布来说(如极值分布中的Gumbel分布等)，其分布形状往往还需要均值与方差以外的其他参数来共同确定，这意味着两个有着相同均值与方差的分布，可能有着不同的分布形状，即存在不同的风险，而根据投资组合理论，这些分布应当具备同样的风险，显然此时投资组合理论是不适用的。

正态分布可以运用峰度和偏度快速判定。正态分布的偏度为0，峰度为3。其他分布的峰度与偏度可能与正态分布有着很大的不同，因此其形状与正态分布也存在显著差异，即使它们和正态分布有着相同的均值与标准差。偏度表征了分布形状的对称性，偏度不为0时称为有偏分布，此时分布的一个尾部变得较大，而另外一个较小。峰度表征了分布形状的尾部特征，峰度超过3时被称为厚尾，意味着大盈亏事件的概率较高。图3-6描绘了与正态分布有着相同均值与方差的Gumbel分布与t分布形状图，很明显它们与正态分布所表示的风险有着明显的差异。

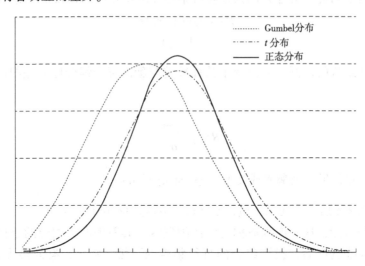

图3-6 Gumbel分布、t分布形状与正态分布比较

因此，当投资收益的分布是有偏的或厚尾的，使用均值—方差风险分析框架可能产生错误的风险估计。

3.3.2 风险价值法

VaR是value at risk的英文首字母缩写，意为处于风险之中的价值，简称风险价值或在险价值。其含义是在给定的置信水平下，资产或其组合在未来特定一段时间内可能遭受的最大损失。如某投资组合的每日VaR在95%的置信水平下为100万元，意味着在市场正常运转的情况下，该投资组合一天内的损失超过100万元的概率只有(1-95%)=5%。

20世纪90年代初期，J·P·摩根公司(J. P. Morgan)的主席要求其风险管理部门每天出具报告说明未来24h该公司所有交易组合的风险和潜在损失。为此，该公司风险管理部门开始尝试开发一个系统使用单一指标测度该公司各种交易组合以及公司总体的风险，这个指标便是VaR的雏形。随后，1993年位于美国的国际经济及货币事务咨询组织G30集团发布了题为《衍生产品的实践和规则》的报告，率先提出了风险价值(VaR)这一名词。1994年，J·P·摩根公司将该公司计算VaR的风险计量模型公之于众，随后的VaR方法开始为各金融机构广泛使用，迄今为止已经成为金融风险测度特别是市场风险测度的最主要方法。

(1) 与传统的风险测度相比，VaR方法的优势

①VaR具有可比性　VaR能够应用于任何类型的风险资产及其组合，可以用一个统一

的标准对不同类型风险资产及其组合的风险进行直观的比较。而传统的风险测度方法大都只能应用于特定资产类型，如久期与凸性只能应用于固定收益证券的风险测度，投资组合理论只能应用于股票及类似资产。而通过 VaR，金融机构可以直观地比较不同风险业务部门、不同交易人员、不同交易组合的风险水平。

②VaR 具有全面性　VaR 可以同时考虑所有起作用的风险因素，许多传统风险测度方法一次仅能考虑一个风险因素，或是将多个风险因素简单地合并为一个，如资本资产定价模型(CAPM)将不同的收益率合并为单一的市场收益率。因此，VaR 既可以测度具体风险资产的风险，也可以测度投资组合乃至整个金融业务部门的总体风险水平。

③VaR 具有直观性，简单有效，易于理解　VaR 直观地提供了一个特定的风险损失值及其发生的概率信息，而方差等测度方式只告诉我们何种情况下会发生何种事情，并未指出其发生的可能性。

VaR 的这些特性决定了其容易为风险管理人员理解、认可、接受和使用，并且具有极其广泛的适用性。总体而言，任何受金融风险影响的机构都可以使用 VaR。

(2) 根据使用需求分类

①被动性需求——信息沟通　VaR 简单易懂，既可以用于风险管理人员之间的专业交流，也可以作为通俗语言用作风险管理人员与非专业人士，如股东等其他利益相关者的沟通。股东或公司管理层可以利用 VaR 快速判断是否能够接受当前风险水平。越来越多的金融机构开始注重在其财务报告中披露 VaR 信息。

②防御性需求——控制风险　由于 VaR 的可比性，VaR 可以用于设定金融资产交易员或业务部门的头寸上限，当交易组合或整个业务部门的 VaR 超出限定水平时，就必须对交易仓位或资产品种进行调整，直至 VaR 满足上限要求，从而实现对市场风险的控制。与此类似，VaR 也被巴塞尔银行监管委员会、美国证券交易委员会等金融监管机构用于计量金融机构的最低资本金等用途。

③主动性需求——管理风险　VaR 方法有助于投资组合的管理人员比较和选择投资组合，并进行投资、对冲、交易和组合管理决策。同时 VaR 也可以用于更好地平衡风险与收益的关系。如果金融机构仅仅按照利润数据向资产管理与交易人员发放薪酬与奖励，而无视取得这一利润数据背后的风险水平，将导致交易人员承担过度风险。使用 VaR 进行风险调整后的业绩指标能够有效防范此类问题。

总之，由于 VaR 为不同类型的金融风险提供了一个一致的、可比的、全面的、直观的测度方法，其被全球范围内的各类金融业务部门或金融监管机构广泛应用于风险比较、风险控制、业绩评估、风险资本估算、风险投资决策以及风险监管等诸多领域。

作为风险测度工具，VaR 度量的是超出置信水平以外的风险事件(即尾部事件)不发生时可能的最大损失。然而，如果尾部事件发生，实际损失将超过 VaR，但 VaR 值并能告诉我们实际损失将会有多大。同时，由于置信水平的选择，这一损失的规模并不会对 VaR 的大小产生影响。因此，具有同样 VaR 被认为具有相同风险的不同投资组合实际上可能产生截然不同的风险结果。这就意味着，当投资组合在较小概率下存在巨大损失可能时，仅仅依据 VaR 进行风险决策可能导致错误判断，使投资者暴露在超额损失的风险之下，可能导致极其严重的不良后果。显然，从这个角度来说，VaR 并不是一个最佳的风险测度方式。

为了更加精确地测度风险，阿茨诺（Artzner）等人于 1999 年提出了一致性风险测度理论。合理的风险测度方式必须满足一致性条件，当多个资产组合在一起时，风险将被分散，或者至少不会增加。而基于分位数的 VaR 法，并不能总是满足这一要求。

农业金融实践

茶农信用风险测评

一、中国茶农发展现状

中国是最早开始种植茶叶的国家，由于地形地理环境的不同导致了不同区域气候的差异，而这些为茶叶的种植提供了极好的环境条件，也因此茶叶资源在我国分布广泛。特别的，在一些贫困及深度贫困地区，大力推动茶叶产业的发展成了各地方政府精准扶贫、精准施策的优先选择项目。所以，茶叶种植也是贫困山区农户增加收入的重要途径。在南方的许多农村，家庭是茶叶产业的主要经营单元，也是其重要的收入来源。然而，茶叶产业仍然具有农业经济的天然劣势，同其他农业产业一样，茶农需要投入一定数额的资金应用于茶叶种植前期的茶苗购买，采摘茶叶工人的雇佣，但是只有当茶农把茶叶销售出去，才有可能得到部分资金的回笼，这中间是一段漫长的时间。

中国也是最大的茶叶种植国家，是世界上茶园种植面积增长速度最快的国家，茶叶产业已经成为某些地区的支柱型产业。近年来，我国对于茶叶产业的支持力度不断加大，并且茶叶种植的增长势头相比于其他农产品而言更加稳定，近 20 年来年均增长率保持在 8%。因此，推动地方茶叶经济发展，促进茶业增效和茶农增收，显得十分重要。

茶叶产业是一个涉及从茶园、茶叶到茶杯包含一二三产业的全业态产业链，如图 3-7 所示。茶农是以茶树种植、茶叶采摘与制作、茶叶加工及销售为生的一类农户，主要以家庭生产居多，规模小而且分散。茶农作为茶园经营的主体，在茶树的种植和茶叶的生产环节占重要地位，位于茶叶产业链的上游，直接接触采购商和消费者，扮演着生产者和销售者的双重角色，但由于分散并且粗放式的经营，茶农在整个茶叶供应链中处于弱势，自身利益难以保障。不仅如此，茶农存在着较为严峻的融资难问题。茶农家庭式的生产方式限制了其生产规模的扩大，导致其较难从正规金融机构获得资金支持。资金不足将导致茶农无法增加对茶园的经营投入，影响茶叶的标准化生产和先进生产技术的引进，进而影响茶叶产业的发展。以 2016 年社口信用社发放给茶农的小额贷款为例，全年一共发放贷款 6300 万元，平均每户不到 5 万元，并且这笔资金大多被用在最初的茶叶种植和加工阶段，可用于设备投入和厂房改造阶段的资金严重不足。

茶农受到资金约束的原因在于：第一，茶农作为普通的劳动人民，在茶叶种植过程中对资金有着较高的需求，但本身资金不充足，收入来源较少，并且存在较大的经营风险；第二，金融机构由于难以获取茶农的有效信息，例如，经营状态、基本特征、未来发展等信息，因此大多金融机构无法为茶农贷款；第三，从银行等正规金融机构贷款需要一系列的审批手续，贷款周期长、成功率低，而从非正规金融机构贷款的利率较高，并且存在一定风险。上述问题使得茶农的融资难题得不到解决，经营难上加难。

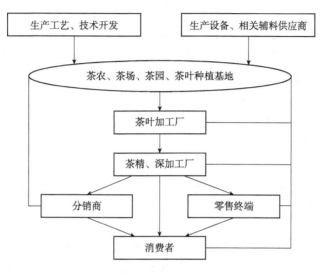

图 3-7　茶叶产业链

然而，与其他类型农户相比，茶农生产经营方式的不同，致使金融机构在信贷决策时无法直接套用现有农户信用风险测评体系，对茶农信用风险进行判别。因此，通过构建符合茶农自身特点的信用评价体系，准确、合理地评测茶农的信用风险，提高其信贷可得性，促进农村金融机构信贷资金向茶农倾斜，不仅能够缓解茶农的融资约束，还能体现信贷资金惠及更多农户的普惠金融理念。

二、茶农信用风险评测方法

信用风险评价对缓解客户融资约束具有积极作用，有助于客户从正规金融机构获得授信。信用评价的内容包括数据预处理、评价指标的筛选、指标的赋权、信用得分的求解、信用等级的划分以及关键指标的特征属性挖掘。

其大体思路是结合茶农本身的特征和数据的可获取情况，第一，以美国著名的信用风险评级 FICO 公司、农行、邮储银行等大型银行、现有文献的经典指标等为依据，建立茶农信用风险评价的海选指标集；第二，依据茶农的数据特征，利用 Lasso-Logistic 方法筛选出对茶农违约状态有显著影响的关键指标，构建茶农的信用风险评价指标体系；第三，利用 Fisher 判别法求解指标的权重，在此基础上求解贷款茶农的信用得分；第四，利用模糊 C 均值(Fuzzy C-Means，FCM)方法将茶农聚类，将具有不同信用风险的茶农划分到不同的信用等级；第五，利用非参数检验方法，挖掘同一个指标中能显著影响茶农贷款违约情况的某种特征属性。

(1) 信用风险评价指标数据预处理

金融机构通过中国人民银行征信系统和自身信贷系统往往掌握了贷款客户借贷、偿还、违约等信息，进而通过对信息的提取、整理获得能够从不同维度反应贷款客户信用的指标。然而，由于不同指标单位量纲不同，在信用评价前需要对数据进行预处理以消除不同指标之间因属性不同而带来的影响，从而使结果具有可比性。

数据预处理的过程包括：第一，剔除异常数据，以确保数据的真实性，提高信用风险评价的精确度；第二，补充缺失值，通常人们采用"最差值"来补充缺失值；第三，制订贷款客户信用风险评价的定性指标标准化打分规则；第四，对贷款客户信用风险评价的定量指标进行无量纲化处理，将指标原始数据转化为标准化值 v_{ij}。

(2) 茶农信用风险评价指标体系的构建

由于茶农的信用数据是高维稀疏数据，且被解释变量违约状态 y 为二分类变量（$y=1$ 表示违约；$y=0$ 表示非违约），因此在建模分析中常使用二分类筛选模型遴选对茶农信用风险影响显著的评价指标。

(3) 茶农信用风险测算

目前使用比较多的赋权方法包括客观赋权方法，如熵权、离差最大化、变异系数等；主观赋权方法，如 AHP、专家打分等；以及主客观赋权各占一定比例的形式。事实上，以信息量和主客观程度赋权的方法无法体现评价指标对非违约和违约样本的辨别能力。

Fisher 赋权方法依据"如果一个指标辨别农户的违约能力比另外一个指标强，那么这个指标的权重应该比另外一个指标大"的思路进行赋权，在判别贷款客户违约与否的能力方面具有优势。其基本原理是：将样本分为非违约样本和违约样本两类，若某指标对两类样本（非违约样本类、违约样本类）的分类能力越强、指标权重越大，这一过程可由组内离差矩阵和组间离差矩阵实现。即可求得评价指标的 Fisher 权重：

$$w^* = (w_1^*, w_2^*, \cdots, w_m^*) \tag{3-6}$$

茶农的信用评分为 Lasso-Logistic 模型筛选后的指标标准化数值与其 Fisher 判别求解的指标权重之积的线性和。设 S_k 表示第 k 个茶农的信用评价的标准化得分，则该茶农的标准化信用得分：

$$S_k = \frac{p_k - \min_{1 \leq k \leq n}(p_k)}{\max_{1 \leq k \leq n}(p_k) - \min_{1 \leq k \leq n}(p_k)} \times 100 \tag{3-7}$$

其中，$p_i = \sum_{j=1}^{m} w_j^* v_{ij}$ 由线性加权求得。

传统的聚类方法是指研究对象被识别为各个类别时"非此即彼"，即是否可以归于某一类，只有"0"和"1"两种选项。自从 Ruspini 提出模糊聚类算法后，关于 Fuzzy 聚类的研究便层出不穷。在众多模糊聚类方法中，Bezdek 提出的 Fuzzy C-Means（FCM）目前在图像分割、绩效评估、信用评级等方面研究广泛。可以借鉴 Fuzzy C-Means 方法，将贷款茶农划分为 AAA、AA、A、BBB、BB、B、CCC、CC、C 共 9 个信用级别。

农业金融实践

兼业型农户信用风险评价

一、兼业型农户与信用风险的发展现状

近些年来，我国正在大力发展"三农事业"、着力推进"乡村振兴战略"，这些举措均

离不开农村金融的强有力支持。据统计数据显示，我国农业人口占总人口比重达43.38%，实现农村金融的健康发展对整个社会经济将会发挥至关重要的作用。随着现代农业的快速发展，城市化、工业化进程的推进，农户的类型逐步分化为纯农型、兼业型和非农型农户3类。

农户兼业经营起始于20世纪80年代，历经逾30年的发展，如今已经分化为我国农户中数量最多、分布最广泛的群体，是孕育和生成新型农业经营主体(如家庭农场、农民专业合作社等)的主要载体，其经济行为变化将会对农村金融市场产生较大影响。一般而言，兼业型农户收入水平较高且经营范围涉及广泛，但由于其基本脱离农业生产，因而在生活消费上不会产生较多融资需求。然而，在生产经营方面，融资需求会随着经营规模的扩大而增加。由于兼业型农户自身存在规模小、资金实力弱、财务信息不健全等情况，再加上农户小额贷款具有"贷款期限短、频次高、时间紧、额度小"等特点，其"贷款难、贷款贵"问题相当严峻，因此严重制约了我国农村社会经济的发展。

与此同时，涉农信贷主体金融需求难以满足，供求不平衡问题依然严峻。从需求方角度来看，随着"三农"事业的发展和农户金融素养的不断提升，现代农业正在快速发展，涉农客户从正规金融机构获得贷款的比例在不断提高，但由于这些贷款农户金融知识和受教育水平偏低、信用意识差、还款能力弱，致使其信贷可得性较低、金融抑制现象依然严峻。从供给方角度看，金融机构在农村投入严重不足。究其原因，除了农业本身的弱质性、金融机构的趋利性之外，一个重要原因是农户自身信用风险难以测度，导致金融机构涉农贷款不良率严重偏高。

二、兼业型农户信用风险评价方法

信用风险评价对缓解客户融资约束具有积极作用，有助于客户从正规金融机构获得授信。信用评价的内容包括数据预处理、评价指标的筛选、指标的赋权、信用得分的求解以及信用等级的划分。

(1) 信用评价指标体系的构建方法

指标体系构建之前，首先应进行数据预处理，进而进行标准化处理。在此基础上，遴选对信用风险影响显著的指标。

数据的预处理过程包括两部分：对异常值进行处理，对缺失值的补充。异常值处理的思路：假若指标数据最差值位于均值减3倍标准差和均值加3倍标准差的区间内，则将大于等于均值加3倍标准差和小于等于均值减3倍标准差的指标数据替换为该最差值，否则，替换为均值加3倍标准差。缺失值处理的思路：缺失值表示无法获取的指标值。处理方法是用最差值代替缺失值。正向指标用"均值减3倍标准差"进行填补、负向指标用"均值加3倍标准差"进行填补。

评价指标打分的目的是：将评价指标的数据转化为[0，1]区间，消除数据量纲对评价结果的影响。对于定量指标来说，例如，城镇登记失业率为1.4%～4.5%，但是城乡人均人民币储蓄存款为16 000～59 000元，这种单位上的差异可以通过标准化来消除。对于定性指标而言，对无法量化的指标如"性别""婚姻状况"进行打分，便于计算和比较。对于定量指标，一般是根据指标的所属类型(正向、负向、区间或适中)，采用标准化打分公式，将原始数据转化为[0，1]之间的标准化数值。定性指标打分原理：定性指标指的是不能直接带入实证模型、进行定量计算的非数值型指标，例如性别、教育程度、婚姻状况等。对定性指标进行理性分析，制订出适合不同样本主体的评价打分标准。指标打分方式包括等距打分、非等距打分和0-1分类打分3种方式。如"教育程度、婚姻状况、贷款用途"等指标采用等距打分法；如"性别"，采用非等距打分法；如"贫困类型、有无房产证、是否本地人"等指标，采用0-1打分法。

利用偏相关分析，删除反映信息冗余的指标，避免指标之间反映信息重复以及指标间存在多重共线性。在此基础上，利用多元逐步回归，遴选对客户信用风险影响显著的指标。

(2) 农户信用评分求解和信用级别划分

利用变异系数法对指标进行赋权，变异系数值越大，指标数据的离散程度越高，表明该指标反映信息含量越大，从而相应权重就越大。利用线性加权方法，即可得到兼业型农户的信用得分。

信用等级越高，表明贷款客户的信用状况越好，反之则越差。信用等级是贷款客户未来偿还债务能力和可能性的级别结果。信用等级划分结果有助于相关金融机构更好地识别好客户和坏客户，进而帮助其加强信用风险管理。借鉴模糊C均值算法，利用聚类方法将贷款客户划分为AAA、AA、A、BBB、BB、B、CCC、CC、C共9个信用级别。

3.4 金融风险管理主要方法

所谓金融风险管理主要是指人们在风险评估的基础上，综合平衡成本与收益，通过实施一系列的政策和措施来对不同风险特性确定相应的风险控制策略，以消除或减少其不利影响的行为。自20世纪70年代以来，国际金融市场环境的变化，金融活动范围的扩大，金融风险不断增加且日趋复杂化，人们对更加有效的风险管理的渴求，不断推动着金融风险管理理论与实践向前发展。从传统的风险管理步骤发展到现在的系统的全面风险管理框架，从传统的定性、定量分析管理方法发展到现在的工程化风险管理方法。

对不同的金融风险主体，由于所处的金融风险环境不同，其选择的金融风险管理方法及其组合也不一样。本节主要从风险避免（风险规避策略、风险转移策略）、风险自留（风险分散策略、风险对冲策略、风险补偿策略）、风险承担（风险承担策略）3个方面来讨论金融风险管理的方法。

3.4.1 风险规避策略

风险规避策略是指通过计划的变更来消除风险或风险发生的条件，保护目标免受风险的影响。例如，商业银行拒绝或退出某一业务或市场，以避免承担该业务或市场风险时的策略性选择就是一种风险规避策略。通过放弃或拒绝合作、停止业务活动来回避风险源。简单地说就是不做业务，不承担风险。当风险的潜在收益显著低于预期损失，且通过某项业务或遵照规章制度可以避免时，适合采用风险规避策略。风险规避必须要权衡与这种行为相关的成本和收益。

在现代商业银行风险管理实践中，风险规避可以通过限制某些业务的经济资本配置来实现。例如，商业银行首先将所有业务面临的风险进行量化，然后依据董事会所确定的风险战略和风险偏好确定经济资本分配，最终表现为授信额度和交易限额等各种限制条件。

对于不擅长且不愿承担风险的业务，商业银行对其配置非常有限的经济资本，并设立非常有限的风险容忍度，迫使该业务部门降低业务的风险暴露，甚至完全退出该业务领域，没有风险就没有收益。风险规避策略在规避风险的同时自然也失去了在这一业务领域获得收益的机会。这种消极的风险管理策略，不宜成为商业银行风险管理的主导策略。

3.4.2 风险转移策略

风险转移策略是指通过购买某种金融产品或采取其他合法的经济措施将风险转移给其他经济主体的一种策略性选择。这种策略的重要特征是风险的转移必须以被转移者同意承担为条件。被转移者之所以接受，是因为他可能更擅长运用大数定律来预测损失。这样从宏观角度看，风险程度有时会由风险转移过程而降低。一般情况下，风险转移程度保持不变，只是从转移者转到被转移者，改变了风险的承担者。风险转移策略其转移的风险通常是通过别的风险管理方法无法减少或消除的系统性风险，人们只得借助适当的途径将它转移出去。

风险转移可分为保险转移和非保险转移。

(1) 保险转移

保险转移是指商业银行购买保险，以缴纳保费为代价，将风险转移给保险公司。当商业银行发生风险损失时，保险公司按照保险合同的约定责任给予商业银行一定的经济补偿。通常情况下，保险是通过一个具备法律效力的合同（或称保险单）来实施的。在保险合同中，保险公司承诺对被保险人在合同期限内所遭受的金融损失进行一定数额的赔偿。这也暗示着，保险公司将偿付任何可能发生的损失。但是，有时候保险公司也可能无力偿付，不能履行它们赔偿承保损失的承诺。在这种情况下，被保险人不得不承担原以为转移出去了的损失。因此，在通过投保来转移风险时，要充分考虑保险公司的财务实力，及其一旦在任何承保损失发生的情况下是否能及时进行赔付的能力。作为风险的被转移者，保险公司能通过大数定律有效地处理风险，所以一般来讲，购买保险是管理金融风险的最佳途径。但这并不意味着保险是解决风险的唯一途径。反而它是人们在采取其他金融风险管理方法无法有效达到目的时才应用的方法。

(2) 非保险转移

担保、备用信用证等能够将信用风险转移给第三方。例如，银行和其他金融机构对外贷款时常常会采用有第三方担保的方式贷给借款人。担保是指金融机构在发放贷款时，要求借款人以第三方信用或其拥有的各种资产作为还款保证的一种形式。这样，银行及其他金融机构通过设定担保，将所承受的信用风险转移给第三方。签订贷款合同后，担保人要监督借款人到期如数还本付息。如果借款人不能按期付清全部款项，则担保人必须依照合同有关规定承担连带责任，替借款人清偿债务。此外，在金融市场中，某些衍生产品（如期权合约)可看作是特殊形式的保单,为投资者提供了转移利率、汇率、股票和商品价格风险的工具。在对外贸易和对外金融活动中,风险承担者也通过推迟外汇的收付,将面临的汇率风险转移给对方。当存在一笔远期外汇收入时,出口商和债权人预期外汇会升值、本币会贬值,则会要求尽可能地推迟收汇。相反地,进口商和债务人预计外汇会贬值、本币会升值,也会尽量推迟付汇期限。当然,采用这种方式的前提应是风险承担人预测汇率波动的准确性,否则不但不会转移风险,还有可能弄巧成拙,增加风险。

风险转移策略是在金融风险发生导致损失之前,通过一定的防范性措施,来防止风险的发生和损失产生的策略。风险规避策略是在一定的原则下采取一定的技巧,有意识地避开各种金融风险,从而减少或避免风险带来的损失的策略。转移与规避两者有一定的相似性,但转移相对较为进取主动一些,在避开风险的同时还力争获取可能的收益,而规避则放弃了获取其他利益的机会。

同时也可以看到,风险的转移、规避是有条件的、有成本的,而且每一家金融机构都会面临一些与业务密切相关的无法转移、规避的核心风险。在不能进行风险转移、规避的情况下,则需要考虑风险自留。

3.4.3 风险分散策略

风险分散是指通过多样化的投资来分散和降低风险的策略。"不要将所有的鸡蛋放在一个篮子里"的古老投资格言形象地说明了这一方法。马科维茨的投资组合理论认为,只要2种资产收益率的相关系数不为1(即不完全正相关),分散投资于两种资产就具有降低风险的作用。而对于由相互独立的多种资产组成的投资组合,只要组合中的资产个数足够多,该投资组合的非系统性风险就可以通过这种分散策略完全消除。

风险分散对商业银行信用风险管理具有重要意义。根据多样化投资分散风险的原理,商业银行的信贷业务应是全面的,而不应集中于同一业务、同一性质甚至同一个借款人。商业银行可以通过资产组合管理或与其他商业银行组成银团贷款的方式,使自己的授信对象多样化,从而分散和降低风险。一般而言,实现多样化授信后,借款人的违约风险可以被视为是相互独立的(除了共同的宏观经济因素影响,例如,经济危机引发的系统性风险),大大降低了商业银行面临的整体风险。多样化投资分散风险的风险管理策略经过长期的实践证明是行之有效的,但其前提条件是要有足够多的相互独立的投资形式。同时需要认识到,风险分散策略是有成本的,主要是分散投资过程中增加的各项交易费用。但与集中承担风险可能造成的损失相比,风险分散策略的成本支出应当是值得考虑的。

3.4.4 风险对冲策略

风险对冲是指通过投资或购买与标的资产收益波动负相关的某种资产或衍生产品,来冲销标的资产潜在损失的一种策略性选择。风险对冲对管理市场风险(利率风险、汇率风险、股票风险和商品风险)非常有效,可以分为自我对冲和市场对冲2种情况。

①自我对冲　即指商业银行利用资产负债表或某些具有收益负相关性质的业务组合本

身所具有的对冲特性进行风险对冲。

②市场对冲　即指对于无法通过资产负债表和相关业务调整进行自我对冲的风险，通过衍生产品市场进行对冲。近年来由于信用衍生产品不断创新和发展，风险对冲策略也被广泛应用于信用风险管理领域。

风险分散策略和风险对冲策略都是控制和减少自留风险损失的措施。与风险规避不同，风险承担者仍然从事引起金融风险的有关活动。损失控制不是放弃这些活动，而是在开展活动的过程中，通过采取一系列措施，来减少和避免最后的风险损失，或是降低损失发生时产生的成本。

3.4.5　风险补偿策略

风险补偿是指商业银行在所从事的业务活动造成实质性损失之前，对所承担的风险进行价格补偿的策略性选择。对于那些无法通过风险分散、风险对冲、风险转移或风险规避进行有效管理的风险，商业银行可以采取在交易价格上附加更高的风险溢价，即通过提高风险回报的方式，获得承担风险的价格补偿。商业银行可以预先在金融资产定价中充分考虑各种风险因素，通过价格调整来获得合理的风险回报。例如，商业银行在贷款定价中，对于那些信用等级较高，而且与商业银行保持长期合作关系的优质客户，可以给予适当的优惠利率；而对于信用等级较低的客户，商业银行可以在基准利率的基础上调高利率。

3.4.6　风险承担策略

风险承担策略是指金融机构理性地主动承担风险，以其内部资源如风险准备金、自有资本来弥补可能发生的损失。通常商业银行对以下类型的风险常采取该策略：

①风险发生概率极小且表现为不可保，如巨灾风险。

②发生频率高、单体损失程度小且风险事件间近乎相互独立。

③与监管合规要求有冲突，做法只分为合规、不合规2种，若业务中部分合规依旧会遭到监管处罚，而该违规业务带来的收益显著大于违规受罚的成本。应对该类风险的风险承担策略主要是通过建立风险准备金、足额的资本计提、预期损失在财务上预先摊薄、建立专业自保公司、金融同业授信支持等来防备可能的损失。

其中风险准备金计提是风险承担策略的一种重要方法。该策略表明，如果损失发生，经济主体将以当时可利用的任何资金进行支付。其应对的损失属于预期损失。

《商业银行风险监管核心指标(试行)》第十三条说明："风险抵补类指标衡量商业银行抵补风险损失的能力，包括盈利能力、准备金充足程度和资本充足程度3个方面。准备金充足程度指标包括资产损失准备充足率和贷款损失准备充足率。资产损失准备充足率是一级指标，为信用风险资产实际计提准备与应提准备之比，不应低于100%；贷款损失准备充足率为贷款实际计提准备与应提准备之比，不应低于100%，属二级指标。"

银监会2010年发布的《银行业金融机构国别风险管理指引》，对国别风险管理体系、管理方法和技术以及管理监督检查等内容做出明确规定，并特别强调，应对具有国别风险的资产计提国别风险准备金。其中，低国别风险不低于0.5%；较低国别风险不低于10%；

中等国别风险不低于15%；较高国别风险不低于25%；高国别风险不低于50%。银行每年应向监管机构上报国别风险敞口和准备金计提情况。

以上规定可看作是监管部门对银行业金融机构承担自留风险能力的要求。事实上按照对于自留风险有无相应的防范措施又可分为无计划自留和有计划自我保险。有计划自我保险是指可能的损失发生前，通过做出各种资金安排以确保损失出现后能及时获得资金以补偿损失。有计划自我保险主要通过建立风险准备金的方式来实现，而监管部门也对银行业金融机构有相应的规范要求。无计划自留是指没能在损失前做出相应资金安排，导致此项发生的原因可能是经济主体没有意识到风险或是认为该损失不会发生，或将意识到的与风险有关的最大可能损失显著低估时，就被动采用无计划保留方式承担风险。此时如果实际总损失远远大于预计损失，轻则引起资金周转困难，重则导致机构破产。

林业金融实践

林业投资风险管理

林业是风险高的弱质产业，在其自然的生长生产过程中，无时无刻不伴随着各种风险。林业投资回报期长，此外，来源广、损失重、预防难、成本高、影响远等特点使得林业风险投资更加复杂。

一、林业投资风险的概念

林业投资风险，主要指的就是在开发或经营林业项目时，企业受到不同类型因素的影响，使得投资人员的经济效益受到了损失，导致整个林业项目的实际经济效益不能达到预期目标的状况。影响的因素有很多种，例如，相关政策的改革、企业管理人员的管理水平的波动等。

二、林业投资风险的种类

1. 自然风险

自然风险，指的就是由于自然环境因素的变化，而导致市场中出现动荡而产生的风险。林业投资的自然风险主要表现在两个方面：首先，在树木生长的过程中，不光会受到生长状态中自身遗传特性、生态特征等的影响，还会非常容易受到外界自然环境的改变，其中包括了天气、土质、地势因素等；其次，在林业投资项目进行中产生的影响。由于林业项目的周期性较长，在这个过程中，很有可能会出现自然灾害与生物灾害。

2. 社会风险

（1）人为风险

人为风险是指因人而产生的风险，指林业在面对自然灾害的同时，也难以摆脱森林资源被人为偷盗、人为破坏、人为火灾、乱砍滥伐、毁林开荒、不正当销售等现象发生。这与人类的修养、素质和道德有一定关系。此外，人为风险还有：因保管看护不力导致林木缺乏水土等营养导致存活率低，从而严重影响林木成材情况和投资回报率。

（2）市场风险

林业市场风险是指林产品市场行情难以预测，价格具有波动性，信息存在错误可能性，资本市场态势瞬息万变等使林业受益人遭受经济损失。

3. 政策风险

政策风险来源于社会环境的不确定，林业和林业经济政策的不稳定或者由于上级政策决策的失误而带来的风险。林改后，集体林是分山到户、分散经营，大多数林农文化水平有限，对政策理解不够，考虑更多的是短期行为和利益，这使得政策的落实没有长期性。政策上的因素还体现在国家宏观经济调控上，经济调控导致市场需求急剧变化，使林业承担一定的风险。

4. 技术风险

林业技术风险是指由于受到技术条件限制而产生的林业风险。一是技术存在不适应性，如有些品种在某些地区可能有高产优质优势，但在其他地区可能会受到环境影响而无法正常生长；二是技术的不完善性；三是技术的不稳定性，在某些品种的培育过程中，有时可以实现优质高产，但其是不稳定的，有时又可能会由于变异不能实现高质高产，甚至带来负面影响。

三、有效控制林业投资风险的措施

1. 增强风险预防意识

农户承受风险的能力低，尤其是在发生一些比较严重的自然灾害或者是市场产品价格调动的时候，农户受到的经济损失非常大。为了有效地缓解这种情况，无论是农户还是相关企业，要增强风险预防意识，必须要意识到风险预防的重要性。相关经营人员要时刻关注国家政策的变动，同时学习国内外林业投资的优秀技术，并结合自身企业的特点，增强自身的林业风险预防能力。

2. 促进林业保险的发展

目前我国可用于林业扶持工作的资金仍然有限，对于不同的森林灾害的补偿资金相对不足。例如当前森林防火投入的设备与技术，远远达不到预防火灾或限制火灾的目的。林业保险的发展对于林业的发展有着积极影响，在某个层面可以说是降低了林业企业需要承担的风险。因此，当地政府与林业投资企业都要意识到林业保险的重要性，促进林业保险行业的发展，构建出适用于林业的保险机制与系统，降低林业投资的风险。

3. 加强管理和监督

政府要给予林业投资工作大力支持，要根据林业的不断发展与市场变化对相关政策进行完善，制订更加符合林业产业与市场的管理、监督制度，减少市场当中的违规操作与违法行为。

4. 制订风险预案

在进行林业项目投资之前，要充分了解当前行业市场内的变化、政策的改动等状况，对林业投资项目进行风险预估，并制订相关的风险预防方案，对可控风险进行预防，降低不可控风险发生的可能性。

林业金融实践

森林保险

一、森林保险的概念

森林容易遭受到各种自然灾害和人为活动的破坏。土壤和气候条件的恶化、树木年龄的老化以及人类不当的砍伐活动等都会对森林增长造成破坏，进而影响森林的固碳行为，减少林业碳汇的产出。森林保险作为增强林业风险抵御能力的重要手段之一，不仅能够保证林业生产经营者在灾后迅速恢复生产，还可降低林业投融资风险，改善林业投融资环境，从而促进林业的持续经营。

森林保险是指森林经营者（被保险人）按照一定的标准缴纳保险费以获得保险企业（保险人）在森林遭受灾害时提供经济补偿的行为。这种行为以契约形式固定下来，并受到法律的保护。投保可以是国有林业生产单位、集体所有制合作林场、林业股份制企业以及林业专业户、重点户等。

与农业保险相比，森林保险的补贴标准和额度还是稍显不足，政府需要进一步扩大林业补贴类别和范围。部分学者对如何提高森林保险的补贴效率展开了研究，发现单一的提高保险补贴比例的确能够提升营林主体购买保险的意愿，但同时也会导致补贴低效率现象的出现。不同地区的保险有效需求不同、灾害类型差异、保险业发展水平差异、对补贴的依赖程度也不同，这些因素都会影响政府的补贴效率，需要实施差别化的保费补贴政策，完善森林保险补贴监管体系并建立多层次的补贴体系。通过补贴保险公司的业务费用、给予其一定税收优惠等方式，能够刺激保险公司进行森林保险产品的创新，增加保险供给。

二、森林保险经营模式

目前，我国政策性森林保险模式共有4种：协保模式、共保模式、自保模式和共济模式。

1. 协保模式

协保模式是由保险公司市场化运作、林农自愿投保、政府给予财政补贴，林业部门配合保险公司开展工作，一般以县乡为单位进行统保并将生态公益林强制纳入森林保险。这种模式的特点是：政府支持、商业化运作、专业化管理。政府支持主要体现在对保费的财政补贴以及林业部门对保险公司开展森林保险业务工作的配合。商业化运作是指依靠保险公司已有的各种经营渠道开展森林保险业务经营。专业化管理是指凭借保险公司已有的保险产品经营和管理经验实现森林保险专业化管理。这种模式要求所在地区经济较为发达，政府可以在资金和政策上给予扶持，林业生产者风险规避意识较强。

2. 共保模式

共保模式以保险公司名义开展业务，具体承保手续由林业部门负责办理，保费收入和赔偿在保险公司和林业部门按比例分享或负担。共保模式是国内外保险界对损失概率不确定的重大项目和罕见巨灾的一种理想的森林保险制度模式，可以降低单独承保的风险，提高应对巨灾风险的能力。由于森林保险的风险单位很大，对单个投保林业生产者而言大部分林业灾害都具有较大的相关性。因此，要在空间上分散风向必须在较大范围内从事保险经营。

3. 自保模式

自保模式是由林业部门独立开展森林保险业务，自行收取保费并负责灾后赔偿的森林保险经营方式。这种模式优点是林业部门可利用自身行政管理和技术上的优势，有效地防止被保险人的道德风险和逆向选择现象的发生；其缺点是风险过于集中，难以分散，同时政府财政压力较大。

4. 共济模式

共济模式是由各级政府帮助组织和建立的以被保险农民为主体的民间森林保险合作组织或森林保险合作社。这种模式下的保险合作社的社员在自愿互利的基础上自主建立自负盈亏、风险共担、利益共享的森林保险组织，因此其经营灵活，可以因地制宜设立险种，而且保费成本较低。保险人和被保险人为同一方，利益一致，信息完全，可以减少道德风险。

三、中国森林保险发展现状

1982 年，国内第一部有关森林保险的法规条文——《森林保险条款》拉开了森林保险方面的制度建设。1984 年开始进行森林保险试点，截至 1994 年有 20 多个省（自治区、直辖市）开办森林保险。但林业经营的复杂性和特殊性及国家扶持政策的缺位导致森林保险发展缓慢，甚至出现停滞状态。为调动供需积极性，我国政府于 2009 年在江西、湖南、福建 3 省设立政策性森林保险试点，2010 年和 2011 年又新增 6 个试点省份。到 2012 年，试点范围扩大到 17 个省。2014 年，政策性森林保险覆盖范围已扩大到全国，并表现出强大的生命力。

目前，我国森林保险保费补贴政策采取"政府引导、市场运作"的协保模式，即在政府统一的制度框架下，由各地指定的商业保险公司在基层林业部门协助下开展森林保险业务，政府给予投保林农或林业公司一定的保费补贴。保费补贴分为中央、省、地市、县 4 级。《中央财政农业保险保险费补贴管理办法》第二章第七条明确规定：对于公益林，地方财政至少给予 40% 的补贴，在此基础上，中央财政再补贴 50%；对大兴安岭林业集团公司，中央财政统一补贴 90%。对于商品林，省级财政至少补贴 25%，中央财政再补贴 30%；对大兴安岭林业集团公司，中央财政统一补贴 55%。

可以看出，近年来我国森林保险业务实现了快速增长，取得了一定成绩；但与发达国家相比，森林保险起步较晚，在法律保障、政策支持、费率厘定等方面还存在差距。

党的十九大站在新的历史方位，进一步明确了建设生态文明是中华民族永续发展的千年大计。森林保险工作是深入推进集体林权制度改革的重要配套措施，是加强林业自然灾害损失的有效保障机制，在保障国家生态安全、保护森林资源、稳定林业生产、促进林农增收致富等方面发挥着重要的基础性保障作用。

1. 参保面积

我国森林保险总面积在 2016 年出现首次负增长，但在 2017 年回调并保持 2013 年来平稳发展的态势。其中，公益林面积一直保持着平稳增长的趋势，而商品林在森林保险总面积中所占的比例波动下降。主要是由于政府对两者的保费补贴比例存在差异：公益林参与森林保险，政府给予的补贴比例较高，降低了公益林的参保成本；而商品林参保时获得的补贴比例较低、成本较高，导致其参保面积低于公益林。此外，公益林在管理层面较为完善，遭受毁林灾害的概率要低于商品林，所以保险公司的承保积极性也较高。部分地区如青海、浙江等，商品林的赔付率过高，保险机构承保积极性下降，故而商品林参保面积持续减少。

2. 保险保费

2012—2017 年，我国森林保险保费总额从 16.99 亿元增加到 32.35 亿元，共增长

15.36亿元,年均增幅为13.75%。从亩均保费来看,5年间,亩*均保费增长了0.12元,增长了9.09%,总体维持在1.3~1.5元。从保险费率来看,2012—2017年,保险费率变化不大,基本维持在25%左右(表3-1至表3-3)。

表3-1 2012—2017年森林保险保费变化情况

指标 年份	保费		亩均保费		保险费率	
	金额(亿元)	变化(%)	金额(元)	变化(%)	费率(‰)	变化(千分点)
2012	16.99	157.42	1.32	53.49	2.65	0.60
2013	25.59	50.62	1.31	-0.76	2.82	0.17
2014	27.27	6.57	1.30	-0.76	2.50	-0.32
2015	29.17	6.97	1.34	3.08	2.46	-0.04
2016	29.45	0.96	1.44	7.46	2.50	0.04
2017	32.35	9.85	1.44	0.00	2.49	-0.01

表3-2 2012—2017年公益林森林保险保费变化情况

指标 年份	保费		亩均保费		保险费率	
	金额(亿元)	变化(%)	金额(元)	变化(%)	费率(‰)	变化(千分点)
2012	9.29	161.69	1.20	37.93	2.47	0.36
2013	17.46	87.94	1.22	1.67	2.74	0.27
2014	19.95	14.26	1.26	3.28	2.52	-0.22
2015	21.46	7.57	1.30	3.17	2.43	-0.09
2016	22.94	6.90	1.35	3.85	2.39	-0.04
2017	24.35	6.15	1.36	0.74	2.40	0.01

表3-3 2012—2017年商品林森林保险保费变化情况

指标 年份	保费		亩均保费		保险费率	
	金额(亿元)	变化(%)	金额(元)	变化(%)	费率(‰)	变化(千分点)
2012	7.70	151.63	1.49	77.38	2.89	0.90
2013	6.42	-16.62	1.21	-18.79	2.39	-0.50
2014	7.32	14.02	1.42	17.36	2.45	0.06
2015	7.71	5.46	1.46	2.82	2.54	0.09
2016	6.51	-15.67	1.89	29.45	2.98	0.44
2017	8.00	22.89	1.79	-5.29	2.78	-0.20

---

* 1亩=666.67平方米

同样，我国公益林保险费用总额不断增加，2017年公益林保险费用总额达24.35亿元，占森林保险总保费的75.27%。单位面积保费每亩同比提高0.01元，保险费率为2.40‰。这5年间公益林保费总额从9.29亿元增加到24.35亿元，增加了15.06亿元，年均增速为21.25%。虽然我国公益林保险保费总额不断增加，在总保费当中所占的比例也在不断增加，但随着公益林保险覆盖率不断提高，增速逐渐放缓。

2012—2017年，公益林亩均保费不断增加，从每亩1.2元增加到每亩1.36元；但保险费率从2.47个千分点降到了2.40个千分点，费率总体水平呈现下跌趋势。

2012—2017年商品林保险费用总额总体呈上升趋势，除2016年有所下降，5年间，商品林森林保险保费在总额中所占的比重逐年下降，从2012年45.32%到2017年24.73%，下降20%左右，年均降幅为4.12%。亩均保费增长了0.30元，涨幅为20.13%。保险费率从2.89‰下降到2.78‰，降低了0.11‰。

3. 保费补贴情况

我国森林保险补贴比例总体呈现上升趋势，保费补贴额度逐渐增大，营林主体所需要承担的保险费用逐年降低。而2017年营林主体支付的保险费用小幅上涨，原因在于商品林参保面积大幅上升。

从参保结构来看，2012—2017年，我国营林主体所承担的保险费用整体呈下降趋势，除2017年因商品林参保面积大幅上升导致营林主体承担的保险费用占比略有升高外，从2012年占比15.94%到2016年占比9.2%，4年所占比例不断下降。市县财政补贴和省级财政补贴所占比例总体变化不大，市县财政补贴所占比例在11%~14%波动，变动幅度较小。省级财政所占比例基本保持在30%左右，也没有较大变化。中央财政补贴占保费总额比例最大，2013—2017年5年间在47%波动。

对公益林的保费补贴所占比例要明显高于商品林。2012—2017年我国对商品林保费补贴占比呈波动下降趋势，从2012年37.75%到2017年20.23%，下降了17.52%，其中，2013年下降尤其明显，2014—2016年这3年间小幅下降，到2017年有所回调。5年间，我国对公益林保费补贴占比总体呈现上升态势，从2012年62.25%到2017年79.77%，5年间增长了17.52%，同样在2013年增长较为明显，其余年份略有波动。

4. 保险金额

2012—2017年，全国森林保险总保额从6422.86亿元增长到13 011.42亿元，增加了6588.56亿元，将近一倍多。随着保额逐年增大，增长速度却逐步放缓，在2016年出现负增长，2017年有所回升。

2012—2017年，亩均保额除2013年出现下降外，其余年份保持持续增长，从2012年每亩498.19元，到2017年每亩580.94元，提高了16.61%。

从结构上来看，2017年公益林保险保额占森林保险总保额的77.89%，比上一年下降3.52%，商品林保险保额占比为22.11%。2012—2017年，公益林保额占比逐年上升，除2017年有所下降，年均增加3%。商品林则与公益林相反，在2012—2016年占比不断下降，2017年略有上升，主要因为2017年商品林参保面积大幅上升（表3-4）。

表 3-4 2012—2017 年森林保险保额变化情况

年度	森林种类	总保额		单位保额	
		保额(亿元)	增长率(%)	保额(元/亩)	增长率(%)
2012	总计	6422.86	99.66	498.19	19.08
	公益林	3758.69	123.48	487.42	17.59
	商品林	2664.17	73.57	514.22	21.66
2013	总计	9059.93	41.06	462.89	-7.09
	公益林	6377.62	69.68	446.59	-8.38
	商品林	2682.31	0.68	506.82	-1.44
2014	总计	10 889.29	20.19	517.75	11.85
	公益林	7901.30	23.89	497.47	11.39
	商品林	2987.30	11.40	580.32	14.50
2015	总计	11 871.85	9.02	546.08	14.50
	公益林	8834.79	11.81	537.31	8.01
	商品林	3037.06	1.64	573.32	-1.21
2016	总计	11 779.98	-0.77	576.37	5.55
	公益林	9590.54	8.55	564.53	5.07
	商品林	2189.44	-27.91	634.67	10.70
2017	总计	13 011.42	10.45	580.94	0.79
	公益林	10 134.77	5.67	565.64	0.20
	商品林	2876.65	31.39	642.10	1.17

阅读与思考

巴林银行破产案与风险防范意识

一、案例背景

1995年2月27日，英国银行业的巨头，在世界1000家大银行中按照核心资本排名489位的巴林银行因进行巨额金融期货投机交易，造成9.16亿英镑的巨额亏损，被迫宣布破产，后被荷兰国际集团以1英镑的象征价格完全收购巴林银行。巴林银行的倒闭出自一个普通的证券交易员尼克·里森之手。

巴林银行是英国历史最悠久的银行之一，于1762年由法兰西斯·巴林爵士所创立，巴林银行最初从事贸易活动，后涉及证券业，19世纪初，成为英国政府证券的首席发行商，此后逾100年来，巴林银行在证券、基金、投资、商业银行等业务方面取得了长足发展。巴林银行在1993年的资产有59亿英镑，负债56亿英镑，资本金加储备4.5亿英镑，盈利1.05亿英镑，1994年税前利润高达1.5亿英镑，并且巴林银行当时管理了300亿英镑的基金资产。它的破产不仅震惊了英伦三岛，而且极大地震惊了全世界的金融界，使人们对银行业的信心受到了极大的打击，导致英镑汇率和银行股票的极大下滑，同时也波及其他的金融市场，引起了世界股市的下挫。

二、案例进程

历史悠久、声名显赫的巴林银行年轻职员尼克·里森因为进行期货投机失败而陷入绝境。

1989年7月10日，尼克·里森正式到巴林银行工作，因为工作表现出色，他被伦敦总部视为期货期权方面的专家。1992年，尼克·里森被巴林银行总部任命为新加坡巴林期货有限公司的总经理兼首席交易员，负责该行在新加坡的期货交易并实际从事期货交易。1992年巴林银行有一个账号为"99905"的"错误账号"，专门处理交易过程中因为疏忽造成的差错，新加坡巴林期货公司的差错记录均计入这一账号，并发往伦敦总部，1992年夏天，伦敦总部的清算负责人乔丹·鲍塞要求里森另外开设另一"错误账号"，以记录小额差错，并自行处理，省去伦敦的麻烦，此"错误账户"代以"88888"为名设立，数周之后，巴林银行总部换了一套新的电脑系统，重新决定巴林期货公司的所有差错记录仍经由"99905"账户向伦敦报告，"88888"差错账户因此搁置不用，但却成为一个真正的错误账户留存在电脑之中，这个被人疏忽的账户后来就成为里森造假的工具。

1992年7月17日，里森手下一名交易员手头出了一笔差错，将客户的20手日经指数期货合约的买入委托误为卖出，里森在当晚清算时发现了这笔差错，要矫正这笔差错就需买回40口合约，按当日收盘价计算，损失为2万英镑，并应报告巴林银行总部，但在种种考虑之下，里森决定用错误账户"88888"承接了40口卖出合约，以使账面平衡，数天以后，日经指数上升了200点，这笔空头头寸的损失也由2万英镑增加到6万英镑，里森当时的年薪还不足5万英镑，并且之前有隐瞒不报的违规之举，此时他更不敢向总部报告了。此后，里森频频利用"88888"账户吸收下属的交易差错，不到半年时间，该账户就吸收了30次差错。

1993年1月，里森手下有一名交易员出现了两笔大额差错，一笔是客户的420口合约没有卖出，另一笔是100口合约卖出指令误为买入，里森用"88888"账户保留了敞口头寸，由于这些敞口头寸的数额越积越多，随着行情出现不利的波动，亏损数额也日趋增长至600万英镑，以致无法用个人收入予以填平，在1993年7月，"88888"账户由于自营获利而转亏为盈，1993年7月，里森接到了一笔买入6000口期权的委托业务，但由于价格低而无法成交。为了做成这笔业务，里森按照惯例用"88888"账户卖出部分期权，后来又用该账7885户继续吸收其他差错，到1994年，亏损额已由2000万英镑、3000万英镑，增加到5000万英镑。

1994年下半年起，里森在日本东京市场上做了一种十分复杂，期望值很高，风险也极大地衍生金融商品交易——日本日经指数期货。1995年1月26日，里森竟用270亿美元进行日经指数期货投机。里森所持的多头头寸遭受重创，里森继续从伦敦调入巨资增加持仓，大量买进日经股价指数期货，1995年2月23日，日经股价指数急剧下降276.6点，收报17 885点，里森所持有的多头合约已达6万余口，面对日本政府的债权价格的一路上扬，持有的空头合约也多达26 000口，由此造成的损失达到8.6亿英镑。由此，决定了巴林银行的最终垮台。

26日晚，英国中央银行在没拿出其他拯救方案时，只好对外宣布对巴林银行进行倒闭清算，寻找买主，承担债务。2月27日，东京股市日经平均指数再急挫664点，令巴林银行损失增加了2.8亿美元，截至当日，尼克·里森持有的未平仓合约总值达270亿美元，包括购入70亿美元日经指数期货，沽出200亿美元日本政府债券与欧洲日元。3月2日，在日经指数期货反弹300多点的情况下，巴林银行所有未平仓期货合约（包括日经指数和日本国债期货）分别在新加坡日本国际金融期货交易所，东京及大阪期货交易所几近全部平掉。至此，巴林银行因为金融衍生工具投资失败导致的亏损高达9.16亿英镑，逾14亿美元。3月6日，荷兰荷兴集团（简称ING）愿出资7.65亿英镑，接管其全部资产与负债，使其恢复运作，将其更名为"巴林银行有限公司"。3月9日，此方案获得英格兰银行及法院批准，ING收购巴林银行的法律程序完成，巴林全部银行业务及部分证券、基金业务恢复运作，至此，巴林倒闭风波告一段落。

使巴林银行遭受灭顶之灾的尼克·里森于1995年2月23日被迫仓皇逃离新加坡，3月2日，凌晨在德国法兰克福机场被捕。11月22日，应新加坡司法当局的要求，德国警方将在逃的里森引渡到新加坡受审，12月2日，新加坡法庭以非法投机并致使巴林银行倒闭的财务欺诈罪判处里森6年6个月，同时令其缴付15万新加坡元的诉讼费。

三、巴林银行案例结果

巴林银行的破产，对国际金融市场造成严重的冲击，影响的范围直接涉及新加坡、东京、大阪、伦敦和其他有关的金融市场。

1995年2月27日，星期一，巴林事件公开披露之后的第一个交易日，新加坡股市出现较大幅度下跌，海峡时报指数跌去20.42点，收报2094.10点，跌幅达0.92%。日本股市作为重灾区，所受的打击更为沉重。据日本《经济新闻》报道：日本有15家银行拥有日本巴林证券公司总计7.18亿美元的资产。其中有5.3亿美元可能要做坏账处理。此外，市场还担心日本巴林证券公司为了还债而被迫平仓。日本的股市因此格外受到拖累，2月27日的东京日经平均指数狂泻954点，跌幅达5.4%，收报16 808.70点，创出15个月来的新低，以后数日继续下挫，3月1日跌至16 618.71点。3月10日，东京市场传闻日本有类似巴林事件的情况出现，日经指数跌至16 358.38点，东京证券交易所迅即宣布：日本巴林证券公司持有4900份未平仓的日本政府证券期货合约，估计损失达50亿日元。东京证券交易所理事长山口光秀宣布停止日本巴林证券公司所有交易，冻结其所有股票和期货合约的库存。大藏省和日本银行也相应采取了一些旨在稳定东京股市的对策。

在英国，英镑汇率随之受到冲击，英镑兑马克汇率跌穿2.3的重要支撑位，成为两年多来的新低。伦敦金融时报100指数3月8日收报52 986.9点。英格兰银行行长艾迪·乔治表示，新加坡巴林期货公司造成的损失已超过了该公司约2亿英镑的现金准备；而且，由于持有的大部分期货合约要到3月中旬才到期，因而最终的损失可能还会增加。乔治还补充道，英格兰银行将尽快对巴林事件作出全面的调查，并进行必要的处理和采取有效的防范措施。

巴林银行事件使马来西亚、韩国及印度等国的金融管理当局深感震惊，因为这些国家正计划推出期货交易。吉隆坡的官员表示，在原来酝酿推出两种期货交易之前，他们将对有关的监管法规和措施再次作出更严密的审核。韩国金融及经济管理局表示，它将对来自海外的金融衍生工具的交易加强控制，建立涨跌停板制度，规定强制性的保证金比率，以避免出现过度的风险。印度证券交易局主席迈赫塔表示，在推出期权和期货交易之前，他们肯定会把巴林事件考虑在内。

探究与思考

1. 论述信用风险的内涵、特点及其产生的原因。
2. 简述信贷资产风险管理的措施。
3. 论述利率风险管理的方法。
4. 简述证券投资系统性风险。
5. 简述证券投资非系统性风险。
6. 简述流动性风险的含义及内容。
7. 简述构筑我国金融风险防范体系的内容。
8. 简论金融风险管理的一般流程。
9. 试述金融风险的经济效应。

第 2 篇
金融体系与运行

第4章 金融体系概览

作为一般等价物的货币与跨期借贷的信用活动相互结合产生了金融,而金融则从货币借贷产生之初快速发展,融资及管理风险为目的的金融产品不断丰富,专门从事金融活动的机构越发专业与多样,金融产品交易的场所与机制不断健全,而相应的金融制度不断完善,形成庞大的金融体系。本章从投融资活动与资金流动出发,在介绍直接金融与间接金融基础之上,简要介绍金融体系的构成要素,并进一步讨论金融体系含义、功能、结构及其演变。

4.1 投融资活动与资金流动

以平抑现金流不平稳为目的的投融资活动是金融产生的基础,也是金融体系运行的原动力。了解货币资金的流动,才能理解金融活动的独特的运行规律,才能理解金融体系的构成要素及其体系的变迁。

4.1.1 经济活动与资金流动

4.1.1.1 经济活动与投融资渠道

企业在其生命周期的不同阶段呈现不同的现金流特征,有时现金流入大于现金流出,而有时候又是现金流出大于现金流。现金流出大于现金流入的时候,企业必须筹集资金弥补现金的不足;而在现金流入大于现金流出的时候,作为利润的追逐者,企业又会想方设法将暂时不用的资金投放出去,以谋求更高的收益。企业不断的投资、融资,不仅表现在企业的生命周期的不同阶段,也表现在同一阶段资金盈余状况不同时期。所以,从整体上看,企业参与经济活动离不开投融资,而持续的投融资又不断推动资金流向其他部门或从其他部门回流企业部门。

进一步考察企业资金的流入流出,可以将参与主体分为资金盈余部门与资金短缺部门,资金盈余部门为最终贷款人,将盈余的资金向外投放或借贷出去,而资金短缺部门为最终借款人,将前述盈余资金的使用者,借入资金以弥补现金流的不足。资金盈余部门与资金短缺部门有2种方式融通资金:一种是双方直接建立债券债务或其他投融资关系,并且多数情况下借助金融市场以降低成本与提高效率;另一种不是双方直接发生债权债务往来,而是通过专门的机构(如银行等),在各自与其发生债权债务等投融资关系基础上,完成资金的融通。前者被称为直接融通,后者为间接融通,如图4-1所示。

4.1.1.2 国民经济资金流动体系

资金流动在国民经济中具有重要地位,考察参与主体及其资金流动中的相互关系,有助于理解金融体系。在中国的国民经济核算中,一般把经济活动的参与者分为4个部门,

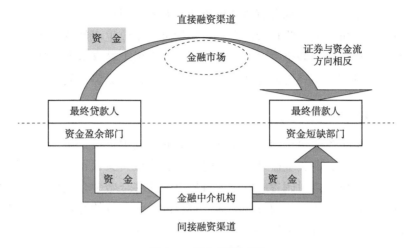

图 4-1 资金转移过程

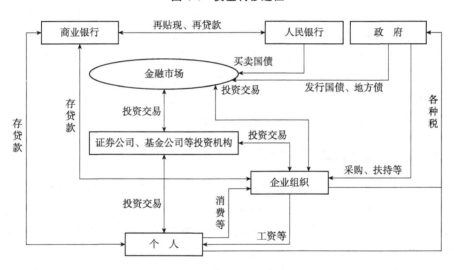

图 4-2 国民经济资金流动体系

即非金融公司部门(企业)、金融公司部门、一般政府和住户。如图 4-2 所示,这些机构相互之间的资金往来,构成了国民经济体的资金流动体系。

4.1.2 直接金融

直接融资是间接融资的对称。直接融资是没有金融中介机构介入的资金融通方式,主要以股票、债券为主要金融工具的一种融资机制,这种资金供给者与资金需求者通过股票、债券等金融工具直接融通资金的场所,即为直接融资市场,也称证券市场。在这种融资方式下,在一定时期内,资金盈余单位通过直接与资金需求单位协议,或在金融市场上购买资金需求单位所发行的有价证券,将货币资金提供给需求单位使用。商业信用、企业发行股票和债券,以及企业之间、个人之间的直接借贷,均属于直接融资。直接融资是资金直供方式,与间接金融相比,投融资双方都有较多的选择自由。而且,对投资者来说收益较高,对筹资者来说成本却又比较低。但由于筹资人资信程度很不一样,造成了债权人承担的风险程度很不相同，且部分直接金融资金具有不可逆性。

直接融资能最大可能地吸收社会游资，直接投资于企业生产经营之中，从而弥补了间接融资的不足。直接融资是资金供求双方通过一定的金融工具直接形成债权债务关系的融资形式。直接融资的工具主要有商业票据和直接借贷凭证、股票、债券。

4.1.3　间接金融

间接融资是指资金盈余单位与资金短缺单位之间不发生直接关系，而是分别与金融机构发生一笔独立的交易，即资金盈余单位通过存款，或者购买银行、信托、保险等金融机构发行的有价证券，将其暂时闲置的资金先行提供给这些金融中介机构，然后再由这些金融机构以贷款、贴现等形式，或通过购买需要资金的单位发行的有价证券，把资金提供给这些单位使用，从而实现资金融通的过程。

在间接融资活动中，金融机构首先需要与盈余方建立债权债务关系，从盈余方那里融入资金，然后再与赤字方建立债权债务关系，向赤字方提供资金。在各种信用形式中，银行信用通常被视为间接融资的典型代表。银行作为资金最终提供者（盈余方）与资金最终使用者（赤字方）之间的媒介，一方面以债务人身份与盈余方（主要是存款人）建立信用关系，另一方面以债权人身份与赤字方（主要是贷款人）建立信用关系。在间接融资活动中，金融机构需要同时扮演着债权人和债务人的双重角色：通过债务人身份获得资金来源以实现资金集中，通过债权人身份运用资金以实现资金分配。

4.1.4　直接融资与间接融资的比较

直接融资是盈余方直接把资金贷给赤字方使用，即赤字方通过发行所有权凭证或债权债务凭证融入资金，而盈余部门则通过购买这些凭证向赤字方提供资金。与银行作为中介的间接融资相对应，证券市场的投融资活动通常被视为直接融资的典型代表。在证券市场的投融资活动中，尽管也会有金融中介参与其中，但其职责却是为盈余方和赤字方牵线搭桥，通过为证券发行和流通提供相关服务来赚取佣金和其他服务收入。尽管在证券市场的投融资活动中，金融中介也会作为债权人参与证券投资活动，或者作为债务人为筹集资金而发行证券，但这并不能改变证券投融资的直接融资特性，因为此时的金融中介并不是以中介身份，而是以盈余方或赤字方的身份来参与证券市场的投融资活动。

4.1.4.1　融资过程分类

我们可以将融资过程分为有中介参与和无中介参与2类。如果在融资过程中没有中介参与，而是在盈余方与赤字方之间直接达成协议并建立信用关系，则毫无疑问属于直接融资的范畴。如果融资过程有中介参与其中，则要看中介在融资过程中所扮演的角色，如果中介仅仅是牵线搭桥并提供相关的服务，并没有在其中扮演债务人和债权人的双重角色，则依然属于直接融资。只有当中介像银行那样在融资过程中同时扮演着债务人和债权人的双重角色时，才将其列入间接融资的范畴。

此外，研究者还将融资过程中"是否必须发生金融工具的替换"作为区分直接融资和间接融资的重要依据。在资金由盈余方向赤字方流动的融资过程中，如果只需要一种金融工具就可以完成融资活动,即便有金融中介参与其中,只要金融中介的参与并没有改变该金融工具的特性,我们就可以称其为直接融资。例如,在股票和债券发行的直接融资活动中,尽管有金融中介参与其中并提供了大量的服务,但在融资活动中并没有出现金融工具的替换,金融工具的特性也没有因为金融中介的参与而发生任何改变。相反,如果在资金由盈余方流向赤字方的过程中,至少需要借助2种或2种以上的金融工具(即必须发生金融工具的替换)才能实现,我们就称之为间接融资。在以银行为金融中介的存贷款业务中,银行一方面通过存款协议(表现为存单或存折)与存款人建立债权债务关系;另一方面通过贷款协议与贷款人建立信用关系。银行的每一笔存贷款业务,都必须要借助2种或2种以上特性完全不同的金融工具——存款协议和贷款协议,才能够实现资金由资金最终提供者(盈余方)向资金最终使用者(赤字方)的流动。

4.1.4.2 直接融资和间接融资各具优点也各有局限

(1) 直接融资的优点

①资金供求双方之间构成直接的债权债务关系,将债务人的资金使用状况与债权人的利益紧密联系起来。

②由于剔除了间接融资活动中金融中介的价差收益,在盈余方获得更高回报的同时,赤字方可能以更低的成本融入资金。

③资金供求双方可根据各自不同的融资要求或条件,尤其是可以在筹资规模和风险承担方面进行灵活组合,以满足不同投资者的风险偏好与收益要求,有利于对高风险、创新性投资项目提供资金支持,实现资金和资源的优化配置。

(2) 直接融资的局限性

①直接融资的便利程度及其融资工具的流动性会受到金融市场发达程度的制约。

②在直接融资活动中赤字方凭借自己的信用度筹集资金,当筹资者的信用等级不高时,资金供给者通常需要承担较大的风险。

③在以债券和股票公开发行方式筹集资金的直接融资活动中,公开信息披露通常会与筹资方保守商业秘密的要求相冲突。

(3) 间接融资的优点

①由于间接融资的风险主要由金融机构承担,且金融机构可通过多样化的投资组合来分散风险,因而社会公众具有更高的资金安全性。

②在间接融资活动中,以银行为代表的金融机构提供的资金可以在数量和期限方面具有很大的灵活性,筹资者的资金需求可以更加方便及时地得到满足。

③融资活动不需要赤字方进行公开的信息披露,有利于保护筹资方的商业秘密。

④金融机构具有规模优势与专有技术,能更有效规避信息不对称导致的风险,如通过信用调查与项目审查规避逆向选择风险,通过信用调查与跟踪现金流规避道德风险。

(4) 间接融资的局限性

①割断了资金供求双方的直接联系,减少了投资者对资金使用状况的关注和压力,资金运用和资源配置的效率更多地依赖于金融中介的素质。

②金融中介要从经营服务中获取包括服务收费和利差在内的收益,这会增加筹资者成

本并降低投资者收益。

③对间接融资中介的监管通常会比较严格保守，其资金运用很难满足新兴产业和高风险项目的融资要求，不利于对创新性企业的发展提供资金支持。

在金融发展的历史上，直接融资活动是先于间接融资活动而存在的。在信用发展之初，由于信息不对称和信息获取成本过高，直接融资通常只会在空间距离较近、资金供求双方了解程度较高的情况下出现，且规模相对有限。以银行为代表的间接融资中介的出现，在很大程度上缓解了融资活动中的信息不对称问题。银行在为企业和个人提供资金结算服务的过程中，可以低成本获取资金需求方的真实信息，从而更加有利于融资活动中的风险控制，这也使得银行通过存贷款业务实现的储蓄投资转化规模快速增长，成为推动经济发展的最重要力量。但随着市场环境趋于完善、法律法规对投资者保护力度加大、外部审计和监管制约的强化，尤其是信息技术的快速发展，极大地降低了信息不对称和信息获取成本，这也使得直接融资在整个融资规模中的比重不断上升，并成为与间接融资并行发展、相互促进，为经济发展提供金融支持的另一支重要力量。在现代经济发展的过程中，直接融资和间接融资各有特色，在充分发挥各自优点的同时，也在相互弥补对方的缺陷，并通过产品和组织机构创新而相互交叉发展甚至逐步融合的趋势。

4.2 金融体系构成与功能

4.2.1 金融体系的概念与构成

4.2.1.1 金融体系的概念

金融体系是一个经济体中资金流动的基本框架，由资金流动的工具(金融资产)、市场参与者(中介机构)、交易方式(市场)和交易规则与制度等一系列金融要素构成的有机整体。同时，由于金融活动具有很强的外部性，在一定程度上可以是为准公共产品。因此，政府的管制框架也是金融体系中一个密不可分的组成部分。

4.2.1.2 金融体系的构成

由以上概念可知，现代经济生活中，金融体系是一个及其庞大的复杂系统。一般而言，现代金融体系有以下5个构成要素：

(1) 由货币制度所规范的货币流通

在一个经济体中，假如不存在这个经济体承认的现实货币——作为计量单位和支付手段统一体的货币，则无从设想金融体系的存在。所以，由货币制度所规范的货币流通可以说是金融体系赖以展开的基座、平台。有的分析并不把这一构成要素列入金融体系以内，而是把他视为金融体系借以存在并无须加以论证的前提。

(2) 金融机构

通常分为银行与非银行金融机构，是个种类繁多的群体。最为概括但不一定非常精确的描述其特征，或可归结为经营货币或货币资本的企业，也可归结为充当信用中介、媒介以及从事种种金融服务的组织。人们还通常把融资分为2种形式——直接金融和间接金融，分别与金融市场和金融中介挂钩，金融市场是直接融资领域，金融中介是间接融资领域。当然现实中复杂得多，但无论如何，要在自有资本之外融资，要么通过金融市场，要么找金融机构。换言之，这两者是构成金融体系实体的2个互补的部分。所以，最常见的说法是金融体系由金融市场和金融中介构成。

(3) 金融市场

这也是个庞大的系统，可以从不同角度对金融市场进行分类，但通常谈论较多的主要是资本市场、货币市场、外汇市场、保险市场、衍生性金融工具市场等。这些市场的最重要参与者是金融机构，价格信号则由利率、汇率及指数构成，是金融工具发行和交易的场所。

(4) 金融工具

一般释义为信用关系的书面证明、债权债务的契约文书等，是金融机构中和金融市场上交易的对象。在我国，通常是指从传统商业票据、银行票据、保单，直到期货、期权和种种金融衍生工具的标准合约。但是，诸如存款、贷款等也属于金融工具，它们也是信用关系的契约，在市场经济国家也往往用"买卖"的概念来表述存款和吸收存款、借款和发放贷款的行为。另外，股票等权益类工具体现的是投融资关系，也是资金使用权的让渡，也是重要的金融工具。金融工具常被称为金融产品，可以在金融市场上进行交易是金融活动的载体。

(5) 金融制度和调控机制

市场经济体系中，在遵守市场规律的基础上，都存在国家对金融运行的管理和在金融领域进行政策性的调节。国家对金融运行的管理有一系列制度构成，包括货币制度、汇率制度、信用制度、利率制度、支付清算制度以及金融机构与金融市场的监管制度等。这个制度系统涉及金融活动的各个方面和各个环节，体现为有关的国家成文法和非成文法，政府法规、规章、条例，以及行业公约、约定俗成的惯例等。对金融的宏观调控则通过货币政策以及种种金融政策实施，目的是用以实现政府对经济的干预。

4.2.2 金融体系的功能

任何现代经济的一个重要组成部分就是它的金融体系，即它的金融市场和机构的联结。任何金融体系的这两部分都使得一个高度复杂且专业化的经济能够以分散的方式运作。金融机构把借方与贷方集中起来，培育经济效率和更好地使用社会资源，促进更高的经济整体资本存量，提高居民的生活水平。

如果缺乏一个发达的金融体系，社会机构、企业、家庭便只能按照自发而又分散的经济模式进行运作。结果由于无法对自己的资源进行有效的外部配置而难以实现合理的储蓄，同时因为不能从其现有的产出中进行有效的储蓄而无法进一步实现新的投资。金融体系的存在允许个体间通过金融交易达到各自的目的。它使得储蓄者能延迟消费而获取等待的收益。同样它能使投资者配置大于其所拥有财富的资源而获得投资收益。经济本身也能够从金融体系中获益，因为投身于金融市场中的家庭和企业都在推动着福利、产出和经济的增长。

因此,"金融很重要,是现代市场经济的核心"。这一命题强调了金融在现代经济中举足轻重的地位和作用,例如,金融在市场配置资源中起核心作用;金融政策是国家调节宏观经济的重要杠杆;金融的稳定与否、效率高低,对一国经济的稳定和效率至为关键。

基于各种各样的理由——包括规模、复杂性及可利用技术的不同,以及政治、文化和历史背景的不同,金融机构通常在国家之间存在差异,同时他们也随时间发生变化,甚至在机构名称相同的时候,这些金融机构所执行的功能也经常差异巨大。例如,现在的美国银行明显不同于1928年或1958年时的美国银行,同时也明显不同于当前在德国或英国被称为银行的金融机构。又如中国农村信用社在30年前和当今功能之间存在非常明显,而1980年以前的中国人民银行与当前的中国人民银行更是在执行功能方面完全不同。

为理解金融体系怎样运行,以及金融体系怎样随时间变化,我们需要建立一个统一的概念性框架。这个框架的关键性基础要素是它将功能而不是机构作为概念性的"安全基石(anchor)"加以关注。因此,我们称为从功能出发的视角。该框架依赖于2个基本前提:一是金融功能比金融机构更加稳定,也就是说,功能随时间和国界变动较少。二是金融机构的形式以功能为指导,也就是说,机构之间的创新和竞争最终将导致金融体系功能绩效的更高效率。

从有效资源配置这一根本性功能的最综合层次出发,金融体系执行的基本功能包括6个方面,即在时间和空间上转移资源;提供分散、转移和管理风险的途径;提供清算和结算的途径;提供了集中资本和股份分割的机制;提供价格信息;提供解决激励问题的方法。

也有学者对金融体系的功能进行了梳理,分为以下8个方面:

(1)储蓄和金融投资功能

金融体系通过提供各种金融工具,为公众提供重要的储蓄和金融投资渠道。银行通过吸收各种存款,为公众进行储蓄提供重要渠道;证券市场通过进行股票、债券和其他金融索取权的交易,为公众进行金融投资提供了方便的、有利可图的重要渠道。

(2)融资功能

金融体系通过各种金融工具,不仅为公众提供重要的储蓄和金融投资渠道,也为公众提供重要的融资渠道。银行通过提供贷款为满足公众的资金需要提供信贷支持;证券市场通过发行股票、债券和其他金融索取权,为政府和企业的融资提供重要的融资工具和渠道。

(3)配置金融资源功能

金融体系不是简单的提供资金融通功能,而且通过其他金融工具价格的变动,调节金融资源在不同的企业、行业、地区和国家的流动,实现金融资源的优化配置。

(4)提供流动性功能

金融市场和银行中介可以有效地动员全社会的储蓄资源或改进金融资源的配置。对于以各种金融工具形式储存的财富,金融市场提供以较小的损失风险将这些金融工具转化为现金的方式和渠道。这样,金融体系就为持有金融工具但是有需要货币的储蓄者提供了流动性。这种流动性对金融体系其他功能的发挥具有重要作用。

(5) 管理风险功能

金融体系通过保险、风险交易、分割股权和债权、风险投资、担保等多种机制，提供了丰富的分散、转移和控制风险的多种手段和途径，大大降低了消费、投资和生产研发的风险，降低了风险管理的成本及其负面影响，增强了经济的可预期性和稳定性。

金融体系的风险管理功能要求金融体系为中长期资本投资的不确定性即风险进行交易和定价，形成风险共担的机制。由于存在信息不对称和交易成本，金融系统和金融机构的作用就是对风险进行交易、分散和转移。如果社会风险不能找到一种交易、转移和抵补的机制，社会经济的运行不可能顺利进行。

(6) 清算和支付结算功能

银行、证券交易所中的清算所、非金融支付机构等通过票据、汇款、托收、信用证、信用卡、手机支付、网络支付系统等方式为单位客户和个人客户提供货币支付及资金的清算和结算服务。从而极大地便利了商品、劳务和资产的交易，大大降低了交易成本，活跃了市场。

经济货币化日益加深的情况下，建立一个有效的、适应性强的交易和支付系统乃基本需要。可靠的交易和支付系统应是金融系统的基础设施，缺乏这一系统，高昂的交易成本必然与经济低效率相伴。一个有效的支付系统对于社会交易是一种必要的条件。交换系统的发达，可以降低社会交易成本，可以促进社会专业化的发展，这是社会化大生产发展的必要条件，可以大大提高生产效率和技术进步。所以说，现代支付系统与现代经济增长是相伴而生的。

(7) 提供信息功能

金融市场交易主体几乎涵盖所有经济主体，竞争度高，交易工具的风险收益与实体经济密切相关，交易频率高且时间上连续，市场的国际化，交易决策的前瞻性，以及需要综合考虑经济的现状和未来发展等，这些特点使得金融资产价格变化能迅速、全面地反映经济的现状和市场预期的变化，使金融市场具有很强的信息综合功能和信息反映功能。

金融体系的信息提供功能意味着在金融市场上，不仅投资者可以获取各种投资品种的价格以及影响这些价格的因素的信息，而且筹资者也能获取不同的融资方式的成本的信息，管理部门能够获取金融交易是否在正常进行、各种规则是否得到遵守的信息，从而使金融体系的不同参与者都能做出各自的决策。

(8) 传递金融政策效应功能

利用各种金融政策调节金融和经济的运行，是现代社会国家干预经济的重要方式，而这些金融政策对经济的调节作用正式通过金融体系的传递来实现。如中央银行提高法定准备金率，将首先减少商业银行可用于贷款的资金，迫使商业银行减少贷款，从而减少社会的资金供给，提高市场利率，降低社会总需求，起到紧缩经济的作用。

4.3 金融体系结构及演进

4.3.1 金融体系结构

金融功能由金融中介和金融市场的运作来实现，但在不同国家，在一个国家的不同历史时期，这两者发挥的作用并不相同，重要性可能存在较大差别。也就是说，这两者在金融体系中所占地位的对比有不同格局。例如，在德国，几家大银行起支配作用，金融市场很不重要；而美国的金融体系中，资本市场非常发达，金融市场作用很大，而银行的集中程度很小；又如其他一些国家，例如，日本、法国传统上是银行为主的体制，但是近年来金融市场发展很快，而且作用越来越大；加拿大与英国的金融市场比德国发达，但是银行部门的集中程度高于美国。

一般认为，一个金融体系包括几个相互关联的组成部分：金融部门（Financial Sector，各种金融机构、市场，它们为经济中的非金融部门提供金融服务）；融资模式与公司治理（Financing Patten and Corporate Governance，居民、企业、政府的融资行为以及基本融资工具；协调公司参与者各方利益的组织框架）；监管体制（Regulation System）。金融体系不是这些部分的简单相加，而是相互适应与协调。因此，不同金融体系之间的区别，不仅是其构成部分之间的差别，而且是它们相互关系协调关系的不同。

最具影响力的是通过金融资产结构来考察银行与资本市场在资金融通中的相对重要性，并据以分析金融体系的结构。由此把主要发达国家的金融体系分为2类：①以美英为代表，以资本市场为基础的金融体系，被称为"市场主导型"（Market-oriented Type）；②金融体系以法、德、日为代表，银行在企业融资与公司治理中具有重要地位，银行贷款是融资的主要渠道，因此称为"银行主导型"（Bank-oriented Type）。之所以存在这种差别，原因有多个方面，其中银行和证券市场对完成金融体系功能的作用存在显著不同且是关键因素之一。

对金融体系产生影响的因素中，交易成本和信息不对称起着非常重要的作用。金融体系的几大功能都与这2个因素有关。

交易成本指金融交易中所花费的时间和金钱，是影响金融体系功能效率的主要因素。对个人来说，发放贷款的交易成本是非常高的。为了保护自己的资金，在发放贷款前需要调查项目、调查借款人的信用水平，聘请专门的法律人员设计完备的借款合同等。高额交易成本的存在成为资金在借、贷双方流动的阻碍。银行等金融中介机构在解决这个问题上存在较大的优势。他们具有规模经济效应，因此可以节约交易成本。金融中介从个人和企业聚集资金再将其贷放出去。由于形成了规模经济，金融中介可以减少交易成本。

信息不对称在交易之前会造成逆向选择问题，在交易之后会导致道德风险问题。如果想在贷款市场上尽量减少逆向选择问题，就需要贷款者从不良贷款的风险中识别好的项目。道德风险的存在降低了还款的可能性，使贷款者的预期收益降低，从而降低了他们提供贷款的愿望。股东和经理人之间也存在这个问题，股东期望公司实现利润的最大化从而增加其所有者权益。而实际上，经理人的目标常常与股东的目标有所偏差。由于公司的股东人数众多且比较分散，无法对经理人进行有效的监控，经理人掌握私人信息，股东无法避免经理人隐藏信息，实施对自己有利而对股东不利的行为。

金融中介在解决信息不对称带来的道德风险和逆向选择时，也显示出了自身的优势。由于其在生产公司信息方面是专家，因此在某种程度上可以分辨信贷风险的高低。银行等金融中介从存款者那里获得资金，再将其贷给好的公司，这就保证了银行的收益。贷款发放以后，银行代表存款者对项目进行监督。一旦银行与企业签订长期贷款合同，那么其对企业的监控成本要比直接去企业监督的成本低。金融中介机构的作用是"代理监督"。可以在一定程度上解决债务人和债权人之间的委托代理问题。当然，银行并不能完全解决信息不对称所带来的问题。银行掌握信息的优势是相对于存款者来说的，而借款者拥有的有关自身情况、项目性质等的信息是最多的。因此银行也常常面临道德风险和逆向选择问题，银行的不良资产就说明了这一点。

证券市场，特别是股票市场的相关制度安排与机制会降低代理成本，部分克服存在于资本分配中的道德风险和逆向选择。而且，股票市场的发展也有利于对公司的控制。所有者会将公司在股票市场上的表现与经理人员的报酬结合起来，从而有效地将经理人员与所有者的利益联系起来。同时，流动性使金融资产的交易成本和不确定性都会下降。一些高回报的项目要求长期资本投资，但储蓄者不可能将其储蓄押在长期投资上，因此，如果金融体系不能增加长期投资的流动性，长期项目的投资就会不足。

由此可见，利用银行融资和利用资本市场融资的主要差别集中在解决交易成本以及信息不对称所带来的道德风险、逆向选择问题上。银行在降低交易成本方面比证券市场更有优势；在信息不对称的条件下，银行解决委托代理问题的能力也强于证券市场。这也正好可以解释为什么人们一度认为银行导向型金融体系比市场导向型金融体系更为有利于经济的发展。然而，近20年来，市场导向型体系国家，特别是美国出现了持续的经济高涨，而银行导向型体系国家相对而言竞争力明显减弱。不仅如此，银行导向型国家还在大力发展市场机制，出现了向市场导向型体系融合的趋势。这其中技术进步所起的作用是不容忽视的。

4.3.2 金融体系的演进趋向

4.3.2.1 趋同还是收敛

近些年，全球金融体系结构的演进至少给一些人造成了这样的印象，即金融市场的发展极为强劲，而金融中介，主要是银行，却好像步履蹒跚。自20世纪70年代以来，世界各国的金融体系均发生了或正在发生着重大变化，造成变化的主要原因如下：

①信息技术的革命极大的提高了金融市场的效率，降低了融资的交易成本和信息成本。原来在金融体系中处于绝对优势的以银行为主的金融中介越来越多的受到直接市场融资的竞争压力。

②第二次世界大战以后，发达国家经常发生通货膨胀，利率风险加大；布雷顿森林体系在20世纪70年代初瓦解，国际货币制度进入浮动利率时代，汇率风险加剧，于是贸易和金融领域需要发展新的金融工具以规避风险。这种客观需求刺激了衍生金融工具市场的发展，而衍生金融工具集聚扩大了资本市场的规模。

③银行体系在金融市场的压力下，不断突破政府各种管制，创造和使用新的金融产品，积极参与市场交易。同时，受自由主义经济思潮的影响，各国政府的管制思想本身也在发生变化，基本趋势是放松管制，为金融创新提供了较为宽松的环境。

由此，在以上几个因素相互作用的背景下，在传统的银行主导型国家中，如德国、法国、日本，资本市场都显示了较为快速的发展。由此，近年来政策部门和学术研究关心的话题是各国金融体系是否会"趋同"？或者说应该向美国模式"收敛"？

4.3.2.2 中介与市场的渗透发展

从静态市场看，金融市场与金融中介相互竞争，争夺资金融通的份额，并因此由于不同的优势地位形成不同国家在不同时期的金融体系结构。但是从动态角度看，金融市场与金融中介相互依赖、相互补充、相互渗透，一起推动金融体系不断发展。一方面，金融中介需要金融市场以作为长期投资的平台以及创新产品的交易场所；另一方面，金融市场需要专业的机构投资者推动市场发展，包括完善立法、规则和交易机制。

金融市场的竞争，促进信用中介机构不断创新，进行产品的特殊设计与提供特别服务，而规模扩大后，此设计与服务标准化，因成本优势从中介机构转向市场。例如，证券投资基金的快速发展为金融中介提供良好的风险管理与资产管理平台，商业银行在其中发挥重要作用，货币市场基金的兴起与迅猛发展是这一方面的典型案例。又如在衍生工具市场，金融中介作用更加突出。但在典型的分业经营的美国，银行经营的业务实际也占资本市场总量的相当份额，而在20世纪80年代以后，美国银行业在资本市场的渗透进一步加速。尤其是在美国利率和外汇衍生工具市场上，银行已成为主要的交易商，所持有的这类合约占总额的绝大部分比重。

4.3.2.3 信息技术与金融体系结构

现代信息技术革命的特征是信息处理技术和通信技术的统合；信息处理和传播的速度加快、范围扩大、成本降低；信息技术的日益普及。这些特征对金融领域产生深远的影响，也促进了金融体系结构的变化。

(1) 技术进步带来的变化

20世纪70年代以来，国际金融市场上最显著的3个变化是资产证券化、金融市场国际化和网上交易。计算机技术的进步是这些变化的重要物质基础。

①资产证券化　证券化是将非流动性金融资产转变为可交易的资本市场工具。由计算机记录，金融机构发现他们可以将多种形式的债务组合绑在一起，集合利息和本金，再将其卖给第三方。证券化开始于20世纪70年代，现在2/3的固定抵押品都被证券化了。例如20世纪80年代中期兴起的汽车贷款，1985年证券化的汽车贷款只发行了90亿美元，1986年就发展到100亿美元。计算机技术还使得金融机构可以为市场的特殊需求量身定做有价证券，集合抵押债务就是例子。计算机化使集合抵押债务可以划分为几级。每级根据不同的风险等级获取不同的收益。

②计算机技术是网上交易的关键　网上交易可以使大宗的股票及其他有价证券买卖通过网络进行，大大节省了交易成本，同时它还打破了参与交易者在地理上的局限性，使得交易者无论身处何地都可以即时参与交易。虽然网络安全问题仍然存在，但证券市场的网上交易与其他类型的电子商务一样都被认为是有着广阔前景的发展方向。

③计算机和先进的电子通讯技术还是金融市场国际化的重要动力　技术的进步使得交易者可以在全球传递股票价格和即时信息。交易者可以不受市场营业时间的限制，国际交流的低成本使对外投资更为容易了。证券市场的电子化开始于1971年，美国证券交易商

协会自动报价系统即 NASDAQ 成为世界上第一个电子化证券市场。在欧洲，证券市场电子化进程从 1986 年开始，英国建立了最新的"证券交易所自动报价系统"，以卫星线路与纽约、东京相连的电子计算机进行，实现了 24h 的全球证券交易。

（2）信息技术进步对金融体系的影响

①债务市场比重增加　债务市场规模更大，越来越多的债务工具开始可交易，同时金融机构在债务市场的主导地位有所下降。信息技术的进步减小了金融市场中的信息不对称，减轻了逆向选择和道德风险问题。以前金融机构资产负债表中的资产现在可以交易了，金融机构通过分类定价和对风险的重新包装，使得不透明的资产变成了信息充分的有价证券，交易成本也下降了。交易成本的下降增加了这类债务的供给并加强了他们的流动性。因此，债务市场发展起来，而这种债务已经不仅仅以银行贷款的形式出现了，它通常作为新兴的金融产品在证券市场上进行交易，如 CMO 债券等。

②衍生金融工具市场迅速发展　作为金融市场重要的组成部分，衍生产品市场发展起来，同时金融中介作为主要的做市商参与其中，推动了金融中介的发展。衍生品市场在 20 世纪 70 年代出现，20 世纪 80 年代，柜台交易衍生品市场迅速发展。它们是应供求两方面的需要而出现的。20 世纪 70 年代宏观经济动荡，与此相关的汇率和利率也不稳定，这提高了企业对更好地管理系统风险的需要。供给方面，金融理论的发展使得金融机构可以较低的成本在这些市场上运作，特别是金融工程学为资本定价和风险管理提供了理论依据。

③支付体系向电子体系发展，减少了家庭对将其财富投资于银行存款的需求　过去，大量的零售支付由支票来完成。近年来，电子支付技术的应用迅速普及。自动取款机（ATM）应用范围越来越大。这种技术在 20 世纪 70 年代就已经出现，在 1988 年到 1998 年之间，ATM 机的数量翻了 1 倍，交易额增加了 2 倍。同时，信用卡和借记卡的应用在 90 年代也迅速发展起来。

技术进步对金融体系的影响是通过对交易成本和信息不对称问题的解决而实现的。它对交易成本的影响在于计算机的出现以及便宜的数据传输导致了交易成本的锐减。通过增加交易的数量，以及让金融机构以低成本提供新的产品和服务，而使得金融体系的效率更高。计算机和通讯技术可以合称信息技术，它对金融市场信息对称产生了深远的影响。投资者可以更容易地识别不良贷款的风险，或去监督企业，从而减少逆向选择和道德风险的问题。结果是发行可交易证券的障碍减少，从而鼓励了发行。由此导致的必然结果是人们对银行的依赖程度降低，银行在金融体系中的重要性被削弱；与此同时，证券市场在解决以上 2 个问题时相对于银行的劣势在很大程度上也得到了弥补，而在流动性上的优势得以发挥，其重要性也日益凸显出来。由此，银行主导型金融体系表现出向市场主导型融合的趋势。

阅读与思考

习近平总书记谈直接融资与间接融资

2017 年 7 月，习近平总书记在全国金融工作会议上指出，要把发展直接融资放在重要位置，形成融资功能完备、基础制度扎实、市场监管有效、投资者合法权益得到有效保护的多层次资本市场体系。要改善间接融资结构,推动国有大银行战略转型,发展中小银行和民营金融机构。要促进保险业发挥长期稳健风险管理和保障的功能。要建设普惠金融体系,加强对小微企业、"三农"和偏远地区的金融服务,推进金融精准扶贫,鼓励发展绿色金融。要促进金融机构降低经营成本,清理规范中间业务环节,避免变相抬高实体经济融资成本。

林业金融实践

林业金融支持体系

林业发展的生态—经济—社会效益协调统一、林业可持续发展亟需多元化的资金支持。从目前来看,林业投入仍以中央财政为主,由于产业政策变化、林业经营行为特殊,外部投资者难以制订有效的林业投资决策,社会资本的林业投入积极性弱化;且林业企业与林农等林业生产经营主体的授信额度有限、融资渠道狭窄、融资效果有限,林业产业发展的资金问题严重。

1. 金融支持与林业发展的内在机理

(1) 林业资本积累与林业发展

在林业发展过程中,金融为林业发展提供了必要的资金支持,促进了林业生产环境改进、林业产业技术革新、林业基础设施完善,提升了林业产业总产值、增强了林业产业的经济贡献、提高了林业发展的总收入,进而提升了林业资本积累率与积累规模;而林业资本积累率与积累规模的日趋扩大,又将促进林业规模化发展、加快林业可持续增长,转变林业经济增长方式、林业发展路径、林业资源经营机制、林业发展经营方式等,不断提升林业金融资源与资本存量,进而完善林业资源禀赋、优化林业资本结构、提升林业要素生产率,实现林业的集约化经营与现代化运作等。

(2) 林业资本集聚与林业发展

林农、林业企业等林业微观经营主体的资本规模小、投资能力弱、投资分散,难以形成林业投资的规模效应,难以推动林业产业规模的持续延伸。林业资本集中力足于促进小规模、分散化或闲置化的社会资本有效集聚,形成林业发展的规模化投资;如何实现林业投资规模经济的制度化与常态化,如何强化林业资本集中的林业发展传导作用,是林业规模化发展的关键问题。但正规金融机构的林业融资行为缺位、非正规金融的投资热情不足,使得林业资本集中困难重重;为促进林业资本集中,应建立健全林业资本市场体系、培育林业龙头企业等规模化经营主体、优化林业资本市场的信用环境与制度环境,激励社会资本的林业投资活力,促进社会分散资本的有效集聚与多维联合,实现林业金融有序发展与合理成长,切实促进林业可持续发展。

2. 林业金融支持的框架

根据我国林业金融支持现状、林业金融主体参与激励机制、林业金融支持结构等,形成"财政性金融支持—政策性金融支持—商业性金融支持"的林业金融支持框架。

(1) 林业财政性金融支持

林业生态产品供给具有显著的公共产品属性,使财政性金融支持成为林业金融支持体系的主体环节，成为促进林业发展的直接途径，也是激励与引导社会资本参与林业建设的重要力量。财政性金融支持的林业发展直接扶持与投入能力不断强化，对林业融资市场、林业投资主体、林业经营主体的完善机制不断完善，但其支持总量与支撑规模有限，难以满足林业规模化发展、林业建设可持续推进的根本要求。但从财政性金融支持的投资能力、资金性质与运作机制来看，林业财政性金融支持能够为林业中小微企业、林业科技创新企业等提供林业技术研发、林业生产工艺革新、林业产业设备升级所需的长期研发资金，与追求短期见效的风险投资机构形成合理补充；林业财政性金融支持能够为林业资本积累奠定积极基础，引导并促进多元社会金融资本的林业投入活力，以形成合理的林业金融支持体系；林业财政性金融支持有助于孵化适应资本市场与融资环境的林业经营主体，使其能够弥合市场投资机构的投资要求，能够缓解商业金融机构与林业经营主体的信息不对称，提升林业生产经营的资金融通效率。

(2) 林业政策性金融支持

林业发展的强外部性使得"市场失灵"客观存在，林业商业性金融的资源配置能力不足、金融投资活力弱化、林业资本市场缺位严重，难以满足林业可持续发展的根本要求，倒逼了政策性金融的林业发展支持职能。林业政策性金融在一定程度上弥补了林业财政性与商业性金融支持的资金缺口，加大了林业金融资源的有效供给、优化了林业金融资源的配置结构，成为林业金融支持的重要力量。

政策性金融支持往往以首倡性林业投入诱动社会资本的林业投资，吸引商业性金融机构参与林业建设；有助于体现国家林业发展政策趋向、配合政府的林业发展目标，向林业经营主体提供中长期贷款，满足林区基础设施建设、林业综合开发、林业生态服务供给、林业产业优化的资金需要。林业政策性金融支持应体现不同区域林业发展的特殊性，差异化地投资生态林业与民生林业建设，合理调控林业市场体系、优化林业产业结构，准确界定政策性资金支持对象、提升金融支持效度，充分发挥政策性金融的支持导向与诱动作用、向商业性金融机构传递有效投资信息、引领社会资本的林业发展投资热情，充分发挥政策性金融的扶持作用，弥补林业财政支持的投资规模与投资结构局限性、商业性金融机构的投资缺位与投资低效等。

(3) 林业商业性金融支持

商业性金融是以商业银行等正规金融机构为主体，以其他金融服务组织为辅助，以市场运行规律与配置机理为依据，实现金融资源配置效用最大化、配置结构合理化、配置行为有效化的金融形式。林业生产经营的特殊性、投资资金的密集性、投资回报的长期性、投资收益的微利性等，使得银行等商业性金融机构不倾向于制订林业生产投资决策，不倾向于对林业发展提供资金支持，不倾向于向林业企业与林农提供经营资金，致使林业商业性金融支持弱化。林业财政性与政策性金融支持难以有效解决林业发展的资金难题，促使林业生产部门与微观主体转向寻求商业性金融支持，倒逼商业性金融机构不断开展金融产品创新，使其金融服务体现林业政策性金融支持的意愿，体现林业可持续发展的战略部署。

林业商业性金融支持应通过商业银行、其他金融机构的金融资源整合，政策性金融与财政性金融支持的合理引导，加大林业生产经营投资，以促进林业产业提质增效、优化林业产业发展布局、培育林业生态体系、健全生态文化体系。为呈现林业商业性金融的支持效用，商业性金融机构应探索建立林业生产经营主体的直接融资资本市场体系、间接融资银行体系与非银行金融体系，为林业生产经营主体提供直接贷款、信用贷款、保险服务、担保质押服务与风险补偿产品等；并不断建立健全多层次的林业融资资本市场体系，不断优化商业性融资工具、融资方式、融资机构与金融产品，活跃林业商业性金融支持格局，增强林业商业性金融支持力序，提升林业资本投入与资本积累规模，实现林业金融资源的有效领取，以促进林业的又好又快发展，加快中国现代林业演化进程。

3. 林业金融支持的发展模式

根据林业财政性金融支持、政策性金融支持与商业性金融支持的基本框架，基于多层次林业金融支持体系的林业发展促进机制，设计我国林业的财政性、政策性与商业性金融支持发展模式，为林业金融支持的产品创新、路径选择与投资激励等奠定基础。

(1) 林业财政性金融支持的发展模式

林业财政性投资具有无偿性、持续性与刚性等基本属性，从当前来看，财政性投资仍是林业发展的主要资金来源，但林业的财政性投资规模、资金运作能力等往往难以满足林业生态工程建设、现代林业产业体系构建的资金需要，使得林业财政性金融支持倾向于林业基础设施建设、林业生态环境保护、林业资源持续修复、林区社会经济发展、林业职业社会保障等生态效益与社会效益占优的林业项目。林业财政性金融支持的发展模式构建应基于系统的生态环境保护公共财政体系，加大林业税收优惠扶持力度，并探索债券资本市场的参与形式，强化林业财政性金融支持的力度与效度。

林业财政性金融支持应加大海外森林资源战略性储备基地建设，加大对家具等精深林产品加工企业的"外向型"发展扶持力度；鼓励林业生产经营主体参与俄罗斯国际市场的森林租赁竞争，并加大海外森林资源购买的财政资金支持与财政补贴，在缓解国内原木供需矛盾基础上，实现林业生态环境修复与林业可持续发展。林业财政性金融支持应建立多元化的林产品财政补贴制度，结合农业系统的粮食补贴办法，对生态林或经济林营林生产所需的优质苗木进行适度补贴，对苗圃生产、林地整治、林机更新、林业防火、林业病虫害防治等提供合理补助，为林业生产提供良好的硬件环境与支撑环境。

(2) 林业政策性金融支持的发展模式

林业政策性金融支持应设置准确的支持区域、建立有效的支持机制、形成科学的监管机制，以强化林业政策性金融支持的财政支持职能与金融服务职能，充分发挥政策性金融的导向性与激励效用。林业政策性金融支持应通过合理的投融资活动，弥补商业性金融支持的缺陷、规范商业性金融支持的偏差，为林业发展提供多元化、全方位的金融服务；应充分发挥其公信力与权威性，为林业企业与林农的融资行为进行担保，提升林业生产经营主体的授信额度，缓解林业生产经营主体的融资难题；应基于我国林业发展现状与融资格局，探索完善生态公益林发展基金制度，加大政策性金融支持力度。

林业政策性金融支持应通过低息或贴息形式，投资商品林经营、林业防沙治沙工程、速生丰长林生产基地建设或林业综合开发等，并引导商业性金融机构参与林业基本建设；应健全林业信用机构的运行机制与服务职能，探索建立以政府出资为主、市场投资为辅、市场化运作的国家、省、市三级林业信用担保体系，强化信用担保机构的林业发展导向、发挥林业担保基金的杠杆效应；应有序整合国家林业基金、地方政府林业基金管理机构，建立有效的政府林业投资基金管理中心，并全面协调民间林业投资基金、信托投资基金与非赢利性林业投资基金，为林业生态保护与生态公益林建设提供资金保障。

(3) 林业商业性金融支持的发展模式

林业商业性金融支持的融资工具多元化、融资机构多样化、金融服务创新化，其能够为林业企业、林农等林业生产经营主体提供多层次金融支持。林业商业性金融支持往往倾向于短平快的林业第二产业或第三产业，以满足其提升经营绩效、维持投资收益、防控投资风险的内在需要；也应通过金融产品创新、融资业务完善、金融服务优化等，积极参与林区基础设施建设、速生丰长林生产储备基地建设，加大林业金融支持力度、拓展林业金融支持区域等。

林业商业性金融支持应培育多层次、立体化的资本市场服务体系，加快林业金融资源的生成与流通，积极培育规模化、市场化、资本化的林业龙头企业等；应调整金融机构的林业发展与生产主体的信贷授信制度、合理配置商业银行与农村信用合作社的信贷服务结构、应科学设计林业信贷资金的运行机制与安全管理制度、应全面优化林业信贷担保的基本形式与业务流程、应探索构建林业金融信贷的风险防控体系与风险预警机制等；努力形成林业企业上市融资、风险投资、项目融资、信托贷款、债券发行与投资基金等多元化融资渠道，推进林农林业经营的商业保险服务建设，为林业企业与林农等林业生产经营主体提供多元化的金融产品与服务，切实提升林业商业性金融支持活力、优化林业商业性金融支持效能等。

探究与思考

1. 简述直接金融的工具。
2. 简述直接金融的种类和特征。
3. 简述间接金融的种类和特征。
4. 举例说明现实生活中的直接融资和间接融资方式。
5. 试比较分析直接融资与间接融资的优点与局限性。
6. 简述我国应怎样运用和发展直接融资和间接融资这2种方式。

第5章 金融机构

5.1 商业银行

5.1.1 商业银行的产生和发展

5.1.1.1 商业银行名称的由来

在金融中介体系中，能够创造存款货币的金融中介机构，国际货币基金组织（IMF）曾把它们统称商业银行；如今在 IMF 和中国人民银行的统计中又称"存款性公司"。西方国家的商业银行主要是指传统称为商业银行或存款银行的银行；我国的商业银行包括国有商业银行、政策性银行中的中国农业发展银行、其他商业银行、信用合作社及财务公司等金融机构。

5.1.1.2 古代的货币兑换和银钱业

追本溯源，商业银行有极为久远的发展历程。随着商品货币关系的推进，在古代的东方和西方，都先后有货币兑换商（money dealer）和银钱业（banking）的发展。它们的职能主要是：

①铸币及货币金属块的鉴定和兑换　由于小国林立，各国铸币单位不同；同一体制的铸币也由于铸造分散，往往成色各异、重量不一。要进行交易，必须进行兑换。至于在流通货币金属块的情况下，如中国的白银流通，不仅各地白银的成色有别，而且衡制也有差异，更需鉴定和换算。

②货币保管　货币持有者常需要有一个安全处所保管自己的货币。其原因可能是为了储存，也可能是经营过程中的暂时需要。委托保管与现代存款不同，不仅得不到利息，而且还要缴纳保管费。

③汇兑　往来于各地的商人，为了避免长途携带货币的风险，委托它们汇兑，即在此地把货币交给它们，然后持它们的汇兑文书到所指定的处所提取货币。

随着兑换、保管、汇兑业务的发展，这些古老的银钱业主手中聚集了大量的货币。在这样的基础上，自然而然地也就发展了贷款业务。当他们不仅依靠上述古老业务所聚集的货币资金贷款，而且还要靠向货币持有者以提供服务和支付利息为条件吸收存款来扩展贷款业务时，则意味着古老的银钱业向现代银行业的演变，但质的转化是直到资本主义关系开始发展之后才完成的。

在西欧，很早就有关于古代银钱业的记载。例如，公元前 2000 年的巴比伦寺庙、公元前 500 年的希腊寺庙均已有经营金银、发放贷款、收取利息的活动；公元前 400 年在雅典，公元前 200 年在罗马帝国，也有这类银钱业的活动。

中国关于古代高利贷的记载颇多，关于官府放贷机构的记载也较早，但关于银钱业的记载则较晚。较早的记载是南北朝之际寺庙经营典当业。有关这方面的大量记载始于唐代：有经营典质业的质库，有保管钱财的柜房，有打制金钱饰物和经营金银买卖的金银铺；至于汇兑业务，不仅有商人经营，更主要的是由官府经营；此外，还有专门放债收息的官府机构。经过宋、元，到明、清两代，钱庄、银号、票号先后兴起，银钱业有长足发展。但由于封建社会的长期停滞，中国古老的银钱业一直未能自我实现向现代银行业的跨越。

5.1.1.3 现代银行的产生

对于现代银行业的兴起，还需要从西方考察。中世纪，欧洲各国国际贸易集中于地中海沿岸各国，意大利处于中心地位。在此期间，意大利的威尼斯和其他几个城市出现了从事存款、贷款和汇兑业务的机构，但它们贷款的大部分是贷给政府的，并具有高利贷的性质。商人很难从它们那里获得贷款，即使获得贷款，也会因为要支付高额利息而使自己的经营无利可图。为了摆脱高利贷的束缚，威尼斯和热亚那的商人曾经创设过信用合作社。16世纪，西欧开始迈进资本主义时期。1580年，在当时世界商业中心意大利建立的威尼斯银行成为最早出现的近代银行，也是历史上首先以"银行"为名的信用机构。此后，相继出现的有米兰银行(1593年)、阿姆斯特丹银行(1609年)、汉堡银行(1619年)、纽伦堡银行(1621年)、鹿特丹银行(1635年)等。这些银行最初只是接受商人存款并为他们办理转账结算，后来开始办理贷款业务，但它们所经营的仍然是那些有高利可图并且主要是以政府为对象的贷款业务。显然，这仍然不能适应资本主义工商企业发展的需要。所以，客观上迫切需要建立起能够服务、支持和推动资本主义扩大再生产的资本主义银行。

资本主义银行体系是通过2条途径产生的：①旧的高利贷性质的银行业逐渐适应新的经济条件而转变为资本主义银行；②按资本主义原则组织起来的股份银行。起主导作用的是第二条途径。1694年，在英国政府支持下，由私人创办的英格兰银行是最早出现的股份银行。它的正式贴现率一开始就规定为4.5%~6%，大大低于早期银行业的贷款利率。英格兰银行的成立，标志着现代银行制度的建立，也意味着高利贷在信用领域的垄断地位已被动摇。至于各资本主义国家纷纷建立起规模巨大的股份银行，则是在18世纪末到19世纪初。

5.1.1.4 商业银行的作用

在资本主义经济中，商业银行区别于一般资本主义工商业的地方，在于它的特定经营活动内容和特定职能作用：

①充当资本家之间的信用中介　通过吸收存款，动员和集中社会上闲置的货币资本，再通过贷款或投资方式将这些货币资本提供给经营产业的资本家使用，银行成为货币资本贷出与借入者之间的中介人。这有助于充分利用现有的货币资本。

②充当资本家之间的支付中介　通过为各个资本家开立账户，充当资本家之间货币结算与货币收付的中间人。在这里，银行是以资本家的账户和出纳的资格出现的，由此可加速资本周转。

③变社会各阶层的积蓄和收入为资本　将原来并非资本而预定用作消费的积蓄和收

人，通过银行汇集起来，提供给企业作为资本运用。这可以扩大社会资本总额。

④创造信用流通工具　在上述各项业务的基础上，商业银行成为银行券和存款货币的创造者。发行银行券的权利后来被取消了，但在组织支票转账基础上对存款货币的创造，则在经济生活中发挥着日益重要的作用。

概括地说，最能体现银行特点的是其作为借与贷的中介作用。马克思曾这样表述：银行"以货币资本的实际贷出者和借入者之间的中介人的身份出现——银行一方面代表货币资本的集中，贷出者的集中，另一方面代表借入者的集中"。

5.1.2　商业银行的组织

由于各国的政治经济情况不同，商业银行的组织制度也各有特点。

(1) 单元银行制度、单一银行制度

单元银行制度、单一银行制度是指业务只由一个独立的银行机构经营而不设立分支机构的银行组织制度。目前只有美国还部分地存在这种模式。美国曾长时期地实行完全的单一银行制度，不许银行跨州经营和分设机构，甚至在州内也不准设分支机构。随着经济的发展、地区经济联系的加强以及金融业竞争的加剧，这类限制已大大松动，并显示单一银行制度向分支行制度发展的趋势已经确立。

(2) 总分行制度、分支行制度

总分行制度、分支行制度是指银行在大城市设立总行，并在该市及国内或国外各地设立分支行的制度。在这种体制下，分支行的业务和内部事务统一遵照总行的规章和指示办理。目前，世界各国一般都采用这种银行组织制度，其中尤以英国、德国、日本等为典型。例如，英国四家最大的商业银行都各自拥有3000家以上的分支机构。

(3) 代理行制度

代理行制度也有往来银行制度之称，是指银行相互间签有代理协议，委托对方银行代办指定业务的制度。被委托的银行为委托行的代理行，相互间的关系则为代理关系。一般来说，银行代理关系是相互的，因此互为对方的代理行。在国际上，代理关系非常普遍。至于在各国国内，代理制最为发达的是实行单元银行制度的美国。可以说，正是这种代理制度解决了不准设立分支机构的矛盾。不过，就是在实行总分行制度的国家中，银行之间也存在着代理关系。

(4) 银行控股公司制度

银行控股公司也有银行持股公司之称，一般是指专以控制和收购银行股票为主业的公司。从立法角度看，银行控股公司拥有银行，但实际上银行控股公司往往是由银行建立并受银行操纵的组织。大银行通过银行控股公司把许多小银行，甚至一些企业置于自己的控制之下。

银行控股公司形式从20世纪初开始发展，但当时规模较小、家数不多。只是在第二次世界大战后，特别是最近二三十年，这一组织形式才急剧增长起来，而近年的发展尤为引人注目。这种银行组织形式在美国最为流行，并且有着为数众多的、仅持有一家银行股票的银行控股公司，也叫单一银行控股公司。目前，美国的银行控股公司可以直接或间接经办放款、投资、信托、租赁、保险、咨询和信息服务等多种金融业务,并可获准在其他行业中设立与银行业务有密切关联的子公司,如金融公司、计算机服务公司、信用卡公司、证券经纪人贴现公司等。现在,几乎所有的大银行都归属于银行控股公司。

美国还发展了连锁银行制度。这是指两家以上商业银行受控于同一个人或同一集团,但又不以股权公司形式出现的制度。连锁银行的成员多是形式上保持独立的小银行,它们通常环绕在一家主要银行的周围。其中的主要银行为集团确立银行业务模式,并以它为中心,形成集团内部的各种联合。

就组织形式来说,国有商业银行及其他商业银行都实行总分行制度,虽然各有分支机构,但代理业务在各行之间相当普遍。一些地方性商业银行不允许在外地设立分支机构。

5.1.3 分业经营与混业经营

20世纪30年代大危机之前,各国政府对银行经营活动极少给予限制,许多商业银行都可以综合经营多种业务,属全能型商业银行、综合型商业银行,我们称之为混业经营。但是,在大危机中,生产倒退,大量企业破产,股市暴跌,银行成批破产倒闭,酿成历史上最大一次全面性的金融危机。不少西方经济学家将大危机的爆发归咎于银行的综合性业务经营,尤其是长期贷款和证券业务的经营。据此,许多国家认定商业银行只适于经营短期工商信贷业务,并以立法形式将商业银行类型和投资银行类型的业务范围作了明确划分,以严格其间的分工。例如,美国在1933年通过的《格拉斯-斯蒂格尔法》(Glass-Steagall Act)中规定:银行分为投资银行和商业银行;属于投资银行经营的证券投资业务,商业银行不能涉足。其后,美国又在相继颁布的《1934年证券交易法》《投资公司法》等一系列法案中强化和完善了职能分工型商业银行制度。对于这样的制度,我们称为分业经营。随后,日本、英国等国也相继实行了分业经营制度。

自20世纪70年代以来,特别是近十多年来,伴随迅速发展的金融自由化浪潮和金融创新的层出不穷,在执行分业管理的国家中,商业银行经营日趋全能化、综合化。出现这一变化的原因主要在于:在金融业的竞争日益激烈的条件下,商业银行面对其他金融机构的挑战,利润率不断降低,迫使它们不得不从事更广泛的业务活动;吸收资金的负债业务,其结构发生变化,可以获得大量长期资金来进行更多的业务活动,特别是长期信贷和投资活动;在这样的背景下,国家金融管理当局也逐步放宽了对商业银行业务分工的限制等。

从全能化的途径可分3条:①利用金融创新绕开管制,向客户提供原来不能经营的业务;②通过收购、合并或成立附属机构等形式渗入投资业务领域;③通过直接开办其他金融机构实现综合经营。

进入20世纪90年代以来,一向坚持分业经营的美国、日本等国纷纷解除禁令,默许乃至鼓励其大中型商业银行向混业经营方向发展。日本于1998年颁布了《金融体系改革一揽子法》,即被称为金融"大爆炸"(Big Bang)的计划,允许各金融机构跨行业经营各种金融业务。1999年10月,美国通过了《金融服务现代化法案》,废除了代表分业经营的《格拉斯-斯蒂格尔法》,允许银行、保险公司及证券业互相渗透并在彼此的市场上进行竞争。这标志着西方国家分业经营制度的最终结束。

自次贷危机以来，为了限制银行体系的过度投机对金融稳定可能造成的负面影响，2010年7月美国通过了《多德-弗兰克法案》。其中的核心条款（即"沃尔克规则"）要求禁止银行机构使用自有资金投资盈利，促使商业银行回归传统信贷中介功能，美国的商业银行制度似乎又重返分业经营时代。

现今，发达的市场经济国家的混业经营有2种基本形式：在一家银行内同时开展信贷中介、投资、信托、保险诸业务；以金融控股公司的形式把分别独立经营某种金融业务的公司链接在一起。

我国于1995年颁布了《中华人民共和国商业银行法》，确立了中国现阶段严格的分业经营的金融体制。

中国加入WTO后，我国商业银行面临国外众多实力雄厚且可以综合经营银行业务、证券业务和保险业务的超级银行及金融百货公司的冲击，势必给我国实行分业经营的商业银行、证券公司等金融机构带来巨大的挑战。

近年来，一方面要求坚持分业经营与分业管理的基本框架，同时松动管制，并支持商业银行的金融创新。2001年，央行颁布《商业银行中间业务暂行规定》，明确商业银行可以开办代理证券、财务顾问、项目融资、银团贷款安排、金融衍生品交易等与资本市场联系较为紧密的中间业务。2005年2月，中国人民银行、银监会、证监会联合发布了《商业银行设立基金管理公司试点管理办法》，鼓励商业银行采取股权多元化方式设立基金管理公司；同年5月，中国人民银行发布《短期融资券管理办法》，在银行间债券市场推出企业短期融资券试点业务，有12家商业银行获得融资券承销资格，使商业银行在混业经营的道路上迈进了一大步。

5.1.4 商业银行的业务

5.1.4.1 资产业务

资产业务是商业银行的资金运用项目，包括现金资产、信贷资产、证券投资等业务，反映出银行资金的存在形态及其拥有的对外债权。商业银行的资产业务是其取得收入的基本途径。

(1) 现金资产

现金资产主要包括库存现金、存放中央银行和同业的存款等，是商业银行保持流动性最重要的资产项目。其中，库存现金是为应付客户取现和日常业务开支及收付需要而存放在银行金库中的现钞和硬币。在中央银行的存款由2部分组成：①法定存款准备金，是按照法定比率向中央银行缴存的准备金，一般不动用；②超额准备金，可随时用于支付或清算。存放在同业的存款主要用于同业间往来及清算，具有活期存款性质，流动性强。现金资产尽管流动性强但收益低。随着货币市场的发展，现金资产已不再是银行保持流动性的唯一形式，银行可以采取只保留少量现金资产，较多地采用持有国库券等短期债券或票据的办法来平衡流动性和收益之间的关系。

(2) 信贷资产

信贷资产主要包括贷款和票据贴现。贷款业务是商业银行资产业务中最重要的业务。

按照期限长短可以分为长期贷款(3年以上)、中期贷款(1~3年)和短期贷款(1年以内)，按照贷款对象可分为工商贷款、农业贷款、消费贷款等，按照贷款担保形式可分为贴现贷款、抵押贷款、担保贷款、信用贷款等。无论怎样划分，贷款的质量都是最重要的。因此，贷款风险管理是商业银行经营管理的重中之重。

(3) 证券投资

商业银行买卖有价证券进行投资业务的目的：增加收益来源和实现资产多样化，分散风险，保持流动性。商业银行投资的证券主要包括政府债券和公司债券。其选择的标准是风险较低、信用度高、流动性较强。一般银行较少涉足企业股票，考虑到商业银行资本来源的公共性和安全性，有些国家更是对其投资于股票加以法律限制。

5.1.4.2 负债业务

负债业务是指形成商业银行资金来源的业务。商业银行的负债业务主要有3种形式：

(1) 被动负债

被动负债指商业银行通过吸收存款来筹集资金。由于存款的数量和种类主要取决于客户，故此类业务对银行而言具有相对的被动性。存款是商业银行最原始、最主要的负债业务，一般分为活期存款、定期存款和储蓄存款3类。其中：活期存款是一种随时存取并可直接开立支票账户的存款，也称为支票账户存款或往来账户存款。活期存款如同现金，其作用主要是方便结算。活期存款一般不付利息。定期存款是存期固定且较长、利息较高的存款。储蓄存款是指针对居民个人的计息存款，也分活期储蓄存款和定期储蓄存款，但一般不能签发支票。储蓄存款是商业银行吸收社会零散资金的一种重要方式。

(2) 主动负债

主动负债指商业银行通过发行各种金融工具主动吸收资金的业务。20世纪五六十年代以后，西方商业银行为应对激烈的市场竞争，增加筹资的主动性，开始不断创设一些金融工具，比如发行金融债券、大额可转让定期存单等进行筹资。这类工具期限较长，有利于商业银行资金来源的稳定，同时又能够在市场上流通转让，既能满足投资者对流动性的要求，又有较好的利息收入，很受市场欢迎。但对于银行而言也增加了利息支付的负担，因此，此类负债的规模与期限需要有效管理。

(3) 其他负债

其他负债包括借入款和临时占用资金两类。借入款主要是指商业银行向中央银行申请的再贴现或再贷款、向同业拆借的资金或向其他金融机构的借款，主要用于弥补暂时性的资金不足。临时占用资金是指商业银行在为客户提供服务的过程中临时占用的客户资金。

5.1.4.3 银行的资本

银行资本即自有资本，其数量的多少能够反映银行自身经营实力以及御险能力大小。任何以营利为目的的企业，在业务发展初期都需要筹集并投入一定量的资本金，并在以后的业务经营过程中不断加以补充，商业银行也是如此。各国均以法律形式规定商业银行开业时的注册资本金最低限额，如《中华人民共和国商业银行法》(简称《商业银行法》)规定，设立全国性商业银行和城市商业银行的注册资本金最低限额分别为10亿元和1亿元人民币，而设立农村商业银行的注册资本金最低限额为5000万元人民币。

开业以后，商业银行在业务经营过程中还要随着规模的扩张或业务的发展通过各种方式补充资本金，如股份制银行通过发行股票、债券增资，国有银行通过国家财政注入资金等。银行资本有 2 项基本功能：商业银行开展各项业务的基础，发生意外损失时一定的弥补、保障。银行资本按其来源分两类：

①核心资本　核心资本包括普通股、不可收回的优先股、资本盈余、留存收益、可转换的资本债券、各种补偿准备金等所有者权益，是银行真正意义上的自有资金。因此，核心资本在资本总额中所占的比重直接影响银行经营的安全性。依据《巴塞尔协议》的规定，商业银行资本充足率不能低于 8%，其中，核心资本充足率不能低于 4%。

②附属资本　附属资本包括未公开的准备金、资产重估准备金、呆账准备和长期次级债等。

5.1.4.4　中间业务

中间业务是商业银行最古老的服务性业务。早期主要集中于货币的鉴定、兑换、保管、汇兑等种类，现代发展为结算、代理、信托、理财、信息咨询等业务。中间业务的基本特点是业务活动不需要动用资金，与客户之间不发生借贷性的信用关系，而是利用自身的技术、信誉和业务优势为客户提供金融服务，并从中获利。故这类业务的风险小、收益稳定，且有利于扩大表内业务并巩固客户关系。

5.1.4.5　表外业务

表外业务是指不直接列入资产负债表内，但同表内的资产业务或负债业务关系密切的业务，又可称为或有资产业务与或有负债业务，如贷款承诺、担保、回购协议、票据发行便利和衍生性的互换、期货、期权、远期合约等。20 世纪 80 年代以来，金融机构间的竞争日趋激烈，商业银行为增强市场竞争力，开展了一系列资产负债表以外的金融创新业务，既满足客户对金融服务的新要求，又使其本身获得收益。例如，提供各种担保、信贷承诺、票据发行便利以及进行衍生金融工具的交易等。其中，衍生金融工具交易成为商业银行表外创新业务的新宠。值得注意的是，衍生金融工具一方面使世界范围内金融业的活力和运转效率得到空前提高，成为新的利润增长点，并使银行的经营管理技术迈向了新的高度；另一方面在交易中如运用不当或稍有不慎，就会成为片面追求盈利而进行的投机性操作，有可能造成巨额损失，进而导致银行的破产和倒闭，甚至引发区域性或全球性的金融危机。因此，商业银行应科学、慎重地运用衍生金融工具。

5.1.5　商业银行的业务经营原则

作为特殊的金融企业，商业银行在业务经营中遵循的基本原则是安全性、流动性和盈利性，简称"三性"原则。

5.1.5.1　安全性原则

安全性是指商业银行在经营中要尽量减少经营风险，保证资金的安全。安全性是银行资产正常运营的必要保障，它要求商业银行在经营活动中尽可能防范和降低各种风险。因为商业银行是高负债经营，资金主要运用于贷款或投资，存在本息不能收回的风险，而其自有资本比率低，抵御资产重大损失的能力较弱。因此，安全性是商业银行生存和发展的基本要求。

5.1.5.2 流动性原则

流动性是指商业银行能够随时满足客户提取存款、转账支付及贷款需求的能力。流动性是商业银行所具备的一种不损失价值情况下的变现能力，一种能应付各种需求的资金可调用能力。这种能力体现为商业银行的资产流动性和负债流动性上。资产流动性是商业银行所持有的资产能随时得以偿付或者在不贬值的条件下确能变为现金资产，负债流动性是指商业银行能够轻易以市场成本随时获得所需资金。强调流动性是由银行这种特殊金融企业的性质所决定的，是银行正常开展各种业务的必要条件。流动性能力的大小既反映了商业银行经营状况的好坏，也体现了商业银行管理能力的高低。

5.1.5.3 盈利性原则

盈利性是指追求利润最大化，是商业银行的经营目的。在商业银行各项收入与支出中，影响银行利润的因素主要有3方面：①资产收益和资产损失。其中，资产收益水平取决于资产规模、盈利资产比率以及资产收益率等，资产损失主要由资产经营过程中各种风险和防范风险的能力所决定。收益与风险往往成正比，因此对收益的判断务必要考虑风险影响。②经营成本，包括利息成本和非利息成本。为保证收益，商业银行需要严格控制成本，加强管理。③其他营业收支，包括各种服务性收入和表外创新业务的收入。商业银行只有追求盈利，才能有效地充实资本、强化激励，获得持续发展。但若一味强调盈利而忽略风险和长期发展，不仅利润难得，还将危及生存。

商业银行经营的"三性"原则既是相互统一的，又有一定的矛盾。其中，流动性与安全性是相辅相成的，流动性强则安全性高；而盈利性与流动性、安全性存在冲突，一般而言，流动性强安全性高的资产盈利性低，而高盈利性往往伴随高风险性。由于"三性"原则之间的矛盾，商业银行在经营中必须统筹考虑三者的关系，综合权衡利弊，不能偏废其一。一般应在保持安全性、流动性的前提下，实现盈利的最大化。

5.2 投资类金融机构

投资类金融机构主要包括证券公司、投资基金管理公司和其他投资类金融机构。

5.2.1 证券公司

证券公司是指由政府主管机关依法批准设立的在证券市场上经营证券业务的金融机构。其业务主要包括代理证券发行、代理证券买卖或自营证券买卖、兼并与收购业务、研究及咨询服务、资产管理以及其他服务，如代理证券还本付息和支付红利，经批准还可以经营有价证券的代保管及鉴证、接受委托办理证券的登记和过户等。

在美国和欧洲大陆所称的投资银行也是证券公司。投资银行是在资本市场上为企业发行债券、股票，筹集长期资金提供中介服务的金融机构，其基本特征是综合经营资本市场业务，既包括证券发行与承销、证券交易经纪、证券私募发行等传统业务框架，也包括企业并购、项目融资、风险投资、公司理财、投资咨询、资产及基金管理、资产证券化、金融创新等，而后者已成为投资银行的核心业务组成。

证券公司是专门从事证券业务的金融机构，各国的称谓有所不同，美国和欧洲大陆称为投资银行，英国称为商人银行，日本和中国则称为证券公司。现代意义的证券公司产生于欧美，主要是由18世纪众多销售政府债券和贴现企业票据的金融机构演变而来。随着20世纪以来金融创新的推进，证券行业成为变化最快、最富挑战性的行业之一。在我国，证券公司作为独立的非存款类金融机构，在内涵上与欧美的投资银行无异，既经营零售业务也经营批发业务。

5.2.1.1 证券公司的特点与作用

现代证券公司是直接融资市场上重要的组织者和中介人，它们提供与资本市场有关的智力服务，为客户量身定做可供选择的证券投资、资产组合、公司购并等各种投融资方案，具有较强的金融创新意识和金融研发能力，主要依靠信用、经验、客户网络等占领市场。收入的主要来源是各种服务的手续费或佣金。

证券公司在现代社会经济发展中发挥着沟通资金供求、构造证券市场、推动企业购并、促进产业集中和规模经济形成、优化资源配置等作用。作为资金需求和资金供给者相互结合的中介，证券公司以最低成本实现资金所有权和经营权的分离，为经济增长注入资本，为经济结构调整配置或转移资本。

5.2.1.2 证券公司的类型

各国证券公司的类型主要有4种：①独立的专业性证券公司，这种形式的证券公司广为存在，一般有各自专长的专业方向；②商业银行拥有的证券公司，主要是商业银行通过兼并、收购、参股现存的证券公司来从事投资银行业务；③全能型银行直接经营证券公司业务；④一些大型跨国公司的财务公司也从事证券业务。

在我国证券公司主要分为2种：①经纪类证券公司，这类公司是指接受客户的委托，以自己的名义从事证券买卖，收取一定佣金的经济组织。公司通常提供交易的基本条件和服务。②综合类证券公司，这类公司既可从事经纪业务，又可开展自营、承销及其他业务。

5.2.1.3 证券公司的主要业务

(1) 证券承销业务

证券公司借助自己在证券市场上的信誉和营业网点，在规定的发行有效期限内将证券销售出去，这一过程称为承销。承销是证券公司的基础业务之一，其作用是受发行人的委托，寻找潜在的投资公众，并通过广泛的公关活动，将潜在的投资人引导成为真正的投资者，从而使发行人募集到所需要的资金。证券公司在办理承销业务时可以为发行人提供证券市场准入的相关法规咨询，建议发行证券的种类、价格和时机，提供相关财务和管理的咨询等服务。在包销的情况下，发行人可以避免证券不能完全销售的风险。证券公司利用其在证券市场的广泛网络，通过分销商将证券售予投资者，可协助企业通过发行市场筹募资金，扮演资金供给者与需求者之间的桥梁。在证券发行过程中，承销商在法律法规的限制下，还可以进行稳定价格的操作，保护证券市场的稳定。

(2) 证券经纪业务

证券经纪业务是指证券公司通过其设立的营业场所(即证券营业部和服务部)和在证券交易所的席位，接受客户委托，按照客户的要求，代理客户买卖证券的业务。在证券经纪业务中，证券公司不向客户垫付资金，不分享客户买卖证券的差价，不承担客户的价格风险，只收取一定比例的佣金作为业务收入。证券经纪业务是随着集中交易制度的实行而产生和发展起来的。证券经纪业务的特点主要体现在业务对象的广泛性、证券经纪商的中介性、客户指令的权威性和客户资料的保密性等方面。

(3) 证券自营业务

证券自营业务是指证券公司用自己可以自主支配的资金或证券，以营利为目的，通过证券市场从事买卖证券的经营行为。证券自营业务按业务场所一般分为两类：场外(如柜台)自营买卖和场内(交易所)自营买卖。在我国，证券自营业务一般是指场内自营买卖业务。

(4) 其他业务

以上 3 类是证券公司的基本业务和传统业务。随着市场需求的变化和金融市场的发展，证券公司越来越积极地参与企业并购、项目融资、风险投资、公司理财、资产管理、基金管理、资产证券化等市场活动，充当客户的投资顾问、财务顾问、金融顾问等，为客户的融资、财务管理、投资选择、公司购并等提供服务，并不断研究和开发新业务，争取市场份额。可以说，证券公司的业务发展体现了资本市场和金融体系发展的新要求。

5.2.2 投资基金管理公司

投资基金是指以金融资产为专门经营对象，以资产的保值增值为根本目的，把具有相同投资目标的众多投资者的资金集中起来，实行专家理财，通过投资组合将资金分散投资于各种有价证券等金融工具的金融机构。投资者按出资比例分享收益、承担风险。

投资基金管理公司是专门为中小投资者服务的投资机构，它通过发售基金份额，将众多分散的投资者的资金集中起来，形成独立财产，通过专家理财，按照科学的投资组合原理进行投资，与投资者利益共享、风险共担。证券投资基金最早产生在英国，20 世纪 20 年代出现在美国的波士顿，并在其后得以充分发展。投资基金在不同国家或地区有不同名称，美国称为"投资公司"或"共同基金"，英国和中国香港称为"单位信托基金"，日本和我国台湾地区称为"证券投资信托基金"等。为了保护投资者的利益，各国法律都规定，基金管理公司在成立时须配备高素质的有丰富证券从业经验的基金管理人才，要有明确可行的基金管理计划，科学分工的组织机构，同时，还要求建立健全的内部管理制度，配备先进的技术设施，为对基金资产进行有效的管理和运用奠定基础。

5.2.2.1 投资基金的分类

依据不同的标准，投资基金可以划分为不同的种类。

(1) 按组织形态分类

按组织形态划分，投资基金可分为公司型基金和契约型基金。

公司型投资基金，是具有共同投资目标的投资者依据法律组成的以营利为目的、投资于特定对象(如各种有价证券、货币)的股份制投资公司。这种基金公司通过发行股份的方式筹集资金，是具有法人资格的经济实体。基金持有人既是基金投资者又是公司股东，按照公司章程的规定，享受权利，履行义务。公司型基金成立后，通常委托特定的基金管理公司运用基金资产进行投资并管理基金资产。基金资产的保管则委托另一金融机构，该机构的主要职责是托管基金资产并执行基金管理人指令，二者权责分明。基金资产独立于基金管理人和托管人的资产之外，即使受托的金融托管机构破产，被托管的基金资产也不在清算之列。

契约型投资基金又称信托型投资基金，是根据一定的信托契约原理，由基金发起人和基金管理人、基金托管人订立基金契约而组建的投资基金。基金管理公司依据法律、法规和基金契约负责基金的经营和管理操作。基金托管人负责保管基金资产，执行管理人的有关指令，办理基金名下的资金往来。投资者通过购买基金单位享有基金投资收益。英国、日本和我国的投资基金多是契约型基金。

(2) 按是否可赎回分类

按是否可赎回，投资基金分为封闭式基金和开放式基金。封闭式基金发行在外的份额数(规模)是固定的。一旦完成发行计划，就封闭起来不再追加发行，若需要扩大规模，只有等封闭期满，重新申请创设新的基金。而开放式基金发行在外的份额数(规模)可以变动，投资人可以依基金的净值情况随时向基金公司申购或要求赎回基金份额。可见，封闭式基金管理公司经营时的压力小。因为投资者在二级市场的交易不会影响基金规模，单位数量不会变。开放式基金公司压力大，一旦投资者失去信心就会要求赎回，基金管理公司就要卖出证券换取现金，所以要注意保持基金的流动性。封闭式基金常存在于不完善金融市场中，开放式基金存在于发达金融市场中。

5.2.2.2 投资基金的业务经营

投资基金的运作主要是通过发行基金单位的受益证券(即基金份额)，集中投资者的资金，由基金托管人(通常是银行、信托公司等金融机构)托管，并由基金管理人负责基金的操作，即下达买卖指令，管理和运用资金，从事股票、债券、外汇、货币等金融工具投资，以获得投资收益和资本增值。同时基金资产在托管人处拥有独立账户，即使基金管理公司或保管机构因经营不善倒闭，债权人也不能清算基金的财产。此外，资金的操作情况必须在季报中或年报中披露，并接受相应的监督，所以除行情波动或经理人操作优劣会有盈亏外，投资人的资金是安全有保障的。

5.2.2.3 投资基金管理公司的特点

基金管理公司是基金产品的募集者和管理者，其最主要的职责就是按照基金合同的约定，负责基金资产的投资运作，在有效控制风险的基础上为基金投资者争取最大的投资收益。基金管理公司在基金运作中具有核心作用，基金产品的设计、基金份额的销售与注册登记、基金资产的管理等重要职能多半由基金管理公司承担。投资基金管理公司运作的特点主要有：

(1) 集合理财、专业管理

众多投资者的资金集中起来形成投资基金以后，委托基金管理人进行共同投资，表现出一种集合理财的特点，有利于发挥资金的规模优势，降低投资成本。基金管理公司一般拥有大量的专业投资研究人员和强大的信息网络，能够更好地对证券市场进行全方位的动态跟踪与深入分析，使中小投资者也能享受到专业化的投资管理服务。

(2) 组合投资、分散风险

中小投资者由于资金量小，一般无法通过购买数量众多、品种各异的有价证券来分散投资风险，而基金管理公司由于集中了大量资金，通常会购买几十种甚至上百种股票，对于个别投资者来说，购买基金就相当于用很少的资金购买了一揽子股票，在多数情况下，某些股票下跌造成的损失可以用其他股票上涨的盈利来弥补，因此可以充分享受到组合投资、分散风险的好处。

(3) 利益共享、风险共担

由于基金投资者是基金份额的所有者，基金投资收益在扣除由基金承担的费用后的盈余全部归基金投资者所有，并依据各投资者所持有的基金份额比例进行分配。基金管理公司和基金托管人只能按规定收取一定比例的管理费、托管费，并不参与基金收益的分配。

(4) 严格监管、信息透明

为切实保护投资者的利益，增强投资者信心，各国监管机构都对基金业实行严格的监管，对各种有损投资者利益的行为进行严厉的打击，并强制基金管理公司进行及时、准确、充分的信息披露。

(5) 独立托管、保障安全

基金管理公司负责基金的投资操作，本身并不参与基金财产的保管，基金财产的保管由独立于基金管理公司的基金托管人负责，这种相互制约、相互监督的制衡机制为投资者的利益提供了重要的保障。

5.2.2.4 投资基金管理公司的作用

(1) 提供高效的投资途径

在投资活动中，个人投资者要面对时间和投资专业知识方面不足的问题，并直接影响投资效果。而投资基金的经理人学有专长，在投资领域有丰富经验，对国内外的经济形势以及各公司营运和潜力有深入了解，因此由专业经理人所做出的投资决策以及投资绩效一般都会优于投资者个人。

(2) 能够更有效地分散投资风险

分散风险是证券投资的重要原则，即不要把所有的钱全部投资于某个特定的股票上。但是分散投资需要有足够的资金，由于一般的个人投资者财力有限，因而投资者自身无法有效地实现风险分散。而投资基金管理公司可以集中巨额资金投资多个品种，能够较充分地分散投资风险。不但如此，投资基金对资金的运作还能够获得规模经济效益，降低单位资金交易成本。

在基金类机构中还有一类也称为基金但又与一般互惠性的投资基金有很大区别的对冲基金。对冲基金也称避险基金或套利基金，意为"风险对冲过的基金"，是指由金融期货和金融期权等金融衍生工具与金融组织结合后以高风险投机为手段并以营利为目的的基金，是投资基金的一种形式。对冲基金名为基金，实际与投资基金安全、收益、增值的投资理念有本质区别。

对冲基金起源于20世纪50年代初的美国。当时的操作宗旨在于利用期货、期权等金融衍生产品以及对相关联的不同股票进行买空卖空、风险对冲的操作技巧,在一定程度上可规避和化解投资风险。1949年世界上诞生了第一个有限合作制的琼斯对冲基金,到20世纪80年代,随着金融自由化的发展,对冲基金有了更广阔的投资机会,从此进入了快速发展的阶段。20世纪90年代,伴随金融工具日趋成熟和多样化,对冲基金进入了蓬勃发展的阶段。经过几十年的演变,对冲基金已失去其初始的风险对冲的内涵,成为一种新的投资模式,即基于最新的投资理论和极其复杂的金融市场操作技巧,充分利用各种金融衍生产品的杠杆效用,承担高风险、追求高收益的投资模式。其经营特点也逐渐明晰,即投资效应的高杠杆性、投资活动的复杂性、筹资方式的私募性、操作的隐蔽性和灵活性。

5.2.3 其他投资类金融机构

此类机构主要指按揭证券公司、金融期货公司、黄金投资公司、投资咨询公司和证券结算公司等。按揭证券公司指专门从事购买商业银行房地产按揭贷款,并通过发行按揭证券募集资金的金融机构。它是按揭市场的资金提供者,主要作用是增加按揭贷款的资金、降低按揭贷款利率、分散银行风险、促进债券市场发展等。金融期货公司是专门从事标准化金融期货合约交易的机构,它们在指定的期货交易所进行交易。黄金投资公司是专门在黄金市场从事黄金买卖交易的机构。投资咨询公司指为适应证券市场专业化发展要求,向客户提供参考性的证券市场统计分析资料,对证券买卖提出建议,帮助投资者建立投资策略、确定投资方向的专业指导者。证券结算公司指专门办理证券存管与交易、资金结算交收以及证券过户业务的服务机构。

5.3 保障类金融机构

保障类金融机构主要指各类保险公司和社会保障机构。保险公司与商品经济发展水平相适应,而社会保障机构的产生与国家政治有关。作为保障类金融机构,它们的运作原理是相同的,都是集中投保人的部分资金和特定范围的风险,为投保人提供风险损失的补偿。同时,在对保险资金运作的过程中,促进储蓄资金向投资的转化,充当金融中介。

5.3.1 保障类金融机构的产生

保险公司具有久远的历史。早在公元前5世纪至公元前4世纪就存在为个体和群体利益而采用的救灾和损失补偿方法,属于人寿保险和意外保险的原始形态。到公元14世纪前后,有关损失保证的保险经营逐渐开展起来。15世纪以来,贸易与海运促进了英国海上保险的发展,同时由于海上贸易中商人的生命安全与货物运输联系在一起,因此人身保险业务也随之发展起来。到18~19世纪,英国的工业革命使社会分工更为深入,在新兴工业发展的同时,风险种类也不断增加,除各种海险、人身险以外,火险及其他意外险种相继出现,形成了以多种保险标的为内容的现代保险业。而社会保险和社会保障机构是在商业保险的基础上出现的，伴随社会经济的发展，除了对意外的不幸事件进行防范的保险需求外，预防失业、退休和生病等事项的保险需求也不断强化，相应产生了养老保险、失业保险和医疗保险等社会保险种类。20世纪50年代，社会保险迅速发展，最终形成了向劳动者群体提供基本生活保障为核心的社会保障制度。

5.3.2 保障类金融机构的运作特点

保障类金融机构的运作特点如下：

①业务经营符合大数定律　保险公司之所以愿意集中并承保某种风险，是因为从全社会看，天灾人祸等风险是客观存在的，但却只有少数投保人才会出险，专业精算人员可以按科学计算的出险概率设计保险产品。基于这种特殊的经营规律，保险公司先将个体的风险集中，再运用自己特有的风险管理技术进行分散和转移，使少数人的风险损失由具有同种风险的众人共同分担。

②业务具有独特的风险管理技术和要求　保险公司在运用专业的风险管理技术对承保的风险进行集中和分散管理时，需要对承保过程中所面临的风险进行概率计算，掌握出险概率（即出险或然率，是在一定时间内一定数量的保险标的可能出险的概率），采用合理的保险分摊补偿方法。同时，保障类机构业务的投资范围也与其他金融机构不同，其运作的基本原则更强调保险基金的增值要建立在流动性和安全性的基础上。

③通过收取保费，集合大量分散的储蓄资金

④通过对资金进行补充、安全的投资运作，既可增强偿付能力，又能获得收益保险费、保险公司的资本以及保险盈余构成了保险公司的保险基金，即补偿投保人损失及给付要求的后备基金。保险公司对于所形成的保险基金除了用于对约定范围的事故所造成的损失补偿外，还要对这部分资金进行积极的投资运作，提高保费的盈利水平，一方面用于加强自身的偿付能力，另一方面使保险公司获得收益，得以扩大保险经营，提高在市场中的生存发展实力。

5.3.3 保障类金融机构的作用

(1) 分散风险，补偿损失

保障类金融机构的基本作用，是把个体风险所致的经济损失分摊给其他投保人用集中起来的保险基金补偿个体损失。这种作用使保障类金融机构与其他金融机构之间形成明确的产业分工。保障类金融机构作为风险的管理者，降低了每个投保人在经济运行中所承担的风险，也降低了经济运行的整体风险。

(2) 积蓄保险基金，促进资本形成，重新配置资源

保险公司和社保基金在运作过程中预提而尚未赔付出去的保费形成了巨额的保险基金，不仅具备抵御风险的实力，而且可以利用这笔资金在资本市场上进行投资运作，在使保险基金保值增值的同时，参与社会资源的配置，为市场提供了大量资金，成为金融市场中举足轻重的机构投资者，而且对资本市场的稳健发展产生重要影响。

(3) 提供经济保障，稳定社会生活

保障类金融机构充当了社会经济与个人生活的稳定器，具体表现在为企业、居民家庭和个人提供预期的生产和生活保障，解决企业或居民家庭的后顾之忧，有利于受灾企业及时恢复生产经营，有助于遇难家庭维持正常生活，也有利于履行民事赔偿责任，在社会经济的安定和谐方面发挥保障作用。

5.3.4 保险公司

保险公司是收取保费并承担风险补偿责任，拥有专业化风险管理技术的机构组织。各类保险公司构成了保障类金融机构的主体。

5.3.4.1 保险公司的种类

依据不同的划分标准，保险公司可以划分为不同的类型：

(1) 根据保险的基本业务分类

根据保险的基本业务可以划分为人寿保险公司、财产保险公司、再保险公司。其中，人寿保险公司的保险产品是基于对被保险人寿命或健康状况预期而提供的健康保险、伤残保险。此外，人寿保险公司还提供年金、养老基金、退休金等产品。财产保险公司主要针对一定范围的财产损失提供保障。再保险是保险公司将其承担的保险业务向其他保险人投保，有"保险的保险"之称。除少数公司在人寿保险和财产保险、再保险领域都很活跃外，多数保险公司都专注于某一类保险业务，每类公司都有自己的一套产品。

(2) 根据经营目的分类

依据经营目的可以划分为商业性保险公司和政策性保险公司。

①商业性保险公司是经营保险业务的主要组织形式　商业性保险公司多是股份制公司，如各种人寿保险公司、财产保险公司、海事保险公司、再保险公司等，任何有保险意愿并符合保险条款要求的法人、自然人都可投保。

②政策性保险公司则是指依据国家政策法令专门组建的保险机构　这种保险公司不以营利为经营目的，且风险内容关系到国民经济发展与社会安定，如出口信用保险公司、投资保险公司、存款保险公司等。政策性保险是保险市场中特殊的发展形式，往往是出于国家对某个领域保护意图而发展的。

(3) 根据保险经营方式分类

依据保险经营方式可以划分为互助保险、行业自保、机构承保等。

①互助保险是由一些对某种危险有相同保障要求的人或单位，合股集资积聚保险基金，组织起互助保险合作社经营保险业务。

②行业自保是指某一行业为本系统企业提供保障，行业自保的组织形式一般是成立自营保险公司。自保公司主要承保本系统企业的风险业务，并通过积累一定的保险基金作为损失补偿的后备。

③机构承保是以企业法人机构来承做保险业务，各类商业性保险公司均属此类。

5.3.4.2 保险公司的主要业务与管理

从保险公司的经营活动看，其基本业务运作包括筹集资本金、出售保单、给付赔偿款、经营资产等。

(1) 筹集资本金

各类保险公司根据国家保险管理机构的规定，在申请营业时必须拥有一定数量的开业资本，作为保险公司的经营基础。各国对保险公司的资本金要求有相当大的差别。英国最低需要 200 万英镑，美国最低需要 300 万美元，日本是 10 亿日元。根据《中华人民共和国保险法》的规定，设立保险公司注册资本的最低限额为人民币 2 亿元。

(2) 出售保单

保险公司根据市场需求精心制作保单，包括设计险种和保险条款，合理规定保险责任，科学厘定保险费率。通过出售保单获得保费收入，这是保险公司的主营业务。依据保险业务不同，保单可具体分为多种类型，如人寿保险、财产保险、海事保险、农业保险、责任保险、保证保险、再保险等。在业务管理上，各国一般都实行寿险与财险分业经营，同时在经营保险业务以外不能过多兼营其他业务。

(3) 给付赔偿款

保险公司在售出保单的同时就相应承担了保险责任。与其他金融机构按一定利率支付利息或红利的负债不同，保险责任是根据用户需要定制的，保险公司向那些遭受火灾、伤残、疾病或死亡等意外事故的投保人或受益人直接支付赔偿。值得注意的是，所有保险公司在经营业务时都面临逆向选择和道德风险问题，因而保险公司要积极收集信息、筛选投保人，确定以风险为依据的保险费率和限制条款，努力降低经营风险。

(4) 经营资产

保险公司的资产主要来自从保费中提取的各种准备金。证券投资是资产经营的主要方式。在对保险资产的投资运作上，监管部门要求保险公司必须加强投资组合管理，防止投机性投资危及保险公司自身清偿能力，损害投保人权利。各国为防止保险公司从事高风险投资，往往对保险公司的投资类型、质量、比例加以规定。如美国法律对寿险公司的投资规定了类型和各类投资占总资产或总盈余的最大比例，还规定了投资对象的质量标准；在财产保险方面，各州一般都要求财险公司的投资重点放在短期证券和政府债券之上，要在确保足够流动性的基础上安排投资结构。各国保险公司在其资产投向上更多的是持有各种债券。我国保险公司的投资渠道主要是国债和证券投资基金。2000 年，中国证监会批准保险资金进入股市，允许保险资金由试点的保险基金管理公司运作，直接进入证券市场从事投资活动。

就不同的国家而言，保险公司管理运作的客观环境，例如经济环境、人文历史、法律法规等方面存在差异，公司管理运作的水平也不尽相同，因此，保险公司业务发展的能力、经营发展的状况、发挥作用的程度就会有很大区别。由于保险公司在经济运行中具有非常重要的作用，其业务运作效果好坏直接关系到保险市场以及宏观经济运行的稳定与否，因此，各国政府一般均成立专门的监管机构，依据本国的保险法对保险公司进行必要的监管。在 1998 年以前，我国的保险公司及保险业务的监管及有关法规的制订主要由中国人民银行负责。1998 年 11 月 18 日，中国保险监督管理委员会(保监会)成立，保监会成为全国商业保险的主管机关和独立监管机构。保监会的主要职责是根据国务院授权履行行政管理职能，依照法规统一监管保险市场。

5.3.5 社会保障机构

社会保障是一种为丧失劳动能力和机会的人提供年费或补偿的制度,是保证社会安定的重要机制。社会保障制度是一种具有政策性、强制性的制度安排,旨在保障生存有困难的社会成员的基本生活需要,包括为劳动者提供基本生活保障、最低生活保障和一些特殊保障等。

社会保障通常被认为有3个最重要的功能:①保障的功能。社会保障为遭遇到与劳动及收入相关风险的公民提供最基本的生活保障,通过国家和社会的帮助,使他们不至于被社会发展抛弃。②互济的功能。特别是社会保险这种形式,通过按照同一比例缴纳保险费建立基金,使个别社会成员遭遇或可能遭遇的严重风险由全体社会成员分担,从而降低了风险程度。③调节收入分配关系的功能。无论是社会保险计划,还是社会援助计划,都是一种社会再分配形式,实际存在高收入者向低收入者的转移支付,从而达到社会公正和稳定的目标。

社会保险是社会保障制度的核心内容,针对满足基本需求和基本生活保障可以设置养老保险、医疗保险、失业保险、生育保险等项目,一般均由政府出面干预实施。投保时有些险种的费用需要个人和企业缴纳,有些险种由政府给予财政支持。目前世界各国都通过政府参与来解决失业、退休养老等社会问题。在我国,与用人单位建立劳动关系的企事业单位的员工,只要按规定缴纳各项社会保险费,就可以享受相应的保障。

一般情况下,各国都会设立专门的社会保障机构来负责各种社会保险的管理事务,而社会保险资金的日常运作则由专业投资机构负责以实现保值增值。从社会保险资金运作机构的形式看,许多国家是由政府社会保障机构委托保险公司或基金管理公司运作。我国唯一一家统筹管理运作全国社保基金的机构是全国社会保障基金理事会,简称全国社保基金。该基金按照"规范、稳健、专业化、市场化"的运作要求,在《全国社会保障基金投资管理暂行办法》的规定范围内管理和运营全国社会保障基金。目前全国社保基金已初步建立了直接投资运作制度,尝试引入专业的投资基金公司或保险公司运作社保基金。

5.4 其他非存款类金融机构

金融服务需求的多样化促生了非存款类金融机构的多元化和专业化发展,除投资类金融机构和保障类金融机构,非存款类金融机构还包括一些满足特定服务需求和特定行业发展的金融机构,虽然它们在金融机构体系中的比重不大,但却发挥着不可或缺的作用。

5.4.1 信托投资公司

5.4.1.1 信托与信托投资公司

信托是委托人基于对受托人的信任,将其财产权委托给受托人,由受托人按委托人的意愿以自己的名义,为受益人的利益或特定目的,进行管理和处分的行为。

信托(一种理财方式,是一种特殊的财产管理制度和法律行为,同时又是一种金融制度)。信托与银行、保险、证券一起构成了现代金融体系。信托业务是一种以信用为基础的法律行为,一般涉及三方面当事人,即投入信用的委托人、受信于人的受托人,以及受益于人的受益人。

"受人之托,代人理财"是信托的基本特征,其实质是一种财产转移与管理或安排。信托以信任为基础,信托成立的前提是委托人将自己的物权、债权、知识产权或其他无形财产权转移给受托人,受托人在管理信托财产时要履行谨慎义务。信托一经成立,信托财产即从委托人、受托人、受益人的自有财产中分离出来,而成为一种独立运作的财产,仅服务于信托目的,并具有独特的破产隔离功能和存续的连贯性。正是由于信托具有这些特征,使其在财产管理、资金融通、投资理财和社会公益等方面能够发挥独特的作用。

从事信托业务的机构包括各种信托投资公司、各种银行或非银行金融机构的信托部。信托投资公司是指以受托人身份专门从事信托业务的非存款类金融机构,其职能是接受客户委托,代客户管理、经营、处置财产。信托投资公司的运作特点是受人之托,为人管业和代人理财,具有财产管理和运用、融通资金、提供信息与咨询以及社会投资等功能。

各国信托历史发展的情况不同。如英国是信托最早发展的国家,以个人受托为主;美国的信托是在独立战争之后由英国引入的,但从一开始就以公司法人受托的形式发展起来;日本的信托是在明治维新后从美国引入的,也从法人受托起步;中国的信托是1920年从日本引入的,也从法人受托开始发展。

5.4.1.2 信托机构的经营特点

信托投资公司在其经营中表现如下特征:

(1) 服务特征明显

信托业在经营中以"受托人"或"中间人"的身份出现,为委托人或受益人利益着想并为他们提供各种投资服务,收益来源为手续费。基于此经营特点,有关法律严格限制信托机构利用信托财产为自己牟利,而且必须把信托财产与信托机构本身的财产加以区分管理。

(2) 与资本市场关系非常密切

信托机构一方面通过为委托人提供再投资方面的专业性经验和技术,将社会闲置资金导向正确的投资方向;另一方面对受托资金的管理主要通过与资本市场相关的特定信托业务来实现,因而成为社会闲置资金与企业对投资资金需求之间的金融中介,有利于充分实现储蓄向投资的转化,促进国民经济的健康发展。目前,国际上信托机构的投资业务大多分为2类:以某公司的股票和债券为经营对象,通过证券投资获取收益;以投资者身份直接参与对企业的投资。

(3) 服务对象范围相对广泛

具备法律行为能力的法人或个人都可成为委托人,而且在委托人信用方面没有特殊要求。

(4) 在经营中不需要提取准备金

信托机构是作为受托人(而非债务人),在一定信托目的的前提下,从容运用资金,不存在支付到期债务的问题，故不需要提取准备金。

5.4.2 金融租赁公司

5.4.2.1 租赁与金融租赁公司

租赁作为一个复合词，表达着一种特定的双方关系："租"含有"以己之物借给他人使用"之意，而"赁"含有"借他人之物供自己使用"之意。租赁是由财产所有者（出租人）按契约规定，将财产租让给承租人使用，承租人根据契约按期支付租金给出租人的经济行为，属于对物品使用权的借贷活动。

金融租赁又叫资本租赁，是一种通过融资租赁形式获得资金支持的金融业务。通常由使用设备的机构或个人提出要求，租赁公司或其他金融机构作为出租人，出资购买设备并将其交给承租人使用。租期内由承租人向出租人以租金的方式支付资金使用成本。承租人对租赁的资产只有使用权，没有处置权。租期结束时租赁资产经残值处理后归承租人。

金融租赁公司是指专门为承租人提供资金融通的长期租赁公司，它以商品交易为基础将融资与融物相结合，既有别于传统租赁，又不同于银行贷款。其所提供的融资租赁服务是所有权和经营权相分离的一种新的经济活动方式，具有投资、融资、促销和管理的功能。

5.4.2.2 金融租赁公司的业务种类与主要作用

金融租赁公司具有融物和融资的双重功能，按照承担风险的不同可分为以下几种业务：

(1) 公司自担风险的融资租赁业务

①直接融资租赁　直接融资租赁指金融租赁公司以收取租金为条件，按照用户企业确认的具体要求，向该用户企业指定的出卖人购买固定资产并出租给该用户企业使用的业务，分直接购买式和委托购买式两类。

②经营租赁　经营租赁是指由出租人或承租人选择设备，出租人购买设备出租给承租人使用，设备所有权归出租人所有，使用权归承租人所有。设备反映在出租人固定资产账上，由出租人计提折旧。

③回租　回租是指承租人将自有设备出卖给出租人，同时与出租人签订租赁合同，再将该设备从出租人处租回的租赁形式。

(2) 公司同其他机构分担风险的融资租赁业务

此类业务主要有联合租赁和杠杆租赁 2 类：

①联合租赁　联合租赁是指多家租赁公司对同一个项目提供融资租赁，由其中一家租赁公司作为牵头人，各家租赁公司同牵头租赁公司订立体现资金信托关系的联合租赁协议。由牵头人出面与承租人订立买卖合同和融资租赁合同，各家租赁公司按照所提供的租赁融资额的比例承担该融资租赁项目的风险和享有该融资租赁项目的收益。

②杠杆租赁　杠杆租赁又称第三者权益租赁、融资租赁，其乃是介于承租人、出租人及贷款人间的三边协定；是由出租人（租赁公司或商业银行）本身拿出部分资金，然后加上贷款人提供的资金，以便购买承租人所欲使用的资产，并交由承租人使用；而承租人使用

租赁资产后,应定期支付租赁费用。通常出租人仅提供其中 20%~40% 的资金,贷款人则提供 60%~80% 的资金。租赁公司既是出租人又是借资人,既要收取租金又要支付债务。这种融资租赁形式由于租赁收益一般大于借款成本支出,出租人借款购物出租可获得财务杠杆利益,故被称为杠杆租赁。

(3) 公司不承担风险的融资租赁业务

此类业务主要是委托租赁,指融资租赁项目中的租赁物或用于购买租赁物的资金是一个或多个法人机构提供的信托财产,租赁公司以受托人的身份同委托人订立信托合同,该融资租赁项目的风险和收益全部归委托人,租赁公司则依据该信托合同的约定收取由委托人支付的报酬。

从微观看,融资租赁有利于解决企业更新设备与资金不足的矛盾,满足企业设备更新和技术改造的要求,从而提高企业的市场竞争力和技术进步能力,还有利于厂家促进销售,对于盘活固定资产、优化资源配置,促进中小企业发展,引导消费与投资等方面发挥积极作用。从宏观看,融资租赁则有利于调整产业结构。融资租赁的介入能使企业解决设备投入以及更新所需资金的问题,强化了某类行业或企业在经济发展中的地位,进而推动产业结构的调整及合理构建。此外,融资租赁还有利于引进更多的外资,可以在不增加债务总量的同时引进国外的技术。因此,在发达国家金融租赁已经成为设备投资中仅次于银行信贷的第二大融资方式。

5.4.3 金融资产管理公司

金融资产管理公司首先审慎地收购资产,然后采取各种方式有效管理和变现资产,包括清收、拍卖、经营等。这是一项涉及面广、技术性强、专业化程度高的工作,除了对参与人员具有较高的专业素质要求以外,更需要政府部门的大力支持。这种支持不仅体现在资金的供应上,还需要政府给予相关法律、法规和行政规章的配合。

5.4.3.1 金融资产管理公司简介

我国的金融资产管理公司是指经国务院决定设立的收购国有银行不良贷款,管理和处置因收购国有银行不良贷款形成的资产的国有独资非银行金融机构。为处理国有商业银行的不良资产,1999 年成立了华融、东方、信达、长城 4 家金融资产管理公司,分别处理中国工商银行、中国银行、中国建设银行、中国农业银行的不良资产。我国金融资产管理公司的注册资本均为 100 亿元人民币,由财政部核拨。实行经营目标责任制,以最大限度保全资产、减少损失为主要经营目标,依法独立承担民事责任。

5.4.3.2 金融资产管理公司从事业务活动

金融资产管理公司在其收购的国有银行不良贷款范围内,管理和处置因收购国有银行不良贷款形成的资产时,可以从事下列业务活动:

①追偿债务。
②对所收购的不良贷款形成的资产进行租赁或者以其他形式转让、重组。
③债权转股权,并对企业阶段性持股。
④资产管理范围内公司的上市推荐及债券、股票承销。

⑤发行金融债券,向金融机构借款。
⑥提供财务及法律咨询、资产及项目评估等服务。

金融资产管理公司管理、处置因收购国有银行不良贷款形成的资产,应当按照公开、竞争、择优的原则运作。金融资产管理公司转让资产,主要采取招标、拍卖等方式。金融资产管理公司终止时,由财政部组织清算组进行清算。金融资产管理公司处置不良贷款形成的最终损失,由财政部提出解决方案,报国务院批准执行。

5.4.3.3 国外金融资产管理公司发展模式

根据国务院最初的设计方案,我国的金融资产管理公司存续期原则上不超过10年。因此随着不良资产处置工作的不断推进,资产管理公司的未来发展成为业界十分关注的问题。从世界各国的实践来看,对金融资产管理公司最终发展方向的设计因国情差异各不相同,概括起来大致有3种模式:

①随着资产管理公司对不良资产处置的不断推进,逐步收缩机构和人员,待不良资产及外部债务全部处置完毕后,资产管理公司即解散清算,如美国的RTC(美国资产重组托管公司)。

②由政府注资成立一家持续经营的金融资产管理公司,除接受政府委托处置银行不良资产外,还承担政府委托的其他不良资产处置任务,如韩国的KAMCO。

③银行不良资产处置完毕后资产管理公司转型为商业性资产管理公司或投资银行,如瑞典的Securum。

我国的金融资产管理公司如何发展尚需根据国情研究探索。

5.4.4 汽车金融公司

5.4.4.1 汽车金融公司定义与特点

汽车金融服务主要是指在汽车的生产、流通、购买与消费环节中提供的金融服务,包括资金筹集、信贷运用、抵押贴现、证券发行和交易以及相关保险、投资活动等,具有资金量大、周转期长、资金运动相对稳定等特点。汽车金融服务在国外已有近百年历史。

5.4.4.2 汽车金融公司设置与运作对汽车工业的发展的作用

汽车金融公司是从事汽车消费信贷业务并提供相关汽车金融服务的专业机构。其设置与运作对于汽车工业的发展具有极为重要的作用。

①汽车金融公司在专业产品服务方面有经验和良好的条件 汽车信贷只是汽车金融服务的一部分,实际上汽车金融服务对发展汽车制造、流通、消费等都具有重要意义。国外大部分汽车金融公司从事服务的第一任务并不是赚钱,而是促进母公司汽车产品的销售。汽车产品服务的专业性很强,如产品咨询、签订购车合同、办理登记手续、零部件供应、维修保养、保修、理赔、新车抵押、旧车处理等,银行由于不熟悉这些业务,做起来有很大的困难。

②汽车金融公司通常隶属于较大的汽车工业集团 这类不仅向消费者提供汽车消费服务,而且向企业提供优惠贷款,在企业的人事和经营方面有很大的发言权,这是银行无法相比的。

5.4.4.3 汽车金融公司批准设立的规定

根据银监会制定的《汽车金融公司管理办法》规定，我国的汽车金融公司是指经银监会批准设立的，为中国境内的汽车购买者及销售者提供金融服务的非银行金融机构。注册资本的最低限额为5亿元人民币或等值的可自由兑换货币，注册资本为一次性实缴货币资本。汽车金融公司的出资人为中国境内外依法设立的企业法人，其中主要出资人须为生产或销售汽车整车的企业或非银行金融机构。汽车金融公司出资人中至少应有1名出资人具备5年以上丰富的汽车金融业务管理和风险控制经验。银监会批准的汽车金融公司业务主要有：接受境外股东及其所在集团在华全资子公司和境内股东3个月（含）以上定期存款；接受汽车经销商采购车辆贷款保证金和承租人汽车租赁保证金；经批准发行金融债券；从事同业拆借；向金融机构借款；提供购车贷款业务；提供汽车经销商采购车辆贷款和营运设备贷款，包括展示厅建设贷款和零配件贷款以及维修设备贷款等；提供汽车融资租赁业务（售后回租业务除外）；向金融机构出售或回购汽车贷款应收款和汽车融资租赁应收款业务；办理租赁汽车残值变卖及处理业务；从事与购车融资活动相关的咨询、代理业务；经批准，从事与汽车金融业务相关的金融机构股权投资业务等。

5.4.5 金融担保公司

5.4.5.1 金融担保定义

金融担保是一种以金融债权为对象的担保，包括直接融资担保和间接融资担保两部分，涉及的担保业务主要有借贷市场担保、履约担保和金融创新产品或衍生产品担保3类。借贷市场担保有企业借款、个人消费借款等项目的担保，履约担保有工程建设完工、项目融资、房地产借款、设备租赁、信用证和商业票据等项目的担保，金融创新或衍生产品担保有企业债券担保、信托产品担保、保本基金等。

5.4.5.2 金融担保的发展空间

进入21世纪，金融担保的发展空间越来越大。一方面，现代经济中的金融份额越来越大；另一方面，与此相伴而生的新型担保品种也越来越多。而且现代的新型担保虽然仍以债权为基础，但更侧重交易的促成，提供偿债保障是手段而非最终目的。它所起的作用就是分摊和弱化风险，实质上是风险管理和风险交易，体现了担保的金融本质。担保业务与金融业务特别是金融创新业务的紧密结合，是担保业务的未来发展方向，是担保成熟化、技术化和价值化的标志。

5.4.5.3 金融担保需求

在中小企业发展中，金融担保需求很大，导致各国从不同路径成立金融担保公司以促进经济发展。金融担保公司是专业从事信用担保的金融中介组织，为受信者提供信用保证，是具有独特的信用增强作用和风险管理特征的非存款类金融机构。金融担保公司在中小企业与银行之间起着桥梁与纽带作用，能解决中小企业融资难与银行放贷难的两难处境，对于增强中小企业的信用，防范和化解银行信贷风险，通畅融资渠道，引导资金流向具有重要作用。因此，建立金融担保机构，缓解中小企业融资难的问题，是各国扶持中小企业发展的通行做法。

5.4.6 财务公司

5.4.6.1 国外财务公司

财务公司又称金融公司,是为企业技术改造、新产品开发及产品销售提供金融服务,以中长期金融业务为主的非存款类金融机构。财务公司兴起于20世纪初,主要有美国模式和英国模式2种类型。美国模式财务公司是以推动商品流通、促进商品销售为特色,它依附于制造厂商,是一些大型耐用消费品制造商为了推销其产品而设立的子公司,这类财务公司主要是为零售商提供融资服务的,主要分布在美国、加拿大和德国。目前,美国财务公司在流通领域的金融服务几乎涉及从汽车、家电、住房到各种工业设备的所有商品,对促进商品流通起到了非常重要的作用。英国模式财务公司基本上都依附于商业银行,其组建的目的在于规避政府对商业银行不得从事证券投资的监管。这种类型的财务公司主要分布在英国、日本和中国香港。因为财务公司可以接受存款业务(大多是定期存款),所以也被称为非存款类金融机构中最具存款类金融机构特点的机构。在有些国家的存款类金融机构的统计口径中也包括此类机构。

5.4.6.2 中国的财务公司

中国的财务公司不是商业银行的附属机构,是隶属于大型集团的非存款类金融机构。它们都是由企业集团内部集资组建的,其宗旨和任务是为本企业集团内部各企业筹资和融资,促进其技术改造和技术进步。中国的财务公司可以经营下列部分或者全部业务:对成员单位办理财务和融资顾问、信用鉴证及相关的咨询、代理业务;协助成员单位实现交易款项的收付;经批准的保险代理业务;对成员单位提供担保;办理成员单位之间的委托贷款及委托投资;对成员单位办理票据承兑与贴现;办理成员单位之间的内部转账结算及相应的结算、清算方案设计;吸收成员单位的存款;对成员单位办理贷款及融资租赁;从事同业拆借。此外,符合条件的财务公司,还可以向中国银行保险监督管理委员会申请从事下列业务:经批准发行财务公司债券;承销成员单位的企业债券;对金融机构的股权投资;有价证券投资;成员单位产品的消费信贷、买方信贷及融资租赁。

5.4.7 金融信息咨询服务类机构

5.4.7.1 金融信息咨询服务类机构的定义

金融信息咨询服务公司是指集合各种必要的财务收支和经营活动信息,专业化地从事对特定对象进行财务分析、信用调查等经济活动,出具必要的分析报告或文件,为客户提供有关债务人清偿能力信息的专业信息服务机构。这类机构虽未直接参与投融资活动,但却为投融资的顺利进行提供必要的信息服务,既是投融资活动的促进者,也是保障金融活动健康发展的重要力量。

5.4.7.2 金融信息咨询服务类机构的特点

金融信息咨询服务类机构的特点体现为其所提供的信息产品的专业化、机构的独立性和中立性。其中,向全社会投融资者提供专业化信息服务有赖于其专业化的经营资格和所具备的专业人才与技术条件。其专业化的经营资格能够使其拥有获得广泛经济金融信息的能力和向公众提供具有社会公信力的信息产品，而专业人才和技术条件则使其能够及时有效地收集、甄别和处理信息并提供特定的信息产品。金融信息咨询服务机构的独立性和中立性表现为金融信息咨询服务机构不直接经营资金，不参与投融资活动，较之存款类金融机构、投资类金融机构和保障类金融机构具有一定的信息优势，这种机构的独立性和专业性更易使其获得公众的认可和信任。

5.4.7.3 金融信息咨询服务类机构的分类

金融信息咨询服务类机构主要有3种类型：与直接融资活动和保障类金融机构业务活动密切相关的机构，如投资咨询公司、投资与保险代理机构等；专门从事信用评级和债券评级的机构，如资信评估公司、征信所等；专门从事企业财务信息服务和资格认证的机构，如会计师事务所、律师事务所等。金融信息咨询服务类机构的建立与发展能够反映各个国家的基本信用环境和金融市场投融资的发达程度。

5.4.7.4 我国金融信息咨询服务机构的建设和发展

我国金融信息咨询服务机构的建设和发展从20世纪80年代中后期逐渐开始，起步晚、发展缓慢，尤其是服务对象主要是政府主管部门和监管机构，尚未形成广泛的社会效应和经济效应。21世纪以来，随着我国金融发展市场化程度的提高，对金融信息咨询的市场需求不断增加，这一类机构的发展也会具有广阔的市场空间和良好的前景。

阅读与思考

习近平总书记谈金融机构

2019年2月22日，习近平总书记在中共中央政治局就完善金融服务、防范金融风险举行第十三次集体学习时指出，要以金融体系结构调整优化为重点，优化融资结构和金融机构体系、市场体系、产品体系，为实体经济发展提供更高质量、更有效率的金融服务。要构建多层次、广覆盖、有差异的银行体系，端正发展理念，坚持以市场需求为导向，积极开发个性化、差异化、定制化金融产品，增加中小金融机构数量和业务比重，改进小微企业和"三农"金融服务。

2017年7月，习近平总书记在全国金融工作会议上指出，要坚定深化金融改革。要优化金融机构体系，完善国有金融资本管理，完善外汇市场体制机制。要完善现代金融企业制度，完善公司法人治理结构，优化股权结构，建立有效的激励约束机制，强化风险内控机制建设，加强外部市场约束。要加强金融监管协调、补齐监管短板。设立国务院金融稳定发展委员会，强化人民银行宏观审慎管理和系统性风险防范职责。地方政府要在坚持金融管理主要是中央事权的前提下，按照中央统一规则，强化属地风险处置责任。金融管理部门要努力培育恪尽职守、敢于监管、精于监管、严格问责的监管精神，形成有风险没有及时发现就是失职、发现风险没有及时提示和处置就是渎职的严肃监管氛围。要健全风险监测预警和早期干预机制，加强金融基础设施的统筹监管和互联互通，推进金融业综合统计和监管信息共享。

📍 **阅读与思考**

私募经理违法犯罪案例与遵纪守法意识

2017年1月23日,备受市场关注的"私募一哥"徐翔操纵市场案判决出炉。青岛市中级人民法院对被告人徐翔、王巍、竺勇操纵证券市场案进行一审宣判,被告人徐翔、王巍、竺勇犯操纵证券市场罪,分别被判处有期徒刑五年六个月、有期徒刑三年、有期徒刑二年缓刑三年,同时并处罚金。

由于这是国内发现的首宗信息型操纵证券市场刑事案件且涉及"私募一哥"徐翔,再加上徐翔是在股灾发生后被捕,因此备受市场瞩目。

根据青岛市中院发布的消息,2010—2015年,被告人徐翔单独或与被告人王巍、竺勇共同与13家上市公司董事长、实际控制人(另案处理)合谋,共同操纵上市公司股票交易价格和交易量。

按照徐翔等人要求,由上市公司董事长或实际控制人,控制上市公司发布"高送转"等利好信息的披露时机和内容,徐翔等人进行相关股票的连续买卖,操纵上市公司股票交易。在股价高位时,抛售股票从中获利。这些股票包括通过大宗交易接盘的公司高管减持的股票,提前建仓的股票,或定向增发解禁股票。

请结合案例和金融业从业人员行为规范,阐述金融从业人员具有遵纪守法意识的重要性。

📍 **阅读与思考**

金融报国拼搏奋进正当时

时光荏苒,在中华人民共和国成立70周年这个不平凡的年份,国泰君安迎来了合并设立20周年生日。

廿载韶华,玉汝于成。

20年锐意进取,国泰君安跨越了中国资本市场多个周期,一路成长为全方位的行业领导者,已为打造现代投资银行构筑起坚实的资本基础、文化基础和战略基础。公司净利润连续12年位居行业前三;连续12年获得中国证监会授予的A类AA级最高评级;用最短时间补齐资本短板,完成了A+H的国际化资本框架;凝聚全员智慧,提炼形成了企业文化价值体系《国泰君安共识》;连续制订《国泰君安发展战略规划》,向着每个阶段的战略目标稳步迈进。

20年春华秋实,溯望公司发展历程,国泰君安人满怀感恩。是国家的富强,造就了国泰君安蓬勃发展的时代大机遇;是实体经济的繁荣,构筑了国泰君安向上生长的本源;是每一位客户长久的陪伴和支持,照亮了国泰君安风雨兼程的道路;是每一位员工坚守追求卓越的精神、艰苦创业,凝聚成为国泰君安追梦前行的力量。

廿载奋进,初心不忘。

在新中国成立70周年的光辉时刻,波澜壮阔的新时代改革大潮已奔涌而来。设立科创板并试点注册制的伟大改革扬帆起航,中国资本市场在全新的地位和高度上,正在向着

"规范、透明、开放、有活力、有韧性"的战略定位大步迈进，中国现代投资银行大发展的序幕也已经掀开。

新时代呼唤新担当，新时代需要新作为。作为证券行业排头兵，作为第一个将"金融报国"确立为公司核心经营理念的投资银行，站在新的起点上的国泰君安人，将继续以"金融报国"为己任，保持艰苦创业的激情和勇气，保持"创建一流、追求卓越"的精神状态，不忘初心、牢记使命，敢为人先、主动担当。以高效协同的专业综合金融服务，服务国家战略、服务实体经济发展和资本市场改革，秉持以客户为中心的理念，守护社会财富，向着"成为根植本土、覆盖全球、有重要影响力的综合金融服务商"的愿景不断迈进。

志之所趋，无远弗届。国泰君安，拼搏奋进正当时。

（该文为国泰君安20周年杨德红董事长致辞）

探究与思考

1. 简述一国金融机构体系的构成。
2. 简述判断一个金融机构是否为商业银行的基本标志。
3. 简述商业银行经营业务范围及表外业务越来越受到重视的原因。
4. 简述保险公司的具体业务范围。
5. 简述投资基金的特点及功能。
6. 论述发展中国家金融机构体系的特点。
7. 试论述如何完善我国的金融机构体系。

第6章 金融市场

6.1 金融市场与功能结构

6.1.1 金融市场的概念

按照交易的产品类别划分，可以将市场分为2类：一类是提供产品的市场，进行商品和服务的交易；另一类是提供生产要素的市场，进行劳动力和资本的交易。金融市场属于要素类市场，专门提供资本。在这个市场上进行资金融通，实现借贷资金的集中和分配，完成金融资源的配置过程。通过金融市场上对金融资产的交易，最终可以帮助实现社会实物资源的配置。从这个意义上说，金融市场与产品市场之间存在密切的联系。

按照以上理解，金融市场应当包括所有的融资活动，包括银行以及非银行金融机构的借贷；包括企业通过发行债券、股票实现的融资；包括投资人通过购买债券、股票实现的投资；包括通过租赁、信托、保险种种途径所进行的资金的集中与分配等。在日常活动中，还有一种对于金融市场的理解，即将金融市场限定在有价证券交易的范围，例如，股票市场、债券市场等。对于这种说法，可以看作对金融市场的狭义理解。金融市场上借贷资金的集中和分配，将会帮助形成该市场的"价格"，即利率。

金融交易的方式在人类历史的不同发展阶段是不一样的。在商品经济不发达的阶段，货币资金借贷主要是以民间口头协议的方式进行的，有范围小、数额少、众多小金融市场并存的特点。例如，旧中国内地省份农村中的金融交易主要就是这种状况。随着资本主义经济的发展，银行系统发展起来了，金融交易主要表现为通过银行集中地进行着全社会主要部分的借贷活动。随着商品经济进入高度发达时期，金融交易相当大的部分以证券交易的方式进行，表现为各类证券的发行和买卖活动。目前，一些经济发达国家以证券交易方式实现的金融交易，已占有越来越大的份额。人们把这种趋势称为"证券化"(securitization)。

现代的金融交易既有具体的交易场所(如在某一金融机构的建筑内进行)，也有无形的交易场所(即通过现代通信设施建立起来的网络进行)。特别是现代电子技术在金融领域里的广泛运用和大量无形市场的出现，使得许多人倾向于将金融市场理解为金融商品供求与交易活动的集合。

6.1.2 金融资产

资产有别于实物资产，金融资产的价值取决于能够给所有者带来的未来收益；或者说，持有金融资产，意味着拥有对未来收益的要求权利。例如，金融资产中的债券，它代表持有人对发行人索取固定收益的权利；金融资产中的股票，它代表股东在公司给债权人固定数量的支付以后对收入剩余部分的要求权——剩余索取权。金融资产的种类极多，除股票、债券外，还包括保险单、商业票据、存单和种种存款以及现金等。其中的现金，在物价水平保持不变的情况下，收益为零，是一个特例。

在金融市场上，人们通过买卖金融资产，实现着资金从盈余部门向赤字部门的转移。例如，企业出售新发行的股票和投资人购买该股票的交易行为，实现了一定数量的资金从有富余资金并寻求投资收益的投资人手中转移到缺少资金的企业手中，实现了资金和资源在不同部门之间的重新配置。因此，金融资产的交易是帮助实现资本融通的工具。在这个意义上，金融资产又称金融工具。与商品产品类比，作为买卖的对象，金融资产也经常被称为金融产品。

金融资产的价值大小是由其能够给所有者带来未来收入的量和可能程度决定的。例如，一种债券的息票利率较高并且按期支付利息和到期归还本金的保证程度较高，则会有较高的价值；一种股票可以给投资人带来稳定的、高额的现金红利，也会有较高的价值等。

在金融资产的价值决定中，金融资产与实物资产（如厂房、设备、土地等）之间存在着十分密切的联系。例如，能够产生较高现金收益的股票，往往归功于发行股票的企业用这笔资金购置了性能先进、运营成本低、能产生大量现金流的实物资产。但是，也有一些金融资产与实物资产之间的价值联系并不那么直接，如期货、股票指数期权等。这些金融资产是依附于股票、债券这样一些金融资产而产生的，其价值变化主要取决于股票、债券的价值变化。在这个意义上，这类金融产品具有"依附""衍生"的特征，因而被冠以"衍生金融产品"的称呼。至于它们赖以衍生的基础性金融资产，相应取得了"原生金融工具"的称呼。但无论如何，衍生金融产品并不能同实物资产全然割断联系，只不过它们的联系是间接的，即通过原生金融产品迂回地实现。

6.1.3 金融资产的功能与特征

6.1.3.1 金融资产的特征

尽管金融资产种类繁多、千差万别，但它们具有一些共同的特征。这些特征包括货币性和流动性、偿还期限、风险性、收益性。

(1) 货币性和流动性

金融资产的货币性是指其可以用来作为货币，或很容易转换成货币，行使交易媒介或支付的功能。一些金融资产本身就是货币，如现金和存款。一些可以很容易变成货币的金融资产，如流动性很强的政府债券等，对于其持有者来说与持有货币的差异不大。其他种类的金融资产，如股票、公司债券等，由于都可以按照不同的难易程度变现，故也可视为多少具有货币的特性。不过，股票、债券（包括政府债券在内）大多并不划入货币的统计口径之中。

与非金融资产相比，未划入货币口径之中的那些金融资产也具有明显的流动性，即迅速变现而不致遭受损失的能力。变现的期限短、交易成本低的金融工具意味着流动性强；

反之，则意味着流动性差。发行者资信程度的高低，对金融工具的流动性有重要意义。例如，国家发行的债券、信誉卓著的公司所签发的商业票据、银行发行的可转让大额定期存单等，流动性就较强。

衡量金融资产流动性的指标之一，主要是看交易的买卖差价。对于同一种金融资产来说，买卖差价是指做市商（一种专门从事金融产品的买卖，拥有维护市场活跃程度责任的证券交易商）愿意买入和卖出该种资产的价格之差。差价越大，标志着该金融产品的流动性越低。这是因为在市场价格波动的背景下，流动性低会加大资本损失的可能性。为了补偿风险，做市商就必须提高买卖差价。除买卖差价以外，还有其他一些指标用来反映市场中金融资产的流动性，如换手率等。

(2) 偿还期限

金融资产的偿还期限是指在进行最终支付前的时间长度。例如，1年之后到期的公司债券，其偿还期限就是1年，一张标明3个月后支付的汇票，偿还期限为3个月；5年到期的公债，偿还期限为5年等。对当事人来说，更有现实意义的是从持有金融工具日起到该金融工具到期日止所经历的时间。假设1990年发行要到2010年才到期的一种长期国家债券，若某人于1999年购入，则对于他来说，偿还期限是11年而非20年，因而他将用这个时间来衡量收益率。

金融资产到期日的特点可以有2个极端：一个是零到期日，如活期存款；一个是无限长的到期日，如股票或永久性债券。一般来说，债券都有具体的到期日，短的可以是1d，长的可以是100年。例如，美国迪士尼公司1993年发行了期限为100年的债券。金融资产的到期日标志着它"寿终"的日子；一旦到期，凭金融资产对于收益的要求权就终止了。但是，一些金融资产由于发行人的问题，如破产、重组等，也可能被提前终止。

(3) 风险性

风险性是指购买金融资产的本金是否有遭受损失的风险。本金受损的风险主要有信用风险和市场风险2种。信用风险又称违约风险，是指债务人不履行合约，不按期归还本金的风险。这类风险与债务人的信誉、经营状况有关。风险有大有小，但很难保证绝无风险。例如，向大银行存款的储户有时也会遭受银行破产清算的损失。信用风险也与金融资产的种类有关。例如，股票中的优先股比普通股的风险低，一旦股份公司破产清算，优先股股东比普通股股东有优先要求补偿的权利。信用风险对于任何一个金融投资者都存在，因此，认真审查投资对象，充分掌握信息，至关重要。市场风险是指由于金融资产市场价格下跌所带来的风险。某些金融资产，如股票、债券，它们的市价是经常变化的。市价下跌就意味着投资者金融资产的贬值。在金融投资中，审时度势，采取必要的保值措施非常重要。如何度量风险，以保证投资人取得与风险相匹配的收益，是金融理论与实践中的一个重要内容。

(4) 收益性

收益性由收益率表示。收益率是指持有金融资产所取得的收益与本金的比率。收益率有名义收益率、现时收益率与平均收益率3种计算方法。

名义收益率是金融资产票面收益与票面额的比率。例如，某种债券面值100元，10年偿还期，年息8元，则该债券的名义收益率就是8%。

现时收益率是金融资产的年收益额与其当期市场价格的比率。若上例中债券的市场价格为95元，则现时收益率 = $\frac{8}{95} \times 100\% = 8.42\%$。

平均收益率是将现时收益与资本损益共同考虑的收益率。在上例中，当投资人以95元的价格购入面值100元的债券时，就形成5元的资本盈余。如果他是在债券发行后1年买入的，那就是说，经过9年才能取得这5元资本盈余。考虑到利息，平均每年的收益约为0.37元，将年资本损益额与年利息收入共同考虑，可得：债券平均收益率 = $\frac{0.37+8}{95} \times 100\% = 8.81\%$。

比较前2种收益率，平均收益率可以更准确地反映投资者的收益情况。

在现实生活中，人们还会将通货膨胀对收益的影响考虑进去，以真实评价收益的情况。于是，有名义收益率和真实收益率之分。

6.1.3.2 金融市场的功能

(1) 实现资源最佳配置

在良好的市场环境和价格信号引导下，帮助实现资金在资金盈余部门和资金短缺部门之间的调剂，可以实现资源的最佳配置。

(2) 实现风险分散和风险转移

需要强调的是，金融市场可以发挥转移风险的功能是就这样的意义来说的：通过金融资产的交易，对于某个局部来说，风险由于分散、转移到别处而在此处消失，而不是指从总体上看消除了风险。这个功能发挥的程度取决于市场的效率。在一个效率很低的市场上，由于市场不能很好地发挥分散和转移风险的功能，最终可能导致风险的积聚和集中爆发，这就是金融危机。

(3) 确定价格

金融资产均有票面金额。在金融资产中可直接作为货币的金融资产，一般来说，其内在价值就是票面标注的金额。但相当多的金融资产，其票面标注的金额并不能代表它的内在价值。以股票为例，发行股票的公司体现在每一股份上的内在价值与股票票面标注的金额往往存在极大的差异。企业资产的内在价值包括企业债务的价值和股东权益的价值是多少，只有通过金融市场交易中买卖双方相互作用的过程才能"发现"，即必须以该企业有关的金融资产由市场交易所形成的价格作为依据来估价，而不是简单地以会计报表的账面数字作为依据来计算。例如，没有微软公司股票的公开发行和交易，人们就不会发现微软公司的巨大价值；比尔·盖茨的个人财富价值也不会升入世界首位的阵营。当然，金融市场的定价功能同样依存于市场的完善程度和市场的效率。如果金融市场十分不完善、效率很低，那么金融市场的定价功能就是有缺陷的，市场价格相对于内在价值则可能有很大程度的偏离和扭曲。金融市场的定价功能有助于市场资源配置功能的实现。资金是按照金融资产的价格或者收益率的指引在不同部门之间流动的。价格信号的真实与否，决定了资源配置的有效与否。

(4) 发挥提供流动性的功能

金融市场的存在可以帮助金融资产的持有者将资产售出、变现。如果没有金融市场，人们将不愿意持有金融资产；企业可能因为金融产品发行困难，无法筹集到足够的资金，进而影响正常的生产和经营。尽管金融市场中所有产品的交易市场都具有提供流动性的功能，但不同的金融产品市场的流动性是不同的。这取决于产品的期限、品质等。

(5) 降低交易的搜寻成本和信息成本

搜寻成本是指为寻找合适的交易对方所产生的成本。信息成本是在评价金融资产价值的过程中所发生的成本。评价金融资产的价值，需要了解能够帮助预期其未来现金流的有关信息。金融市场帮助降低搜寻成本与信息成本的功能主要是通过专业的金融机构和咨询机构发挥的。可以设想，假如没有专门从事证券承销业务的中介机构，单纯依靠发行证券的企业自己去寻找社会投资人，搜寻成本会有多大；假如没有专业提供信息的中介机构，单纯依靠需要信息的企业自己去搜集信息，信息成本会有多大。同时，众多金融中介的存在以及它们之间的业务竞争，还可以使搜寻成本和信息成本不断降低。但是，如果没有严格的监管，金融中介机构有可能与有关方面勾结，刺探内幕信息、制造虚假信息、进行黑幕交易等，以获取暴利。此时，社会的真实搜寻成本和信息成本可能会极大。

6.1.4 金融市场体系的主要构成

如图 6-1 所示，金融市场体系由多个子市场构成，各个子市场各具特点，都有独到的功能与作用。

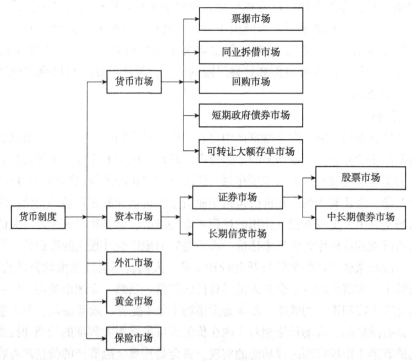

图 6-1 金融市场体系

6.1.4.1 货币市场

货币市场上交易工具的期限都在1年以内，交易价格波动小、交易工具变现能力强，是风险相对较低、收益比较稳定、流动性较强的市场。货币市场工具风险低、流动性强，对于持有人来说，相当于货币性资产。在一些国家，这类金融工具往往分别被列入不同层次的货币供给量统计范围之内，并成为中央银行监控的对象。

货币市场的交易具有批发性的特点，即单笔交易量大，交易的密集程度相对其他市场低(或者说交易的次数少)。这使得货币市场交易适宜在无形市场中进行。无形市场没有具体的交易场所，所有交易通过电话或互联网及内部局域网等现代通信技术完成。一些国家的货币市场对外开放，可以24h进行交易，市场也因此具有国际性质，如伦敦银行同业拆借市场。

6.1.4.2 资本市场

(1) 股票市场

股票市场是资本市场的重要组成部分，也是最大众化的市场，参与者包括个人、企业、政府和国外机构等。股票市场也是最基础的原生金融工具市场之一，为投资者提供了中长期投融资的场所。

股份有限公司发行股票有2种情况：为股份有限公司的成立而发行股票；已成立的股份有限公司增发的股票。已成立的股份有限公司发行新股票增资的目的，主要是提高自有资本的比重，改善资本结构，维持或扩大经营，满足证券交易所的上市标准，促进合作或维护经营支配权等。从股份有限公司的角度看，发行股票筹集的资本是公司的自有资本，与借入资本不同，是不需要偿还的，因而具有长期性和稳定性的特点。对投资人而言，购买股票便成为公司的股东。

(2) 中长期债券市场

债券按照发行主体不同可以分为政府债券、金融债券、公司债券等。不同的经济主体发行债券的目的不同。政府债券发行的目的是平衡财政预算。政府在进行宏观调控时会进行大量的公共设施、基础设施投资，需要大量的资金支持。金融机构发行金融债券，一是为了改善负债结构，增强负债的稳定性；二是获得长期资金来源；三是扩大资产业务。企业债券发行的目的主要是多渠道筹集资金，调整负债形式，优化资本结构。

6.1.4.3 外汇市场

(1) 外汇市场的分类

按不同的标准，外汇市场可以有多种分类，最常见的是划分为外汇零售市场和外汇批发市场。

银行与客户间的外汇交易构成了外汇零售市场。在外汇交易中，虽然商品和劳务进出口双方已经构成了外汇的买方和卖方，但是双方要想寻求合适的交易对象和交易方法却很困难，如外币种类、数额、交割等条件很难达到完全一致。此外，由于双方资信、偿还能力的差异，交易风险也较大。因此，外汇买卖通常是由承办外汇业务的银行承担的。外汇供给方将外汇卖给银行，银行支付本国货币；外汇需求方向银行买入自己所需要的外汇。这种银行与客户之间的外汇买卖活动，就是银行对客户的外汇交易。其中，对法人的外汇交易，多采用转账结算，而对居民个人的外汇交易通常在银行柜台上结算，由于金额较小、笔数较多，故称零售外汇交易。

银行同业间的外汇交易构成外汇批发市场。银行在向客户买入或卖出外汇后，其自身所持有的外汇就会出现多余或短缺。某种货币买入过多，就会出现多余的情况，称为长头寸；某种货币卖出过多，就会出现短缺的情况，称为短头寸。银行的账户上出现长头寸或短头寸，意味着有招致损失的可能性，因此银行在与客户完成外汇交易后，就会在本国银行同业外汇市场上做外汇即期或远期的抛补；或在某种外币发行中心国的银行同业市场上，做即期或远期外汇的抛补交易，以保持银行资产负债的合理配置，保持银行外汇头寸的平衡，将风险减少到最低程度。这种银行与银行或其他金融机构之间的外汇交易就称为批发性外汇交易。

(2) 外汇市场的地位与发展

外汇市场是国际金融市场的一个重要组成部分。在外汇市场上，可以实现购买力的国际转移，为交易者提供外汇保值和投机的场所，而且可以向国际经济交易者提供资金融通的便利，从而有效推动国际借贷和国际投资活动。

近年来，外汇市场发展呈现出以下主要特点：

①全球化　第二次世界大战之前，世界主要的外汇市场主要集中在西欧和北美，第二次世界大战后，新加坡、中国香港、马尼拉、开曼群岛和巴林等新兴外汇市场逐渐崛起，交易规模急剧增加，外汇市场已经是全球化的市场。

②复杂化　布雷顿森林体系崩溃后，国际范围内的汇率稳定机制不复存在，新的交易工具和交易方式不断涌现，使得外汇市场上的交易活动越来越复杂。

③一体化　计算机技术的迅速发展，已经使全球外汇市场成为 24h 连续运行的市场，虽然主要的国际金融中心遍布全球，但套汇活动的存在却使各地外汇市场上的汇率基本保持一致，传统的地点套汇、时间套汇基本不存在了。

(3) 中国的外汇市场

1994 年，中国外汇管理体制进行了重要的改革，实行结售汇制度，建立了统一的银行间外汇市场，人民币汇率实现了有管理的浮动。2005 年 7 月 21 日，中国外汇市场又进行一次重大改革，其目的是增强人民币汇率弹性，更大程度发挥市场机制调节外汇供求的作用，同时为实现资本和金融项目的可兑换创造条件。

目前，中国外汇市场由零售市场和银行间市场两部分构成。在外汇零售市场上，企业和个人按照《外汇管理条例》和结售汇政策规定通过外汇指定银行买卖外汇。银行间市场则由外汇指定银行、具有交易资格的非银行金融机构和非金融企业所构成。外汇指定银行是连接零售市场和银行间市场的主要机构。中国外汇交易中心则负责为银行间外汇市场提供交易平台，并提供清算和信息服务。在新的制度安排下，外汇市场引入了做市商制度，货币当局同时增加了外汇做市商的头寸额度，中国人民银行不再直接参与外汇市场的日常交易，而是通过外一级交易商进行间接调控。可见，商业银行在市场供求方面的影响力加大，市场因素对人民币汇率的影响力也不断增强。

在人民币汇率浮动幅度加大的背景下，为了满足企业和金融机构对冲人民币汇率风险的需求，银行间外汇市场开始陆续推出人民币汇率衍生产品。2005年8月，首先推出人民币外汇远期交易。2006年4月，推出人民币外汇掉期交易。2007年8月，再推出外汇货币互换交易。

6.1.4.4 黄金市场

黄金市场是集中进行黄金买卖和金币兑换的交易中心。历史上，黄金曾经作为货币在市场上流通，金本位制也一度成为通行的国际货币制度。第一次世界大战爆发后，金币本位制遭到严重破坏。1929年爆发的经济危机最终导致了金币本位制的崩溃。随后的一段时间，金块本位和金汇兑本位代替金币本位制并发挥作用。1973年，金汇兑本位制退出历史舞台，标志着金本位制的终结。现在虽然普遍实行信用货币制度，但是各国仍然保留一定的黄金储备。当本国货币汇率大幅波动时，政府仍然会利用增减黄金储备、吸纳或投放本币的方法来稳定汇率。20世纪70年代，黄金市场发生了巨大变化，不但市场规模扩大，交易量猛增，而且投机活动日益频繁，黄金期货市场不断壮大。

黄金市场上的供给者主要是各国中央银行、黄金生产企业、预测金价下跌做空头的投机商，另外还有一些拥有黄金需要出售的企业或个人；需求者则包括为增加本国黄金储备的中央银行、预测金价上涨而做多头的投机商及以保值、投资或生产为目的的企业或个人。一些国际金融组织，如国际货币基金组织，也是黄金市场的参与者。

黄金的价格经常发生波动，除了受供求关系影响之外，受经济周期的影响也很大。在经济复苏和繁荣时期，由于人们投资的欲望强烈，纷纷抛出黄金，换取纸币以追求利润，导致金价下跌；在萧条或衰退期，人们的心理趋向于保守，为了保值而购买黄金，刺激金价上涨。通货膨胀与利率的对比关系也影响黄金价格。当利息收入无法抵补通货膨胀所造成的纸币贬值的损失时，人们对纸币失去信心，就会转而买入黄金以保值，金价上涨；当利息收入高于纸币贬值的损失时，人们更愿进行证券、实业投资，还能节省黄金保存等费用，因此金价就会受到抑制。外汇价格变动也会影响黄金价格。一种外汇下跌，人们就有可能抛出该种外汇而买入黄金，这种现象尤以美元为甚，这是由其作为国际结算主要货币的地位决定的。政治局势与突发事件也会影响金价，如果政局动荡引起人们对资产贬值的恐惧，他们就会大量抢购黄金，导致金价上涨。

1999年以前，我国一直对黄金实行严格的"统收统配"制度，取缔了任何形式的市场交易，凡金、银收购由中国人民银行统一办理；凡需要使用金、银，由中国人民银行统一审批和供应。1999年10月，放开了白银市场；2001年6月，中国人民银行取消黄金定价制，对黄金收售价格实行周报价制度。2001年8月，我国取消黄金制品零售业务许可证管理制度，实行核销制。2002年10月，上海黄金交易所正式运营。2012年，上海黄金交易所成交额21 506.341亿元，现货黄金场内交易额位列全球第一。

6.1.4.5 保险市场

(1) 保险市场的概念

保险市场是以保险单为交易对象的场所。传统的保险市场大多是有形的市场，如保险交易所。随着社会的进步和科学技术的发展，尤其是信息产业的高速发展，现代通信设备和计算机网络技术的广泛运用，无固定场所的无形保险市场已经成为现代保险市场的主要形式。

世界上最早的保险市场是1568年伦敦开设的专门提供保险交易的皇家交易所。1771年成立的英国劳埃德保险社很快发展成英国保险交易的中心。如今，劳埃德保险社已经成为世界上最大的保险市场。

(2) 保险市场的种类

依据不同标准，可对保险市场进行不同分类。

根据保险交易对象的不同，可以将保险市场划分为财产保险市场和人身保险市场。财产保险市场为各类有形的物质财产和与有形物质财产相联系的经济利益及损害赔偿责任提供保险交易场所，而人身保险市场则为健康、安全、养老等保险提供交易场所。

根据保险交易主体的不同，可以将保险市场划分为原保险市场和再保险市场。原保险市场是保险人与投保人进行保险交易的市场，是再保险市场存在的基础，可以视为保险市场的一级市场。再保险市场是保险人之间进行保险交易的市场，在这个市场上，保险人将自己承保的部分风险责任向其他保险人进行保险，分出保险业务的保险人称为原保险人，接受分保业务的保险人为再保险人。再保险市场可以视为保险市场的二级市场。

根据保险交易地域的不同，可以将保险市场划分为国内保险市场和国际保险市场。国内保险市场是保险人在本国范围内从事国内保险业务所形成的保险市场，市场上的保险交易双方均为本国居民，保险交易活动受本国法律法规的约束；国际保险市场是保险人经营国外保险业务而形成的保险市场，市场上的保险交易双方分属不同的国家，交易活动受多国法律法规的约束。国际保险市场活动会引起资本的国际流动，从而影响相关国家的国际收支。英国伦敦、美国纽约、法国巴黎、瑞士苏黎世以及德国慕尼黑是具有代表性的国际保险市场。

(3) 保险市场的功能

①保险市场能提供有效的保险供给　保险市场提供的竞争机制能使保险经营者不断开发新险种，提高保险服务质量，满足人们的保险需要。

②保险市场能提高保险交易的效率　保险市场有如保险产品的集散地，保险交易双方在市场上可以自由选择，公平竞争，促使保险经营者尽可能地降低交易成本，提供交易便利，从而在客观上提高了保险交易的效率。

③保险市场上由于交易双方的相互作用以及保险人之间的相互竞争，市场上可以形成较合理的交易价格。

④保险市场的保险和再保险业务可以为投保人、保险人提供最广泛的风险分散机制。

(4) 中国的保险市场

中国保险市场近年来得到了快速发展，保险业务品种日益丰富，保险业务范围逐步扩大，保费收入较快增长。商业保险已成为中国社会保障体系的一个重要组成部分。保险市场的发展在保障经济、稳定社会、造福人民等方面发挥了重要作用。1989年，全国保费收入142.4亿元。到2012年，全国保费收入约15 490亿元，相比2011年全年保险保费约14 340亿元，同比增长8.02%。其中，2012年财产险保费收入约为5330亿元，人身险保费收入约10 160亿元，比2011年分别增长15.44%、4.48%。保险公司赔款与给付累计

4716.3亿元，同比增长20%。2019年保险行业保费收入42 645亿元，同比增长12.17%。据银保监会公布数据，2013—2019年，保险业的原保费收入一直保持上升趋势，年均复合增长率为13.83%。

6.2 货币市场

6.2.1 货币市场的特点

货币市场是指以期限在1年以内的金融工具为媒介进行短期资金融通的市场。总体来看，货币市场有以下特点。

(1) 交易期限短

这是由金融工具的特点决定的。货币市场中的金融工具一般期限较短，最短的期限只有2h，最长的不超过1年，这就决定了货币市场是短期资金融通市场，即筹资者只能在此市场中筹集短期临时性周转资金。因为货币市场上的资金主要来源于居民、企业和金融机构等暂时闲置的资金，调剂资金头寸是货币市场主要的功能之一。

(2) 流动性强

此特点与货币市场的上一个特点紧密相连。金融工具的流动性与其偿还期限成反比，偿还期越短，流动性越强。货币市场金融工具的短期性决定了其较强的流动性。此外，货币市场的二级市场交易相当活跃，这意味着金融工具首次发行后可以很容易地找到下一个购买者，从而进一步增强货币市场的流动性。

(3) 安全性高

货币市场是个安全性较高的市场，除了交易期限短、流动性强的原因外，更主要的原因在于货币市场金融工具发行主体的信用等级较高，只有具有高资信等级的企业或机构才有资格进入货币市场来筹集短期资金，也只有这样的企业或机构发行的短期金融工具才会被主要追求安全性和流动性的投资者所接受。

(4) 交易额大

货币市场是一个批发市场，大多数交易的交易额都比较大，个人投资者难以直接参与市场交易。

6.2.2 票据市场

票据市场是各类票据发行、流通和转让的市场。由此定义出发，则票据的外延界定了票据市场的边界。在大多数西方发达国家，票据市场通常分为商业票据市场和银行承兑汇票市场，两个市场有着不同的运作机制；在我国目前的票据市场统计中，由于西方典型的融资性商业票据的缺失，则仅包括商业汇票的承兑市场、贴现市场和再贴现市场。此外，2003年以来，由于每年都有数额较大的中央银行票据发行。

6.2.2.1 商业票据市场

在我国，商业票据主要是指在商业信用中被广泛使用的表明买卖双方债权债务关系的凭证。这种界定强调商业票据的签发以真实的商品交易为基础,将商业票据视为商品交易支付和结算的工具。目前,我国《票据法》采用的正是这种界定。相关的票据行为,如汇票承兑、贴现等形成银行承兑汇票市场、票据贴现市场等。在以美国为代表的大多数西方发达国家,商业票据市场中的商业票据被界定为一种由企业开具,无担保、可流通、期限短的债务性融资本票。这种纯粹的融资性本票类似于我国非金融企业在银行间债券市场发行的短期融资券。由于无担保,所以只有信誉卓越的大公司才有资格发行商业票据。商业票据的期限较短,在世界最发达的美国商业票据市场上,商业票据的期限不超过270d,通常在20~45d。

(1) 发行人与投资人

商业票据的发行主体并不仅仅局限于工商企业,事实上,各类财务公司更是这个市场的重要筹资主体。财务公司是一种金融中介机构,它常常附属于一个制造业公司,其主要业务是为购买该企业产品的消费者提供贷款支持。大型制造业公司(如通用汽车公司)的显赫声誉与实力使得其所属的金融公司可以直接通过商业票据的发行来获得低于银行贷款成本的资金来源。低成本的融资特征使商业票据成为银行贷款的重要替代品。

商业票据的投资人极其广泛,商业银行、保险公司、非金融企业、信托机构、养老基金、货币市场基金等都是商业票据的购买者。

(2) 发行方式

商业票据的发行分为直接募集和交易商募集2种方式。直接募集是指不经过交易商或中介机构,商业票据的发行人直接将票据出售给投资人,好处在于节约了付给交易商的佣金。大多数财务公司和一些大型工业公司在发行数额巨大的商业票据时都采用这种方式。交易商募集则是指发行人通过交易商来销售自己的商业票据,市场中的交易商既有证券机构,也有商业银行。无论是直接募集还是交易商募集,商业票据大都以贴现方式发行。

(3) 商业票据的发行与贷款承诺

随着越来越多的信用优良的大企业通过发行商业票据来筹集低成本的运营资金,商业银行的短期贷款业务逐渐萎缩,银行的经营面临巨大挑战。为了应对挑战,商业银行创新出一种新产品贷款承诺,也叫信用额度,即银行承诺在未来一定时期内,以确定的条件向商业票据的发行人提供一定数额的贷款,为此,商业票据的发行人要向商业银行支付一定的承诺费。贷款承诺降低了商业票据发行人的流动性风险。因为通常情况下,商业票据的发行人会滚动发行票据,即用发行新票据的收入来偿还到期的票据,而这种票据的滚动发行风险很大,一旦由于某种原因使票据的发行人无法出售新票据,则其将面临严重的流动性问题,这有可能导致一个原本有着充足清偿能力的公司破产。商业银行提供的贷款承诺使商业票据的发行人可以及时地从银行获得贷款资金,从而避免上述情况的发生。因此,大多数的商业票据发行人都尽量利用商业银行的贷款承诺来为他们的商业票据提供支持,这也降低了票据购买者的风险,降低了票据的利率水平。

商业票据的流通市场不发达。商业票据的持有者一般都将票据持有到期。如果票据的持有者有迫切的现金需要,他可以把票据回售给交易商或发行人。我国目前还不允许各类企业发行这种没有交易背景、纯粹为了融资的典型商业票据。

我国 1995 年颁布的《中华人民共和国票据法》(简称《票据法》)第 10 条明确规定,"票据的签发、取得和转让应当遵循诚实信用的原则,具有真实的交易关系和债券债务关系"。这表明我国的《票据法》将票据仅仅作为商品交易支付和结算的工具,并不希望票据当事人利用票据进行纯粹的融资活动。但在 2005 年,中国人民银行为了进一步发展货币市场、拓宽企业融资渠道,颁布了《短期融资券管理办法》,允许符合规定条件的非金融企业在银行间债券市场发行、交易类似于西方融资性商业票据的短期融资券。短期融资券采用信用发行,企业可自主确定每期融资券的期限,但最长不超过 365d;发行人主要是大型优质企业;发行利率或发行价格由企业和承销机构协商确定;投资者为银行间债券市场的所有机构投资者;企业发行短期融资券须报中国人民银行备案,中国人民银行依法对短期融资券的发行和交易进行监督管理。

6.2.2.2 银行承兑汇票市场

所谓承兑是指商业汇票到期前,汇票付款人或指定银行确认票据记明事项,承诺在汇票到期日支付汇票金额给汇票持有人并在汇票上签名盖章的票据行为。如果是银行在汇票上签名盖章,承诺在汇票到期日承担最后付款责任,则此汇票为银行承兑汇票。银行承兑汇票是货币市场中的一种重要金融工具。

银行承兑汇票广泛应用于国际与国内贸易。以国内贸易为例,A 公司与 B 公司达成了商品交易合同,约定 3 个月后 A 公司向 B 公司支付 100 万元的货款。在此项商业信用中,为了规避风险,B 公司要求 A 公司开具银行承兑汇票,则 A 公司向其开户银行 C 银行申请开立以 A 公司为出票人、B 公司为收款人、C 银行为承兑人票面金额为 100 万元人民币、期限为 3 个月的汇票。C 银行审查同意后,对汇票进行承兑。A 公司将此张经 C 银行承兑的汇票交付给 B 公司,B 公司向 A 公司发货。汇票到期前,A 公司应将 100 万元的货款交存 C 银行。汇票到期后,B 公司向 C 银行提示付款,则 C 银行向 B 公司支付货款。如果汇票到期时 A 公司在 C 银行存款账户上的存款不足 100 万元,C 银行也必须向 B 公司无条件地履行支付责任,并对其垫付的部分款项视同逾期贷款向 A 公司记收罚息,直至 A 公司还清为止。

由上面的例子可以看出,银行承兑汇票将购货商的企业信用转化为银行信用,从而降低了商品销售方所承担的信用风险,有利于商品交易的达成。

6.2.2.3 中央银行票据

中央银行票据,简称央行票据或者央票,是中央银行向商业银行发行的短期债务凭证,其目的是调节商业银行的超额准备金。中央银行票据其实是一种中央银行债券,之所以称作中央银行票据,是为了突出其短期性特征。

中央银行票据与金融市场上其他类型的债券有着显著区别:发行各类债券的目的是筹集资金,而中央银行票据则是中央银行调节基础货币的一项货币政策工具,其目的是减少商业银行的可贷资金规模。商业银行在认购中央银行票据的同时,其可贷资金规模将会相应减少。

中央银行票据主要采用回购交易方式,回购交易分为正回购和逆回购 2 种。正回购为中央银行向一级交易商卖出有价证券,并约定在未来特定日期买回有价证券的交易行为,正回购意味着中央银行从市场收回流动性；逆回购为中央银行向一级交易商购买有价证券，并约定在未来特定日期将有价证券卖给一级交易商的交易行为，逆回购意味着中央银行向市场上投放流动性。

在我国，中央银行票据的发行始于 20 世纪 90 年代初。1993 年，中国人民银行发布《中国人民银行融资券管理暂行办法实施细则》，当年就发行了总金额 200 亿元的两期融资券，其主要目的是调节地区和金融机构间的资金不平衡。2003 年 4 月 22 日，中国人民银行正式通过公开市场操作发行了中央银行票据。此后，作为调控基础货币的新形式，中国人民银行在公开市场上连续滚动发行 3 个月、6 个月及 1 年期央行票据。2004 年 12 月 29 日，中国人民银行首次发行远期票据。2005 年 1 月 4 日首次公布全年票据发行时间表，中央银行票据被确定为常规性货币政策工具。

自 2006 年以来，中国人民银行通过发行定向票据来控制商业银行的信贷增长，被发行对象往往是信贷增长过快的商业银行。2008 年 12 月 13 日，根据国务院公布的"国三十条"，停发 3 年期中央银行票据，降低 1 年期和 3 个月期央行票据发行频率。自 2009 年 6 月以来，为了控制银行信贷的快速增长，中国人民银行在银行间市场重新启动正回购操作，随后也重启发行 1 年期央行票据，同时还向部分商业银行发行惩罚性的定向央行票据。2015 年 10 月，为了丰富离岸市场人民币金融产品，中国人民银行首次在海外（英国伦敦）发行以人民币计价的央行票据。

6.2.2.4 票据贴现市场

票据贴现市场可以看作银行承兑汇票的流通市场。接着上面的例子，如果 B 公司在持有此张银行承兑汇票期间有融资的需要，它可以将还没有到期的银行承兑汇票转让给银行，银行按票面金额扣除贴现利息后将余额支付给 B 公司，此种票据行为称为贴现。贴现利息的计算公式为：

$$贴现利息 = 汇票面额 \times 实际贴现天数 \times 月贴现利率 / 30$$

则 B 公司实际获得的贴现金额为汇票面额 - 贴现利息。例如，有人欲将 3 个月后到期、面额 50 000 元的商业票据出售给银行，银行按照 6% 的年率计算，贴息为 750 元（=50 000×6%÷4）；银行支付给对方的金额则是 49 250 元（=50 000-750）。

如果在此张银行承兑汇票到期前贴现银行也出现了融资需求，则贴现银行可以将这张银行承兑汇票向其他金融机构进行转让。转让给其他商业银行叫转贴现；转让给中央银行叫再贴现。

总之，票据的贴现直接为企业提供了融资服务；转贴现满足了商业银行等金融机构间相互融资的需要；再贴现则成为中央银行调节市场利率和货币供给量、实施货币政策的重要手段。

我国的票据市场主要体现为银行承兑汇票市场和票据贴现市场。1985 年，中国人民银行颁布了《商业汇票承兑贴现暂行办法》。1986 年，商业汇票的承兑、贴现、转贴现、再贴现业务全部开办起来。但是，由于长期的计划经济体制所导致的信用观念缺失，整个社会的信用基础十分薄弱，票据市场中的违约行为相当严重，制约了市场的发展。1995 年，《票据法》颁布并执行，商业票据的使用范围扩大，票据市场进入一个新的发展时期，商业汇票承兑额、贴现额不断增加。

6.2.3 国库券市场

此处的国库券特指由政府发行的短期国库券(treasury bill)，期限品种有3个月、6个月、9个月和12个月。国库券的期限短，有政府信誉作支持，因而可以当作无风险的投资工具。需要指出的是，过去一百多年来，treasury bill 一直被译为国库券。20世纪80年代初，我们开始发行国家中长期公债，并把公债券命名为"国库券"。

国库券也是一种贴现式证券，发行时按照一定的利率贴现发行。例如，投资人以960元的价格购买一张还有90d到期、面值为1000元的国库券。40元就是政府支付给投资人的利息；国库券收益率的计算公式为：

$$i = \frac{F-P}{P} \times \frac{360}{n} \times 100\% \tag{6-1}$$

式中　i——国库券投资的年收益率；
　　　F——国库券面值；
　　　P——国库券购买价格；
　　　n——距到期日的天数。

举例：假设你以9750元的价格购买了一张91d期的面额为10 000元的国库券，那么，当你持有此张国库券到期时，你能获得的年收益率是多少？

解答：

$$i = \frac{F-P}{P} \times \frac{360}{n} \times 100\% = \frac{10\ 000 - 9750}{9750} \times \frac{360}{91} \times 100\% = 10.14\%$$

所以，获得的收益率是10.14%。

国库券的期限短，发行的频率也比较高。在许多国家，国库券是定期发行的，如确定每季度一次或每月一次。美国3个月和6个月的国库券是每周发行。国库券的发行一般采取拍卖的方式，由竞争性报价方式确定发行价格。

国库券市场的流动性在货币市场中是最高的，几乎所有的金融机构都参与这个市场的交易。另外，也包括一些非金融的公司、企业。在众多参与者中，中央银行公开参与市场交易，以实现货币政策的调控目标。许多国家的中央银行之所以愿意选择国库券市场开展公开市场业务，主要是因为这个市场有相对大的规模和很好的流动性。

在我国，典型意义上的国库券数量很少，只是在1994年、1996年分别发行过3次记账式短期国债。期限为3个月和6个月，总金额为417亿元人民币，以贴现方式发行。由于国库券的发行没有采用连续方式，基本不能形成有规模的交易市场。

6.2.4 可转让大额存单市场

大额存单(certificates of deposit, CDs)是由商业银行发行的一种金融产品，是存款人在银行的存款证明。可转让大额存单与一般存单不同的是，其期限不低于7d，金额为整数，并且在到期之前可以转让。

可转让存单最早产生于 20 世纪 60 年代的美国。1961 年，花旗银行发行了全球第一张 CDs，面额 10 万美元。由于美国政府对银行支付的存款利率规定了上限，因而商业银行的存款利率往往低于市场利率，其中短期存款的利率（如 1 个月存款利率）尤其低。为了吸引客户，商业银行推出可转让大额存单。存单的期限相对较长，如 3 个月、6 个月、1 年等。购买存单的客户随时可以将存单在市场上售出变现。这样，客户能够以实际上的短期存款取得按长期存款利率计算的利息收入。可转让大额存单的出现，帮助商业银行提高了竞争能力，同时也提高了存款的稳定程度，因为存单可以流通，对于发行存单的银行来说，存单到期之前，不会发生提前提取存款的问题。可转让大额存单是半个世纪以来商业银行的一项重要金融创新。

存单市场分为发行市场和二级市场。在发行市场上发行的可转让大额存单，在未到期之前，可以在二级市场上交易。存单市场的主要参与者为货币市场基金、商业银行、政府和其他非金融机构。市场对可转让大额存单也进行信用评级。高质量银行发行的存单有相对高的信用等级，因而可取得较高的发行价格。与国库券相比，银行存单的收益率相对高一些，原因是银行存单比国库券有较高的信用风险。

1986 年，交通银行、中国银行以及中国工商银行相继发行过大额存单。中国人民银行曾于 1989 年首次颁布《关于大额可转让定期存单管理办法》（后于 1996 年修订），允许最高利率上浮幅度为同类存款利率的 10%，致使存款出现"大搬家"情况。1997 年 4 月，我国决定暂停大额可转让定期存单的发行。2015 年 6 月 2 日，中国人民银行发布《大额存单管理暂行办法》，决定恢复大额存单发行；6 月 15 日，首批大额存单在工、农、中、建、交等 9 家银行发行。

6.2.5 回购市场

回购市场是指对回购协议进行交易的短期融资市场。回购协议是证券出售时卖方向买方承诺在未来的某个时间将证券买回的协议。以回购方式进行的证券交易其实是一种有抵押的贷款：证券的购买，实际是买方将资金出借给卖方；约定卖方在规定的时间购回，实际是通过购回证券归还借款；抵押品就是相关的证券。

例如，某一个证券公司刚刚用手头可以动用的全部资金购买了面值 5000 万元人民币的国债，却面临一家收益前景十分看好的公司将于次日上市，而证券公司也打算以不多于 5000 万元资金购入这种股票。虽然两天后证券公司将有现款收入且足以支付购买这种股票的款项，但次日在手头上却无现钱。此时，证券公司可到回购市场上，将手中持有的 5000 万元国债以回购协议的方式售出，并承诺在第三天如数购回，利率 4%。如果市场上有愿意做这笔交易的商业银行，那么这家证券公司即可取得为期 2d、利率为 4% 的借款。在这笔交易中，证券公司以 5000 万元的总额出售国债，2d 后，向该商业银行支付 50 010 959 元再把国债购回。其中，10 959 元（$=50\,000\,000 \times 4\% \times \dfrac{2}{365}$）为借款利息。

与上述证券交易方向相反的操作被称为逆回购协议，即证券的买入方在获得证券的同时，与证券的卖方签订协议，双方约定在将来某一日期由证券的买方按约定的价格再将其购入的证券如数卖回。实际上，回购协议和逆回购协议是一个事物的两个方面。同一项交易，从证券提供者的角度看是回购，从资金提供者的角度看是逆回购，一项交易究竟被称为回购或是逆回购主要取决于站在哪一方的立场上。

由此可知，回购协议市场就是指通过回购协议进行短期资金融通的市场。由于回购交易相当于有抵押品的借贷，充当抵押的一般是信用等级较高的证券，如国债、银行承兑汇票等，因而具有风险低、流动性高的特点。回购交易的期限很短，一般是1d，又称"隔夜"(overnight)，以及7d、14d等，最长不过1a。

在我国，回购交易可以通过证券交易所和银行间债券市场进行。交易所回购市场是指通过证券交易所(主要指上海证券交易所)完成的债券回购，其期限较短，包括1d、2d、3d、4d、7d、14d、28d、91d、182d；抵押品包括国债和企业债，目前主要为国债。

6.2.6 同业拆借市场

同业拆借市场是金融机构同业间进行短期资金融通的市场。其参与主体仅限于金融机构。金融机构以其信誉参与资金拆借活动，也就是说，同业拆借是在无担保的条件下进行的，是信用拆借，因此市场准入条件往往比较严格。在美国，只有在联邦储备银行开立准备金账户的商业银行才能参加联邦基金市场(同业拆借市场)的交易活动。我国同业拆借市场的主体目前包括所有类型的金融机构，但金融机构进入同业拆借市场必须经中国人民银行批准。

同业拆借市场的形成源于中央银行对商业银行法定存款准备金的要求。中央银行规定，商业银行吸收来的存款必须按照一定的比率缴存到其在中央银行开立的准备金账户上，用以保证商业银行的支付清偿能力(流动性)。如果商业银行缴存的准备金达不到中央银行规定的比率，则商业银行将受到中央银行的处罚；反之，如果商业银行缴存的准备金超过了中央银行规定的比率，对于超过部分的超额存款准备金，中央银行不付利息或仅支付极低的利息。于是，经过双方信息交换，准备金不足的银行从准备金盈余的银行拆入资金，以达到中央银行对法定存款准备金的要求，准备金盈余的银行也因资金的拆出而获得收益。拆出拆入银行间资金的划转通过它们在中央银行开设的准备金账户进行，拆借期限很短，最常见的是隔夜拆借，即拆入资金在交易后的第二天偿还。由此可见，同业拆借市场上交易的主要是商业银行等存款类金融机构存放在中央银行存款账户上的超额准备金，其主要功能在于为商业银行提供准备金管理的场所，提高其资金使用效率。

在同业拆借市场的不断发展中，由于其交易期限的短期性、市场的高流动性和资金的快速周转性，该市场又成为商业银行等金融机构进行短期资产组合管理的场所。例如，如果一家银行预期紧缩性货币政策的实施会引起市场利率的上升，则该银行持有的短期货币市场工具的市场价值将会随着利率的上升而下降。为了规避风险，该银行可以选择暂时卖出其持有的短期货币市场证券，在利率上升之后再以更低的价格将证券买回来。卖出证券获得的资金可以投放到同业拆借市场上以获得相应的利息收益。

6.3 资本市场

资本市场是政府、企业、个人筹措长期资金的市场，包括长期借贷市场和长期证券市场。在长期借贷中，一般是银行对个人提供的消费信贷；在长期证券市场中，主要是股票市场和长期债券市场。本节主要讨论长期证券市场，通常所说的有价证券指期限在1年以上的债券及股票，它是资本市场金融工具的基本形式(图6-2)。

所谓证券市场，是指按照市场法则从事法律认可的有价证券的发行、转让等活动所形成的市场。

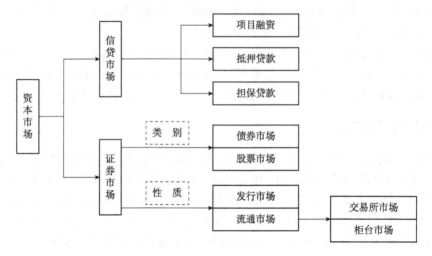

图6-2 资本市场构成

与其他市场相比，资本市场有以下4个特点：

(1) 交易工具的期限长

例如，中长期债券的期限都在1年以上；股票没有到期日，属于永久性证券；封闭式基金的存续期限一般都在15~30年。

(2) 筹资目的是满足投资性资金需要

在资本市场筹措的长期资金主要是用于补充固定资本，扩大生产能力，如开办新企业、更新改造或扩充厂房设备、国家长期建设性项目的投资等，具有很强的投资性。

(3) 筹资和交易的规模大

企业在资本市场初始发行或增资发行的规模一般都比较大，由于资金用于中长期投资，比起通过银行借贷筹措流动资金的规模明显要大。

(4) 二级市场交易的收益具有不确定性

作为资本市场交易工具的有价证券与短期金融工具相比，价格变动幅度大，收益较高但不确定，风险较大。

6.3.1 股票市场

6.3.1.1 股票市场概述

股票市场是专门对股票进行公开交易的市场，包括股票的发行和转让。股票是由股份公司发行的权益凭证，代表持有者对公司资产和收益的剩余要求权。持有人可以按公司的分红政策定期或不定期地取得红利收入。股票没有到期日，持有人在需要现金时可以将其出售。发行股票可以帮助公司筹集资金，却并不意味着有债务负担。

与货币市场不同，大部分股票市场有固定的交易场所，称为证券交易所，如我国的上海证券交易所和深圳证券交易所。股票交易最早出现在欧洲国家。早在三百多年前，一些证券经纪人就在伦敦主要进行商品交易的交易所内从事股票交易业务。据说，由于后来证券经纪人如此之多，声音如此之嘈杂，以致伦敦交易所的商人们劝他们另找地方。于是，证券经纪人离开了伦敦交易所，并在1773年成立了第一家股票交易所。在美国，相传举世闻名的纽约证券交易所源于24个商人和证券投机者每日在华尔街一棵大树下的交易，纽约证券交易所的正式成立是在19世纪初。目前，所有经济发达的国家均拥有规模庞大的证券交易所。美国有12家，其中纽约证券交易所最大；英国有7家，最大的为伦敦证券交易所；日本有8家，东京证券交易所的业务量占全国的85%。

6.3.1.2 证券交易所

证券交易所只是为交易双方提供一个公开交易的场所，它本身并不参加交易。但并不是任何人都能够进入证券交易所从事交易；能进入的只是取得交易所会员资格的经纪人和交易商。会员资格的取得历来均有各种严格限制并需要缴纳巨额会费。经纪人和交易商的区别在于：经纪人只能充当证券买者与卖者的中间人，从事代客买卖业务，收入来自佣金；交易商可以直接进行证券买卖，收入来自买卖差价。一般客户如果有买卖上市证券的需要，首先需要在经纪人处开设账户，取得委托买卖证券的资格。当他认为需要以怎样的价格买卖哪种证券时，向经纪人发出指令，经纪人将客户的指令传递给它在交易所的场内交易员，交易员则按指令要求进行交易。

交易所内的证券交易是通过竞价成交的。竞价成交是指在对同一种证券有不止一个买方或卖方时，买方交易员和卖方交易员分别从当时的成交价逐步向上或向下报价；当任一买方交易员与任一卖方交易员的报价相等时，则这笔买卖即拍板成交。竞价成交后，还需要办理交割和过户的手续。交割是指买方付款取货与卖方交货、收款的手续。过户手续仅对股票购买人而言。若为记名股票，买者须到发行股票的公司或其委托部门办理过户手续，方可成为该公司股东。

进入20世纪70年代以来，证券交易所在激烈的竞争中，在制度上也有不少变化。例如，最古老的伦敦证券交易所放宽了对交易所成员的严格资格限制；允许交易所成员可以兼做交易商和经纪人；取消固定佣金制度，每笔佣金由客户同经纪人商定等。这样的变革，无疑引发了更为激烈的竞争。

除了有确定的交易场所的证券交易所以外，对股票的交易也有在没有确定场所内进行的交易市场，称为场外交易市场(over the counter, OTC)。场外交易市场的特点：①无集中交易场所，交易通过信息网络进行；②交易对象主要是没有在交易所登记上市的证券；③证券交易可以通过交易商或经纪人，也可以由客户直接进行；④证券交易一般由双方协商议定价格，不同于交易所采取的竞价制度。由于场外交易的相当部分是在券商的柜台上进行的，所以也有"柜台交易"或"店头交易"的称谓。场外交易市场从技术上帮助市场参与者打破地域的限制。只要技术上许可，交易双方可以在同一个城市，也可以分别身处不同的国度。由于许多场外交易市场在信息公开程度的要求上以及对上市公司质量的要求上比交易所低，起到拾遗补缺的作用，因此，近十几年中发展速度非常快，逐渐成为交易所强有力的竞争对手。

股票市场可以根据股票发行人的特征划分不同的交易市场。例如，根据发行股票公司的成立时间、规模、绩效等划分市场，对历史较长、规模较大、绩效较好、相对成熟的企业发行的股票，设定专门的交易场所，如我国的上海、深圳证券交易所，美国的纽约证券交易所等；对于新创立、规模不大、当前绩效尚属一般的公司股票，设定另一类交易场所，如美国的纳斯达克市场、香港的创业板市场等。当然，新创立的企业会发生很大变化：可能迅速成功，也可能很快失败。因此，这类市场的投资风险比较大，市场的管理规定也有所不同。随着公司的成功和经营期的延长，第二类股票市场中也会存在能和第一类股票市场中股票比拟的优秀公司股票，如原来在纳斯达克上市的微软公司的股票，已进入道琼斯30种工业指数。

6.3.1.3　我国股票市场的发展

我国在1880年前后开始有股票交易，这是由于清政府洋务派创办近代工业企业引致的。当时有这样的记载："1876年，招商局面值为100两的股票市价40两～50两，到1882年涨到200两以上。"《申报》曾这样描述："现在沪上股份风气大开，每一新公司起，千百人争购之，以得股为幸。"同时，出现了一些专营股票买卖的股票公司。自清末开始，政府发行公债及铁路债券数量增多，证券交易日盛，于1913年秋成立上海股票商业公会。1918年以后，上海和北京分别成立证券交易所。从1918年到1949年，中国的证券交易所历经兴衰的交替。中华人民共和国成立后，证券交易所停止活动。

改革开放以来，由于企业及政府开始发行股票、债券等有价证券，因而建立规范的证券交易市场，完善证券发行市场，势在必行。1986年8月至1989年间，一些不规范的、属于尝试性的证券交易市场开始运行，这包括1986年8月成立的沈阳证券交易市场和以后相继成立的上海、武汉、西安等地的证券交易市场。1990年11月26日，上海证券交易所成立。它是按照证券交易所的通行规格组建的，办理组织证券上市、交易、清算交割、股票过户等多种业务。1991年7月，深圳证券交易所开业。沪、深证券交易所的成立，标志着中国的证券交易市场开始走上正规化的发展道路。截至2020年2月底，沪、深两市拥有上市公司3883家，总市值617 000亿元。

我国证券市场的发展和制度设计始终与我国总体经济体制改革密切相关，例如，股权分置及其改革问题就颇具代表性。我国证券市场诞生初始，由于众多重大经济制度问题还处于摸索之中，尤其是市场经济的改革目标还未确立，为了保证国有绝对控股地位的不动摇，规定国有股和法人股（两者共占比70%）不能流通，从而使我国股市出现了流通股和非流通股并存的独特现象，即所谓的股权分置。联系到各方面条件的制约，这未必不是当时的一种相对正确的选择。

随着经济体制改革的逐步深化及证券市场的发展，大量非流通股的存在及一股独大的弊端日益成为完善资本市场基本制度的重要障碍。由于一股独大直接制约着公司治理结构的改善，同时大股东的股份不能流通，股价与其利益并不相关，导致大股东侵占上市公司权益的事情屡屡发生，加之巨额的非流通股的存在严重影响投资者预期，股权分置已经成为影响中国股市健康发展的大问题。

2005年4月29日,中国证监会发布《关于上市公司股权分置改革试点有关问题的通知》,标志着困扰我国股市健康发展的这一难点开始着手解决。伴随着股权分置改革的实施,我国证券市场进入了一个新的发展时期。应当看到,股权分置并非我国证券市场的唯一问题,股权分置改革的基本完成也并不会使我国证券市场存在的所有问题在一夜之间统统解决。

考虑到鼓励和扶植中小民营企业以及创业企业的发展,尤其是高科技类创业企业的发展,我国一直在酝酿成立"创业板市场"。作为其前身,2004年6月25日深圳中小企业板正式开锣,标志着我国资本市场的层次进一步丰富。2009年10月,中国的创业板市场在深圳正式启动。2019年6月13日,科创板正式开板;7月22日,科创板首批公司上市。

6.3.2 长期债券市场

债券期限有长有短,1年以上的债券称为长期债券。长期债券包括公司债券、长期政府债券等。

6.3.2.1 长期政府债券

长期政府债券由政府发行,一般附有固定利率或浮动利率的息票,以定期付息、到期还本,或到期一次还本付息的方式支付本息。近年来,我国发行的长期政府债券多为3年期、5年期、7年期、10年期、20年期的。政府发行的债券也可以分为中央政府债券和地方政府债券。目前,我国财政部直接发行的债券与政策性金融机构发行的政策性金融债券之分。财政部直接发行的称为国债,政策性金融机构发行的称为政策性金融债。

我国的地方政府债券最早出现在新中国成立初期(如1950年由东北人民政府发行的生产建设折实公债),20世纪50年代中期旋即退出历史舞台。随后,较长时期内曾经停止所有政府债券的发行。1981年恢复国债发行,但地方政府债券并未随之恢复。此后,不少地方政府为给路桥建设筹资发行地方债券,一度陷入混乱。到1993年,国务院出于地方政府到期偿债能力的考虑,暂停地方债券发行。1995年开始实施的《中华人民共和国预算法》明确规定地方政府不得发行债券(除法律和国务院另有规定外)。自1998年起,国务院决定每年增发一定数量的国债,由财政部转借给省级政府,用于地方社会经济发展项目。与此同时,地方政府还借助城投公司、城建公司等平台的企业债券进行融资。自2009年起,为了落实扩大内需、刺激经济的政策,连续3年由中央财政每年代理发行地方债券。2011年,首次启动地方政府自行发债试点,期限分3年和5年2种;2012年新增7年期债券,规模也有所扩大。同时,国家明确由此增加的地方政府债券收入,须优先用于保障性安居工程。

严格地说,我国近年来的地方政府自行发债并不等于地方政府自主发行地方政府债券,因为地方政府自行发债并非地方政府独立决策,而是经由国务院批准;债券的还本付息也并非地方政府自行安排,而是由财政部代办。从理论上讲,地方政府债券的自主发行须以地方财政的自求平衡为前提条件,而我国目前并不具备这个条件。在分税制的财政管理体制下，我国的中央政府事实上充当着地方政府债务的最后清偿人的角色。2012年6月底，《中华人民共和国预算法（修正案草案）》明确规定："地方各级预算按照量入为出、收支平衡的原则编制，不列赤字"，"除法律和国务院另有规定外，地方政府不得发行地方政府债券"。

2014年8月31日通过的《中华人民共和国预算法（修正案草案）》开始为地方政府债券松绑，规定"经国务院批准的省、自治区、直辖市的预算中必需的建设投资的部分资金，可以在国务院确定的限额内，通过发行地方政府债券举借债务的方式筹措。举借债务的规模，由国务院报全国人民代表大会或全国人民代表大会常务委员会批准"。同时规定，地方政府举借的债务应有偿还计划和稳定的偿还资金来源，而且只能用于公益性资本支出，不得用于经常性支出。

6.3.2.2 公司债券

公司债券是由公司发行的债券，包括金融机构类公司以及非金融机构类公司发行的债券。公司债券是企业筹集长期资金的重要工具，一般期限在10年以上。目前，我国的公司债券多为3年和5年。公司债券的利率或采用固定利率，或采用浮动利率，定期付息。公司债券可以采取到期一次还本的方式归还本金，也可以采取分期归还本息的方式还本付息，就像分期归还银行贷款一样。有些公司债券还附带可提前赎回的条款，即允许债券发行人在债券尚未到期时，提前以购回的方式使债券终止。期限很长的公司债券往往附有这种条款，以帮助发债的公司根据需要调节债务成本或者资本结构。

公司债券的种类比较多，包括抵押债券、担保信托债券、信用债券、次级信用债券、担保债券。抵押债券是一种以实物资产作抵押的债券。该债券赋予持有人对抵押品的留置权，一旦债务人无法履行偿付责任时，债券持有人可以出售抵押品。担保信托债券是一种以有价证券作抵押的债券。无论是抵押债券，还是担保信托债券，都给债券持有人一定的偿付保障，因而信用风险相对较低。信用债券则不同，它没有任何特定的资产作为担保品。但持有这种债券的人，拥有对债务人尚未用于担保或抵押的资产和收益的求偿权，甚至求偿的资产价值可以大于债务的面值。次级信用债券的持有人对于债务人资产与收益的求偿权排在抵押债券、担保信托债券和信用债券之后。以上这些不同种类的债券直接影响企业的债务成本。一般来说，对投资人越安全、收益和本金越有保障的债券品种，债务成本越低；相反，风险越大的债券，如次级信用债券，债务成本越高。这是金融市场中风险与收益均衡原理的体现。

公司债券发行人的资信状况千差万别，公司债券的风险也远远高于政府债券。因此，公司债券的发行与交易一般需要先通过权威的、绝对中立的信用评级机构进行评级，然后再进入市场交易。信用评级的作用在于告诉投资人各种债券发行人的盈利能力和偿债能力。信用级别越高，债券发行人的偿债能力越好，债券的发行成本就可以越低。这包括较高的发行价格和较低的息票利率。目前，国际上主要的信用评级机构有标准普尔公司（Standard & Poor's）、穆迪投资者服务公司（Moody's Investors Service）和惠誉国际评级公司（Fitch）。

我国目前已有一些信用评级机构，针对企业的经济实力、支付能力、经济效益及守信水平等一系列复杂的指标将评级对象分为 AAA 级(特级，信用优良)、AA 级(一级，信用良好)和 A 级(二级，信用较好)这样 3 个级别。没有达到信用 A 级者则不予评定。

6.3.2.3 长期债券市场

对长期债券进行交易的市场，称为长期债券市场，是资本市场的一个重要组成部分。债券交易一般是在场外市场中进行，即通过电话、互联网等通信工具完成。借助于现代通信工具，债券交易可以不受地理区域的局限。从技术上看，一个债券市场即能覆盖全国，甚至全世界。尽管如此，由于历史的原因和其他原因，一些国家依然有不止一个债券交易市场。

我国目前的债券交易集中在证券交易所市场和银行间市场进行。证券交易所市场主要发行和交易企业债券及部分政府债券，银行间市场则主要交易政府债券。随着我国债券市场的进一步发展，市场布局会有所调整，但总体趋势是场外市场的债券交易规模将进一步扩大。自 1981 年以来，我国各种债务的发行量迅速增加，其中尤以国债规模发展得最为迅速。国债的期限品种也趋于多样化。除国债以外，其他类型的债券发行量近几年也有迅速增加，如政策性金融债和企业债。政策性金融债不同于国债，是由政策性金融机构发行的。由于这种债券募集的资金也由国家用于指定的项目，还债时有政府的收入作为担保，因而可以归为政府债券类。

6.3.3 证券发行市场

证券发行市场是发行人向投资者出售证券的市场。由于证券是在发行市场上首次作为商品进入资本市场的，因此，证券发行市场又被称为一级市场。一级市场或发行市场与证券流通市场相辅相成，构成统一的证券市场。证券发行市场通常无固定场所，是一个无形的市场。

6.3.3.1 证券发行市场的参与主体

在证券发行市场中，证券发行人、证券投资者和证券中介机构共同构成市场的参与主体。

(1) 证券发行人

证券发行人是指符合发行条件并且正在从事证券发行或者准备进行证券发行的政府组织、金融机构或者企业，它是构成证券发行市场的首要因素。由于证券发行人是证券载明的权利义务关系的当事人，是证券发行后果与责任的主要承担者。多数国家的证券法都对证券发行人的主体资格、净资产额、经营业绩和发起人责任等设有条件限制，其目的在于保障证券发行的安全与公平。

(2) 证券投资者

证券投资者是指以取得利息、股息或资本收益为目的而买入证券的个人和机构。它是构成证券发行市场的另一基本要素。证券发行市场上的投资者主要包括：

①个人投资者　个人在有闲置资金时，可以投资于证券市场，在一级市场上参与证券申购。

②工商企业　企业出于经营战略的考虑，会投资于其他公司的股票，当企业有暂时闲

置的货币资金时，也会购买各种证券以实现资产的多样化，满足流动性、安全性、收益性的需要。

③金融机构　商业银行、政策性银行、保险公司、基金公司和财务公司等金融机构可以在政策允许的范围内，用自有资金及符合规定的其他资金进行证券投资。

④证券经营机构　不管是为了获取盈利，还是为了完成证券承销业务，证券经营机构都可以成为证券发行市场上的投资者。

(3) 证券中介机构

在证券发行市场上，证券中介机构主要是指作为证券发行人与投资人交易媒介的证券承销人，实践中又称为"金融中介人""投资中介人""证券承销商"等。它通常是负担承销义务的投资银行、证券公司或信托投资公司。证券中介机构也是证券发行市场中重要的主体。

6.3.3.2　证券发行方式

在证券发行实践中，证券发行的方式有许多种。按照不同的标准，可以对这些方式进行不同的分类。

(1) 按发行对象的不同分为私募发行和公募发行

私募发行是指仅向少数特定投资者发行证券的一种方式，或称内部发行，我国也称非公开发行或定向增发。发行对象一般是与发行者有特定关系的投资者，如发行公司的职工或与发行人有密切关系的金融机构、公司、企业等。发行者的资信情况为投资者所了解，不必像公募发行那样向社会公开内部信息，也没有必要取得证券资信级别评定。

公募发行是指向广泛的非特定投资者发行证券的一种方式。公募发行涉及众多的投资者，其社会责任和影响很大。为了保证投资者的合法权益，政府对证券的公募发行控制很严，要求条件高，如募集公司必须向社会提供各种财务报表及其他有关资料等。公募证券可以上市流通，具有较强的流动性，因而易被广大投资者接受。

(2) 按发行过程的不同分为直接发行和间接发行

直接发行是指发行人不通过证券承销机构而自己发行证券的一种方式。如果股份有限公司采用发起设立方式筹集股份，由于首次发行股票须由发起人认购，这种股票发行就属于直接发行。另外，一些公司为了调整资本结构或积累资本，而在公司内部以转化方式无偿地发行新股，包括公积金转增股本、股票分红、股份分割以及债券股票化等，这也属于直接发行。发行人自己直接发行股票，多是私募发行。但有些国家的股份有限公司从节约发行费用的角度出发，对公募发行的股票也采用直接发行的办法。直接发行证券有利亦有弊，一般而言，以直接筹资为目的的证券发行都不轻易采用直接发行方式。

间接发行也称承销发行，是指发行人不直接参与证券的发行过程，而是委托给一家或几家证券承销机构承销的一种方式。根据《中华人民共和国公司法》（简称《公司法》）的规定，募集设立股份有限公司而发行股票，只允许采用间接发行的方式。证券承销机构一般为投资银行、证券公司、信托投资公司等。一般情况下，证券发行大都采用间接发行方式。间接发行的方式有2种：

① 代销　代理发行机构不垫付资金，只负责按发行人的条件推销，发行风险（如滞销或减价）由发行人自行承担，手续费一般较低。

② 包销　代理发行机构用自己的资金先买下全部待发行证券，然后按市场条件转售出去。若有滞销证券，可减价出售或者自己持有。由于发行人可快速获得全部所筹资金，全部风险则由包销人承担，因此全额包销费远远高于代销费和余额包销费。

6.3.4　证券流通市场

6.3.4.1　证券流通市场的中介人

证券流通市场的参与人除了买卖双方的投资者外，中介人也非常活跃。这些中介人主要有证券经纪人、证券商和第二经纪人。

(1) 证券经纪人

证券经纪人是在证券交易所充当交易中介而收取佣金的商人。经纪人必须是交易所会员。他们受证券买卖者的委托，进入交易所为其委托者进行证券交易。作为顾客的代理人，他们只代客户买卖证券，不承担任何风险，并以佣金的形式向顾客索取报酬。不同国家的法律对经纪人的条件、职责有不同的规定。

(2) 证券商

证券商是指买卖证券的商人。他们自己从事证券的买卖，从贱买贵卖中赚取差价，作为经营证券的利润。证券商分为 2 类：①场外证券商，他们不参加交易所内的证券买卖，而是在自己开设的店堂或柜台进行交易，买卖的对象主要是未上市或不足成交批量的证券，由此形成了店头市场或柜台交易市场。②场内证券商，即在交易所内买卖证券的商人，他们在交易所内经营一定数量和种类的证券，或与经纪人进行交易。证券商买卖证券的目的并非从事长期证券投资，他们买入证券的主要目的是以更高的价格卖出，从买卖价差中获得收益，因此他们也是证券交易的中介人。与经纪人的差别在于他们自营证券，自负盈亏，风险较大。

(3) 第二经纪人

第二经纪人是指交易所经纪人与外界证券商或客户的中介人。他们一般不直接参加交易所经营，主要是接受证券交易者的委托，将委托人的证券转交给交易所内的经纪人；向客户提供情况和通报信息，从中收取手续费。随着现代通信业的快速发展，特别是计算机在证券交易中的广泛应用，第二经纪人的活动空间越来越小。

6.3.4.2　证券流通的组织方式

证券流通市场上证券交易的组织方式按场所划分，主要分为场内交易和场外交易两种。场内交易是指在证券交易所内进行的有组织的交易；场外交易是指在证券交易所以外进行的交易，目前主要有柜台交易和无形市场两种方式。

(1) 证券交易所交易

证券交易所是二级市场的组织方式之一，是专门的、有组织的证券买卖集中交易的场所，一般是由经纪人、证券商组成的会员制组织。交易所须经政府监管部门批准才能设立，并有一套具有法律效应的、完备的组织章程和管理细则。交易所必须在指定地点公开营业，一切交易必须在场内公开作价成交，并向顾客公布每天交易的证券种类、证券行市、数量、金额等情况。会员制的证券交易所吸收会员有严格的条件限制,须经交易所权力机构审查和批准。只有交易所会员才有权在交易所内进行交易活动,一般顾客买卖证券必须通过经纪人代为办理。经纪人接受客户的买(卖)委托后,通过电话与交易大厅的场内代表人联系,他们代表买方(或卖方)在交易厅内公开竞价,经过出价、还价的程序决定成交价格,完成交易后再告知客户何时交割(即付款或交货)。证券交易所在二级市场上处于核心和典型的地位。它的存在与发展需要以规范化的信用活动和股份制的普及为前提,以发达的一级市场提供的大量可供交易的证券为基本条件,以大规模的场外交易为基础,从中不断筛选出内在质量高、代表性强的证券集中上市交易。通过严密的组织与管理规范交易行为,形成合理的价格,发挥市场的示范效应、"晴雨表"功能和资源配置的作用。

(2)柜台交易

柜台交易市场(Over The Counter,OTC)是通过各家证券商(证券公司)所设的专门柜台进行证券买卖的市场,故又称店头市场。柜台交易以多家证券公司为中介进行,投资者可以直接通过柜台进行买卖,也可以委托经纪人代理买卖。到这里进行交易的证券主要是不具备在交易所上市条件的证券,或不愿意上市交易的证券。该市场没有固定的交易场所和固定的交易时间,也没有限制交易对象。与证券交易所高度组织化、制度化不同,柜台交易在各证券公司分散进行,是一种松散的、无组织的市场。与交易所的单一价格不同,柜台交易采用买入价、卖出价的双价形式,并由交易双方协商议定价格。因此,同一时间的同类证券在不同的证券公司柜台上成交,其价格也会不同。

(3)无形市场

无形市场是通过计算机、电话、电信方式进行证券交易的市场,实际上是证券交易的一个电信网络,国外又称之为网络市场。交易者通常只涉及买卖双方,双方并不见面,只是通过电信方式协议定价,成交价格不公开。因为它没有集中的地点和有形的场地,不受政府证券部门的监管,是一种无组织的分散市场。

由于二级市场主要是解决证券的流动性问题,在较发达的金融市场中,无论是参与者、交易品种还是交易数量,场外交易均占主导地位。因为大量不能和不愿在证券交易所上市的证券同样有流通转让的要求,遍布各地、灵活便利的场外交易为大量非上市的证券交易提供了理想的场所,所以场外交易是二级市场的基础与主体。

初级市场与二级市场有着紧密的相互依存关系。初级市场是二级市场存在的前提,没有证券发行,自然谈不上证券的再买卖;有了发行市场,还必须有二级市场,否则新发行的证券就会由于缺乏流动性而难以推销,从而导致初级市场萎缩,以致无法存在。另外,如果一级市场价值发现功能较弱,也会影响二级市场价值发现的效果。例如,由于种种原因使一级市场定价普遍偏低时,会促使二级市场价格波动幅度加大,助长过度投机,不利于市场正常发展。

6.4 衍生工具市场

6.4.1 衍生工具的概念

衍生工具是指在一定的原生工具或基础性工具之上派生出来的金融工具,其形式是载明买卖双方交易品种、价格、数量、交割时间和地点等内容的规范化或标准化合约与证券。

一般衍生工具是指远期、期货、期权、互换等以标准化合约存在的金融工具，交易双方买到的或卖出的只是一张标准化的合同，交易受有关法律和交易所制度规则的保护。衍生工具的本质是合约，其基本要素包括合约标的物、约定的执行价格、标的物数量和单位、交割方式、交割时间和地点、交易双方的权利和义务等。期货合约交易在有组织的交易所交易，期货的原始形态是远期合约，一般在场外柜台市场交易，合约标准化程度比较低，交易双方可以协商价格、标的物的数量、交割时间等内容。期权可以在有组织交易所交易，也可以在柜台市场交易。

衍生工具的标的物通常有农产品、有色金属、能源产品、金融产品等。随着金融创新的不断推进，天气指标，如温度、降水、空气质量等也成为衍生工具的标的物进行交易。另外，衍生工具本身也可作为合约标的物，产生了复杂衍生工具，如期货期权、互换期权等。

6.4.2 衍生工具的特征与功能

6.4.2.1 衍生工具的特征

衍生工具一般具有以下 4 个基本特征。

(1) 跨期交易

衍生工具是为规避或防范未来价格、利率、汇率等变化风险而创设的合约，合约标的物的实际交割、交收或清算都是在未来约定的时间进行，因此，衍生工具所载明标的物的交易是跨期交易。跨期交易可以是即期与远期的跨期，也可以是远期与远期的跨期。

(2) 杠杆效应

衍生金融工具具有以小搏大的能量，借助不到合约标的物市场价值 5%~10% 的保证金，或者支付一定比例的权益费（Premium）而获得一定数量合约标的物在未来时间交易的权利。无论是保证金还是权益费，与合约标的物价值相比都是很小的数目，衍生工具交易相当于以 5%~10% 买到商品或金融资产，具有 10~20 倍的交易放大效应。

(3) 高风险性

衍生工具价格变化具有显著的不确定性，由此给衍生工具的交易者带来的风险是很高的。无论是买方和卖方，都要承受未来价格、利率、汇率等波动造成的风险。由于杠杆效应的存在，衍生工具的价格变化有可能给交易的一方造成重大损失，而另一方获得收益。通常情况下，期货、期权交易的风险要比互换交易大；复杂衍生工具的风险比一般衍生工具的风险大。

(4) 合约存续的短期性

衍生工具的合约都有期限，从签署生效到失效的这段时间为存续期。与股票、有价证券的期限不同，衍生工具的存续期限都是短期性的，一般不超过 1 年，因为预测未来是很困难的事情，预测长期更难。1 年是一个比较合适的预测期限，大部分衍生工具合约期限按照月份周期来设定，或者按照季度周期来设定。场外交易的衍生工具期限则可由交易双方的协商确定。对于合约的交割日期，欧洲大陆一般采用在到期月份的固定日期交割，而美国则采用在到期月份规定日期前任一个工作日进行交割清算。

6.4.2.2 衍生工具的功能

衍生工具具有套期保值、价格发现和投机套利的功能。

（1）套期保值

套期保值是衍生工具为交易者提供的最主要功能，也是衍生工具产生的原动力。最早出现的衍生工具——远期合约，就是为适应农产品的交易双方出于规避未来价格波动风险的需要而创设的。现货供应商和采购商通过远期合约将未来的价格事先确定下来，这一合约对交易的货物发挥了套期保值的功能。其他衍生工具也是通过事先约定价格实现标的物的保值目的的。

（2）价格发现

预测未来往往是一件比较困难的事情，尤其是对千变万化的市场价格进行预测。但是，衍生工具具有预测价格的功能。衍生工具交易价格是对合约标的物未来价格的事先确定，如果市场竞争是充分的和有效的，衍生工具价格就是对标的物未来价格的事先发现。现货市场价格发现只是一个即时的价格，而衍生工具交易所发现的价格是未来的价格，由于大部分衍生工具交易集中在有组织的交易所内进行，市场参与主体比较多，通过竞价方式形成市场价格，能够相对准确地反映交易者对标的物未来价格的预期。

（3）投机套利

只要商品或资产存在价格的波动就有投机与套利的空间。衍生工具交易采用现金清算，而不强制实行实物交割，这就使衍生工具成了事实上的一类投资品。衍生工具将大宗商品细化为标准化的可交易合约，使交易双方买卖更加便利。衍生工具都是跨期交易，存在一个期限，相同期限的不同衍生品、同一衍生品的不同期限之间往往存在套利的可能。例如，同样是3个月的外币期货与期权，执行价格不同，如果期货价格高就可以做空，买入看涨期权。3个月后，无论汇率如何变化，套利者都可以获得两个合约的价差。单向交易衍生工具者是市场的投机者，衍生工具为其提供了投机的对象。投机者目的就是博取价差，认为价格会上涨时做多，价格会下跌时做空。

6.4.3 主要的衍生工具

6.4.3.1 可转换债券

可转换债券（Convertible Bond，CB）是一种被赋予了股票转换权的公司债券。发行公司事先规定债权人可以选择有利时机，按发行时规定的条件把其债券转换成发行公司的等值普通股票。可转换债券最早出现在英国，现已成为各国债券市场的重要交易品种。当投资者不太清楚发行公司的发展潜力及前景时，可投资于这种债券。如果发行公司经营实绩显著，经营前景乐观，股票价格看涨，则可将债券转换为股票。可转换债券使投资者多了一种投资选择的机会，颇受投资者的欢迎。

6.4.3.2 权 证

权证（Warrant）是由上市公司发行，赋予持有人能够按照特定的价格在特定的时间内购买或出售一定数量该上市公司普通股票的选择权凭证,简称权证。它赋予持有人的是一种权利而不是义务。上市公司常常把权证作为新股配售的一部分,用权证来吸引投资者认购新股。如果权证标的股票的价值能随时间增加,那么权证也能增强股东的信心。

权证按照持有人的买卖权利分为认购权证和认沽权证。权证持有人拥有在特定的时间内以特定的价格从发行人处购买一定数量标的证券的权证为认购权证,也称看涨权证;相反,权证持有人拥有在特定的时间内以特定的价格向发行人出售一定数量标的证券的权证为认沽权证,或称看跌权证。

权证按行权时间分为美式权证、欧式权证和百慕大式权证。美式权证持有人在权证到期日以前的任何时间内均可对权证进行行权;欧式权证持有人只有在权证到期日当天才可对权证进行行权;百慕大式权证的行权时间介于两者之间,一般是到期前的某几天可以行权。

6.4.3.3 远期合约

远期合约(Forward Contract)指合约双方承诺以当前约定的条件在未来规定的日期交易商品或金融工具的合约,它规定了明确的交易商品或金融工具类型、价格及交割结算的日期。远期合约是必须履行的协议,其合约条件是为买卖双方量身订制的,合约条款因合约双方的需要不同而不同,通过场外交易达成。远期合约主要有远期利率合约、远期外汇合约、远期股票合约等。

远期合约交易对象除了农产品外,还有货币,本节主要介绍远期外汇交易和利率远期交易品种当中的远期利率协议。

(1)远期外汇交易

远期外汇交易又称期汇交易,是指交易双方在成交后并不立即办理交割,而是约定币种、金额、汇率、交割时间等交易条件,到期进行实际交割的外汇交易。远期外汇交易规模较大,交易的目的主要是保值,避免汇率波动的风险,外汇银行与客户签订的合同须经外汇经纪人担保。此外,客户还应缴存一定数量的押金或抵押品。当汇率变化不大时,银行可把押金或抵押品抵补应负担的损失。当汇率变化使客户的损失超过押金或抵押品时,银行就应通知客户加存押金或抵押品,否则合同无效。客户所存的押金,银行视其为存款予以计息。

汇率变动是经常性的。在商品贸易往来中,时间越长,由汇率变动所带来的风险也就越大,而进出口商从签订买卖合同到交货、付款又往往需要一段较长的时间(通常达30~90d,有的更长)。因此,有可能因汇率变动而遭受损失。进出口商为避免汇率波动所带来的风险,利用远期外汇交易,在收取或支付款项时,按成交时的汇率办理交割。

(2)远期利率协议

远期利率协议(Forward Rate Agreement,FRA)是一种远期合约,合约的买卖双方约定未来某一定时间点作为利息起算日,约定某期限的协议利率、市场参照利率和计息名义本金数额,在利息起算日,双方按规定的协议利率、期限和名义本金额,由一方向另一方支付协议利率与参照利率之间的利息差额的贴现值。

6.4.3.4 期 货

期货(Futures)，也称期货合约，交易的买卖对象或标的物由有组织的期货交易所统一制定，规定了在某一特定的时间和地点交割一定数量和质量的商品、金融产品或其他标的物的标准化合约。期货价格则是通过公开竞价而达成的。期货一般分为商品期货、金融期货和其他品种期货。期货合约是标准化的远期合约，比远期合约更规范，风险由期货交易所和经纪公司控制。

期货交易是在现货交易和远期合约交易的基础上发展起来的，是交易双方通过在期货交易所买卖标准化的期货合约而进行的一种有组织的交易。期货市场交易主体大部分是公司、机构，买卖期货合约的目的是规避现货价格波动的风险，他们属于套期保值者；而个人参与者、投资基金等一般是为了博取价格波动的差额，属于市场投机者。无论是套期保值者，还是投机者，很少有人愿意参与商品的最终实物交割，在合约到期前都以对冲的形式了结，结算差价。对冲是指买进期货合约的人，在合约到期前会将合约卖掉；而卖出期货合约的人，在合约到期前会买进合约来平仓。

期货交易是一种双向交易，市场的参与者在交易过程中既可以先买入后卖出，也可以先卖出再买入，双向交易都可以获利。只要价格有波动，涨跌都有交易获利的空间。在期货交易中实行的是 T+0 的交易制度，即买入的合约可以在当日平仓，交易者可以在当日利润大的时候先落袋为安，也可在短线风险大的时候及时撤出。其次，期货交易一般需要缴纳交易保证金，交易保证金占合约价值的比重通常在 5%~20%，交易杠杆比率为 5~20 倍，"以小搏大"的特征非常明显。最后，期货交易实施每日无负债结算制度，对交易者持有的未平仓合约，结算所会以每日的结算价(合约的当日均价或收盘价)计算客户的持仓合约盈亏和权益状况，当客户权益低于最低保证金水平时，期货经纪公司会向客户下达追加保证金通知，如果客户在规定的时间(一般为下一交易日开盘前)未能将保证金存入账户，经纪公司有权将客户持有的合约部分或全部强制平仓，以控制风险(表 6-1)。

表 6-1 上海期货交易所黄金期货标准合约

交易品种	黄金
交易单位	1000 克/手
报价单位	元(人民币)/克
最小变动价位	0.01 元/克
每日价格最大波动限制	不超过上一交易日结算价±5%
合约交割月份	1~12 月
交易时间	上午 9:00~11:30；下午 1:30~3:00
最后交易日	合约交割月份的 15 日(遇法定假日顺延)
交割日期	最后交易日后连续 5 个工作日

(续)

交割品级	金含量不小于99.95%的国产金锭及经交易所认可的伦敦金银市场协会(LBMA)认定的合格供货商或精炼厂生产的标准金锭
交割地点	交易所指定交割金库
最低交易保证金	合约价值的7%
交易手续费	不高于成交金额的0.02%(含风险准备金)
交割方式	实物交割
交易代码	AU
上市交易所	上海期货交易所

资料来源：上海期货交易所网站(http：//www.shfe.com.cn)。

无论是远期合约还是期货合约，都为交易人提供了一种避免因一段时期内价格波动带来风险的工具；同时，也为投机人利用价格波动取得投机收入提供了手段。最早的远期合约、期货合约中的相关资产是粮食。由于粮食市场的价格存在收获季节下降、非收获季节上升的季节性波动，为了避免由此给粮农带来收益的风险和给粮食买方带来货源不稳定的风险，产生了以粮食产品为内容的远期合约交易。17世纪以后，标准化的合约开始出现，也逐渐形成了完整的结算系统，期货交易得以发展。进入20世纪70年代，金融市场的动荡和风险催生出金融期货，如利率期货、外汇期货、股指期货等。其中，股指期货及期权是全球交易量最大的期货品种。目前，全球有近400个股指期货合约在32个国家和地区的43家交易所上市。

6.4.3.5 期 权

期权(Option)，也称选择权，是指在未来一定时期可以买卖某种商品或资产的权利。作为衍生工具，期权是一种标准化合约，合约的持有人向签发人支付一定数额的权利金后拥有在未来某一段时间内(美式期权)或未来某一特定日期(欧式期权)，以事先约定的执行价格向签发人购买或出售一定数量的标的物的权利，也可以放弃执行这种权利。合约的签发人是合约的卖方，获得期权费收入，但在合约的执行日只能被动卖出或买入合约标的物，承受比较大的价格波动风险。期权合约赋予持有人的是履约或不履约的选择权利，而不负有必须履约的义务。期权合约的持有人是合约的购买者，拥有的权利可能是买权，称为看涨期权；也可能是拥有卖权，称为看跌期权。双重期权是指期权买方在一定时期内有权选择以预先确定的价格买进，也有权选择以该价格卖出约定数量标的物的期权合约。期权一般在有组织的交易所或银行柜台交易。

期权分看涨期权和看跌期权2个基本类型。看涨期权的买方有权在某一确定的时间以确定的价格购买相关资产；看跌期权的买方有权在某一确定的时间以确定的价格出售相关资产。

期权又分美式期权和欧式期权。按照美式期权，买方可以在期权的有效期内任何时间行使权利或者放弃行使权利；按照欧式期权，期权买方只可以在合约到期时行使权利。由于美式期权赋予期权买方更大的选择空间，因此较多地被采用。

期权这种金融衍生工具的最大魅力在于，可以使期权买方将风险锁定在一定范围之内。因此，期权是一种有助于规避风险的理想工具。当然，它也是投机者理想的操作手段。如果不考虑买卖相关资产时的佣金等费用支出，对于看涨期权的买方来说，当市场价格高于执行价格时，他会行使买的权利，取得收益；当市场价格低于执行价格时，他会放弃行使权利，所亏损的仅限于期权费。对于看跌期权买方来说，当市场价格低于执行价格时，他会行使卖的权利，取得收益；反之，放弃行使权利，所亏损的也仅限于期权费。因此，期权对于买方来说，理论上可以实现有限的损失和无限的收益。

期权合约按照标的物不同，有商品期权，如石油期权、天然气期权等；有金融期权，如外汇期权、利率期权、股票期权等。这里以外汇期权合约为例，说明期权合约的规格和要素。

期权合约的规格。外汇期权合约一般规定交易外汇的协议价格、到期月份、到期日、合约单位、卖方保证金、期权费等。协议价格是未来双方买卖外汇的交割价，国际市场上日元以外的货币采用1%美元标示，日元则采用0.01%美元标示。到期月份多为3月、6月、9月、12月，也有按月交割的期权合约。合约单位是一份合约规定的交易外汇数量，通常的标准为12 500英镑、50 000加拿大元、6 250 000日元、62 500瑞士法郎等。

以外汇期权为例，外汇期权交易是客户对未来外汇资金进行保值的有效手段。在到期日之前，期权的买方有权决定是否按照合同约定价格买入或卖出约定数量的外汇。为了获得这一权利，期权的买方需要在交易之初付出一笔费用，如果合同期满期权的买方不行使权利，则权利失效，费用并不退还。

举例：中国某化工进出口公司6个月后有一笔金额625万日元银行贷款到期，该公司经常性收入以美元为主。目前，日元兑美元的汇率为110日元/美元。市场预期6个月后美元贬值的趋势并不会有实质性改变。该公司决定利用期权交易防范汇率风险，并在芝加哥期权交易所买入6个月后到期的日元看涨期权10份，执行价格为110日元/美元，期权费为每100日元需要支付1.25美分。6个月后，日元汇率可能出现3种情况：升值、贬值或没有变化。只要日元升值，该公司就执行期权，否则放弃执行，损失期权费。假设6个月后日元兑美元汇率为1美元=105日元。该公司执行期权，盈亏状况如下：

期权费支出=（1.25/100×6 250 000/100）×10=7812.5美元

执行期权汇差收益=（1/105-1/110）×6 250 000×10=27 055.68美元

期权交易净盈利=27 055.68-7812.5=19 243.18美元

该公司因为采取了期权保值措施，还贷成本只增加了期权费支出7812.5美元和期权交易费用。如果不采取保值交易，还贷成本增加27 055.68美元。

6.4.3.6 互 换

互换（Swaps）是交易双方通过签订合约形式在规定的时间调换货币或利率，或者货币与利率同时交换，达到规避管制、降低融资成本的目的。互换交易，主要指对相同货币的债务和不同货币的债务通过金融中介进行调换的行为。互换交易是20世纪80年代初出现的重要的金融创新业务。目前，互换交易已经从量向质的方面发展，例如，出现了互换同业交易市场。在这个市场上，互换交易的一方当事人提出一定的互换条件，另一方就能立即以相应的条件承接下来。利用互换交易，融资者就可依据不同时期的不同利率，以及外汇或资本市场的限制动向等进行交易，筹措到理想的资金。互换最初只在融资领域进行，后来拓展到商品互换、股权互换、信用互换、天气互换、期权互换等。

互换交易主要出现在国际借贷领域，由于债务人的资信等级、风险偏好、融资地域优势存在差异，经常出现融资成本、融资货币种类等与融资者期望背离的情况，于是产生了互换债务货币、债务利率等的需求。

(1)货币互换交易

货币互换是指两笔金额相同、期限相同，但货币不同的债务资金之间的调换，同时也进行不同利息额的货币调换。货币互换双方交换的是货币，它们之间各自的债权债务关系并没有改变。

①货币互换交易报价　货币互换报价的一般做法是：在期初本金交换时，通常使用即期汇率，而在期末交换本金时，则使用远期汇率。远期汇率是根据利率平价理论，计算出两种货币的利差，用升水或贴水表示，与即期汇率相加减，得出远期汇率。

②货币互换交易案例　1981年，美元兑瑞士法郎、联邦德国马克急剧升值，货币之间出现汇兑差额，所罗门兄弟公司利用外汇市场中的汇差以及世界银行与IBM公司的不同需求，通过协商，撮合双方达成互换协议。当时，世界银行希望筹集固定利率的德国马克和瑞士法郎低利率资金，但无法通过直接发行债券来筹集，只能从市场上筹措到利率优惠的美元借款。IBM公司则需要筹集一笔数额较大的美元资金，但集中于一个资本市场筹集有困难，只能采用在不同市场筹措多种货币的办法解决，包括筹措联邦德国马克和瑞士法郎债务资金。世界银行将它的2.9亿美元的固定利率债务与IBM公司已有的瑞士法郎和德国马克的债务互换，双方各自取得了所需要的货币资金。

(2)利率互换交易

利率互换是指交易双方约定在未来期限内，根据约定数量的同种货币名义本金交换利息额的合约。利率互换通常是在相同货币债务间的调换，货币互换则是不同货币债务间的调换。不过，货币互换当中经常涉及利率互换问题。

在标准化的互换市场上，固定利率往往以一定年限的国库券收益率加上一个利差作为报价。例如，10年期的国库券收益率为6.2%，利差是68个基点（1个基点等于0.01%），那么一个10年期利率互换的价格就是6.88%。如果这是利率互换的卖价，那么按此价格报价人愿按6.88%收取固定利息，同时承担浮动利率。如果是买价，按此价格报价人愿意支付一个固定利率，而不愿意承担浮动利率的风险。利差的大小主要取决于互换市场的供需状况和竞争程度，它是支付浮动利率的交易方用来抵补风险的一种费用。在互换市场上，银行充当了做市商，所有的交易都是在客户与银行之间进行，银行会给出一个支付利率和一个收取利率，差价就是银行的收益。

6.4.4　金融衍生工具的双刃作用

迅速发展的金融衍生工具，使规避形形色色的金融风险有了灵活方便、极具针对性且交易成本日趋降低的手段。这对现代经济的发展起了有力的促进作用，甚至可以说，没有金融衍生工具，今天的经济运作是难以想象的。

然而，金融衍生工具的发展也促成了巨大的世界性投机活动。目前，世界性的投机资本运作的主要手段就是金融衍生工具。金融衍生工具的交易实施保证金制度。在这种交易中的保证金是用以承诺履约的资金；相对于交易额，对保证金所要求的比例通常不超过10%，因而投机资本往往可以支配5~10倍于自身的资本进行投机操作。对于这样的过程，人们称为"高杠杆化"。这无疑会对金融市场造成极其巨大的冲击。对于金融衍生工具的投机成功，可以获得极高的收益；失败，则会造成严重后果。

就一个微观行为主体来看，1995年英国历史悠久的巴林银行竟然由于一个分支机构的职员进行金融衍生工具投机失败而宣告破产；1994年美国加利福尼亚州奥兰治县由于投资金融衍生工具出现15亿美元的账面亏损而申请破产保护。在国际金融投机中，投机资本利用金融衍生工具冲击一国金融市场并造成该国金融动荡和危机。例如，由于受到国际投机资本的冲击，1992年英镑退出欧洲汇率体系；1997年7月泰国放弃了泰铢兑美元的固定汇率并引发了东南亚的金融大震荡等。

我国目前的金融衍生工具市场仅处于起步阶段，品种少、规模小。但近几年我国加大对金融衍生产品的研发力度，不断丰富金融衍生产品，以满足市场多样化的需求。2007年8月在银行间外汇市场推出适用于中长期汇率风险管理的人民币外汇货币互换业务，以满足境内经济主体管理风险的需求。利率衍生产品稳步发展，2007年9月在银行间市场推出远期利率协议业务。2010年4月16日，沪深300股指期货合约在中国金融期货交易所正式挂牌交易。2015年2月9日，上证50ETF股票期权合约在上海证券交易所上市，开中国内地股票期权交易之先河。随着改革开放的深入和资本市场的发展，我国金融衍生工具市场必然有较快的发展。

6.5 风险投资与创业板市场

6.5.1 风险资本与风险投资

风险资本(venture capital)是一个宽泛的概念。以基金形式从事风险投资的资本属于风险资本范畴，由个人分散从事风险投资，或是由商业银行、投资银行、金融公司与实业公司以自有资金单独从事风险投资的资本也属于风险资本范畴。具体来说，风险资本也称"创业投资资本"是机构性创业投资基金投资于新创立的、经评估认为有不寻常成长机会与潜力的小企业的资本。因被投资小企业创业成功的机会很小、风险很大得名。其投资选择的核心标准是在可预期的未来获得高额回报，故新创立的高新技术企业往往成为其主要投资对象。

风险投资(Venture Capital，缩写为VC)简称风投，又译称为创业投资，主要是指向初创企业提供资金支持并取得该公司股份的一种融资方式。风险投资是私人股权投资的一种形式。风险投资公司为一专业的投资公司，由一群具有科技及财务相关知识与经验的人所组合而成的，经由直接投资获取投资公司股权的方式，提供资金给需要资金者（被投资公司）。风投公司的资金大多用于投资新创事业或是未上市企业（虽然现今法规上已大幅放宽资金用途），并不以经营被投资公司为目的，仅是提供资金及专业上的知识与经验，以协助被投资公司获取更大的利润为目的，所以是一项追求长期利润的高风险高报酬事业。

风险投资的资本，即使以基金方式筹集，也是采取私募方式；资本的投向则是非上市公司的权益资本。因此，风险投资体现的金融活动是非公开的资本市场，即私人权益资本市场活动的一部分。私人权益资本市场是指不通过公开买卖股票的方式实现权益融资的市场。当然，在这个市场上，还有相当大部分的投资是对成熟企业的投资，即非风险投资。

按照风险投资的传统做法，只是对处于初创期、增长期、成熟期的新项目、新企业投资，特别是以高科技企业为对象。投资金额通常不大，如在美国，通常在100万~1000万美元。但近年来，风险投资的风格正在改变，激烈的市场竞争迫使风险投资向私人权益资本市场的其他领域扩张，即开始投资于一些低风险的传统项目和企业。

美国的红杉资本（Sequoia Capital）可能是最成功的风险投资公司之一。红杉资本已经在中国成立了红杉中国基金。管理合伙人是中国风险投资界比较成功的投资人张帆和沈南鹏。

日本的软银投资公司，在世界上也被认为是成功的风险投资企业，该公司因为从投资美国的雅虎网站中获利颇丰。值得一提的是，该公司在中国投资就是并购了好耶网络广告的分众传媒。软银对于分众的投资是早期投资。

6.5.2 美国风险投资简史

最早的风险投资概念起源于15世纪，当时西欧一些富商为了寻求到海外创业，投资于远洋探险，从而首次出现"venture capital"这个术语。

美国是目前风险投资最活跃的国家，但与西欧国家15世纪就已出现的创业投资萌芽相比，美国风险投资的起点较晚。19世纪，美国一些富商投资于油田开发、铁路建设等创业项目，此后"venture capital"一词即开始流传。到20世纪40年代，美国的创业资本发展到风险投资基金这种组织制度化的高级形态。美国历史上第一个成功的风险投资案例是美国研究与发展公司（ARD）。1957年，ARD对数字设备公司（DEC），这个由4名麻省理工学院的大学生组建的高科技公司进行投资。初始金额不到7万美元，占该公司股份的77%。14年后，这些股票的市场价值是3.55亿美元，增长5000多倍。ARD的成功极大地鼓舞了风险投资界，推动风险投资在美国及世界各国迅速发展。

20世纪50年代，美国的风险投资是分散的，没有一定的组织形式，没有形成产业。为了加快高科技企业的发展，在政府的支持下，1957年成立了小企业投资公司（SBIC），政府的小企业管理局为其提供贷款，专门向规模较小的企业投资。小企业投资基金发展迅速，从1959—1963年的5年间，就有692家成立，资金总规模为4.64亿美元。1968—1969年公开上市的新兴企业就接近1000家。1969年，有限合伙制的风险投资公司开始出现。1969—1975年大约有29家有限合伙公司形式的创业投资基金设立，共募集资金3.76亿美元。在这样的发展背景下，风险投资开始被视为一个产业。

1973年初，由于经济衰退与股市不振，公司的公开上市活动突然停顿，风险投资因失去"退出"之路而急速萎缩。直到1978年以后，养老基金被允许投资于风险投资基金，风险投资业又得到快速发展。20世纪70年代末80年代初，一些风险投资基金因投资于苹果电脑、英特尔公司和联邦快递而获得了不菲的业绩，这又激励创业投资产业开始步入快速增长时期。1990年美国经济的全面衰退再一次影响到风险投资，但1992年美国经济逐步复苏后，风险投资业又再次持续增长。2007年全美风险投资总额达到299亿美元，此后有所下降，2010年为218亿美元。近年来，全美风险投资总额逐步恢复，2014年达到311美元；2015年再度下降，但仍有282亿美元的规模。

风险投资对于社会发展的积极作用在于，推动科技向实际生产能力转化，推动社会的技术进步。据统计，1981—1985年，平均每个美国新兴高科技企业在创业之初的5年内，需要200万~1000万美元，其中大约2/3的资金是风险投资提供的。以半导体和计算机工业为例，其产量目前在美国工业总产值中占45%，风险投资为其提供充足的资金是该产业得以迅速发展的重要原因。美国硅谷既是世界著名计算机公司的摇篮，又是风险投资的大本营。全世界最大的100家计算机公司中，有20%就是在硅谷中滋养成长的。

6.5.3 中国的风险投资

1985年3月，《中共中央关于科学技术体制改革的决定》提出，设立创业投资以支持高新技术开发。9月，国务院批准设立我国首家风险投资公司——中国新技术创业投资公司。1986年，国家科委在《科学技术白皮书》中首次提出发展我国风险投资事业。1991年，国务院在《国家高新技术产业开发区若干政策的暂行规定》中提出，条件成熟的高新技术开发区可创办风险投资公司。随后，一些地方先后成立了多家科技投资公司，国际风险投资公司也开始涉足中国。不过，由于存在诸多制度障碍，特别是缺乏成熟的资本市场条件，这一时期的风险投资发展举步维艰。

1999年，国务院发布《关于建立风险投资机制的若干意见》，我国的风险投资从此进入快速发展时期。2001年，中、外风险投资公司在中国的投资额逾40亿元人民币，2008年和2011年分别突破50亿美元和70亿美元，2014年达到155.3亿美元（约合1000亿人民币）。风险投资支持的公司IPO的数量，2008年只有12家，2010年达到创纪录的141家，随后经历低谷，2014年回升至61家。最具投资价值的行业为能源环保行业、IT行业、生物技术行业、传统行业、消费品、医疗保健、新材料、互联网。

我国的风险投资机构主要有政府出资、企业出资、金融机构（如券商）出资、个人出资等类型。2000年，国内的风险投资70%来自政府；2007年，该比例下降至34.57%，反映出非政府风险投资有了较快的增长。政府风险投资份额下降的同时，其在风险投资中的角色也在发生转变，即由直接投资者转变为间接投资者；不再直接投资设立风险投资公司，而是设立政府引导基金，引导更多的资金进入风险投资领域，并引导这些资金的投资方向。截至2013年底，中央和地方两级政府共成立189家引导基金，累积可投资规模接近1000亿元。

中国大陆企业在海外股市（新加坡、纳斯达克）上市的互联网企业都曾获得过风险投资的支持，如腾讯的马化腾、百度的李彦宏、盛大的陈天桥和搜狐的张朝阳都曾获得美国风险投资公司的资金支持。阿里巴巴的马云曾在1995年得到软银孙正义的风险投资。

6.5.4 风险投资的退出途径

风险投资并不以经营被投资公司为目的，仅是提供资金及专业上的知识与经验，以协助被投资公司获取更大的利润为目的，所以是一项追求长期利润的高风险高报酬事业。将投入的资本退出所投资的企业，以实现投资价值增值，是风险投资的最终目标。如何退出以及什么时候退出，是一个十分关键的问题。一般来说，风险资本要陪伴企业走过最具风险的5年，然后则是设法寻求有利的退出途径。风险资本退出的途径主要包括公司上市、兼并收购、公司股份回购、股份转卖、亏损清偿、注销等。

根据美国对442项风险投资的调查，30%的风险投资是通过企业股票发行上市退出，23%通过兼并收购，6%通过企业股份回购，9%通过股份转卖，6%是亏损清偿，26%是因亏损而注销股份。在上述不同的退出途径中，投资的收益差别很大。其中，以股票发行退出的投资收益达到1.95倍，兼并收购的投资收益是0.4倍，回购股份的收益是0.37倍，股份转卖的收益是0.41倍，亏损清偿的损失是-0.34倍，因亏损而注销股份的损失是-0.37倍。因此，股票发行上市被称为风险资本的黄金收获方式。

在历史上，苹果计算机的投资回报达到235倍，莲花公司达到63倍，康柏公司达到38倍。当然，能否取得高额回报关键在于企业自身质量，同时也受股票市场的状况影响。

6.5.5 创业板市场

风险资本所培育的企业在上市之初一般具有经营历史短、资产规模小的特点，加之它们是在一些新的领域内发展，失败的风险较大。同时，风险投资家无不具有力求较早地把企业推向市场以撤出资金的倾向，也使股票市场承受的风险增大。鉴于这些原因，需要建立有别于成熟企业股票发行和交易的市场，专门对小型企业以及创业企业的股票进行交易，以保护投资人的利益。这种市场一般称为创业板市场(growth enterprise market，GEM)或二板市场(secondary board market)、小盘股市场等。

创业板市场是主板市场之外的专业市场，其主要特点是在上市条件方面对企业经营历史和经营规模有较低的要求，但注重企业的经营活跃性和发展潜力。至于投资风险高的特点则是不言而喻的。企业经过创业板市场的培育后，还可以进入主板市场。目前，一些世界知名的高科技大公司就经历了这样一条发展道路。

美国的纳斯达克市场(NASDAQ)是比较成功的创业板市场，它培育了像微软、英特尔、戴尔、Sun、Genetech等一大批高科技企业。在美国所有高科技上市公司中，96%的互联网公司、92%的计算机软件公司、82%的计算机制造公司和81%的电子通信和生物技术公司在纳斯达克上市。在纽约证券交易所的大公司中，也有相当部分是经过纳斯达克市场培育出来的。在1975—1995年的20年间，纳斯达克从一个交易量为纽约证券交易所的30%、交易额为后者17%的小市场奋起直追，成为交易额接近纽约证券交易所且交易量超过后者的主要市场。

近年来，世界各主要国家和地区都相继设立了专门为新兴创业企业上市服务的创业板市场。从1995年开始，欧洲成立了多个服务于新生高成长性企业的股票市场。其中，较具规模的有Nouveau Marche、Euro-NM、AIM和EASDAQ，它们在为风险资本提供退出渠道、促进欧洲高新技术产业发展方面起到了积极的作用。在亚洲国家和地区中，日本的JAS-DAQ、中国台湾的场外证券市场（ROSE）、新加坡的证券交易及自动报价市场（SAS-DAQ）、马来西亚的证券交易及自动报价场外证券市场（MASDAQ）、吉隆坡的证券交易所二板市场（KLSE）、中国香港特别行政区的创业板市场等，均属这样意义的创业板市场。

经过多年酝酿，2004年，深圳证券交易所推出中小企业板。又经过多年实践，2009年10月，中国的创业板市场在深圳正式启动，首批28家企业挂牌上市。截至2016年8月12日，上市公司达525家，总市值50 400亿元。2019年3月26日，根据第一财经统计，创业板上市公司2018年的业绩创下近3年来最低值：748家上市公司2018年归属于母公司所有者的净利润总额为458亿元，2017年、2016年分别为968亿元、1010亿元。商誉减值成为创业板公司业绩下滑的一大主因。

科创板，英文是Sci-Tech innovation board（STAR Market），2018年11月5日，国家主席习近平出席首届中国国际进口博览会开幕式并发表主旨演讲，宣布在上海证券交易所设立科创板并试点注册制。2019年6月13日，科创板正式开板；7月22日，科创板首批公司上市。截至2019年10月28日，共有59家科创企业获得发行注册许可，其中36家实现首次公开发行并上市交易。

6.6 证券价格与市场效率

6.6.1 证券价格

金融工具绝大部分都有面值。例如，钞票注明面值是多少元人民币、多少美元、多少欧元、多少英镑等，存款在存折上注明存款余额有多少货币单位，票据、大额存单等均标明面值、票面价值，债券和绝大部分股票也有面值。除去钞票和一般银行存款外，其他金融工具，包括银行大额存单，通称有价证券。有价证券在其交易中均有不同于面值的市场价格市值、市场价值。其中，短期金融工具（如票据、大额存单等）的交易价格是按市场利率倒扣息。例如，3个月期票据，如面值为100万元，现行利率月息是0.5%，3个月不计复利的利息额为1.5万元，那么这张票据的交易价格就是98.5万元。

有价证券的市场价格既然不同于其面值，当然会经常波动。不同类型的证券价格波动幅度是不一样的。其中，期限短的证券价格波动幅度小一些，期限长的证券价格波动幅度大一些；没有固定收益的证券价格波动幅度比有固定收益的证券价格波动幅度大一些。例如，长期债券的价格比短期债券的价格波动幅度大，股票的价格比债券的价格波动幅度大等。

许多事件的发生都会影响到证券价格。除利率的变动外，经济周期、战争、自然灾害、政治事件等，对证券价格或大或小有所影响。证券投资的一项重要工作就是分析、预测各种可能发生或已经发生的事件对证券价格可能产生的影响，当然，这是一项十分繁复的工作。

证券价格指数是描述证券市场总的价格水平变化的指标，主要有股票价格指数和债券价格指数。目前，世界上比较有影响的几种股价指数包括美国的道琼斯平均股价指数、纽约证交所股价指数、标准普尔股价指数、英国的金融时报指数、法国的巴黎 CAC 指数、德国法兰克福的 DAX 指数、日本的日经平均股价指数和东京证交所股价指数、中国香港的恒生指数、新加坡的海峡指数等。债券价格指数主要是一些大投资银行编制的。目前，国际上主要的债券指数有花旗全球国债指数（WGBI）、摩根大通,国债—新兴市场指数（JPM GBI-EM）以及巴克莱资本债券综合指数（BGAI）等。2017 年 3 月 7 日，花旗固定收益指数部门表示将把中国在岸债券纳入其新兴市场和区域性债券指数中，标志着中国债券市场的国际认可度得到显著提升。

我国的股价指数主要有上海证券交易所股价指数和深圳证券交易所股价指数。自 1995 年以来，两个交易所的股价指数又分别分为综合指数与成分股指数。从 2002 年 6 月起，我国陆续推出"上证 180"指数、"深证 100"指数、"国债"指数、"基金"指数等过百种指数。

证券价格指数的作用除了表示当前的证券价格水平以外，还可以用来衡量证券投资基金的经营业绩。一些以分散投资为投资风格的证券基金就是按照市场价格指数安排投资组合的，其经营的好坏则以是否超过指数收益率来衡量。此外，有些衍生金融工具交易就是针对股价指数进行的，如股票价格指数期货、股票价格指数期权等。

6.6.2 市场的效率

6.6.2.1 市场效率的定义

金融市场的一个重要功能是传递信息。传递信息的效果，最后集中地反映在证券的价格上。好的市场可以迅速传递大量准确的信息，帮助证券的价格迅速调整到它应该调整到的价位上；反之，差的市场信息传递慢且不准确，要花费很长的时间才能将证券价格调整到位。为了评价市场对证券价格定位的效率，经济学家做了大量的研究，提出了有效市场假说，其中做出重要贡献的是美国经济学家、2013 年度诺贝尔经济学奖得主尤金·法马。

按照有效市场假说，资本市场的有效性是指市场根据新信息迅速调整证券价格的能力。如果市场是有效的，证券的价格可以对最新出现的信息做出最快速的反应，表现为价格迅速调整到位。

有效市场假说将资本市场的有效性分为弱有效市场、中度有效市场和强有效市场 3 种。在弱有效市场中，证券的价格反映了过去的价格和交易信息；在中度有效市场中，证券的价格反映了包括历史的价格和交易信息在内的所有公开发表的信息；在强有效市场中，证券的价格反映了所有公开的和不公开的信息。

6.6.2.2 研究市场效率的意义

市场效率理论认为，证券的价格是以其内在价值为依据的。高度有效的市场可以迅速传递所有相关的真实信息，使价格反映其内在价值。

这就是说，市场的有效与否直接关系到证券的价格与证券内在价值的偏离程度。在强有效市场中，证券价格应该与预期价值一致，不存在价格与价值的偏离；一旦偏离，如价格高于或低于价值，人们会立即掌握这一信息，然后通过迅速买进或卖出的交易行为将这个差异消除。于是，在强有效市场中，想取得超常的收益几乎是不可能的。强有效市场对于证券投资专业人士的意义是，用不着费劲去探寻各种宏观经济形势和有关公司的信息，因为你得到了，所有其他人也同时得到了。换言之，试图通过掌握和分析信息来发现价值被低估或高估的证券，基本上做不到。因此，在这种情况下的正确投资策略即与市场同步，取得与市场一致的投资收益。具体做法就是，按照市场综合价格指数组织投资。

如果市场是弱有效的，即存在信息高度不对称，提前掌握大量消息或内部消息的投资人就可以比别人更准确地识别证券的价值，并在价格与价值有较大偏离的程度下，通过买或卖的交易，获取超常利润。在这种市场环境下，设法得到第一手的正确信息，确定价格被高估或者低估的证券，就显得十分重要。

对于投资者来说，强有效市场的获利空间很小，而弱有效市场的获利空间很大。在弱有效市场的条件下，即便一个技术不娴熟的投资人也有可能轻而易举地获得较高的投资回报。

我国的证券市场目前处于发展初期，定价的效率比较低，表现为多数投资人不能迅速地获得正确的信息，存在严重的信息不对称。这对于能够比别人掌握更多信息的投资人来说，当然是一件好事。但对于无法同时获取这些信息的多数投资人来说，就显得极不公平。因此，从维护市场交易秩序，实现"公开、公平、公正"的原则出发，需要推动有效市场的形成。

6.6.2.3 对有效市场假说的挑战

然而，在对有效市场假说进行实证的研究中，屡屡被指出存在许多统计异常现象。

有效市场假说的论证前提是，把经济行为人设定为一个完全意义上的理性人。这样的理性人，无论在何种情况下，都是理性地根据成本和收益进行比较，做出对自己效用最大化的决策。不少经济学家认为，由于人们限于先天的心智结构、后天的知识储备以及有关信息的获得等原因，理性是不完备的、有限的。在现实的经济生活中，经常可以看到，人们存在着许多经济理性之外的情绪、冲动和决策行为。例如，最常见的例子，对于股民入市，总是反复提醒要理性从事，但又总会看到，市场的过度波动总是与非理性的行为有直接联系。此外，即使在有限理性的条件下，因为外部条件的限制，有时候未必能够实现效用最大化的理性行为。

若就主观方面来看，人们并非生活在纯粹的经济联系之中；除经济联系之外，还有政治的、文化的等诸多方面的联系，并使人们具有多样化的行为动机。多样化的行为动机必然会对只按经济的理性判断所应采取的行为造成冲击。实际上，理性与否的判断，不单是经济学上的原因，还有社会学上的原因。事实上，人们并非都是纯粹按照经济效用最大化的算计行事，程度不同地包含非经济动机的方案往往是行为人"满意"的方案。

阅读与思考

习近平总书记谈金融市场

2019 年 2 月 22 日，习近平总书记在中共中央政治局就完善金融服务、防范金融风险举行第十三次集体学习时指出，要建设一个规范、透明、开放、有活力、有韧性的资本市场，完善资本市场基础性制度，把好市场入口和市场出口两道关，加强对交易的全程监管。要围绕建设现代化经济的产业体系、市场体系、区域发展体系、绿色发展体系等提供精准金融服务，构建风险投资、银行信贷、债券市场、股票市场等全方位、多层次金融支持服务体系。要适应发展更多依靠创新、创造、创意的大趋势，推动金融服务结构和质量转变。要更加注意尊重市场规律、坚持精准支持，选择那些符合国家产业发展方向、主业相对集中于实体经济、技术先进、产品有市场、暂时遇到困难的民营企业重点支持。

阅读与思考

獐子岛六年扇贝4次"跑路"与诚实守信意识

2014年10月：獐子岛集团公告称，公司进行秋季底播虾夷扇贝存量抽测，发现存货异常，公司因此第三季度亏损7.63亿元，而亏损的主要原因是北黄海异常冷水团等。

2018年2月：獐子岛表示，降水减少导致扇贝的饵料生物数量下降，再加上高温导致虾夷扇贝摄食效率下降，造成扇贝瘦弱进一步加剧。2017年，该公司亏损7.23亿元。

2019年4月27日：獐子岛发布一季报，公司一季度亏损0.43亿元，理由依然是"底播虾夷扇贝受灾"，俗称"扇贝跑路"。

2020年5月：公告称，近期獐子岛底播虾夷扇贝大量损失，是海水温度变化、饵料生物缺乏、扇贝苗种退化、海底生态环境破坏、病害滋生等多方面因素综合作用的结果。

而实际上，獐子岛的财务造假可是实锤！情况是：2016—2017年，涉嫌2次财务造假！2016年虚增利润1.31亿元，2017年虚减利润2.79亿元。通过造假，獐子岛2016年净利润转正，成功摘帽。最终，根据獐子岛发布的公告，证监会决定对獐子岛公司给予警告，并处以60万元罚款，对董事长吴厚刚采取终身市场禁入措施。

请结合案例分析与上市公司的权利与义务，分析上市公司如何做好信息披露工作。

林业金融实践

林产品期货与期权

一、林产品期货的含义、特点及其作用

广义上将林产品可分为林木产品、林副产品、林区农产品、苗木花卉、木制品、木工艺品、竹藤制品、艺术品、森林食品、林化工产品以及与森林资源相关的产品；日常生活中常将林产品分为木质林产品与非木质林产品，其中非木质林产品又被称为林副产品，因而传统意义上的林产品指的是木质林产品，这也是狭义林产品的概念。狭义林产品指的是木质林产品，包括工业用圆木、锯木、木制人造板、木材纸浆和纸、薪柴与木炭6类。

（1）林产品期货的定义

林产品期货可定义为，以林产品作为期货商品的一类特殊形式的商品期货，且该期货合约对林产品的品质、数量、交易时间、合约到期月份、最小变动价位、每日价格、最大波动限制、最后交易日、交割日期、交割流程等内容均有限制，是一种标准化的远期合约。

(2) 林产品期货的特点

相比其他商品或原材料而言，木材有着生产周期长、生产地区分布广泛、生产方式多样、用途广泛、产业链长等特点。因而，林产品期货的特点表现在以下几个方面：

①木材生产周期长，容易受到自然灾害的影响，致使其生产成本会大大提高，使投资林产品期货的投资者面临的风险加大。

②极有可能形成系列期货商品市场　林业产业本身的产业链，从整地、育苗、护林、砍伐、制材、运输、初加工、深加工直到最终用途的成品。具体涉及的产品有：木材、纤维板、胶合板、家具、纸张等，若以上述产品为标的物进行期货商品的设计，可以形成林产品系列期货产品链。

③林产品期货参与者广泛，会涉及众多投资者　由于林产品产业链很长，形成的产品横跨第一产业、第二产业以及第三产业。其涉及的市场参与者有生产者、消费者、交易服务中介、政府部门。

④林产品市场中各类产品价格具有关联性　由于均来源于森林及类似用途的土地，所以各种林产品相互之间存在着不同程度的关联性，在价格上也是如此，如租用的森林用地租金上涨，会带来种植木材的成本上涨，木材的销售价格随之上涨，继而有关木材下游产业的产品价格也会上涨。

期权交易是指买方向卖方支付一定数量的权利金后，拥有的在未来一段时间内或未来某一特定日期以事先商定的价格向卖方购买或出售一定数量标的物的权利，但不具有必须买进或卖出的义务。林产品期权的标的物为有关林产品的金融产品。

二、有关林产品期货、期权的发展历程

近半个世纪以来，国际上一些期货交易所上市了原木、木浆、板材和人造板指数等期货合约。早在20世纪50年代，芝加哥商品交易所(CBOT)就开始了对木材类期货品种上市可行性的讨论。1967年至1968年，美国人造板现货价格以30%~50%的幅度大幅震荡，对现货企业造成很大冲击。受现货需求推动，芝加哥商品交易所上市了人造板合约：1969年上市当年成交仅394手，1970年成交量达到47 426手，并实现交割1000手，交割仓库从最早的6家增加到1972年的11家。到1972年第三季度时，该期货合约日均交易量达到了1281手。

与芝加哥商品交易所在木材类期货市场取得的成功相比，同期纽约商品交易所(NYMEX)的胶合板期货在1969年成交5299手后，1970年下降为792手，到1972年1月31日，该合约就再也没有交易。

1994年，芝加哥商品交易所又推出人造板指数期货，该指数由50%的软木胶合板价格和50%的定向刨花板价格组合而成，交易单位是100m³。该指数合约并不活跃，在上市的第二年交易量只有不到900手合约，不久就摘牌了。1996年，芝加哥商业交易所(CME)上市了软木胶合板期货合约，采用实物交割方式，与芝加哥商品交易所的人造板指数期货一样，交易的时间并不长，几年后也退出了市场。

欧洲成功推出过纸与纸浆期货合约，并且有两个交易所相互竞争去引进纸浆期货合同，芬兰期权交易所(FOEX)在1997年2月引进了第一个合同，瑞典OM集团在1997年下半年引进。

另据有关资料显示,俄罗斯较重要的期货交易所之一,沃尔库塔交易所于90年代初中期开通了木材期货交易。

1990年以后,还有关于日本、印度尼西亚以及欧洲关于木材、胶合板期货合约可行性研究的报道。

1993年,中国上海交易所与苏州交易所也推出过胶合板期货合约,由于市场规范不足,致使投机现象严重,在开展几年后也被迫关闭交易。

目前国际、国内市场上开展的林产品期货包括木材期货、纤维板期货、胶合板期货、纸浆期货等,其中在中国大连商品交易所上市的有纤维板期货、胶合板期货,在上海期货交易所上市的有纸浆期货。林产品期货期权包括美国芝加哥商业交易所上市的林产品期权有随机长度木材期货期权。

目前,国际商品期货中林业品种很少,其中芝加哥商业交易所(CME)的木材期货是为数不多的林业品种之一。早在1969年,CME就推出了木材期货合约,当年成交量仅有744手,第二年成交量高达85 513手,是同期芝加哥商业交易所上市的胶合板合约成交量的2倍左右。几十年来,木材期货合约经多次修改,发展成现在的任意长度木材期货合约。

三、我国林产品期货与期权的发展现状

(1)上海期货交易所的纸浆期货

上海期货交易所(简称上期所)是受中国证券监督管理委员会集中统一监管的期货交易所,宗旨是服务实体经济。根据公开、公平、公正和诚实信用的原则依法进行经营。上期所组织经证监会批准的期货交易,目前已上市铜、铝、锌、铅、镍、锡、黄金、白银、螺纹钢、线材、热轧卷板、原油、燃料油、石油沥青、天然橡胶、纸浆16个期货品种以及铜、天然橡胶2个期权合约。

纸浆期货从2018年11月27日上市交易后,至2018年结束还有35d,其成交量高达8 975 314手,成交金额4606.3亿元,平均日成交量约为256 437手,日成交金额约为131.6亿元。从2019年开始,纸浆期货成交量逐渐放缓,从1~7月的成交数据可知,成交量共有22 660 199手,成交金额11 497.86亿元,平均日成交量约为106 887手,日成交金额54.2亿元。从图6-3中还可以看出,上海期货交易所在2019年1~4月,无论是期货产品总成交量还是纸浆期货的成交量都略有下降的趋势,但从2019年5月开始,两者的成交量都表现出回升走势。

(2)大连商品交易所的胶合板期货、纤维板期货

大连商品交易所成立于1993年2月28日,并于同年11月18日开始营业,是中国4家期货交易所之一,也是中国东北地区唯一一家期货交易所。目前,已上市玉米、玉米淀粉、黄大豆1号、黄大豆2号、豆粕、豆油、棕榈油、鸡蛋、纤维板、胶合板、线型低密度聚乙烯、聚氯乙烯、聚丙烯、乙二醇、焦炭、焦煤、铁矿石共计17个期货品种和豆粕、玉米2个期权品种,并推出了棕榈油、豆粕、玉米、焦炭、焦煤和铁矿石等14个期货品种和2个期权品种的夜盘交易。

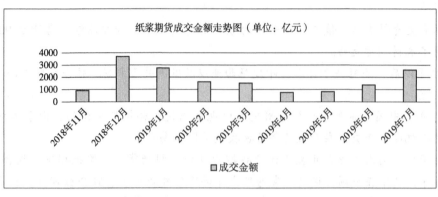

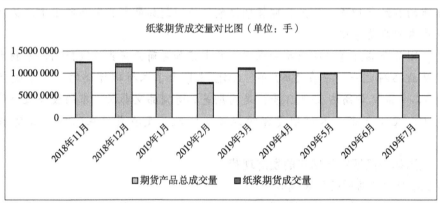

图 6-3 纸浆期货成交金额与成交量

在 2018 年，纤维板期货和胶合板期货成交量基本保持平稳，胶合板期货平均月成交量不足 58 手，纤维板期货平均月成交量为 2470 手左右，但其成交量多发生在 2018 年后半年，前半年中有 3 个月未发生交易；从 2019 年开始，纤维板期货交易量增长明显，变动幅度也显著增加，平均月成交量高达 40 695 手，反看胶合板期货，其成交量对比 2018 年并没有发生多大的改变，每月成交量不足 50 手；将纤维板期货和胶合板期货归属于大连商品交易所上市的林产品期货，其林产品期货月成交量相比大连商品交易所月期货产品总成交量而言略显不足，月成交量所占比重除 2019 年 3 月达到 0.1% 以外，其余月份均不足 0.1%。

林业金融实践

林业产业投资基金

林业产业投资基金是指主要投资于林业产业项目的基金，具有投资周期长、资金需求大、投资项目种类多等特点。林业产业投资基金在设立与运营的过程中，首先要面临融资和项目选择的问题。如何在林木、林药、养殖、旅游等多个林业项目中评价出优质的项目，是林业产业投资基金成败的关键。

一、我国林业产业基金发展情况

随着我国林业产业的迅速发展，林业产业融资需求与资金供给不足的矛盾日益突出，如何弥补巨大的投资资金缺口已成为业内关注的热点话题。林业产业投资基金作为国际上通行的林业金融创新制度，能有效地将林业产业投资与资本市场融资有机结合，成为社会资本投资林业的桥梁，以期为我国林业产业化、规模化发展提供巨大资金支持，对于推进林业投融资体制改革以及促进林业产业结构调整和升级具有重要意义。

国家林业局（现为国家林业和草原局）和中国建设银行于2017年9月21日发布《关于推动全国林业产业投资基金业务工作的通知》。按照"政策导向、市场运作、科学决策、风险可控"原则设立的林业产业基金，总规模1000亿元，专门用于全国林业产业的投资。国家林业局负责为基金提供政策指导、组织项目申报、建立项目库、开展专业咨询、协调有关政府部门及企业做好项目组织、实施、运营、管理。在依法合规条件下，对基金投资项目在基地建设、林地利用、林业财政金融保险等方面予以扶持。中国建设银行负责组织资金，按市场化方式运营管理基金，独立审核投资项目，对投资项目安全性负责。

国家林业局与中国建设银行建立基金运行管理协调机制，成立林业基金运行协调工作小组，工作小组由国家林业局林改司和中国建设银行总行机构业务部牵头组建，负责沟通协调督促基金申报、投放和管理工作，建立项目信息及资金投放台账，每年由国家林业局、中国建设银行制订本年度基金项目投资指南。

《关于推动全国林业产业投资基金业务工作的通知》中明确指出，林业产业基金支持的范围包括所有林业项目，即以林业资源为经营对象，以林产品生产、经营、加工、流通、服务为主业的新建和续建项目。

2018年5月10日，国家林业和草原局产业办公室（农村林业改革发展司）印发通知，下达第一批全国林业产业投资基金项目库入库项目及建议计划。首批入库项目共289个，是以龙头企业为带动，以产业园区为依托，具有新业态、新技术、新产品特性和促进一二三产业融合发展的项目，包括生态旅游经营、森林药材及保健植物培育、木本油料、林木种苗及花卉、木竹加工、林下种植养殖、森林食品加工、生物质能源等多种林业产业类型。

二、美国林业产业投资基金运行模式

全球林业产业投资基金规模超过400亿美元，持有林地约1.5亿hm^2。林业产业投资基金在美国发展最为成熟，投资标的也大部分在美国。其原因一方面是美国可供商业化种植的林地面积大，另一方面是美国的机构投资者投资需求大。美国林业产业投资基金起步较早，经过几十年发展，管理的林地面积逾8000万hm^2，占美国可交易林地面积的40%。

（1）资金来源

美国林业产业投资基金吸引了养老金、保险公司、捐赠基金等机构投资者以及高净值个人的投资。其中，养老金占比约40%，保险资金占15%，捐赠基金占22%；机构投资者占资金来源达到77%，只有23%来自高净值个人的投资。机构投资者投资美国林业产业投资基金主要出于风险对冲考虑。美国林业产业投资基金收益主要来源于林木砍伐与林地转让,其与金融市场上其他投资品(如债券、股票等)的收益相关系数极低,即系统性风险低,且期限一般都在10年以上,使其能够很好地满足机构投资者的长期资金风险对冲需求。

(2) 运作模式

由于主要针对机构投资者,美国林业产业投资基金投向较为专一,以避免过于复杂的风险暴露。基金主要采取低价买林——森林抚育(增加木材蓄积,赚取林地升值;采伐木材,获得日常现金流)——高价卖林的投资模式。基金由专业的林业产业投资基金管理公司管理,如果某个投资者出资规模大,则可以采取管理公司直接托管投资者名下林业资产的模式。大多数林业产业投资基金管理公司会设立投资决策委员会,在买林及卖林时起到战略决定的作用;基金监督委员则会在监督投资决策委员会的决定以及森林抚育等中间环节方面发挥作用。对森林抚育等中间环节部分林业产业投资基金选择外包给专业的森林抚育机构,也有一些基金在实践中探索出自身独特的高科技森林抚育技术,以获得专业化的抚育效果。总的来说,美国林业产业投资基金的基金管理公司不仅在金融资金运作及管理方面发挥其专业性水平,也非常注重森林抚育,这契合了林业产业的生态与经济双重属性。

(3) 收益水平

虽然机构投资者主要出于风险对冲而非收益的角度对林业产业投资基金进行投资,但实践表明美国林业产业投资基金的收益水平也非常高。以美国最大的林业产业投资基金汉考克基金为例,1993—2016年基金年化收益率达到8.6%,这超过了美国私募基金、股票、债券等大部分投资品,且相对稳定,24年间只有3年收益率为负。

农业金融实践

中国农业产业投资基金案例

一、中国农业产业发展基金

(1) 设立背景

为创新财政支持金融支农方式,积极发挥财政资金的引导作用,财政部根据中央"一号文件"精神和国务院批复的方案,联合中国农业发展银行、中国信达资产管理股份有限公司和中信集团股份有限公司等股东单位,在2012年12月底发起设立中国农业产业发展基金。其概况见表6-2所列。

(2) 基金规模

中国农业产业发展基金经国务院批准,由财政部联合中国农业发展银行、中国信达资产管理股份有限公司、中国中信集团有限公司3家国有金融机构共同发起设立。中国农业产业发展基金首期规模为40亿元,4家发起人各出资10亿元,基金存续期为15年,后续将根据基金经营运作情况和农业产业发展的实际需要研究扩募和延期问题。基金为公司制,发起人股东约定在基金存续期内不对投资本金进行分配,基金管理人在基金运营初期重点筛选一批能够尽快出成果的项目,以扩大市场影响力,为下期农业基金募集打下基础。通过一期的发展,后期基金规模可达200亿~500亿元。

表 6-2 中国农业产业发展基金概况表

设立时间	2012 年 12 月
设立依据	主要依据《中华人民共和国合伙企业法》及其他相关的法律、法规的有关规定发起设立并经营
基金发起人	财政部
主要出资方	中国农业发展银行、中国信达资产管理股份有限公司、中国中信集团有限公司
基金类型	封闭式、有限合伙
基金注册地	北京
基金管理人	中国信达资产管理股份有限公司
基金托管人	中国农业发展银行
基金规模	40 亿元人民币

(3) 管理架构

2012 年 12 月 28 日,中国农业产业发展基金签署《基金资产委托管理协议》,聘任中国信达资产管理有限股份公司担任基金管理人,负责基金资产的管理和运作。2013 年 1 月 10 日,中国农业产业发展基金签署《基金资产委托托管协议》,聘任中国农业银行股份有限公司担任基金的托管人。

(4) 投资策略及目标选择

① 基金目标定位与经营原则　中国农业产业发展基金设立的基本目标是实现政策导向与市场经营有机结合,通过市场化经营,重点投资于成长型农业产业化企业和农村发展项目,带动和引导社会资金投向"三农"。

中国农业产业发展基金的定位强调以服务"三农"为前提,以市场化方式进行决策和经营,获得稳定的市场平均回报,这既不同于追求利润最大化的纯商业投资,也不同于传统的财政无偿投入,具体体现在以下 3 个层次:首先,中国农业产业发展基金将按照现代企业制度规范,独立经营,自负盈亏。其次,注重对行业成长性的挖掘和企业基本面的把握,通过向被投资企业提供资金、经营管理咨询、资本市场融资等一条龙服务,深入挖掘农业产业投资的价值,获取稳定投资回报实现自身商业可持续的同时,培育农业产业化龙头企业,通过投资推动农业产业化。最后,深入挖掘农业产业投资的价值,拓宽农业产业融资渠道,改善农村金融环境,加快传统农业向现代农业的转变。

与以上目标和定位相一致,中国农业产业发展基金的经营原则包括:独立经营,自负盈亏;注重经营效益,在风险可控的前提下追求稳定的市场平均回报,具有商业可持续的发展模式;通过直接投资、间接投资等多种方式支持农业产业化运作,服务于"三农",体现国家产业政策发展方向;采取市场化运作方式,与被投资企业建立收益共享、风险共担的运作机制,提高资金使用效率;积极推动农村金融创新,带动社会资金联合投资,开拓农村投融资新渠道。

② 投资策略及目标选择　为体现国家对农业领域的政策扶持,中国农业产业发展基金坚持安全、稳健的投资理念。以价值型投资为主,追求长期增值,主要采取多轮次的组合

投资方法。以股权投资的形式投资于农业产业化龙头企业，农业流通等重点农村服务企业、农业和农村配套服务与建设项目，以及农业保险公司、涉农担保公司等，采取二级市场退出的方式实现短期收益。此外，可进行少量非股权投资。

因此，基金目标企业应至少具备以下条件：农业产业化龙头企业、重点农村建设项目；具备相对成熟的商业模式，并在细分领域具有领先优势；具有清晰的发展思路和发展规划，现实的业务计划以及具有说服力的为实现该计划的路径；具备持续的现金流和利润增长的机会；具备长期的战略投资价值；具有技术或人才优势，具备接受和应有农业新技术的能力；具备尽责、稳定、专注，对农业行业有热情且富有经验的管理层；财务基础规范，并愿意接受现代企业制度；具备后续的IPO或交易出售的强大潜力。

二、新希望产业基金二期

（1）设立背景

2010年3月，新希望集团发起成立人民币基金新希望产业基金一期，专注于"大农牧，泛食品"领域投资。截至2011年1月，基金投资项目包括北京新发地、二商食品、宁夏伊品、深圳中央大厨房、科迪乳业等十余家企业，已投资总额超过5亿元。

2011年11月21日，由新希望集团发起的新希望产业基金二期募集完毕，展开投资。

（2）基金规模

新希望产业基金二期为美元基金，由新希望集团发起，出资方（LP）包括新希望集团、淡马锡、ADM和三井物产。基金也广泛吸收社会资本，上述基金实业出资方出资额度大概占到资金的50%（新希望占其中的70%，其他三方各占10%），其他就是社会资本，也就是财务组织方，基金募集规模为2亿美元。

新希望集团创立于1998年，并于1998年3月11日在深圳证券交易所发行上市。公司立足农牧产业，业务涉及饲料、养殖、肉制品及金融投资等，业务遍及全国。截至2011年年底，其控股的分、子公司近500余家，总资产逾200亿元。公司员工逾7万人。2011年11月，公司农牧资产重组获中国证监会批准，农牧产业整体上市后其饲料年生产能力达2000万t（居中国第一位），年家禽屠宰能力达10亿只（位居世界第一）。该集团在20世纪90年代就开始了海外投资之路，基金成立时在东南亚已有十几家工厂，品牌价值也得到了当地认同。同时，公司在中东和非洲的投资发展也在进行，集团在越南、菲律宾、孟加拉国、印度尼西亚、柬埔寨、斯里兰卡、新加坡、埃及等国家建成或在建20余家分子公司，并以每年5~8家工厂的速度在海外加速发展。

新希望产业基金二期的其他出资方淡马锡公司成立于1974年，是由新加坡财政部负责监管、以私人名义注册的一家控股公司，公司以控股方式管理23家国联企业（可视为其子公司），其中14家为独资公司、7家上市公司和2家有限责任公司，下属各类大小企业2000多家，职工总人数达14万人，总资产超过420亿美元，占新加坡GDP的8%左右。ADM为全球最大的农作物加工企业，而三井物产则为全球最大的综合商社之一。基金重点关注食品安全、农业进步和粮食保障领域，投资整合型和成长型企业。

（3）管理架构

新希望产业基金二期的管理方为厚生投资，厚生投资为首批发改委备案股权投资管理机构之一，曾担任新希望产业基金一期的管理者。值得注意的是，鉴于农业企业的特殊性，在基金募集时加入了风险投资方(Venture Partner)的概念，希望加强基金管理人(GP)与出资人(LP)的沟通，更好地控制投资风险。这一概念的具体实施表现为管理团队的构成。厚生投资的合伙人是王航和张天笠。王航同时是新希望集团董事、副总裁。换言之，基金在一定程度上由新希望集团方面管理。

(4) 投资策略及目标选择

新希望产业基金二期的愿景是"利用产业背景及全球化资源，帮助中国农业企业成长发展"。基金股东背景雄厚，结合各合伙人的优势拥有一支在农业、投资、资本运作上有复合知识背景及经验的投资团队，可为被投企业提供专业化的资本运作增值与产业运营增值服务。

①投资策略及领域　新希望产业基金二期采用典型的PE投资策略，主要表现在以下方面：基金作为财务投资人参与项目投资；原则上不控股，不参与被投企业日常经营管理；通过董事席位参与重大决策；要求少数股东权益保护条款。

基金主要从事农业领域的国际并购，投资重点包括食品安全、农业进步和粮食保障等领域的整合型和成长型企业。这支基金80%的份额将投资于大农业和泛食品领域，剩余部分将投资新材料和新能源项目。起步阶段投资对象集中在国内企业海外上市的红筹项目，以及日本的一些农业科技项目，集团希望通过投资引入日本先进的农业技术。

新希望产业基金二期有着涵盖亚洲、布局非洲、探索中欧的投资规划，现正寻求欧洲和日本等发达市场的投资机会，希望通过入股的方式将其农业和食品类家族企业引入中国市场。

②目标企业选择　从投资企业的行业角度看，据管理层反映，募集完毕的基金中，"大农牧，泛食品"占投资方向的70%，同时关注一些战略性新兴产业，大概占投资方向的30%。

从投资企业的发展阶段看，基金的主要投向分为整合型企业和成长型企业。整合型企业是指一个单独的企业，因包括产品线、产业链和市场渠道的整合，而创造更大的价值，新希望产业基金就是投资相关领域内这一类企业以满足其整合产生的融资需求。成长型企业是指它的业务产品符合行业发展趋势，商业模式具有较高可持续性的企业，这类企业具有较好的成长空间，也是新希望的投资目标。

三、中农科产业发展基金

(1) 设立背景

在建设"国家农业科技创新中心、国际农业科技交流合作中心、国家农业科技成果转移转化中心和农业高科技人才基地"的"三大中心、一个基地"战略指引下，在解决农业及农村经济建设中基础性、方向性、全局性、关键性重大科技问题背景下，2011年7月，渤海银行与中国农科院联手推出设立国内首只农业产业股权基金——中农科产业发展基金。

(2) 基金规模

中农科产业发展基金的发起人为中国农业科学院和渤海银行，首期拟募集资金15亿元，预期Ⅱ期、Ⅲ期的募集资金分别为50亿元和100亿元。

(3) 投资领域与投资策略

中农科产业发展基金立足于支持我国农业科技成果产业化，切实解决农业科技成果转化和企业发展所需的资金、管理等问题,促进科技与资本的融合,有效推动全国农业科技成果产业化进程,服务"三农"和现代农业发展。

该基金主要用于投资国内农业领域高新技术的孵化,以及高成长、创新型、科技型的企业,首期募集资金15亿元,在其投资完成后将开展更大资金规模的募集工作,从而为全国农业科技产业化提供充足的资本保障。

中农科产业发展基金的基本投资策略是将70%的投资方向定位于高速成长、产业化发展迅速、具备行业领先地位的新型农业企业并部分进行产业链内关联企业的投资;30%投资受国家政策支持的农业科技项目(涵盖农业科技孵化项目),建立相关专业管理及运营团队,以工业化量产的模式对企业进行孵化,快速推动农业产业发展进程。投资对象为管理团队优秀、发展前景广阔、战略明确、股权及企业治理结构清晰、盈利模式优秀、股权价值评估合理的农业及相关行业企业。

林业金融实践

林业信托

一、林业信托的内涵

林业信托是以林业资产为信托,以实现林业资产管理增值为目的的信托制度。根据现行法规,我国林业信托基本规则应该是:以信任为基础,林业资产所有人将其合法拥有的林业资产交付给受托人,受托人依据信托契约,以自己的名义管理处分林业信托财产并将收益交付予受益人。从法理上看,林业信托关系是存在于委托人、受托人和受益人之间的关于林业财产的委托转移、管理处分以及受益所形成的财产上权利义务关系。其中,委托人可以是国有林地和集体林地的管理者或承包经营者,以及其他林业财产的合法拥有人,他可以将林业财产转委托他人管理;受托人多为专业的林业经营机构或者信托投资公司,以及其他对林地进行专业化、集约化管理或利用林业财产进行融资的组织,他是实际承担管理处分林业信托财产职责的人;受益人则是依约定获得林业信托收益的自然人或组织,他可以与委托人同一,也可以是分散的多个主体。林业信托的信托财产一般包括林地经营权、林木、依附于森林、林木、林地上生存的植物和微生物等。

2004年10月,重庆国际信托投资有限公司推出了信托周期为2年,资金规模为3亿元的《菲菲森旺经济用材林资金信托计划》,这是信托资金首次进入林业市场推出的产品,与此同时,上海世华科技投资有限责任公司也与中泰信托投资有限责任公司联合推出了《速生杨林木财产信托投资计划》。

我国森工企业林权制度的改革和林业要素市场的发展,使得林业信托融资成为可能。尤其是近些年来,受证券市场的积极影响,信托业呈现出爆发式增长,无论是盈利水平还是整个行业的发展都达到高峰状态。利用信托为林业融通资金会吸引更多社会资金投向林业。虽然从行业的规模、盈利能力、设置的机构数和从业的人员数量上,信托业难以同银行相比较,在金融业的四大支柱行业中占比最小,但是在融资的作用发挥上,信托业并不逊色。尤其是对于森工企业来讲,由于森工企业行业的特点,其在银行融资的门槛较高,但信托业有所不同,它不仅会放宽林业贷款条件,而且还会把延长还款期限,同时通过信托这个媒介的串接，可以将债券、股票、借款等多种金融工具进行优化组合，实现整体的融资组合方案。由此可见，林业与金融产品的结合可以有效地解决林业融资难题，信托将成为林业融资一个新兴渠道。因而，信托可望成为林业融资的主流创新模式之一。信托可以通过直接贷款、股权投资、资产证券化等方式，为林业提供融资服务。通过信托融资产品创新，探索信托借款、林产收益权信托融资适宜模式，可以拓展林业融资渠道。发展和创新森林财产信托业务，创建由信托企业等部门发起并管理，由林业企业和投资者参与的林业产业投资基金，是林业信托融资创新的重要内容。

二、开展林业信托的方式与平台

(1) 林业信托的主要方式

①贷款信托　信托公司以发行债权型收益权证的方式接受投资者信托，汇集受托资金，分账管理、集合运用，通过项目融资贷款的方式，对林业投资项目提供融资支持，以收取利息的方式实现信托收益。在项目融资中，项目主办人专门为项目融资和经营成立一家项目公司。项目公司作为独立的法人单位，以项目公司的名义向外申请贷款。在具体运作中，项目公司可以项目的经营权质押和机器设备等实物抵押。在项目融资贷款信托中，信托公司以信托人的身份，着眼于该项目的收益向项目公司贷款，项目公司依赖项目投产后所取得的收益及项目资产作为还款来源。对于项目的主办人来说，大额项目融资贷款不增加投资人的负债，不在其资产负债表中反映。对于贷款机构来讲，项目融资贷款担保合同的设计需要较高的技巧，而我国利率市场化的趋势也给贷款机构以较大的激励。原本由项目主办人承担的还债义务，部分地在贷款银行、政府和项目主办人之间分散了，各主体间的相互约束和制衡，提高了项目的融资效率。

②股权融资　信托公司可以发起林业信托投资基金，为林业项目或林业企业提供股权融资支持，并从事资本经营与监督，通过股权交易获得较高的投资收益。基金按照国家有关产业投资基金法律、法规和国际通行的公司型封闭式基金的经营管理惯例，结合中国现行的投融资体制，通过制订一整套管理制度和一系列协议、合同、章程等法律文件的形式，建立一个职责分明、相互监督、安全有效的基金运作机制，实行基金公司、基金管理人与基金托管人三权分立、相互制衡的基金管理制度，以保证基金股东投资的安全与回报。

③融资租赁　林业项目投资中，机器设备的购置可以大量运用融资租赁手段。《信托投资公司管理办法》规定，信托投资公司所有者权益项下依照规定可以运用的自有资金，可以存放于银行或者用于同业拆放、融资租赁和投资。信托公司可以用自有资金开展此类业务，而不需要像租赁公司一样向银行贷款。由于减少了中间环节，无论是融资贷款的成本还是租赁贷款的风险控制方面都具有明显优势。

(2) 林业信托的平台

实现林业资产的集约化管理和引导多元化社会资本投资林业经济是当前林业信托的主要任务，根据信托与其他金融产品结合的差异，将林业信托分为林业信托基础平台和林业信托创新平台。

①林业信托基础平台　林业信托基础平台是根据信托原理直接构筑的运作平台，它包

含了信托最基础、最广泛的特征,具体包括:

● 林业信托集合管理

林业信托集合管理是数个林业资产所有人将其合法拥有的可转让的林业财产交付给其共同信赖的受托人托管,受托人聘请专业的林业经营顾问对上述林业集合财产进行专业化管理,受托人将收益交付给委托人的信托行为。

● 林业信托集合融资

林业信托集合融资是数个投资人基于对受托人的信任,将财产主要是现金,委托给受托人,由受托人将这部分财产投资于林业经营,并将收益交付给委托人的行为。

● 林业信托担保

林业信托担保是为了担保债权的实现,将林业资产设立为信托财产,以信托权作为担保物的制度。

② 林业信托创新平台 信托创新平台是在信托规则基础上,通过与其他金融工具的结合衍生出来的综合性信托运作系统。

林业信托融资的主要形式如下。

● 林业信托投资基金,该种形式下,林业信托投资基金首先要向林业投资者发放收益凭证,然后将募集到的资金用于商品林的种植与管理,并利用商品林所产生的现金流向投资者还本付息。这种标准化的发售不仅能为中小投资者带来更多的投资机会,同时林业信托基金还为投资者带来了更大的流动性于投资者的收益可以作为资本利得,所以又为投资者减轻了税收压力。

● 林业基金证券化,由省财政厅拿出部分扶持资金成立信托基金,利用自有资本作为主要发起人,联合有关林业产业链上的相关龙头企业,按封闭式基金要求,向社会投资者募集一定规模的基金份额,组建林业产业投资基金,并且林业产业信托投资基金可以通过股权转让方式退出。所以林业基金证券化并非采用传统的现金流证券化模式,而是将证券化和对森林资源的专业管理进行有机的结合。通过林业基金证券化,可以为林业投资募集的初始投建资本退出机制,同时能够保证未来稳定的现金流。林业基金证券化是基金模式与传统证券化模式的敏合体,基金模式为林业投资募集初始资金,而证券化模式为初始投资建立退出机制。

2004年10月,重庆国际信托投资有限公司推出了信托周期为2年,资金规模为3亿元的《菲菲森旺经济用材林资金信托计划》,这是信托资金首次进入林业市场推出的产品,与此同时,上海世华科技投资有限责任公司也与中泰信托投资有限责任公司联合推出《速生杨林木财产信托投资计划》。通过设立《集合资金信托计划》进行林产收益权信托融资。2007年3月1日起实施《信托公司集合资金信托计划管理办法》中指出,所谓集合资金信托计划,是由信托公司担任受托人,按照委托人意愿,为受益人的利益,将两个以上(含两个)委托交付的资金进行集中管理、运用或处分的资金信托业务活动。对于信托计划的运营与风险管理,《信托公司集合资金信托计划管理办法》规定,"信托公司运用信托资金,应当与信托计划文件约定的投资方向和投资策略相一致"。《信托公司管理办法》规定:"信托公司管理运用或处分信托财产时,可以依照信托文件的约定,采取投资、出售、存放同业、买入返售、租赁、贷款等方式进行。"以林木资产的未来收益权作为基础,根据拟发展的林业项目资金需要状况,设立信托计划,向社会公开发行、募集信托资金。信托资金通过适当的债权、股权、物权等方式投向林业项目,解决林业项目融资问题。

三、林业信托融资项目典型案例

(1)上海中泰信托(工业森林财产优先信托权益投资计划)

2004年2月,上海世华科技投资有限责任公司(简称世华科技)与上海中泰信托投资有限责任公司(简称上海中泰)合作发行的《速生杨林木财产信托优先信托权益投资计划》是我国林业首次通过信托方式进行融资的尝试。其计划说明书见表6-3所列。

表6-3 速生杨林木财产信托优先信托权益投资计划说明书

产品名称	速生杨林木财产信托优先信托权益投资计划			推出时间	2004年2月
发行机构	上海中泰信托投资有限责任公司			成立时间	2004年2月
发行规模	1.7亿元	成立规模	1.7亿元	信托期限	3年
预期年收益率	5%	实际收益率		结束日期	2007年1月
信托方式	贷款	投资领域	农林牧渔	发行地	上海
资金运用方式	世华科技的工业森林财产信托优先信托权益				
相关信息	华闻控股中泰信托后,后者连续推出3个财产信托收益权转让类的信托产品,融资规模巨大,所用资源也仅是一般流动性较差的资产、租赁权、股权等,值得我们借鉴和学习,其运作也抢在监管层紧缩政策之前				

信托计划中,专业投资林木的世华科技作为委托人,将其合法拥有的评估现值为4.25亿元的速生杨林木财产信托给上海中泰,信托中优先信托权益价值为人民币1.7亿元,占信托林木资产全额的40%,信托期限为3年。上海中泰按照信托合同约定对外转让,在市场上向特定投资者出售,投资者在信托期间享有该资产的优先收益权。由在新加坡上市的上海光兆植物速生技术有限公司对优先信托权益的信托利益进行担保,确保优先信托利益达到预期水平。世华科技向投资者承诺在信托计划到期后回购这笔资产,并且信托计划优先信托权益的受益人可在每个信托年度结束前3个月要求世华科技回购其权益。

本信托中优先信托权益以现金方式100%向受益人进行分配,每年分配1次,年回报率5%,第1年和第2年可预期分配的优先信托权益的信托利益为优先信托权益价值的5%。本信托计划优先信托权益的受益人可在每个信托年度结束前3个月要求世华科技回购其权益。在本信托3年期满结束时,该期支付第3年优先信托权益项下的信托利益为优先信托权益价值的105%。

在风险控制方面,合作各方从以下几个方面进行控制:

①信托中的林木由世华科技管理,具体管理事项由林木所在地政府实施 地方政府已承诺对管理不当造成的损失进行赔偿。林木的销售和保险理赔等收入均为本信托的收益。在优先信托权益未满足时,作为委托人的世华科技无法获得在本信托计划中的2.55亿元剩余信托权益。

②该信托专项投资的工业森林是生物组培技术生产的快速生长新树种,信托中的林木

已与多家造纸公司签订保底销售协议，其中与我国著名上市公司晨鸣纸业签订的包销收购协议保底价即达到2亿元，且该包销协议已经公证机关公证。信托中的林木资产已由世华科技投保火灾险及相关附加险，最高赔付金额为3亿元。本项目由将在新加坡上市的上海光兆植物速生技术有限公司对优先信托权益的信托收益进行担保，确保优先信托收益达到预期水平。

③该信托中林权证已过户至中泰信托 同时委托人在本计划中所得价款除去各种费用后，由委托人信托给中泰信托，由中泰信托以自己名义按委托要求进行投资，并以此资金信托的收益权质押给中泰信托，以进一步控制项目风险。

中泰信托与世华科技合作推出的集合资金信托计划是信托融资方式在林业项目的初次尝试，并取得了不错的销售业绩，并且提前收回投入资金，盘活了世华科技的固定资产，提高了流动性，分散了经营风险，证明这种新型金融工具是可以在林业产业中运用的。

但该信托计划也存在一些不足：发行人承诺最终回购资产，承担了过多的风险；发行人承诺随时回购受益凭证使发行人面临资金流动性风险；在内部信用增级中仅把受益权划分为优先受益权和剩余受益权，使较大的风险集中在发行人处；缺乏对投资者利益的保护，受托银行仅仅负责对投资者受益凭证进行偿还和利息支付，没有向投资者公布资产的运行和管理情况，信托机构缺乏有效的外部监督机制；信托受益权不能像证券一样在二级市场自由流通转让。

(2) 湖南信托(科农林业项目集合资金信托计划)

2006年11月29日，湖南省信托投资有限责任公司推出了湖南信托——林业类项目信托产品系列之《科农林业项目集合资金信托计划》，该融资计划于2006年12月4日正式成立。其计划说明书见表6-4所列。该信托计划融资规模：2000万元人民币(不超过2000万元)。信托期限：信托计划项下设两个期限，分别为2年和3年，自信托成立之日起计算。其中：2年期1000万元整，签订信托合同67份；3年期1000万元整，签订信托合同65份。如果借款人提前偿还全部贷款本息，则信托计划提前终止，湖南信托按该计划实际持续天数分配信托利益。预计年收益率：2年期5.2%，3年期5.5%。信托资金运用方式：向湖南省科农林业科技开发有限公司提供贷款，用于科农大酒店装修、配套设施、水产养殖及芦苇项目。信托推介期限：2006年11月29日至2006年12月29日。

表6-4 科农林业项目集合资金信托计划说明书

产品名称	科农林业项目集合资金信托计划			推出时间	2006年11月
发行机构	湖南省信托投资有限责任公司			成立时间	2006年12月
发行规模	2000万元	成立规模	2000万元	信托期限	2年/3年
预期年收益率	5.2%/5.5%	实际收益率		结束日期	
信托方式	贷款	投资领域	农林牧渔	发行地	长沙
资金运用方式	向湖南省科农林业科技开发有限公司提供贷款，用于科农大酒店装修、配套设施、水产养殖及芦苇项目。				
相关信息	本次项目共募集资金2000万元整，其中：2年期1000万元整，签订信托合同67份；3年期1000万元整，签订信托合同65份。				

湖南信托于2007年12月发布《科农林业项目兑付信托收益公告》，告知投资者2007年12月12日开始兑付科农林业集合资金项目第一年的信托收益。该信托计划有以下两点创新：首先，该信托计划设置了2个不同的信托到期时间，这为不同期限风险偏好的投资者提供了不同的选择，并设计了不同的预期年收益率。其次，对于信托贷款的资金的运用方向上，信托计划说明书中明确了委托人（湖南科农林业科技开发有限公司）用于科农大酒店装修、水产养殖及芦苇项目，从而让投资者可以对资金用途进行监督。

但是，该信托计划仍有明显的缺陷：①信托计划只说明资金的用处，但是对于信托资产却只字未提，这也导致投资者收益来源不明。对于信托计划而言，其最大的特点是信托资产的独立性，但是在本信托计划中，并没有对信托财产作任何说明。这同时让投资者承担较高风险。②预期收益率的设计不合理。该信托计划2年预期收益率为5.2%，其年化复合受益率为2.5%；3年的预期受益率为5.5%，其年化复合收益率仅为1.8%，如果仅从投资收益的角度选择，投资会优先选择前者。

林业金融实践

森林资源资产证券化

作为近几十年来最重要的金融创新工具，资产证券化具有显著的增加流动性、分散风险和加强标准化的优势，因此国内外众多学者和研究机构都将森林资源证券化列为林业融资模式创新的首选。从全球角度来看，森林资源证券化市场仍处于起步阶段，实际操作很少，且影响力较小。尤其是在我国，森林资源资产证券化实践仍处于空白状态。因此，急需深化对我国森林资源证券化的研究，促进森林资源证券化早日付诸实施，从而推动我国林业更好地发展。

一、森林资源资产证券化的定义

森林资源资产证券化是资产证券化在森林资源资产中的应用，因此森林资源资产证券化的定义应从资产证券化的定义中衍生而来。传统资产证券化的定义是把能够在未来一段时期产生的可预期现金流集中起来，通过一定的结构安排，对其中包含的风险和收益要素进行分离与重组，并进而转化成为可以在金融市场上出售和流通的证券，以实现低成本融资或规避风险的过程。

在传统的资产证券化定义中，真实销售、风险隔离和信用增级是几个显著的特征；但随着全业务证券化等创新证券化模式的出现，资产证券化已经突破了传统特征的限定，变得更加灵活多样。所以，资产证券化可以从广义角度来定义：缺乏流动性的资产向可交易债券的转变。根据这一定义，森林资源资产证券化可被定义为：缺乏流动性的森林资源向可交易债券的转变。

二、森林资源资产证券化的运作模式

森林资源资产证券化就是将依附于森林资源资产的未来现金流在收益与风险2个维度下进行重新组合，在辅以风险隔离和信用增级等手段之后，转换成流动性较强的标准化证券的过程。

(1) 成功地发行森林资源资产证券需要满足4个条件

①可预见的稳定的现金流　这是发行证券的基础。证券最终要还本付息，可预见的稳定的现金流一方面要满足在利息支付年度里的利息支付需要，还要满足证券到期时的还本需要。实际上资产证券化并不是将实物资产证券化，而是将依附于该资产的现金流或某种权利义务证券化。通过对各种资产的精心设计和组合，可以回避个别风险，使现金流更加平稳。

②真实出售，破产隔离　即将资产由发起人转移到SPV(Special Purpose Vehicle，特殊目的的载体，简称SPV)，这意味着该资产从发起人的资产负债表上消除。当发起人破产清算时，该资产或权益将不进入破产清算程序，即发起人对之没有追偿权，这样资产或权益就与发起人的破产风险完全分离了。对应地，SPV也不能因资产或权益的意外变动而对发起人进行追偿，从而发起人也将不承担该资产的各种风险。这是资产证券化的关键。

③信用增级　真实出售将较高信用的资产或权益和发起人的信用相分离，为信用增级创造了基础。通过对资产池结构的调整，可以消除个别风险，提高信用。在外部，争取较高级别的机构担保或保险，可以进一步提高信用级别。在国外，资产证券化的证券一般可以达到AA级甚至AAA级。权威的信用评级机构的信用认证，能保证信用级别的真实性，为投资者提供可靠的信息。信用增级为证券的成功发行提供了保证。

④有效的市场营销　在充分了解投资者对收益、风险、流动性等偏好的基础上，精心设计不同种类的证券，以满足消费者的不同需要，并将它们推向投资者。这是资产证券化的实现。

(2) 根据资产证券化的条件，森林资源资产证券化的运作方式

①确定要证券化的资产，组成资产池　林业企业首先要根据融资需求确定证券化的目标。当前林业生产企业的目标资产主要是那些已建或待建的森林资源资产，然后对这些资产未来能够产生的现金流进行评估，再将这些资产汇集成一个资产池。

②组建SPV，实现真实出售　设立一个独立的实体SPV，然后将资产池中的资产以真实出售的方式卖给这个SPV。

③完善交易结构，进行预先评级　接下来SPV必须与银行、券商等达成一系列协议与合同以完善交易结构。然后请信用评级机构对交易结构进行预先的评级，也就是内部评级，SPV根据内部评级的结果来采取相应的措施并加以改进。

④信用增级，发行评级　在完成初次评级以后，为了吸引投资者，改善发行条件，降低融资成本，就要提升所要发行证券的信用等级，即信用增级。其具体的增级方式一般为：破产隔离，即将证券化资产的所有权与原企业相分离，从而使资产与原企业的风险相分离，以此提高资产的信用级别；回购协议，即由林业企业与信用加强者达成协定，承诺在证券到期时购回不能兑付的证券余额，以保证投资者能按时得到现金；机构担保，即找信用好的金融机构或银行，为证券化资产担保等。信用增级完成后，再次请专业信用评级机构进行正式的发行评级，并将评级结果公告。接下来，证券的发行由专业证券承销商根据评级结果和当时市场的状况来安排证券发行。

⑤获得证券发行收入，向原权益人支付购买价款　SPV从证券承销商那里获得证券发行收入，按合同规定的购买价格，把发行收入的大部分支付给林业企业，从而实现企业的融资目的。

⑥实行资产管理,建立投资者应收积累金 林业企业融资目的实现以后并不意味着证券化的完成,这时林业企业还要组建一个资产管理小组对资产池进行管理,建立投资者应收积累金。

⑦到期还本付息,对聘用机构付费 到了规定的期限后,托管行将积累金拨入付款账户,对投资者还本付息,向聘用的中介机构支付专业服务费,若有剩余,则按协议在林业企业与SPV之间分配。到此,一个完整的资产证券化过程结束。

三、森林资源资产证券化的主要形式

（1）林业地产投资信托基金（Real Estate Investment Trust，REITs）

林地REITs是REITs的衍生品种,采用了REITs的一般构建与交易模式,但林业REITs所管理的资产仅包括森林资源。按照REITs的定义,林业REITs是一种特殊的信托或基金。在运作过程中,林业REITs向投资者发放收益凭证,将所募集到的资金投资于森林资源的开发与管理,并最终利用经营森林资源所产生的现金流向投资者还本付息。与传统资产证券化中的特殊目的载体（Special Purpose Vehicle，SPV）相比,林业REITs最大的不同在于林业REITs对森林资源保有主动经营管理的权力,而传统证券化中的SPV对森林资源只有隔离保管的权力。林业REITs的成立必须满足一定的条件,即组织要件、收益分配要求、收入测试和资产测试。

根据美国国内税收法,林业REITs成立的组织要件包括：①由一个或多个受托人管理；②全额股份均可交易；③是非公司型组织；④是非金融机构或保险公司；⑤至少具有100位股东；⑥每个缴税年的下半年不得由低于5人的个人投资者控制超过50%的股份。林业REITs能够给投资者带来一系列优势。首先,与一般林业公司相比,林业REITs为投资者带来了更大的流动性,从而规避了进入和退出战略对投资者的限制；其次,林业REITs通过标准化的发售给中小投资者带来了平等投资机会,这一点在林业投资市场中是前所未有的；最后,与一般REITs相比,林业REITs为投资者减轻了税收压力,林业REITs的收益可以作为资本利得,而一般REITs所获得的房租等收入的税率要明显高于资本利得。

（2）林业基金证券化

林业基金证券化是基金模式与传统证券化模式的结合体,基金模式为林业投资募集初始资金,而证券化模式为初始投资建立退出机制。森林基金证券化的基本流程：①成立基金并通过私募或公募形式向养老基金、保险公司等机构投资者与个人投资者融资；②基金与森林资源所有者（多为林农）签署长期合约,从而获得森林资源的处置权；③基金将森林资源交由专业的森林管理公司进行管理；④基金与森林资源买方签署长期供应合同,并以供应合同的未来现金流为基础进行证券化操作,套现后基金到期。

基金模式与证券化模式的结合消除了两者单独在林业投资市场中的缺陷。一方面,证券化缩短了林业基金的存续期,使得林业基金不必等到森林资源真实销售后再收回投资,增加了林业基金对投资者的吸引力,促进了林业基金的推广；另一方面,林业基金降低了森林资源资产证券化的准入门槛。许多小规模的森林资源可以通过林业基金积聚起来进行证券化,降低了证券化的操作成本。另外,基金在资金管理和资产管理方面的专业性也能

增强证券认购者的信心，为森林资源证券化的成功运作奠定基础。

（3）林业债券

林业债券是绿色债券的延伸概念，是一种逐渐兴起的新型林业融资工具。林业债券与其他部门债券（如能源债券、交通债券、医疗债券）有很多相似之处。林业债券的基本思想是依托政府发行传统债券来为森林的管理和保护筹得资金。理论上，林业债券不仅涉及森林的生态功能，也与经济功能紧密相连。林业债券通常引入"政府+企业"的合作模式来平衡森林保护与经营中的收益与风险。林业债券未来是REDD+模式的重要补充。

林业债券在解决地区性林业问题方面颇具前景。一个颇具代表性的例子就是美国的社区林业债券（Community Forestry Bonds，CFB）。CFB的概念是在美国森林面积不断萎缩的大背景下推出的。据美国森林服务部门预计，到2050年美国将有2300万hm^2林地消失，会给就业与生态造成巨大压力。因此，美国在2009年通过了《社区森林保护法案》，授权通过发行CFB来保护各地的商品林。CFB使得有意保护和经营的投资者能够以低成本的免税债券的形式融得资金。CFB的具体应用流程：①满足条件的投资者与现有林地拥有者签署买卖协议，随后政府与投资者签署林地经营与保护的附属协议；②政府代表投资者发售免税的林业债券用于支付林地购买费用；③森林经营收益用于偿付债券本息；④债券到期后，投资者继续保有林地所有权，并有权自行决定林地用途。

探究与思考

1. 简述在资本市场上，企业直接在一级市场筹集资金，同时仍需要二级市场的存在和发展的原因。

2. 简述货币市场和资本市场之间的关系。

3. 试述我国是否应承认场外交易的问题，理论界和实务界存在2种观点：持肯定意见的观点认为，场外交易作为各国证券实践中的重要交易形式，不仅有其存在的历史原因，更有其存在的现实必要。持反对意见者认为，我国证券市场尚属于新生市场，管理经验不足，管好场内交易已属不易，可将发展场外交易市场作为未来考虑。

4. 简述金融衍生工具的双刃作用。

5. 简述风险投资的定义。为什么很多国家十分重视并支持风险投资的发展？

6. 简述市场效率假说的基本思路。运用这一假说时，应该注意什么问题？

7. 简述信用评级对债券发行的影响。

8. 请对我国股票市场进行分析和评价。

第 3 篇

金融发展与创新

第7章 金融发展

7.1 金融发展及其指标

在第二次世界大战后的最初20年,西方主流的经济发展理论与金融理论基本上是相互分离的。20世纪60年代,以雷蒙德·W·戈德史密斯(Raymond W. Goldsmith)为代表的一批经济学家肯定金融发展对于一国的经济增长有不可或缺的作用。20世纪70年代,罗纳德·麦金农(Ronald McKinnon)的《经济发展中的货币与资本》和爱德华·肖(Edward Shaw)的《经济发展中的金融深化》论证了金融部门与经济发展之间存在着密切的关联。他们指出,由于发展中国家存在广泛的"金融压抑"现象,进而阻碍了金融发展、制约了经济增长,所以发展中国家应将金融自由化、金融深化作为发展政策的核心。自此,发展中国家先后推行了以金融发展为目标的金融体制改革。同时,发达国家也相继放松金融管制。一场在全球范围内的金融自由化运动迅速扩展。

金融自由化运动解除了束缚在金融业身上的种种陈规,金融业获得了长足的进步,推动了经济的增长。但从世界一些国家实施金融自由化的经验教训看,即使是内容大体相同的改革,发达国家和欠发达国家实施的结果也不相同;即使同为发展中国家,经济发展水平也大体相近,其改革的经济社会后果也往往存在相当大的差异;某些发展中国家的金融自由化也出现了许多问题。此外,自20世纪80年代至今,金融危机频繁爆发,先后发生了拉美债务危机、墨西哥金融危机、东南亚金融危机等,迫使人们从理论和实践上重新认识了金融深化、金融自由化→金融发展→经济增长的逻辑。经过这样的实践过程,简单鼓吹金融自由化的倾向逐步转到强调需要做具体分析、审慎推进的思路。

7.1.1 金融发展的含义

金融发展作为一个专用术语,按照戈德史密斯的解释,是指金融结构的变化。金融结构包括金融工具的结构和金融机构的结构2个方面;不同类型的金融工具与金融机构组合在一起,可以构成不同特征的金融结构。一般来说,金融工具的数量、种类、先进程度,以及金融机构的数量、种类、效率等的组合,形成了发展程度高低不同的金融结构。金融发展程度越高,金融工具和金融机构的数量、种类就越多,金融的效率就越高。

7.1.2 衡量金融发展的基本指标

对于金融发展的程度:一是根据对金融发展的释义,通过对金融结构状态的数量指标来度量;二是通过金融发展状态与经济增长的相互关系指标来度量。

7.1.2.1 金融内部结构指标

①主要金融资产(如短期债券、长期债券和股票等)占全部金融资产的比重。

②金融机构发行的金融工具与非金融机构发行的金融工具的比率,该比率是用以衡量金融机构化程度的尺度。

③在非金融机构发行的主要金融工具中,由金融机构持有的份额,该比率是用以进一步衡量金融机构化程度的指标。

④主要金融机构(如中央银行、商业银行、储蓄机构及保险组织)的相对规模。

⑤各类金融机构的资产分别占全部金融机构总资产的比率,该比率称为"分层比率",用以衡量金融机构间的相关程度。

⑥主要非金融部门的内源融资(如公司本身的资本积累)和外源融资(主要指通过金融渠道的资本融入)的对比。

⑦在外部融资方面,国内部门(主要是国内金融机构)和外国贷款人在各类债券和股票中的相对规模等。

7.1.2.2 金融发展与经济增长的相互关系指标

(1) 金融相关率(financial interrelation ratio,FIR)

金融相关率是指某一时期一国全部金融资产价值与该国经济活动总量的比值。金融资产包括:非金融部门发行的金融工具(股票、债券及各种信贷凭证);金融部门,即中央银行、存款银行、清算机构、保险组织和二级金融交易中介发行的金融工具(通货与活期存款、居民储蓄、保险单等)和国外部门的金融工具等。在实际统计时,常用国民生产总值或国内生产总值来表示经济活动总量。

(2) 货币化率

任一国的产品和服务均可作这样的二分法:通过货币进行交易的和不通过货币进行交易的。在我们的习惯用语中,通过货币进行交易的称为货币经济,不通过货币进行交易的称为自然经济。货币化率就是指一国通过货币进行交换的商品和服务的值占国民生产总值的比重。这个比重越高,说明一国的货币化程度越高。随着商品经济的发展,使用货币作为商品和服务交换媒介的范围越来越广。对于这种现象,通常就叫做社会货币化程度的不断提高。

由于可以直接使用的统计数据极为缺乏,所以要具体数量化,难度极大。后来,有的学者采用货币供给量与 GDP 的比值来间接表示货币化的程度。这样的数字很容易获得,一国的不同阶段以及国与国之间也有可比性,但这样的间接表示方法只能在有限的条件下使用。在一国经济的货币化程度从低向高发展的过程中,货币供给量的增长相对于 GDP 的增长一般会有较快的递增速度。有时,还会出现货币供给量的绝对值超过 GDP 的绝对值,即比值大于 1 的情况。例如,中国从 20 世纪 90 年代中期开始就是如此。根据世界银行的资料,全球有不少国家和地区的 M2/GDP 超过 1;2010 年,全世界货币化比率的平均值达到 1.09。

除了以上提到的指标外,还可以根据研究的实际需要构造适宜的金融发展指标进行实证分析。例如,金融体系的负债(现金+银行与非银行金融机构的活期以及有息负债)与 GDP 的比值,称为流动性负债比率,可用来衡量金融深度,与金融相关率的用意类似;商业银行——中央银行比率,即商业银行资产除以商业银行与中央银行资产之和,这是分析商业银行与中央银行在配置社会储蓄中的规模对比；私人信贷比率，即分配给私人部门的信贷与国内总信贷的比率，以及通过金融中介分配给私人部门的信贷与 GDP 的比率，可用来衡量信贷在私人部门与公共部门之间的分配；股票市场成交量比率（即股票成交量/GDP）以及股票的换手率（即股票成交量/流通股本）可用来衡量股票市场的发展程度等。

在衡量金融发展的程度时，需要区别质与量两个方面。以上指标都是数量的指标，有的数量指标可能单纯反映量的变化，大多数数量指标还包含质的变化，如反映金融结构的优化、金融风险的降低、金融效率的提高等。正是在质与量的结合中，金融发展才成为经济增长的重大推动力量。

7.1.3 中国金融发展状况

在我国，随着改革开放政策的逐步实施和金融体制改革的不断深化，货币化率和金融相关率呈现快速提高的趋势。就货币化率而言，在改革开放前，虽然总体上也呈上升趋势，但增长速度平缓，这是集中计划经济体制所决定的。那时的现金发行相当于 M_0，各项存款加现金发行相当于广义货币 M_2。改革开放以后，M_0、M_1 和 M_2 占名义 GDP 的比重均迅速提高，尤其 M_2 的比重更是急速上升，反映了经济、金融市场化的成功推进。

改革开放以来，伴随着我国经济的快速发展，金融资产的规模和结构均有了极大的改观。金融资产总额（不包括 M_2）由 1978 年的 2000 亿元增加到 2015 年的 1970 600 亿元，增长了 985 倍。相应地，狭义金融相关比率（不包括 M_2/GDP）由 54.37% 提高到 2015 年的 291.20%，我国的金融资产结构也由单一的金融机构资产形态（曾主要表现为贷款），发展为包括银行贷款、债券、股票、保单等在内的多样化金融资产格局。

由于各国的经济、金融结构与发展模式不同，以及一国不同发展阶段的差异，使得诸如货币化率、金融相关率等一系列金融发展的衡量指标，不能通过简单的纵向或横向比较而轻率做出结论。例如，我国 2018 年的货币化率（广义货币/GDP）接近 200%，而同期美国的货币化率不到 90%，但不能由此得出我国经济的货币化程度高于美国的结论。

需要指出的是，与美国相比，我国 M_2 的统计范围较广。我国的 M_2 包含非居民存款、社保基金、部队、住房公积金等政府存款，而这些都不在美国的 M_2 统计范围内。另外，中国的 M_2 包含所有金额的定期存款，而美国的 M_2 不包括单笔 10 万美元以上的定期存款。如果按照美国的统计口径，2013 年我国的 M_2 余额为 684 000 亿元，M_2/GDP 为 1.2，而不是通常测算的 1.88。也就是说，按照我国现有的广义货币统计口径，显然是高估了实际的货币化水平。

7.2 金融发展与经济发展

在现代市场经济中，金融既是经济体系的核心组成部分，又对所有社会经济活动产生重要影响。考察金融与经济的关系，我们会发现金融与经济的关系十分密切且错综复杂。从整体上看，经济决定了金融的产生与发展，决定着金融的发达水平；同时，金融是经济活动顺利进行的基本条件,是推动经济发展的重要因素。金融失衡将严重影响正常的经济活动,引起经济失衡。

7.2.1 经济发展决定金融发展

在金融与经济的基本关系上,首先表现为经济发展对金融发展起决定性作用。一方面,在经济的发展过程中产生了金融;另一方面,经济的发展水平决定了金融的发展水平。

7.2.1.1 金融产生于经济活动并随之发展

金融是依附于商品经济的一种产业,是在商品经济的发展过程中产生并随着商品经济的发展而发展的。经济学和金融学原理告诉我们,货币的产生是商品生产与交换发展的必然产物,信用也是随着商品经济的发展而逐步发展完善的。因为只有在以交换为基本关系的商品经济中,才存在为交换而生产的劳动产品或为交换而提供的劳动服务,才需要货币这种一般等价物来体现各自平等独立的商品生产者之间等价交换的原则;才出现货币信用的各种形式和工具来解决交换中价值盈余和赤字部门之间的调剂、债权债务关系的频繁变换以及清算支付等困难;才形成银行等各类专门经营货币信用业务的金融机构;才有必要建立宏观金融管理机构,来协调解决全社会商品交换的价值总量平衡问题等。因此,商品经济越发展,交换关系越复杂,金融就越发达。脱离了商品经济,金融就成了无源之水,无本之木。

金融的范畴在商品经济的发展过程中不断得以拓展,从货币活动到银行信用活动,到债券、股票等金融工具交易活动,到期货、期权等金融衍生工具的交易活动等,现代金融已是社会经济活动中居民、企业、政府和国外经济部门等各经济主体实现融资、投资、风险管理等金融目标的必要渠道。在满足经济活动对金融需求的同时,金融自身也获得了充分的发展。

7.2.1.2 经济发展水平决定金融规模、层次和结构

经济发展的不同阶段对金融发展提出不同的要求,同时,在不同经济发展时期,金融的发展条件也不同,由此决定了金融发展的规模、层次和结构。

(1) 经济发展水平决定了金融规模

一方面,从货币角度来看,货币供给的规模依据于社会货币需求量,而货币需求内生于经济活动,与经济发展水平紧密相关;另一方面,从金融资产角度来看,一国金融资产总规模是该国居民、企业、政府等各经济主体所持有的金融资产总额,它直接取决于该国的国民收入水平,取决于经济发展水平。此外,一国金融机构的数量、从业人员的数量等一般也都与该国的经济规模直接相关。

(2) 经济发展水平决定了金融层次

在经济发展的低级阶段,经济活动的正常进行仅需要货币提供顺畅的媒介服务。此时金融只体现为货币,金融活动也只有简单的货币流通、货币融通和货币支付清算等,层次较低。随着经济的发展,经济活动对金融需求的广度和深度逐渐扩展,金融活动的层次和复杂程度不断提高,新的金融工具和金融交易方式不断产生,金融创新日益频繁。与此相

对应，为稳定金融活动，新的金融调控、监管工具与方式不断推出。在现代经济条件下，现代金融进入高层次阶段，现代金融体系成为一个集金融交易、金融风险管理、金融调控、金融监管等于一身的庞大的组织体系。

(3) 经济发展结构决定了金融结构

主要表现为宏观经济的部门结构决定了金融结构，如现代部门与传统部门并存的二元经济结构决定了二元金融结构；经济中开放部门与非开放部门的结构决定了金融业的开放结构；企业的组织结构和商品结构决定了金融机构的业务结构；市场结构决定了金融体系的组织结构和金融总量的结构。

尽管现代金融已经发展成对实体经济具有巨大支配力的系统，但从根本上讲，金融是经济的组成部分，是经济发展的产物。无论是从历史的视角考察，还是从逻辑的关系推理，金融发展始终是由经济发展来决定的，它不能凌驾于经济发展之上。金融不能脱离实体经济而盲目追求自身的发展，金融作为现代市场经济中的第三产业，其基本功能是满足经济发展过程中的投融资需求和服务性需求。因此，金融只有为经济发展服务并与之紧密相结合，其发展才有坚实的基础和持久的动力。金融发展的立足点必须放在开发和加强金融产业的基本功能上，以提供足量优质的金融商品与服务来满足实际经济运行中的各种金融需求，在促进经济发展的过程中获得自身的健康发展。

7.2.2　金融在经济发展中的重要地位与推动作用

金融在随着经济发展而日益发展的过程中，在经济发展中的作用日益增大，重要性日益提高，地位越来越突出。

7.2.2.1　金融是国民经济的核心

邓小平说，金融是现代经济的核心，这是对金融地位重要性的经典论断。为什么金融在现代经济中具有如此重要的地位？

①市场经济从本质上讲就是一种发达的货币信用经济或金融经济　它的运行表现为价值流引导实物流，货币资金运动引导物质资源运动，金融在现代经济活动和社会资源的配置中具有支配性作用。

②金融是现代经济活动的纽带，现代一切经济活动几乎都离不开货币资金运动　金融连接着国内各经济部门，连接着各经济主体，同时又连接着跨国经济主体之间的经济活动。

③金融是现代经济的重要调节杠杆　现代经济是通过市场机制来配置社会资源，而金融是连接国民经济各方面的纽带，它既能够比较深入、全面地反映社会各部门的经济活动，同时还可以影响各经济主体的经济活动决策，来实现国家宏观调控的目标。

7.2.2.2　金融对经济发展的推动作用

金融对经济发展的推动作用主要是通过以下4条途径实现的：

(1) 金融活动为经济发展提供基础条件

现代经济是高度发达的货币信用经济，一切经济活动都离不开货币信用因素。商品和劳务交易要以货币计价并通过货币来实现，各部门的资金余缺调剂要通过银行或金融市场，各种对经济活动实施调节的经济政策也都与货币信用相关。现代金融为现代经济活动提供正常的交易媒介，提供信用支持，提供转账支付与汇兑等金融服务等。因此，金融为现代经济发展提供必要的基础条件。

（2）金融促进社会储蓄，并促进储蓄转化为投资

金融具有储蓄功能，能将社会上的闲置资金集中起来，并将资金提供给需要者有偿使用，实现储蓄向投资的转化。金融是促进社会储蓄并实现向投资转化的理想渠道。一方面，金融机构能提供存款、贷款、债券、股票等多样化的产品，满足资金闲置者的储蓄需求和资金不足者的融资需求，既激励资金闲置者让渡资金使用权，又激励资金不足者选择适当的金融产品和合理的成本来实现融资，促进储蓄与投资的扩大；另一方面，金融体系具有风险识别与资源配置功能，通过金融机构、金融市场的信息生产、收集和管理，能实现良好的风险识别，提高资源配置的效率。

（3）金融活动节约社会交易成本，促进社会交易的发展

金融机构的业务活动和金融市场的交易活动，极大地促进了社会资金流动，节省了社会交易成本，并最终实现社会资源的良好配置，提高经济发展的效率。

（4）金融业的发展直接为经济发展做出贡献

经济发展是全社会各产业的均衡发展，金融作为第三产业，既是现代经济的重要组成部分，又是现代经济发展的重点产业。现代经济的发展，既是经济总量的增加，又是经济结构的优化。金融业作为第三产业中的核心产业，其在现代经济中所占的比重，是现代经济结构优化和经济发达程度的重要指标。随着现代市场经济的发展，金融业获得了快速的发展，金融业的产值大幅度增加，占国民生产总值的比重也在不断提高。在20世纪60年代，主要发达国家的金融业产值所占比重大约为10%，到21世纪初，该比重已超过20%，是增长最快的第三产业。金融业产值的快速增长，直接增加了一国的国民产出，增加了社会就业水平和提高了国民财富，提高了经济发展的水平。

7.2.3 金融活动可能对经济发展产生不良影响

在货币信用高度发达的现代市场经济中，金融的作用力和影响力越来越大，但这种作用力和影响力不完全都是积极的，现代金融业的快速发展在有力推动经济发展的同时，其出现不良影响和副作用的可能性也越来越大。当这种可能变成现实时，其就会阻碍甚至破坏经济发展。概括而论，在现代经济发展中金融可能出现的不良影响主要表现在以下方面。

7.2.3.1 金融总量失控出现通货膨胀、信用膨胀，导致社会总供求失衡

在不兑现的信用货币制度下，由于货币发行不受贵金属储备的硬约束，在技术上具有无限供应的可能性，而在信用货币的供给完全由人为因素确定的状态下，一旦人们的认识发生偏差或操作失当，就可能造成货币供给大于货币需求严重失衡状态，导致通货膨胀。同样，由于信用关系已渗透到经济生活的各个方面，信用形式日益丰富发展，信用不仅能解决盈余和短缺部门的调剂问题，还可以创造或抑制需求。例如，当社会总供给大于总需求时，信用的扩张可以发挥扩大社会总需求、提高经济均衡点

的作用；但当信用过度膨胀或经济已进入较严重的供求失衡时，信用扩张只会加剧供求矛盾，进而引发通货膨胀、信用危机和金融危机，对生产、流通、分配、消费带来诸多不利影响。

7.2.3.2 金融业经营问题形成系统性金融风险，进而引发金融危机

金融业是经营信用的产业，是一个高风险行业，在经营过程中始终伴随着利率风险、流动性风险、信用风险、汇率风险、操作风险、国际风险等诸多的系统性风险和非系统性风险。这些风险的存在直接威胁着金融业的安全，一旦风险失控，就会出现债务危机、流动性危机。而少数金融机构出现支付困难、清偿力不足，就会失去公众信任，动摇信用的基础，引发挤提存款、抛售有价证券、抢购保值品等金融恐慌现象，造成社会支付体系的中断和货币信用关系的混乱，形成"多米诺骨牌"效应，使大批金融机构破产倒闭，整个国家可能陷入金融危机之中。由于金融业在国民经济中的特殊性和作用力，加上金融业是一种公共性行业，涉及面极广，一旦金融危机爆发，必然破坏整体经济运行和社会经济秩序，甚至引发经济危机，累及世界经济。2007年的美国次贷危机所引发的全球金融危机，进而引发全球经济衰退的案例说明，金融具有脆弱性，同时金融风险具有极强的传导性，金融风险的系统性爆发和金融危机必将严重影响经济的稳定和发展。

7.2.3.3 金融创新过度形成金融过度繁荣

由于当代货币信用经济高度发达，特别是20世纪50年代以来西方金融创新出现持续高潮后，大量新型金融工具不断涌现，新型金融市场不断形成，新业务、新交易层出不穷，这些创新成果在活跃金融、推动金融发展的同时，也加大了信用膨胀和金融危机的可能性。特别是那些衍生性金融工具，如从普通信贷合同中衍生出来的资产证券化产品，从虚拟资本中衍生出来的股票指数交易、股票指数期货交易、股票指数期权交易等，从外汇交易中衍生出来的利率互换、货币互换等，从设计到交易越来越脱离真实信用和现实社会再生产，脱离实体经济的发展。它们在金融市场上通过反复易手而自我膨胀，成为最有刺激性的投机工具，在交易量几何级数的放大过程中，拉大有价证券与真实资本价值的差距，滋生金融泡沫，膨胀虚拟资本，刺激过度投机，极大地积累了金融风险。一方面，金融泡沫刺激着投机，使大量的资金不能用于实体经济发展，却在金融市场上兴风作浪；另一方面，金融泡沫不具有持久性，虚拟资本在价格暴涨中的泡沫膨胀，只能通过价格暴跌、泡沫破灭来消肿。这种膨胀与消肿将造成金融市场的动荡和整体经济运转的失常，拉大经济波动的幅度。

正因为在现代经济发展中金融可能带来的这些不良影响有巨大的破坏性，所以当代各国都十分重视金融宏观调控和金融监管，力图通过有效的宏观调控实现金融总量与经济总量的均衡，也力图实现金融结构与经济结构的均衡，并通过有效的外部监管、内部自律、行业互律、社会公律来控制金融机构的经营风险，防止金融泡沫，保持金融安全与健康，实现经济的持续、稳定、协调发展。

7.2.4 经济金融化

经济金融化和金融全球化是当今世界经济、金融发展的两大趋势，在越来越开放的世

界经济形势下，经济与金融在广度与深度上都趋向融合。

7.2.4.1 经济金融化的含义

经济金融化是指一国经济中金融资产总值占国民经济产出总量的比重处于较高状态并不断提高的过程及趋势。也有人把经济金融化看作是包括银行、证券、保险、房地产信贷等广义的金融业在一个经济体中的比重不断上升并产生深刻影响的过程。一般可从以下3个方面来理解经济金融化的含义：

(1) 金融增长快于经济增长，金融资产占社会总资产的比重不断上升

第二次世界大战以后，在世界经济呈现高速增长的同时，金融业也出现爆发性增长，金融业的发展速度超越了经济发展速度。20世纪80年代之前，主要发达经济体金融产业的增长快于整体经济的增长，两者增速之比从比较稳定的1倍逐渐发展到超过2倍。进入80年代以后，金融产业的发展速度进一步加快，金融产业以3倍、4倍的速度快于经济的增长。金融产业的高速增长，使得包括货币资产在内的金融资产占社会总资产的比重不断上升，金融在整个经济中的地位不断提高，金融的重要性日益突出。目前，主要发达国家和部分发展中国家(如中国)的金融资产所占比重均处于极高状态。以货币总量占GDP的比重、银行信贷资产总值占GDP的比重、债券市场价值占GDP的比重、股票市场价值占GDP的比重等指标来衡量一个经济体的经济金融化程度，就会发现许多国家的货币总量、银行信贷资产总值、债券市场价值、股票市场价值已超过该国GDP总值，有的甚至是数倍于GDP总值。

(2) 经济金融相互渗透融合，信用关系成为最基本的经济关系

现代金融活动已渗透到经济活动的各个方面，经济活动与金融活动逐渐融合，成为一个整体，现代经济也被称为金融经济。在许多时候，经济发展状况常以金融发展状况或相关的金融数据进行反映。例如，以银行信贷或投资总量来反映经济增长状况。同时，社会各经济主体之间的经济关系越来越表现为债权、债务关系，股权关系，保险关系和信托租赁等金融关系，人们的财富也越来越多地以金融资产的形式体现，现代经济关系日益金融化。

(3) 政府对经济的调控管理活动日益体现为对金融的调控管理活动

在现代社会中，政府不仅是重要的经济部门，而且负有维护经济稳定与发展的责任。当金融成为经济活动的核心时，通过对金融的监测，就能掌握经济活动的基本状态。政府可以利用金融在经济中的重要地位和作用，来实现对经济活动的调控和管理。随着经济金融化程度的加深，加强国际金融风险管理与防范已经成为各国的共识，国际金融风险的防范和国际金融关系的协调也成为各国政府经济协调的核心部分。

7.2.4.2 经济金融化的发展过程

经济金融化的发展进程可划分为2个阶段：20世纪70年代以前为第一阶段，具体表现为经济货币化；20世纪70年代后至今为第二阶段，即经济金融化。

(1) 经济货币化

经济货币化是指一国国民经济中用货币购买的商品和劳务占其全部产出比重的提高过程及趋势。如果严格按照货币化的定义，货币化程度应该用一定时期内媒介商品劳务交易的货币总量与总产出量之比来表示,即为货币化比率。但由于找不到相对应的统计资料,一般用一定时期的货币存量与名义收入之比来代表,因为经济的货币化直接扩大了货币需求,从而引起货币存量的增加,而一个国家的名义收入基本上可以代表总产出量。在具体分析中,可以按货币层次的口径对货币化比率进行分层研究,目的在于考察货币结构变化及其影响。

与自给自足式的自然经济和以物易物的实物交换相对应,经济货币化是与经济商品化和货币作用力成正比的。需要注意的是,货币化与商品化相关但却不是一个概念。商品化是指所有产出品中用于交换的比例,商品化程度高意味着一国经济发展已经走出了自给自足的自然经济阶段;货币化是指商品交换与分配过程中使用货币的比例,货币化程度与物物交换或实物分配的比例成反比。一般来说,商品化是货币化的前提与基础,但商品化不一定等于货币化,因为在商品化的交换与分配中,也会存在一部分物物交换与实物分配的比例,这部分就是"非货币化的"。在现实中,商品经济的发展也不是必然伴随着货币化程度的提高,两者之间有时是不同步的,究其原因,既有客观因素,但更多的是人为的或体制的原因。例如,一些发展中国家忽视货币在发展商品经济中的重要作用,在生产、流通、分配、消费领域采用某些强制性的行政干预或计划调配方式,就会造成货币化程度滞后于商品经济发展程度的局面。

(2) 经济金融化

经济金融化程度通常用金融相关率(Financial Interrelations Ratio,FIR)来衡量,是指一定时期内社会金融活动总量与经济活动总量的比值。金融活动总量一般用金融资产总额表示。

随着当代经济和信息技术的发展,金融创新层出不穷,使得金融结构发生明显变化,货币性金融资产占总金融资产的比重持续下降,而大量的非货币性金融资产却高速增长,非货币性金融资产所占比重大幅上升。此时,若继续用货币化比率指标来反映一国金融、经济发展水平与市场化程度,就可能出现解释变量与被解释变量之间产生背离问题。在许多发达经济体中,货币化比率指标普遍地呈现下降趋势。因此,这一阶段需要从金融资产的角度来反映和研究金融与经济的关系。与此相应,经济货币化就发展为更为广义的经济金融化。

无论是逻辑分析还是各国经验都表明:一国经济的货币化先于金融化,货币化是金融化的先导和基础,当货币化达到一定程度时,金融化趋势才随非货币类金融工具的迅速扩张而趋于强劲。这是现代经济中金融渗透的主要形式,也是货币化向纵深发展的必然结果。

7.2.4.3 经济金融化的作用与影响

西方经济学家一致认为,经济金融化是一国经济发展水平和经济发展进程最重要的标志。许多权威经济学家(如戈德史密斯、弗里德曼和施瓦茨等)的经典研究表明,不同国家在货币化比率和金融相关比率上的差别反映了其经济金融发展水平的差距。从另一个角度来看,经济金融化提高了经济效率,促进了经济的发展。对于低货币化和金融化的经济体而言,提高货币化和金融化的过程,是改善经济发展条件和金融推动经济发展的过程。

经济金融化的差别既表明了经济发展水平的差异，也体现了金融在经济运行中的地位、作用及其职能发挥状况的优劣，即金融效率的差异。经济金融化程度高，一方面表明社会经济活动越来越多地通过货币来表现和实现，货币的作用范围大，渗透力、推动力和调节功能强；反之则相反。另一方面，表明社会金融活动活跃，金融对经济资源的配置作用力强，金融能更有效地实现对经济的调节作用。

经济金融化是经济与金融逐渐走向融合的过程，是经济与金融互动发展的过程。一方面，经济与金融的交融发展，既促进了经济的发展，也为金融作为重要产业的发展拓宽了空间；另一方面，也意味着通过金融影响与调节经济的功能日益增强，使金融成为宏观经济调控的着力点。

但也必须看到，经济金融化的过程是金融高速增长和膨胀的过程，也是金融与经济逐步脱节与虚拟化的过程。一旦金融与经济的融合度降低，金融出现自身膨胀，就将积累起巨大的风险。而经济金融化又促使风险在金融与经济之间快速传导，金融风险将迅速引发经济风险，进而引起经济危机。美国次贷危机所引发的全球金融危机，并最终引发全球经济衰退，就是一个典型的案例。因此，经济金融化过程下，如何适度发展金融、控制金融风险，将是一个永恒的话题。

阅读与思考

习近平总书记谈金融与经济

2017 年 7 月，习近平总书记在全国金融工作会议上指出，做好金融工作要回归本源，服从服务于经济社会发展。金融要把为实体经济服务作为出发点和落脚点，全面提升服务效率和水平，把更多金融资源配置到经济社会发展的重点领域和薄弱环节，更好满足人民群众和实体经济多样化的金融需求。要坚持质量优先，引导金融业发展同经济社会发展相协调，促进融资便利化、降低实体经济成本、提高资源配置效率、保障风险可控。

习近平总书记强调，金融是实体经济的血脉，为实体经济服务是金融的天职，是金融的宗旨，也是防范金融风险的根本举措。

2019 年 2 月 22 日，习近平总书记在中共中央政治局就完善金融服务、防范金融风险举行第十三次集体学习时指出，金融要为实体经济服务，满足经济社会发展和人民群众需要。金融活，经济活；金融稳，经济稳。经济兴，金融兴；经济强，金融强。经济是肌体，金融是血脉，两者共生共荣。我们要深化对金融本质和规律的认识，立足中国实际，走出中国特色金融发展之路。

7.3 金融结构与金融发展

7.3.1 金融结构及其表现形态

金融结构是指构成金融总体的各个组成部分的分布、存在、相对规模、相互关系与配合的状态。在某一时点上考察金融结构时，它表现为一个静态的既定状况；从历史的角度看,它始终处于动态的演变状况,其结果导致了金融发展水平和层次的提升。

金融结构有多种表现形态,体现着各种金融要素的组合与运作状态,反映了金融发展的不同程度及其在国民经济中的重要性。考察金融结构的表现形态可以从多方面来进行。一般通过考察金融业各分行业(银行、证券、保险、信托、租赁等)的产业结构、金融市场结构、融资结构、金融资产结构、金融开放的结构等,可以综合反映出一国金融结构的基本状况。

7.3.2 形成金融结构的基础性条件

金融结构是金融发展的现实体现,一个国家或地区的金融结构是金融发展过程在内外部因素共同作用下逐渐形成与演变的结果。各国金融结构的差异源于形成金融结构的基础性条件不同。一般来说,形成一个国家或地区金融结构的基础性条件如下。

7.3.2.1 经济发展的商品化和货币化程度

商品化是指所有产出品中用于交换的比例;货币化是指商品交换与分配过程中使用货币的比例。只有在以交换为基本关系的商品经济中,才存在为交换而生产的劳动产品或为交换而提供的劳动服务,才需要货币这种一般等价物来体现各自平等独立的商品生产者之间等价交换的原则,才出现货币信用的各种形式和工具来解决交换中价值盈余和赤字部门之间的调剂、债权债务关系的频繁变换以及清算支付等困难,才形成银行等各类专门经营货币信用业务的金融机构,才有必要建立宏观金融管理机构来协调解决全社会商品交换的价值总量平衡问题。因此,商品化和货币化程度越高,交换关系越复杂,货币使用范围越大,金融结构就越发达。

7.3.2.2 商品经济的发展程度

在商品经济发展的低级阶段,市场上只有简单的金融需求,金融活动只能解决货币流通、资金融通和支付清算等基本金融问题,金融机构的经营范围窄,业务能力弱,金融市场上只有简单少量的金融交易活动,金融结构也处于简单状况。在商品经济逐步发达的高级阶段,市场上出现许多复杂的金融新需求,金融规模也随之日益扩大,金融业必须通过多种金融机构、多种金融业务、多种金融工具、多条融资途径才能提供社会所需的各种金融产品与服务,才能满足广大投资者和筹资者的需求,金融结构也因此而日益复杂。

7.3.2.3 信用关系的发展程度

这通常可以从4个方面考察:①多种信用形式齐备规范,各经济主体都可以通过相应的形式从事信用活动,信用关系成为全社会最普遍、最基本的经济关系;②全社会成员在经常性的信用活动中具有明确的信用价值理念和是非观念,普遍具有良好的守信习惯与意愿;③各种信用活动都纳入具有强大约束力和制衡力的信用规则下运行,信用秩序井然并具有自动维护机制;④社会信用体系健全,信用中介机构、信用服务机构和信用管理机构齐备并规范运作,所建立的社会征信系统高效运作,覆盖面宽并具有权威性。毫无疑问,一国的信用关系发展程度越高,金融结构就越复杂,金融发展的层次和水平也越高。

7.3.2.4 经济主体行为的理性化程度

在市场经济中,各独立的经济主体的理性化主要体现在他们能够趋利避害地进行选择。各种投资和融资活动都以获取收益为目的，投融资双方都将选择各种有利于降低成本、增加收益的投融资方式或渠道，充分利用各种金融业务、金融交易与金融工具，灵活调度和有效运用资金。因此，经济主体的理性化程度越高，金融需求就越旺盛，金融业务、金融交易与金融工具的种类就越多，投融资方式和渠道也越多，金融结构就越发达。

7.3.2.5　文化、传统、习俗与偏好

不同的社会文化、传统、习俗与偏好，通过对人们经济行为和金融行为的作用在金融结构的形成中具有重要的影响。例如，倡导儒家文化传统、偏好安全性、推崇团队精神、历史上银企关系密切的日本人和韩国人，与崇尚个性、弘扬个性、偏好风险的美国人，在金融工具的选择和投融资方式的偏好等方面存在较大差异，在长期的历史进程中逐渐形成了本国特有的金融结构。这也是为什么在同样发达的商品经济、货币化程度和信用条件下，不同国家会形成不同金融结构的重要原因。

7.3.3　影响金融结构变化的主要因素

基础性条件相同的国家，会形成大致相同的金融结构。但金融结构形成之后，并不是固定不变的，事实上金融结构一直处于不断变动的状态，并且恰恰由于金融结构的变动，才引起了金融发展水平与层次的变化。通常导致金融结构发生变动的主要因素如下：

7.3.3.1　制度因素

从历史的角度看，货币制度的变迁是货币结构变化的主要原因。信用制度的形成与完善可以解释金融工具结构、金融市场结构和融资结构演进的原因。新式银行制度的建立与发展则是导致金融产业结构形成与变化的重要因素。

从现实的角度分析，不同的制度安排对一国的金融结构具有决定性作用。首先，经济和金融体制安排。毫无疑问，在计划金融体制与市场金融体制下将形成 2 种迥然不同的金融结构。在我国计划金融体制下，"大一统"的金融结构就是一种高度集中统一、垂直单向而又严谨的类型，没有金融市场，金融机构、金融业务和金融工具、融资方式也都十分简单。而在市场经济金融体制下，各种金融要素都是多元化的，金融市场发达，金融结构自然相对复杂。特别是从计划金融体制向市场金融体制的转换，是转型国家金融结构发生重大变化的根本原因。其次，金融监管体制的安排。例如，实行严格分业经营和分业监管的国家，与实行混业经营与监管的国家，形成不同的金融结构。一般来说，在分业经营和分业监管体制下，金融机构和金融业务的细分，会使金融产业结构、金融市场结构和融资结构中的种类增多，构成更为细密。而监管体制的变化将导致金融结构也发生相应的变化。例如，发达国家对银行从自由经营到严加监管的制度变迁中，由于作出了各种资产流动性和安全性比率规定、支票存款不付息、强制存款保险等制度安排，导致了货币结构、金融资产结构和融资结构的变化。在一些国家从严格分业经营与分业监管向混业经营与混业监管转变的过程中，金融产业结构、金融市场结构和金融工具结构等都发生了巨大的变化。

7.3.3.2　金融创新的活跃程度

金融创新越活跃，新的金融机构、金融工具、金融市场、融资方式和技术就越多，推陈出新就越频繁，金融结构也就变化越快。20 世纪 70 年代以来，西方发达国家在大规模、全方位的金融创新中，广泛采用新技术，不断形成新市场、新金融工具、新交易、新服务层出不穷，直接导致了金融结构的深刻变化，形成了世界金融业的新格局。

7.3.3.3 技术进步

技术进步历来是导致经济结构变化进而推动经济发展的重要力量，金融产业也不例外。现代科学技术的突飞猛进及其在金融业的广泛应用，已经并将继续导致金融结构发生巨大的变化。近几十年来，数学分析技术、电子技术、信息技术、工程技术、管理技术等多种技术在金融业的引入，使金融业的融资技术、避险技术、分析技术和管理技术等得到了长足的发展，并因此改变了原有的金融结构。其中最突出的是微电子技术及计算机网络技术在金融业的大量运用，改变了传统的金融结构。金融业务处理电子化、资金流转电子化、信息处理电子化、交易活动电子化等金融电子化的发展，为多种新的金融工具和交易方式的产生提供了基本的技术支撑。电子货币的出现及电子支付系统的运作改变了原有的货币结构。各种衍生金融工具的出现与交易、完全由计算机系统组成的24h全球一体化市场的出现与运作、网络银行的诞生和电子商务的普及，使金融市场结构和金融产业结构正在发生深刻的变化。

7.3.3.4 开放程度

一国是否实行对外开放政策，对该国金融结构的影响很大。一般来说，在开放条件下，一国的金融结构在相当程度上受外部因素的支配和影响。特别是与东道国金融关系密切的发达国家，通过金融机构的进入、金融业务和融资技术的带入、资本流动等形式，将导致东道国金融结构的变动。这一点在过去的殖民地国家中表现得尤为突出，也是目前许多发展中国家在开放进程中金融结构变化的重要原因。

7.3.4 金融结构的分析指标与评价角度

对一国金融结构的状况与优劣可以从多层面、多角度展开分析。由于结构首先表现为总量中各个部分的构成状况，因此，金融结构分析的一个主要方面就是研究组成总量的各个部分之间的数量比例关系，即通常采用的结构比率分析方法。例如，西方学者戈德史密斯采用以下的结构比率指标对金融工具和金融机构的结构进行考察：

①金融相关比率　现有金融资产总值在国民财富中所占的份额。
②金融构成比率　各类金融工具在金融工具总额中所占的份额。
③金融工具比率　金融机构发行的金融工具与非金融机构发行的金融工具之比。
④金融部门比率　各经济部门在金融资产和金融工具中所占的份额。
⑤分层比率　同类金融机构资产在全部金融机构总资产中所占的份额以及在主要金融工具中所占的份额。
⑥金融中介比率　所有金融机构持有的金融资产在全部金融资产中所占的份额。
⑦融资比率　各融资方式占全部资金来源的份额。

国内有学者采用分层次的结构比率分析法来考察金融资产的结构：第一层次是货币类、证券类、保险(保障)类金融资产分别占金融资产总值的比率；第二层次是分析上述3类金融资产各自的内部比率，例如，货币结构、证券结构、保障类金融资产的内部结构；

第三层次是在第二层次基础上的细分，例如，货币结构中的存款货币可按部门（居民、企业、政府）分析各自的结构比率；依次还可以往下类推到第四层次、第五层次以至更多的层次去分析。应该说，采用各种结构比率指标进行分析，是对金融结构进行定量分析和实证研究的基本方法，也是对金融结构进行静态描述和动态分析最重要的工具。

问题在于，采用数量比率指标虽然可以描述与反映金融结构的状况及其演变，但却难以评价或判断金融结构的合理性与优劣程度。由于金融问题的复杂性，到目前为止，对金融结构的规范性研究还无法用一个或一组确定的数量比率指标来进行，而在结构分析中，仅仅停留在对状态的描述与反映上显然是不够的。因此，单纯用定量分析的方法似乎还不能全面研究特别是评价金融结构，还需要运用定性分析的方法，对金融结构的合理性和优劣程度作出评价。

对于任何一个产业来说，其特有的功能及其强弱决定了其对经济和社会的贡献度，因此，评价产业结构的合理性与优劣，一般可以通过考察其特有的功能是否齐备和功能发挥是否充分来进行。同理，对金融结构合理性与优劣程度的考察也可以采用功能视角来进行。考虑到金融各个要素及其组合后所提供的功能，大致可概括为3个：

①投融资功能　该功能的强弱主要表现在金融资源的开发利用程度、投融资的便利程度、投融资的成本大小和价格的合理程度、投融资的效率、资金配置的优化程度等方面。

②服务功能　该功能的强弱主要表现为能否提供支付清算的便利以促进交易的完成，能否提供代理（代收代付、代客买卖）、信托、现金管理、保管箱、信息、咨询、理财、代理融通、银行卡等业务以满足社会各种金融需求，能否提高经济生活的质量并增加社会总福利。

③风险管理功能　该功能的强弱主要表现为能否有效地分散和回避风险以保持金融资产的安全性，能否为人们生活中的各种不确定性风险提供保险和保障等。可见，在定量的结构指标分析基础上，从金融功能强弱的角度来评价金融结构的合理性与优劣程度是比较科学的。

7.3.5　金融结构的作用与影响

金融结构的作用与影响主要表现在以下2个方面：

7.3.5.1　对金融发展的决定与影响力

一般来说，金融结构越复杂，即金融机构、金融工具、金融市场及其组合的种类越多、分布越广、规模越大，金融功能就越强，金融发展的水平和层次就越高。从历史的线索看，如果只有金融总量的增长，没有金融结构的演进，金融发展只能是同一水平或层次上的数量扩张；只有通过结构的变化，才能增加或提升金融功能，出现升级性的金融发展。在各国金融发展进程中，金融结构的差异，往往导致金融功能的强弱不一，从而决定并影响各国在国际金融活动中的竞争力；同时，不同的金融结构也是决定和影响各国金融稳定性和避险能力的重要因素。

7.3.5.2　对经济发展的影响

金融结构对经济发展的影响主要表现在2个方面：

(1) 有利于提高储蓄、投资水平，并通过有效配置资金来促进经济增长

戈德史密斯的研究表明，在现代经济增长中，储蓄与投资水平具有决定性作用，而要提高储蓄与投资水平又取决于金融结构。在金融结构演进过程中，有 2 个因素造成了储蓄与投资两者功能的分离并相应提高了储蓄与投资的水平：①出现了金融工具；②成立了金融机构并扩大了金融资产的范围。假定其他因素不变，储蓄与投资两者功能的分离提高了投资效益，并提高了资本形成对国民生产总值的比率，通过储蓄与投资两个渠道的金融活动提高了经济增长率。合理的金融结构可以使投融资成本趋于下降，有力地促进储蓄向投资的转化；可以使金融机构和金融市场能够提供更多、更灵活的投融资安排，从总体上满足不同投资者和筹资者的各种需求，从而使全社会的资金融通更为顺利。各种投融资限制的逐渐消除，使各类投融资者实际上都能进入市场参与活动，金融业对社会投融资的满足度和便利度的上升将有力地推动经济增长。

(2) 通过金融结构的优化，完善服务功能和风险管理功能，以提高经济发展的水平

金融业通过提供大量具有特定内涵与特性的金融工具、金融服务、交易方式或融资技术等成果，从数量和质量两个方面同时提高需求者的满足程度，为经济社会提供各种金融便利和服务，为人们生活中的各种不确定性风险提供保险和保障，增加金融商品和服务的效用，从而增强金融的基本功能，提高金融运作的效率，满足不断增加的各种金融需求，提升人们经济生活的质量并增加社会总福利。

综上所述，金融结构不仅是金融发展状况的具体体现，而且对一国金融发展和经济发展具有重要的决定作用和影响力。保持或优化金融结构，可以通过增加金融商品和服务的效用，提高支付清算的能力和速度，增加金融机构的资产和盈利率，有利于提高金融产业的运作效率；可以通过提高市场价格对信息反应的灵敏度，增加可供选择的金融商品种类，增强剔除个别风险的能力，降低市场交易成本，提高投融资的便利度等，有利于提高金融市场的运作效率。因此，金融结构的演进与优化总是和金融效率、金融发展水平、金融国际竞争、金融的发展水平、稳定性程度、产业功能和运作效率与金融结构的合理性正相关。

7.4 金融压抑

7.4.1 金融压抑的概念

金融压抑是指市场机制作用没有得到充分发挥的发展中国家所存在的金融管制过多、利率限制、信贷配额以及金融资产单调等现象。即金融市场发展不够、金融商品较少、居民储蓄率高。表现为利率管制、实行选择性的信贷政策、对金融机构进行严格管理以及人为高估本国汇率，提升本国币值等。

金融压抑理论是由美国著名经济学家麦金农首创。在《经济发展中的货币和资本》一书中，麦金农从金融制度绩效的角度强调"金融压抑"对经济发展的负面影响。他尖锐地指出，正是政府对金融的过度管理才抑制了储蓄的增长并导致资源配置的低效率，并提出了废除金融管制、实现金融自由化的政策建议。

7.4.2 发展中国家普遍存在的金融压抑现象的主要表现

麦金农和爱德华·肖等分析，与发达国家相比，发展中国家的金融体制显得很落后。从金融结构的角度来考察，主要表现在这些方面：

①发展中国家的金融工具形式单一、规模有限，发达国家的金融工具多种多样、规模庞大。

②发展中国家的金融体系存在着明显的"二元结构"：以大城市和经济发达地区为中心的由现代大银行为代表的现代部门；以落后的农村为中心的由钱庄、当铺、合会为代表的传统部门。

③发展中国家金融机构单一，商业银行在金融活动中居于绝对的主导地位，非银行金融机构则极不发达；金融机构的专业化程度低，金融效率低。而发达国家的金融机构体系却功能全面。

④发展中国家的直接融资市场极其落后，并且主要是作为政府融资的工具而存在；企业的资金来源主要靠自我积累和银行贷款。

⑤由于发展中国家实行严格的管制，致使金融资产价格严重扭曲，无法反映资源的相对稀缺性。具体表现是压低实际利率，高估本国货币的币值。

7.4.3 金融压抑的政策原因

虽然金融压抑与发展中国家经济落后的客观现实有关，但发展中国家政府所实行的金融压抑政策更是起直接作用。发展中国家的政府都想积极推动经济发展，但面临经济发展水平低、政府财力薄弱、外汇资金短缺的现实。为了获得资金、实现发展战略，政府常常不得不对存贷款利率、汇率、信贷规模和投向、国际资本流动以及金融业的准入等实行全方位的限制和干预。这种压抑性的金融政策主要体现以下几个方面：

7.4.3.1 人为压低实际利率

发展中国家通常以设定存贷款利率上限方式来压低利率水平；同时，由于依靠通货膨胀政策来弥补巨大的财政赤字，通货膨胀率往往居高不下。其结果是实际利率通常很低，有时甚至是负数。这就严重脱离了发展中国家资金稀缺，从而必然要求利率偏高的现实。过低的实际利率使得持有货币(这里指广义货币 M_2)的实际收益十分低下，金融资产的实际规模也就无从得到发展。

7.4.3.2 采取信贷配给方式分配信贷资金

由于利率低下带来的储蓄低下、投资膨胀，发展中国家通常面临着巨大的资金短缺。面对这种情形，往往实行选择性的信贷政策，引导资金流向政府偏好的部门和产业。而这些为政府所偏好的企业和项目，大多是享有特权的国有企业和具有官方背景的私有企业，投资收益率通常并不理想。由此导致的直接后果是资金分配效率十分低下。

7.4.3.3 对金融机构实施严格控制

这种控制包括对金融机构要求很高的法定准备金率和流动性，以便政府有效地集中资金；严格限制金融机构的资金流向；严格限制某些种类金融机构的发展；实施金融机构的国有化等。政府倾向于鼓励那些能够从中获取巨大铸币收益的金融机构和金融工具的发展，抑制其他金融机构和金融工具的发展。银行系统往往受到偏爱和保护，因为通过储备要求及强制性地持有政府债券，政府可以无息或低息为公共部门融资。私有债券及证券因为无从获取铸币税，政府则借助于交易税、印花税及资本所得税等多种形式对其进行抑制。这些控制造成的直接后果是金融机构成本高昂、效率低下，金融机构的种类单一、专业化程度低。

7.4.3.4 人为高估本币汇率

发展中国家为了降低进口机器设备的成本，常常人为地高估本币的汇率，使其严重偏离均衡的汇率水平。发展中国家产品的国际竞争力本来就处于弱势，过高的本币汇率使其更弱；经济的落后本来需要进口，过高的本币汇率使进口需求更高。其结果是汇率政策使自己陷入了更为严重的外汇短缺境地。因此，发展中国家不得不实行全面的外汇管制，对稀缺的外汇资源进行行政性分配。与此同时，一些持有官方执照的进口商就能利用所享受的特权赚取超额利润。在许多发展中国家实行"进口替代"政策的情况下，还加剧了重视重工业和轻视农业、轻工业的后果。

7.4.4 利率管制对经济增长的副作用

发展中国家的金融压抑政策扭曲了金融领域的"价格"——利率，进而对经济效率造成了损害。人为压低利率的消极作用主要表现在4个方面：

①低利率促使人们更关心现期消费，忽视未来消费，扭曲了公众对资金的时间偏好，从而导致储蓄水平低于社会最优水平。低的储蓄使投资也低于最优水平，最终损害经济的增长。

②低利率使潜在的资金供给者不去正规的金融中介机构存款，而是直接从事收益可能较低的投资，这就降低了整个经济体系的效率。

③政府管制的金融中介可能因地方性的、非正规的、地下的信贷市场的兴起而被削弱。

④由于资金成本较低，银行借款人会投资于资本密集的项目。因为利率较低，收益较低的项目也会产生利润，这就产生了对贷款的超额需求。为避免信贷扩张产生通货膨胀，政府和银行不得不在实行利率压制政策的同时，实施行政性信贷配给。其结果是，寻租和腐败行为难以避免；由于逆向选择的结果，整个银行体系的资产质量会下降。

利率管制不但阻碍发展中国家的经济增长，发达国家存在的利率管制也同样会产生消极影响。20世纪60年代末期以后，通货膨胀率的上升使市场利率不断提高。因为银行存款利率受到利率上限的管制，致使市场利率与银行存款利率的差距拉大，造成了西方某些发达国家的银行体系出现了"脱媒"(disintermediation)现象。美国在1966年、1969年、1973—1974年、1978—1979年曾4次发生银行存款大量流失和信用收缩的脱媒危机。

7.5 金融自由化

麦金农和爱德华·肖认为，金融压抑政策所带来的金融萎缩严重制约了发展中国家的经济增长，使得发展中国家陷入了金融萎缩和经济萎缩的恶性循环。他们认为，发展中国家必须解除对金融资产价格的不适当管制，通过金融自由化政策、金融深化政策来促进金融部门自身的发展，进而促进经济增长，以打破这一恶性循环。

7.5.1 金融自由化改革的核心内容

金融自由化改革的核心内容主要有以下几个方面：

(1) 放松利率管制

政府维持官定利率，人为造成资金供求的均衡价格与官定价格之间存在着巨大差距。由于官定利率远低于潜在起作用的供求均衡利率，因此在信贷分配上将会出现大量的官商勾结、以权谋私等问题。为了消除这一弊病，不少发展中国家解除了对利率的管制，更多的国家则是对利率采取了较为灵活的管理方式。

(2) 缩小指导性信贷计划实施范围

在实施金融自由化之前，许多发展中国家政府都对信贷分配实施指导性计划管理；在政府影响力较强的国家中，这些所谓的指导性信贷计划实际上起着指令性计划的作用。这种对金融活动的人为干预，效果大多很差。20 世纪 70 年代中期，许多发展中国家缩小了指导性信贷计划的实施范围，而阿根廷、智利和乌拉圭三国完全取消了指导性信贷计划。

(3) 减少金融机构审批限制，促进金融同业竞争

在发展中国家，一方面是金融机构数量不足，另一方面是存在着本国和外国银行登记注册中的各种障碍。不允许自由进入金融行业，势必造成金融垄断；金融垄断派生的不合理信贷分配和僵化的利率必然造成金融运行的低效率。认识到这一点，许多发展中国家将降低进入金融行业的门槛作为金融改革的一个重要内容，以促进金融同业竞争。

(4) 发行直接融资工具，活跃证券市场

在放开利率管制、鼓励金融机构间竞争的同时，实行金融自由化的国家无不积极发展证券市场。具体内容是增加可流通金融工具的发行数量，培育证券一、二级市场，完善有关的证券管理法规，适时对外开放证券市场。

(5) 放松对汇率和资本流动的限制

相对于其他金融自由化措施，汇率和资本账户的放开进度要缓慢得多。由于发展中国家的管制汇率往往高估本国货币，一旦放开，可能出现本币的大幅贬值。这对于进口依赖较强的国家会引发严重的通货膨胀。因此，不少国家对汇率的放松持相对谨慎的态度，一般采取的是分阶段、逐步放开的方法。开放资本账户就是本币实现资本项目可兑换，这要比实施经常项目下的可兑换复杂得多。实际上，不少工业化国家也程度不同地限制资本流动。据 IMF 统计，所有工业化国家在 1995 年初就实现了资本项目下的货币自由兑换。而发展中国家则主要是实现经常项目下的货币自由兑换。

7.5.2 发展中国家的金融自由化改革

阿根廷、智利和乌拉圭这 3 个国家在 20 世纪 70 年代中期实施了金融自由化改革试验。它们的改革措施主要有 4 项：①取消对利率和资金流动的控制；②取消指导性信贷计划；③对国有银行实行私有化政策；④减少本国银行和外国银行登记注册的各种障碍。

智利的改革开始以后，通货膨胀率从 1974 年的 600% 下降到 1981 年的 20%。阿根廷和乌拉圭两国的通货膨胀率仍居高不下。按照实际利率水平，智利在 1980—1982 年分别为 12.1%、38.8% 和 35.7%；阿根廷和乌拉圭不时出现负利率，但这两个国家的利率在许多时期还是相当高的。在改革过程中，许多私营企业发生财务困难。20 世纪 80 年代初，一些金融机构濒于破产。上述 3 个国家的金融当局为了救助这些破产银行，曾采取货币扩张的措施，但这种救助措施同时造成了宏观经济的不稳定。在这种情况下，阿根廷和智利被迫重新采取对金融的直接控制措施；在直接控制实施了一段时间后，才逐渐恢复了金融自由化政策。

有人认为，新西兰是从严格管制的金融体系向主要依靠市场机制的金融体系过渡的范例。直到 1984 年，新西兰政府对金融的干预还十分普遍。其表现为大部分金融机构的利率受到管制；信贷按指令分配给住宅业、农业等优先部门；强制金融媒介以低于市场的利率购买政府的公债券等。虽然这些政策措施刺激了农业、住宅业的投资，并为政府提供了弥补赤字的廉价资金来源，但是，由于减少了对效益较高的经济活动的资金供给，因此延缓了经济增长，并削弱了金融的稳定性和货币政策的有效性。1984 年，新西兰政府采取了新的市场经济政策。在金融部门中，新西兰政府取消了所有利率管制和信贷指令，允许汇率自由浮动，采取销售政府公债的市场定价和支付方法，并建立了一套控制货币的新体系。为了推动金融机构之间的业务竞争，新西兰政府对新银行的建立采取鼓励态度，并扩大了允许进行外汇交易机构的范围等。

在 20 世纪六七十年代，韩国一直奉行较为严格的金融管制政策——在很长一段时期内，利率经常被控制在一个较低的水平上。在信贷分配总额中，有 1/3 以上由政府指令支配。从 80 年代初期开始，韩国政府采取了金融改革政策，其措施主要有：①对非银行金融机构进一步取消管制；②放松对新成立金融机构的审批管理；③大部分政府所有的商业银行实现了私有化；④政府取消了优惠贷款利率；⑤不再提出带有干预性的任何指导性信贷计划；⑥允许金融机构拓宽服务范围；⑦自 1988 年下半年开始，在存款利率依然受到控制之外，对大部分贷款利率已全部开放。

7.5.3 金融自由化与金融深化的实证检验

7.5.3.1 关于金融自由化的储蓄效应，实证检验的结果却不完全一致

储蓄效应是指金融自由化的推进，如解除利率管制等，将能提高储蓄水平。有些研究认为存在这样的效应，而另一些研究则认为不存在。例如，马克斯韦尔弗莱估计了 14 个亚洲发展中国家 1961—1983 年合并时间序列的国民储蓄函数，发现实际存款利率与储蓄显著正相关；而艾伯特·乔文尼研究了 7 个亚洲发展中国家 20 世纪六七十年代的数据，

没有发现实际利率的储蓄效应。对于中国而言，曾长期处于金融压抑状态。自改革开放以来，我国的利率管制等金融管制措施一直存在，但储蓄率却远高于发达国家和大部分发展中国家。显然，这一现象不能简单地用金融压抑理论来解释。

7.5.3.2 关于金融自由化的投资效应的实证检验

投资效应包含2个方面：规模效应是指投资规模随金融自由化过程的推进而扩展；效率效应是指金融自由化导致投资效率提高。对于规模效应的实证检验有不同的结果，有的实证检验说明提高存款利率有助于资本积累、扩大投资数量；另外，有些实证检验得出了相反的结果——实际利率与投资之间存在明显的负相关关系。对于利率自由化的投资效率效应的实证检验则比较一致，许多研究认为金融自由化有助于提高投资效率。

7.5.3.3 关于金融自由化的经济增长效应的实证检验

对发展中国家20世纪60年代初到80年代末这段时期的大量实证研究表明，实际利率与实际GDP增长率之间存在显著的正相关。一般来说，实际利率为正值的国家，经济增长率较高；实际利率为负值的国家，经济增长率较低，甚至为负值。

7.5.3.4 关于金融自由化进程促进金融深化的实证检验

金融深化是指金融结构的优化和金融效率的提高。对于这一问题的计量研究是高度一致的，若以货币化率来衡量，绝大多数国家在开始金融自由化进程以后都有金融深化的表现。其他指标，如私人投资所占比重、股票市场价值、上市公司数量、银行部门提供的信贷占GDP的比重等也显示金融自由化对金融深化具有促进作用。

总的看来，金融自由化政策的确通过各种渠道产生了促进经济增长的良性作用。实证研究中存在的一些争议只是说明了确切评价金融自由化效果的复杂性。由于各国在实施金融自由化的同时，还伴有其他经济改革措施，如财政、税收、外贸、私有化等方面的改革，各国的具体国情也千差万别，要准确地判断金融自由化对经济增长的作用是困难的。

虽然金融自由化在促进经济增长方面取得了一些成就，但在全球金融自由化的进程中，不断涌现的金融危机使人们不得不重新审视金融自由化政策。

7.5.4 发展中国家金融自由化改革的经验和教训

发展中国家金融自由化改革的进展状况是相当不平衡的。在已经进行的改革中，既有成功的经验，也有失败的教训。世界银行《1989年世界发展报告》的主题是金融自由化改革，总结的主要教训如下：

①以金融自由化为基本内容的改革一定要有稳定的宏观经济背景　在那些宏观经济不稳定的国家实行金融自由化政策，高的通货膨胀率容易导致高利率和实际汇率浮动，从而使得资金出现不规则的流动，进而引起许多企业和银行的破产。只有首先创造稳定的宏观经济背景，金融改革才能避免上述种种经济不安定状况。

②金融自由化的改革必须与市场价格形成机制相配合　假若一国的价格仍然是保护价格或管制价格，在这种价格信号扭曲的条件下实行金融自由化，资金流动就会被错误的价格信号所误导，结果出现新的资源配置结构失调。

③金融自由化改革并不是要完全取消政府的直接干预，而是改变直接干预的方式　具

体来说，就是要以法律和规章的干预取代行政干预。从一些发展中国家金融改革的经历看，改革的一项主要内容就是放松对金融体系的管制。但在放松管制的过程中若不注意建立一套适合本国国情的谨慎的监管制度，就会在信贷的分配方面出现失控或营私舞弊等现象，情况严重时会使许多银行丧失清偿能力并面临破产威胁。

④政府当局在推行金融自由化改革和价格改革政策时，必须预先判断出相对价格变动对不同集团利益的影响，并出于公平原则和政治均衡要求的考虑，适当采用经济补偿手段。金融自由化措施实行后，利率和汇率变动会引起各行业和企业集团利益关系的变动。虽然这种相对价格和利益的调整从长期来看是完全必要的，不过政府当局也应该采取一些可行的过渡性措施，以减轻社会震荡。

发展中国家金融自由化的教训，我国在将近40年的中国金融改革进程中也都不同程度地遇到过，只是引发的具体原因可能不同，如通货膨胀、银行不良债权、企业债务危机等。另外，基于我国特定的体制原因，还有诸如乱设金融机构、乱集资、账外经营、企业逃废银行债务等。尽管这些并不是由金融改革引发的，但它毕竟发生在不断继续深化金融改革的过程之中，因此必须引起重视。

总结中国金融改革的经验，应该肯定循序渐进、与整体经济改革配套推进的基本思路是符合当今中国国情的。联系到20世纪末亚洲金融危机对我们的启示，在中国今后的金融改革中如何处理好事关全局的利率改革、汇率形成机制的完善、资本市场的扩大开放以及外资金融机构的市场准入和监管等课题，均应在上述指导思想下作通盘而不是孤立的考虑与安排。

7.5.5 金融全球化

在现代金融发展过程中，全球化趋势非常强劲。经济全球化是金融全球化的基础与背景，同时金融全球化又是经济全球化的表现形式和发展阶段。

7.5.5.1 经济全球化

经济全球化是当今世界经济发展的主要趋势。经济全球化是指世界各国和地区的经济相互融合、日益紧密，逐步形成全球经济一体化以及与此相适应的世界经济运行机制的建立与规范化过程。经济全球化相继经历了贸易一体化、生产一体化和金融国际化3个既相互联系又层层推进的发展阶段。

(1) 贸易一体化

贸易一体化是经济全球化的先导，也是首要标志。贸易一体化是指在国际贸易领域内国与国之间普遍出现的全面减少或消除国际贸易障碍的趋势，并在此基础上逐步形成统一的世界市场。衡量贸易一体化的主要指标有关税水平、非关税壁垒的数量、对外贸易依存度(等于本国进出口额与当年国内生产总值的比值)、参加国际性或区域性贸易组织的情况等。

19世纪后半叶，随着资本主义生产方式在主要资本主义国家的确立，国内市场的狭小成为生产规模进一步扩大的主要障碍，商品交换开始走出国境，国际贸易开始有了较大规模的发展。第一次世界大战结束以后，以美国为首的资本主义经济强劲发展，带动贸易一体化又进入了一个新高潮,但很快被1929年的世界性经济危机所打断。第二次世界大战结束后的冷战格局限制了国际交往的发展,贸易一体化过程也深受影响。20世纪90年代以后,随着冷战格局的打破,世界商品贸易连年迅速增长,1994年全球商品贸易额首次达到40 000亿美元。到20世纪末,全世界贸易总额的45%属于跨国界贸易,国际贸易中的产品日趋多样化、复杂化,贸易的方式不断创新,新的国际贸易机制逐渐完善。1995年世界贸易组织(World Trade Organization,WTO)正式成立,为经济全球化的发展创造了良好的国际协作基础。

(2) 生产一体化

生产一体化是指生产过程的全球化,是从生产要素的组合到产品销售的全球化。跨国公司是生产一体化的主要实现者。跨国公司在数量和地域范围上极大地扩展了跨国经营的分支机构,并实行组织和管理体制上的无国界规划,逐步建立了以价值增值为基础的跨国生产体系。衡量生产一体化的指标有4个:国际直接投资额、跨国公司海外分支机构的产值、海外分支机构的销售额、海外分支机构的出口额。其中,国际直接投资额是核心指标。

19世纪80年代,英、美等殖民主义国家变商品输出为资本输出,纷纷在殖民地开矿办厂,生产一体化开始发展。19世纪末20世纪初,随着世界工业化的高速发展,跨国公司获得了迅猛发展,它们的国际直接投资活动使与生产过程紧密联系的原料来源和产品销售等都实现了跨国化。20世纪70年代以后,生产一体化在跨国公司的推动下日益成为一种潮流。跨国公司的高度发展降低了贸易的成本,使得公司内贸易成为贸易一体化的重要形式,国际贸易在世界经济中的地位相对下降,生产一体化逐步成为经济全球化的主要形式。

20世纪80年代以后,跨国公司及国际直接投资政策经历了较为明显的自由化转变,跨国公司开始将经营战略调整为区域经营战略,即将子公司的目标向更广的区域性市场延伸,形成了区域一体化的国际生产体系。20世纪90年代以后,跨地区的一体化因素也被逐步引入跨国公司的经营管理之中,跨国公司体系内的职能分工从最初的国内(跨国公司母国国内)与国外之分,转变为地区范围内价值链上下环节或水平之分,进一步更新为全球范围内价值链上下或之间的分工,形成了公司职能跨地区的全球一体化经营战略。

生产一体化发展到今天,无论是从社会再生产的诸环节(生产、分配、交换和消费),还是从生产的各种要素(资本、技术、原材料和劳动力)流动来看,都实现了全面的全球化,已经达到了一个前所未有的高度,并且还将随着生产力的发展继续向前发展。

(3) 金融全球化

国际贸易和跨国公司直接投资的发展必然产生金融全球化的需求:国际贸易发展所产生的国际支付和国际结算的需要,促进了货币的国际交换和银行结算业务的发展;国际贸易发展过程中产品交换市场的发展,又促进为国际商品交换服务的各种国际金融市场的形成;生产一体化促使经济资源的全球化配置,客观上要求全球资本能自由流动,金融全球化是生产一体化的必然要求;跨国公司的全球化经营布局要求为之服务的金融业跨越国界,提供全方位和综合化的金融服务,从而推动了跨国银行和其他全球性金融机构的产生和发展，推动了全球性金融市场的形成与发展。20世纪70年代，为适应经济全球化发展的要求，众多的发展中国家放松了金融管制，采取优惠措施大量吸引外资，促使资本能够在世界各地自由流动，由此产生了大量的新兴国际金融市场，促进了金融全球化，并使之成为经济全球化最集中的表现形式。

金融全球化是指世界各国和地区放松金融管制、开放金融业务、放开资本项目管制，使资本在全球各地区、各国家的金融市场自由流动，最终形成全球统一的金融市场和货币体系的趋势。金融全球化是从金融业务和金融机构的跨国化开始的，它的历史可以追溯到19世纪初英国银行业的海外扩张。但金融全球化的迅速发展则是在第二次世界大战以后。伴随着贸易全球化和生产全球化进程，金融全球化自20世纪70年代以来快速发展。布雷顿森林体系崩溃以后，各国普遍实行浮动汇率制，并逐步放开了对资本项目的管制，促进了资本的国际自由流动，催生了跨国金融机构和离岸金融市场，随之而来的金融创新的活跃，使金融全球化向更高的层次迈进。同时，电子信息技术及相关产业的迅速发展使得全球24h不间断的金融交易成为可能，为金融全球化提供了技术支持。

7.5.5.2 金融全球化的主要表现

(1) 金融机构全球化

金融机构的全球化包括本国金融机构的准出和外国金融机构的准入两方面的含义。20世纪70年代以后由于国内竞争加剧和金融管制的放松，发达国家的各种金融机构纷纷通过建立代理行关系或直接设立代表处、分行、子银行与联号银行等方式到国外发展分支机构网络，大力拓展海外业务。跨国金融机构不仅开辟发达国家的金融市场，还不断地拓展发展中国家的金融市场。发展中国家出于吸收发达国家资金以及发展本国金融市场的需要，开始逐步放宽对外资金融机构的限制，扩大其经营范围，改善经营环境；同时，发展中国家采取各种措施鼓励本国金融机构积极开展国际业务，设立国外分支机构，从而推动了跨国金融机构的蓬勃发展，形成了全球范围的经营网络。进入90年代后，跨国金融兼并、收购浪潮此起彼伏，不仅体现在同业之间，还体现在银行业、证券业、保险业等不同金融产业之间，跨国金融集团不断涌现。

(2) 金融业务全球化

金融机构的全球化必然带来金融业务的全球化。金融业务的全球化体现为金融机构在全球范围内调度资金，经营各种业务。一般用国际性金融业务量占总业务量的比重来衡量金融业务全球化的程度。体现为金融业务种类和规程的全球化，即无论是传统业务，还是创新业务，特别是电子金融业务，全球通用性日益提高。

(3) 金融市场全球化

①各地区之间的金融市场相互连接，形成了全球性的金融市场　由于发达国家金融管制的放松和发展中国家实行的对外开放战略，大批新兴的金融市场在适合的环境下迅速发展，成为重要的国际性金融市场。如中国香港、新加坡、巴林等目前都已经成为世界上重要的离岸金融市场，它们与发达国家原有的国际金融市场相互贯通，构成了全球性的金融市场网络，并打破了不同地区市场时差的限制，形成了24h不间断的连续运行，带动了资本在全球的高速流动。

②各国金融市场的交易主体和交易工具日趋全球化　逐步放松的资本流动限制和外汇管制，一方面吸引了大量的外国企业在本国发行股票和债券；另一方面大量的外国投资者持有本国金融资产，各国金融市场，尤其是离岸金融市场，交易主体中非居民所占的比重上升。同时，交易主体的全球化使金融市场交易工具日趋全球化。例如，在主要发达国家的股票市场上，都有大量的外国公司股票上市，近年来我国内地企业也纷纷到纽约、新加坡和中国香港上市。

③各国金融市场上主要金融资产的价格和收益率的差距日益缩小　随着金融管制的放松，资本在逐利的本性下不断流向收益最高的地方，促使金融资产价格和收益率在各国间产生趋同性。从目前的情况看，外汇市场和证券市场在这方面的表现最为明显，金融全球化促进了外汇市场上主要货币汇率水平的趋同和全球股权市场的一体化。

(4) 金融监管与协调全球化

面对金融机构、金融业务、金融市场的全球化，单靠一国金融监管当局的力量已经无法适应这种迅速发展的全球化需求，这必然要求有相应的国际金融协调、监管机构和机制。金融全球化条件下的金融监管和协调更多地依靠各国政府的合作、国际性金融组织的作用以及国际性行业组织的规则。例如，国际货币基金组织是典型的国际金融协调机构，它负责调节成员国的国际收支差额，维持汇率的稳定。国际清算银行作为"各国中央银行的中央银行"，在全球监管中发挥了重要作用，由国际清算银行发起拟定的《巴塞尔协议》及《有效银行监管的核心原则》等文件为越来越多的国家所接受，标志着全球统一的金融监管标准逐步形成。

7.5.5.3　金融全球化的作用与影响

金融全球化是经济全球化在金融领域的表现。如同经济全球化具有积极和消极两方面的影响一样，金融全球化也是一把双刃剑，会产生积极和消极两方面的效应。

(1) 金融全球化的积极作用

①通过促进国际贸易和国际投资的发展推动世界经济增长　贸易一体化、生产一体化的发展对金融全球化提出了需求，金融全球化反过来又有力地促进了国际贸易和国际直接投资的发展。金融全球化使各国资金可以在全球范围内调剂余缺，从而可以实现资本等生产要素在全球范围的优化配置，提高了配置和利用效率。在金融全球化发展过程中，国际范围内有形资本形成的增加、人力资源的开发、技术知识的转移、生产能力的利用、市场的开拓和对外贸易的扩大，有力地推动了各国经济的发展。

②促进全球金融业提高效率　金融全球化促进了金融机构之间的竞争，从而降低了金融交易成本。同时，金融全球化使国内资本市场与国际资本市场相衔接，实现投资者与融资者的跨国与跨区域选择与流动，从而实现全球范围内的最佳投资组合。另外，金融全球化有利于金融创新的全球性传递，促进全球金融结构的改善与金融效率的提高。

③加强了金融监管领域的国际协调与合作　金融全球化使各国的经济利益息息相关，加强国际协作合乎各国共同利益。同时，资本的自由流动、汇率和利率的市场化对各国金融管理体制提出了更高的要求，势必将促进各国在金融监管领域的深入合作。

(2) 金融全球化的消极作用

①增大金融风险　主要体现在3个方面：第一，金融机构的全球化经营将承担国际政治

和社会动荡等风险因素，加大内部管理难度。如 1995 年巴林银行的倒闭、日本大和银行因纽约分行的问题而陷入困境，都是典型的事例。第二，全球化放大了金融业原有的利率风险、市场风险、信用风险、流动性风险和经营风险等。国际汇率波动、不同经济体之间的利率水平差异、国际电子转账与支付清算网络运行以及国际性金融犯罪因素等，都放大了金融风险。第三，金融全球化将加大信息不对称程度，增加道德风险和逆向选择风险。

②削弱国家宏观经济政策的独立性和有效性　金融全球化使得一国的经济和金融发展越来越受到外部因素的影响，其采取的经济政策将受到其他国家经济政策的冲击，降低经济政策制订的独立性与执行的有效性。例如，当一国内为抑制通货膨胀而采取紧缩货币政策，使国内金融市场利率提高时，国内的银行和企业可方便地从国际货币市场获得低成本的资金，这就会削弱金融当局对货币总量、利率等指标进行控制的有效性。同时，国际游资也会因一国利率提高而大量涌进该国，从而使该国紧缩通货的效力受到削弱。

③加快金融危机在全球范围内的传递，增加了国际金融体系的脆弱性　金融全球化使各国的经济联系不断加强，各国经济相互融合，形成了一个有机整体。这不仅使金融的时空界限被打破，也加速了金融风险在全球的传播，金融局部失衡蔓延范围在扩大、程度在加深，单个国家的金融危机可以迅速演化为地区性甚至是世界性的金融危机。1997 年爆发的亚洲金融危机和 2007 年美国次贷危机引发的全球金融危机即为例证。

世界经济从 2008 年开始就已经进入衰退期，全球市场存量竞争已经越来越大，尤其是 2020 年的"黑天鹅"，让全球产业链开始脱钩，全球化已经略显脆弱。不管是外贸还是金融，从科技到地缘，中美关系摩擦不断，中美两大经济体看起来形势不是特别明朗。可以说，中国改革开放 40 多年来，正是得益于外循环的发展取得令人瞩目的成绩，世界获益也是明显的，是一种互利共赢的状态。只是当经济出现衰退时，这个平衡已经被打破了，全球经济发展的未来变得更加不乐观，内循环就是解决未雨绸缪的。在全球经济不明朗的情况下，以及外向型经济已经出现受阻现象，我们不得不开始反思并改变经济逻辑，通过内循环来修炼内功，这也是属于在外循环不顺畅环境下的自我巩固和提升。

内循环是国内的供给和需求形成循环。从理念上讲，内循环是通过国产替代，完善技术和产业供应链，改变受制于人的局面；通过激发和做大内需，弥补外部需求的疲弱和不足，减轻外部需求波动对国内宏观经济的冲击，提升经济运行效率，解除居民消费后顾之忧，释放消费需求空间。2020 年 5 月 14 日，中共中央政治局常委会，首次提出了"两个循环"概念，要"构建国内国际双循环相互促进的新发展格局"。2020 年 5 月 23 日两会期间，习近平总书记就强调要"逐步形成以国内大循环为主体、国内国际双循环相互促进的新发展格局"。2020 年 6 月 18 日，刘鹤副总理在陆家嘴论坛开幕式上表示"一个以国内循环为主、国际国内互促的双循环发展的新格局正在形成"。2020 年 7 月 21 日，企业家座谈会上谈到：面向未来，我们要逐步形成以国内大循环为主体、国内国际双循环相互促进的新发展格局。

阅读与思考

习近平总书记谈金融发展

2019 年 2 月 22 日，习近平总书记在中共中央政治局就完善金融服务、防范金融风险举行第十三次集体学习时指出，金融要为实体经济服务，满足经济社会发展和人民群众需要。金融活，经济活；金融稳，经济稳。经济兴，金融兴；经济强，金融强。经济是肌体，金融是血脉，两者共生共荣。我们要深化对金融本质和规律的认识，立足中国实际，走出中国特色金融发展之路。

习近平总书记指出，深化金融供给侧结构性改革必须贯彻落实新发展理念，强化金融服务功能，找准金融服务重点，以服务实体经济、服务人民生活为本。要以金融体系结构调整优化为重点，优化融资结构和金融机构体系、市场体系、产品体系，为实体经济发展提供更高质量、更有效率的金融服务。要构建多层次、广覆盖、有差异的银行体系，端正发展理念，坚持以市场需求为导向，积极开发个性化、差异化、定制化金融产品，增加中小金融机构数量和业务比重，改进小微企业和"三农"金融服务。要建设一个规范、透明、开放、有活力、有韧性的资本市场，完善资本市场基础性制度，把好市场入口和市场出口两道关，加强对交易的全程监管。要围绕建设现代化经济的产业体系、市场体系、区域发展体系、绿色发展体系等提供精准金融服务，构建风险投资、银行信贷、债券市场、股票市场等全方位、多层次金融支持服务体系。要适应发展更多依靠创新、创造、创意的大趋势，推动金融服务结构和质量来一个转变。要更加注意尊重市场规律、坚持精准支持，选择那些符合国家产业发展方向、主业相对集中于实体经济、技术先进、产品有市场、暂时遇到困难的民营企业重点支持。

2017年7月，习近平总书记在全国金融工作会议上指出，要扩大金融对外开放。要深化人民币汇率形成机制改革，稳步推进人民币国际化，稳步实现资本项目可兑换。要积极稳妥推动金融业对外开放，合理安排开放顺序，加快建立完善有利于保护金融消费者权益、有利于增强金融有序竞争、有利于防范金融风险的机制。要推进"一带一路"建设金融创新，搞好相关制度设计。

探究与思考

1. 简述评价金融发展的水平。
2. 简述金融自由化改革的核心内容，金融自由化对经济增长的作用。
3. 简述发展中国家在金融自由化改革中的经验和教训对于我国金融改革的借鉴意义。
4. 简述现代经济发展中金融的地位与作用。
5. 简述现代经济发展中金融可能出现的不良影响与副作用及如何防范措施。
6. 简述金融结构的演进如何推动现代金融和经济的持续发展。
7. 论述评价或判断一国金融结构的合理性与优劣程度，并尝试对我国目前的金融结构进行分析与评价。
8. 简述经济金融化的定义及金融化的作用与影响。论述我国经济发展中的金融化问题。
9. 简述金融全球化的定义及金融全球化表现方面。论述金融全球化对世界金融与经济发展产生的影响与作用。

第8章 金融创新

8.1 金融创新的概念和理论基础

8.1.1 金融创新的概念

有关金融创新的定义，大多是根据美籍奥地利著名经济学家熊彼特（Joseph Alois Schumpeter，1883—1950）的观点衍生而来。熊彼特于1912年在其成名作《经济发展理论》(Theory of Economic Development)中对创新所下的定义，创新是指新的生产函数的建立，也就是企业家对企业要素实行新的组合。

按照这个观点，创新包括技术创新（产品创新与工艺创新）与组织管理上的创新，因为两者均可导致生产函数或供应函数的变化。具体地讲，创新包括5种情形：新产品的出现；新工艺的应用；新资源的开发；新市场的开拓；新的生产组织与管理方式的确立，也称为组织创新。

金融创新定义虽然大多源于熊彼特经济创新的概念，但各个定义的内涵差异较大，总括起来对于金融创新的理解无外乎有3个层面。

①宏观层面的金融创新将金融创新与金融史上的重大历史变革等同起来，认为整个金融业的发展史就是一部不断创新的历史，金融业的每项重大发展都离不开金融创新。从这个层面上理解金融创新的时间跨度和涉及的范围有如下特点：金融创新的时间跨度长，金融发展史上的每一次重大突破都视为金融创新；金融创新涉及的范围相当广泛，不仅包括金融技术的创新、金融市场的创新、金融服务、产品的创新、金融企业组织和管理方式的创新、金融服务业结构上的创新，而且还包括现代银行业产生以来有关银行业务、银行支付和清算体系、银行的资产负债管理乃至金融机构、金融市场、金融体系、国际货币制度等方面的历次变革。

②中观层面的金融创新是指20世纪50年代末、60年代初以后，金融机构特别是银行中介功能的变化，它可以分为技术创新、产品创新以及制度创新。技术创新是指制造新产品时，采用新的生产要素或重新组合要素、生产方法、管理系统的过程。产品创新是指产品的供给方生产比传统产品性能更好，质量更优的新产品的过程。制度创新则是指一个系统的形成和功能发生了变化，而使系统效率有所提高的过程。从这个层面上，可将金融创新定义为政府或金融当局和金融机构为适应经济环境的变化和在金融过程中的内部矛盾运动，防止或转移经营风险和降低成本，为更好地实现流动性、安全性和盈利性目标而逐步改变金融中介功能，创造和组合一个新的高效率的资金营运方式或营运体系的过程。中观层次的金融创新概念不仅把研究的时间限制在60年代以后，而且研究对象也有明确的内

涵，因此，大多数关于金融创新理论的研究均采用此概念。

③微观层面的金融创新仅指金融工具的创新　大致可分为 4 种类型：信用创新型，如用短期信用来实现中期信用，以及分散投资者独家承担贷款风险的票据发行便利等；风险转移创新型，它包括能在各经济机构之间相互转移金融工具内在风险的各种新工具，如货币互换、利率互换等；增加流动创新型，它包括能使原有的金融工具提高变现能力和可转换性的新金融工具，如长期贷款的证券化等；股权创造创新型，它包括使债权变为股权的各种新金融工具，如附有股权认购书的债券等。

我国学者对金融创新的定义即金融内部通过各种要素的重新组合和创造性变革所创造或引进的新事物。认为金融创新大致可归为 3 类：金融制度创新、金融业务创新、金融组织创新。

从思维层次上看，"金融创新"有 3 层涵义：原创性思想的跃进，如第一份期权合约的产生；整合性将已有观念的重新理解和运用，如期货合约的产生；组合性创新，如蝶式期权的产生。

8.1.2　金融创新的理论基础

8.1.2.1　西尔柏的约束诱导型金融创新理论

①西尔柏（W. L. Silber）主要是从供给角度来探索金融创新。西尔柏研究金融创新是从寻求利润最大化的金融公司创新最积极这个表象开始的，由此归纳出金融创新是微观金融组织为了寻求最大的利润，减轻外部对其产生的金融压制而采取的"自卫"行为。

②西尔柏认为，金融压制来自政府的控制管理与内部强加的压制。

8.1.2.2　凯恩的规避型金融创新理论

（1）凯恩（E. J. Kane）提出了"规避"的金融创新理论

所谓"规避"就是指对各种规章制度的限制性措施实行回避。"规避创新"则是回避各种金融控制和管理的行为。它意味着当外在市场力量和市场机制与机构内在要求相结合，回避各种金融控制和规章制度时就产生了金融创新行为。

（2）"规避"理论非常重视外部环境对金融创新的影响

从"规避"本身来说，也许能够说明它是一些金融创新行为的源泉，但是"规避"理论似乎太绝对和抽象化地把规避和创新逻辑地联系在一起，而排除了其他一些因素的作用和影响，其中最重要的是制度因素的推动力。

8.1.2.3　希克斯和尼汉斯的交易成本创新理论

①希克斯（J. R. Hicks）和尼汉斯（J. Niehans）提出的金融创新理论的基本命题是"金融创新的支配因素是降低交易成本"　这个命题包括 2 层含义即降低交易成本是金融创新的首要动机，交易成本的高低决定金融业务和金融工具是否具有实际意义；金融创新实质上是对科技进步导致交易成本降低的反应。

②交易成本理论把金融创新的源泉完全归因于金融微观经济结构变化引起的交易成本下降，是有一定的局限性的　因为它忽视了交易成本降低并非完全由科技进步引起，竞争也会使得交易成本不断下降，外部经济环境的变化对降低交易成本也有一定的作用。

③交易成本理论单纯地以交易成本下降来解释金融创新原因，把问题的内部属性看得未免过于简单。但是，它仍不失为研究金融创新的一种有效的分析方法。

8.1.2.4 金融深化理论

①美国经济学家爱德华·肖从发展经济学的角度对金融与经济发展的关系进行了开创性的研究。

②爱德华·肖提出金融深化理论，要求放松金融管制，实行金融自由化。这与金融创新的要求相适应，因此成了推动金融创新的重要理论依据。

8.1.2.5 制度学派的金融创新理论

①以戴维斯(S. Davies)、塞拉(R. Sylla)和诺斯(North)等为代表。

②这种金融创新理论认为，作为经济制度的一个组成部分，金融创新应该是一种与经济制度互为影响、互为因果关系的制度改革。

8.1.2.6 理性预期理论

①理性预期学派是从货币学派分离出来的一个新兴经济学流派 最早提出理性预期思想的是美国经济学家约翰·穆斯。20世纪70年代初，卢卡斯正式提出了理性预期理论。

②理性预期理论的核心命题有2个 人们在看到现实即将发生变化时倾向于从自身利益出发，作出合理的、明智的反应；那些合理的明智的反应能够使政府的财政政策和货币政策不能取得预期的效果。

8.1.2.7 格林和海伍德的财富增长理论

格林(B. Green)和海伍德(J. Haywood)认为财富的增长是决定对金融资产和金融创新需求的主要因素。

8.1.3 金融创新的分类

金融创新是指金融领域内部通过各种要素的重新组合和创造性变革所创造或引进的新事物。金融创新的内涵丰富多样，其中有历史上各种货币和信用形式的创新以及所导致的货币信用制度、宏观管理制度的创新，有金融机构组织和经营管理上的创新以及金融业结构的历次创新，有金融工具、交易方式、操作技术、服务种类以及金融市场等业务上的各种创新，有当代以电子化为龙头的大规模全方位金融创新等。

8.1.3.1 金融制度创新

(1) 国际货币制度的创新

当以美元和固定汇率制维系的布雷顿森林体系彻底崩溃后，以1976年国际货币基金组织二十国临时委员会在牙买加达成的国际货币制度改革协议为起点，主要发达国家正式宣布实行浮动汇率制为标志，创立了现行的在多元化储备货币体系下以浮动汇率制为核心的新型国际货币制度。国际货币制度创新的另一重要表现是区域性货币一体化趋势。它通常以某一地区的若干国家组成货币联盟的形式而存在，成员国之间统一汇率、统一货币、统一货币管理、统一货币政策。其中最著名的便是由欧洲中央银行于1999年1月1日发行的欧元。此外，阿拉伯货币基金组织、西非货币联盟、中美洲经济一体化银行、拉美地区的安第斯储备基金组织、中非货币联盟、加勒比开发银行等都是区域性的货币联盟。

(2) 国际金融监管制度的创新

在国际经济和金融一体化进程中，面对动荡的国际金融环境、频繁的国际金融创新和日益严重的金融风险，各国强烈要求创建新型、有效的国际金融监管体制。1975年，在国际清算银行主持下成立了巴塞尔委员会，专门致力于国际银行的监管工作，该委员会于1988年7月通过的《巴塞尔协议》成为国际银行业监管的一座里程碑。此后巴塞尔委员会出台了两版《有效银行监管的核心原则》和新《巴塞尔协议》。随着国际证券业委员会、国际保险监督官协会、国际投资与跨国企业委员会、期货业国际公会、证券交易所国际公会等国际性监管或监管协调机构和国际性行业自律机构的创立与履职，一个新型的国际性金融监管组织体系已经开始运转。各国监管当局的联手监管和专门机构的跨国监管正在不断创新监管方式和手段，着手创建一个集早期预警、风险防范、事后救援3大系统为一体的新型国际化监管体系。

8.1.3.2 金融业务创新

(1) 新技术在金融业的广泛应用

以微电子技术的发展和广泛运用为核心的西方新技术革命，为金融业务创新开辟了一个全新的领域，使金融业务发生了巨大的变革：在金融业普遍装备了电子计算机后，改变了传统的业务处理手段和程序，存、贷、取、汇、证券买卖、市场分析、行情预测乃至金融机构的内部管理，均通过计算机处理；电子化资金转移系统、电子化清算系统、自动付款系统等金融电子系统的创建，形成了国内外纵横交错的电子化资金流转网络，资金的调拨、转账、清算、支付等都可以通过电子计算机完成；金融和经济信息的传递、储存、显示、记录、分析均借助电子计算机处理；各种金融交易也普遍使用计算机报价、撮合、过户、清算……电子计算机正在把各种金融业务织进一张巨大的电子网络之中，其终端遍布于各个家庭、企业、国家，发达国家已经实现了金融业务处理电子化、资金流转电子化、信息处理电子化、交易活动电子化。信息技术的发展为金融业务创新奠定了基础，实现了金融业务中信息流、资金流和交易指令流的即时化、全球化和全时化。

(2) 金融工具不断创新

各类金融机构一方面通过对原有金融工具特性的分拆和重组，不断推出新型的金融工具，另一方面在新的金融结构和条件下创造出全新特征的新工具，其种类繁多，不胜枚举。例如，有可满足投资、投机、保值、提高社会地位等多种需求的，有可适合大小投资者、长短期资金余缺者、国内外投资者等多种对象的，有介于定活期存款间、股票债券间、存款与债券间、存款与保险间、贷款与证券间等各种组合式的，有定期转活期、债券转股票或股票转债券、贷款转证券、存款转证券等可转换式的，有与价格指数、市场利率或某一收益率挂钩等弹性收益式的。总之，品种多样化、特性灵活化、标准化、国际化、通用化的各种新型金融工具源源不断地涌现出来。

(3) 新型金融市场不断形成

金融市场的创新主要表现在2个方面：

①金融市场的国际化　在金融自由化浪潮的冲击下，各国陆续取消或放松了对国内外市场分隔的限制，各国金融市场逐步趋于国际化；计算机技术引入金融市场后，各国金融

市场互相连接，形成了全球性的连体市场，实现 24h 全球性金融交易；欧洲及亚洲美元市场、欧洲日元市场等新型的离岸金融市场纷纷出现；跨国交易所也已诞生；新型的国际化金融市场不断出现。

②金融衍生工具市场异军突起　人们通过预测股价、利率、汇率等变量的行情走势，以少量保证金签订远期合同，买卖期权或互换不同金融商品，由此形成了期货、期权、互换等不同衍生工具市场。20 世纪 90 年代以来，金融衍生工具市场呈现爆发性的增长。

(4) 新业务和新交易大量涌现

银行、证券、保险、信托、租赁等各类金融机构一方面在传统基础上推陈出新，另一方面积极开拓全新的业务与交易。例如，银行在传统的存、贷、汇业务基础上推出了 CDs、NOW 账户、协议账户等新型的存款业务，各类批发或零售贷款业务或安排新的结算工具与方式；同时大量开发新型的跨国业务、信息业务、表外业务、信用卡业务、咨询业务、代理业务及各种服务性业务等，期货交易、期权交易、掉期交易等各种新型的融资技术、融资方式、交易方式被不断地设计开发出来。

8.1.3.3　金融组织结构创新

(1) 创设新型金融机构

20 世纪 50 年代以来，在金融创新中涌现出与传统金融机构有别的新型金融机构：有以计算机网络为主体而无具体营业点的电子银行；有以家庭为专门对象，居民足不出户就可以享受各种金融服务的家庭银行；有专为企业提供一切金融服务的企业银行；有一切业务均由机器受理的无人银行；有多国共组的跨国银行；有各国银行以股权方式联合成立的国际性联合银行；有集银行、证券、保险、信托、租赁和商贸为一体的大型复合金融机构，20 世纪 70 年代以后，跨国大型复合金融机构、金融百货公司或金融超级市场等新型金融机构风行西方国家。

(2) 各类金融机构的业务逐渐趋同

金融机构在业务和组织创新的基础上，逐渐打破了职能分工的界限，实际上的混业经营迫使分业管制被动放松。例如，美国 1980 年新银行法允许商业银行、储蓄银行、证券商之间进行业务交叉和竞争，日本 1981 年的新银行法允许商业银行、长期信贷银行、信托银行经办证券业务，英国 1986 年允许所有金融机构均能参加证券交易所交易。管制的放松加剧了各类金融机构之间的业务交叉与渗透，模糊了原有的职能分工界限，各种金融机构的性质趋于同质化。

(3) 金融机构的组织形式不断创新

在过去单一银行制、总分行制的基础上，新出现了连锁银行制、控股公司制以及经济上相互独立而业务经营上互助互认并协调一致的联盟制银行；在分支机构形式上，也创新了全自动化分支点、百货店式分支点、专业店式分支点、金融广场式分支点。

(4) 金融机构的经营管理频繁创新

20 世纪 50 年代，金融机构通过管理创新不断调整业务结构，开发出多种新型负债和资产业务，中间业务特别是表外业务的比重日益加大，业务手段、业务制度、操作程序、管理制度等被不断革新；金融机构的内部机构设置也在不断创新，旧部门撤并，新部门设立，各部门权限与关系几乎被重新配置；经营管理方法也在推陈出新，如 20 世纪 60 年代的负债管理、20 世纪 70 年代的资产管理及资产组合管理、20 世纪 80 年代的资产负债失衡管理和多元化管理、20 世纪 90 年代以来的全面质量管理和全方位满意管理等。

8.1.4 金融创新的历史考察

8.1.4.1 按时间进程

(1) 20 世纪 60 年代的避管性创新（表 8-1）

表 8-1 20 世纪 60 年代避管性创新

时　　间	创新内容	创新目的	创新者
50 年代末	外币掉期	转嫁风险	国际银行机构
1958 年	欧洲债券	突破管制	国际银行机构
1959 年	欧洲美元	突破管制	国际银行机构
60 年代初	银团贷款	分散风险	国际银行机构
	出口信用	转嫁风险	国际银行机构
	平行贷款	突破管制	国际银行机构
	可转换债券	转嫁风险	美国
	自动转账	突破管制	英国
1960 年	可赎回债券	增强流动性	英国
1961 年	可转让存款单	增强流动性	英国
1961 年	负债管理	创造信用	英国
60 年代末	混合账户	突破管制	英国
60 年代末	出售应收账款	转嫁风险	英国
60 年代末	福费廷	转嫁风险	国际银行机构

(2) 20 世纪 70 年代转嫁风险的创新（表 8-2）

表 8-2 20 世纪 70 年代转嫁风险的创新

时　　间	创新内容	创新目的	创新者
1970 年	浮动利率票据 (FRN)	转嫁利率风险	国际银行机构
	特别提款权 (SDR)	创造信用	国际货币基金组织
	联邦住宅抵押贷款	信用风险转嫁	美国
1971 年	证券交易商自动报价系统	新技术运用	美国
1972 年	外汇期货	转嫁汇率风险	美国
	可转让支付账户命令 (NOW)	突破管制	美国
	货币市场互助基金 (MMMF)	突破管制	美国
1973 年	外汇远期	转嫁信用风险和利率风险	国际银行机构

(续)

时间	创新内容	创新目的	创新者
1974年	浮动利率债券	转嫁利率风险	美国
70年代中期	与物价指数挂钩之公债	转嫁通胀风险	美国
1975年	利率期货	转嫁利率风险	美国
1978年	货币市场存款账户(MMDA)	突破管制	美国
	自动转账服务(ATS)	突破管制	美国
70年代	全球性资产负债管理	防范经营风险	国际银行机构

(3) 20世纪80年代防范风险(表8-3)

表8-3　20世纪80年代防范风险创新

创新时间	创新内容	创新目的	创新者
1980年	债务保证债券	防范信用风险	瑞士
	货币互换	防范汇率风险	美国
1981年	零息债券	转嫁利率风险	美国
	双重货币债券	防范汇率风险	国际银行机构
	利率互换	防范利率风险	美国
	票据发行便利	创造信用	美国
1982年	期权交易	防范市场风险	美国
	期指期货	防范市场风险	美国
1982年	可调利率优先股	防范市场风险	美国
1983年	动产抵押债券	防范信用风险	美国
1984年	远期利率协议	转嫁利率风险	美国
	欧洲美元期货期权	转嫁利率风险	美国
1985年	汽车贷款证券化	创造风险	美国
	可变期限债券	创造信用	美国
	保证无损债券	减少风险	美国
1986年	参与抵押债券	分散风险	美国

(4) 20世纪90年代的各种创新并举，客观上放大了风险

进入20世纪90年代以后，世界经济发展的区域化，集团化和国际金融市场的全球一体化，证券化趋势增强，国际债券市场和衍生品市场发展迅猛，新技术广泛使用，金融市场结构发生了很大变化。从金融创新的宏观生成机理来看，金融创新都是与经济发展阶段和金融环境密切联系在一起的。20世纪60年代各国对金融实行严格管制；20世纪70年代以来，电子计算机技术进步并在金融行业迅速推广，金融当局开始放松管制，在进入中后期以后，西方国家普遍出现"滞胀"后随之而来的高利率，同时，"石油危机"造成全球能源价格大幅上涨，形成金融"脱媒"现象，风险加剧；20世纪80年代后，各国普遍放松管制，金融自由化增强，出现了利率自由化、金融机构自由化、金融市场自由化、外汇交易自由化。

8.1.4.2 按照金融创新的目的

(1) 避免风险的创新

从20世纪60年代开始，西方银行经营就面临着经济环境的巨大变化。在通货膨胀率急剧攀升的背景下，市场利率也相应地急剧波动且难以预测。20世纪70年代末和80年代初，美、英等国的通货膨胀率均在两位数以上。例如，1979年美国的消费者物价指数上涨率是11.3%，1980年是13.5%，1981年是10.3%。英国相应年份的消费者物价指数上涨率分别是12.7%、18.0%和11.9%。长期的高通货膨胀率带来了市场利率的上升，并且波动剧烈。美国短期国债的利率(即基准利率)在20世纪60年代中期一直低于5%；以后节节上升，70年代已在4%~11.5%波动；80年代则在7%~15%波动。其他一些国家的状况也类似。利率的剧烈波动导致巨额资本溢价或资本损失，使投资收益具有极大的不稳定性。利率风险的增加，降低了长期投资对投资者的吸引力，同时也使持有这类资产的金融机构陷于窘境。银行为了保住存款等负债业务而增大了利息支出，却面临着长期资产业务由于原订契约利率的限制而无足够的收益来支撑。

为了避免或降低利率风险，一些国家进行了如下金融创新：①创造可变利率的债权债务工具，如可变利率债券、可变利率存款单、可变利率抵押契约、可变利率贷款等。可变的各种利率通常都是盯住基准利率而浮动。②开发债务工具的远期市场，发展债务工具的期货交易。③开发债务工具的期权市场等。

在银行千方百计去寻求避免贷款风险的途径中，贷款证券化是一项重大的进展。作为银行主要资产的贷款业务，由于其期限的固定性或相对固定性，使银行必然时刻承受着各种金融风险压力，特别是流动性风险的强大压力。正是贷款流动性的限制，使得银行不敢多放中长期贷款；而中长期贷款既是经济生活所必需，同时也是银行保证必要盈利水平的业务品种。贷款证券化就是解决流动性问题的一种创新。

如果银行能把自己的贷款在约定还贷期限之前售出，不仅流动性的问题解决了，而且也连带缓解了信用风险等其他风险。然而，直接出售贷款是极其困难的事情。由于信息不对称，一家银行的贷款资产质量很难被市场投资者所了解。纵然银行可以提供关于一笔贷款的全部资料或再加以大量补充说明，但其他人仍无法对该笔贷款了解得如同该银行一样多，因此投资者很难有这么大的胆量购入。对于那些期限较长的贷款，即便要做到对贷款质量有个基本了解，投资者也必须为此付出许多调查、评估等费用，使得贷款转让的交易成本极高。

为了鼓励银行发放住房抵押贷款，美国国民抵押协会创造了一个称为"直达抵押担保证券"的概念，并开始发行这种证券。具体做法是，银行把小额同质——期限、利率、风险等方面类似的贷款"捆"成一个贷款组合，并以这个贷款组合作为担保发行证券，再将证券出售给投资者。银行从贷款上得到的本息收入是支付证券本息的保证。在证券销售出去后，银行继续提供与贷款有关的一些服务，比如为贷款购买者收取本息、监督借款人的财务状况等。而出售证券的银行为此也可获得补偿。于是，通过这种运营形式，就为抵押贷款创造了流动性。这一措施极大地激发了银行为住房抵押贷款提供资金的积极性，促进了房地产市场的繁荣。

我国从20世纪90年代末开始对资产证券化进行探索。2005年，国家开发银行发起的"开元"信贷资产支持证券和中国建设银行发起的"建元"个人住房抵押贷款支持证券在银行间市场顺利发行。2006年，中国信达、中国东方两家资产管理公司在银行间市场发行了资产支持证券，对不良资产的证券化进行探索。次贷危机后，我国的资产证券化一度叫停。2012年以来，出于盘活存量资产和缓解银行资产负债表压力的考虑，我国重新启动信贷资产证券化进程，并改审批制为备案制，发行总额迅速扩展。但从整体上看，我国资产证券化尚处于起步阶段，相关法律制度与监管制度亟待建立和完善。例如，2015年我国资产证券化存量为7178.89亿元，仅占GDP的1%。同期，美国资产证券化存量超过100 000亿美元，占GDP的比率超过50%。

资产证券化是金融市场与金融中介的关键结合点，其意义远远超出银行化解流动性风险的范畴。但同时我们也应该看到，联结金融市场和金融中介的资产证券化在化解某些风险时也有可能带来其他风险，即所谓"双刃剑"作用。2007年美国发生的次贷危机就是例证，这也警示人们要把握好资产证券化运用的度。

(2) 技术进步推动的创新

自20世纪六七十年代以来，以计算机为核心的现代信息技术、通信技术的迅猛发展和广泛应用，有力地支撑和推动了金融创新的兴起及蓬勃发展。

①技术进步引起银行结算、清算系统和支付制度的创新，进而引起金融服务的创新 例如，形形色色的银行卡、ATM(自动柜员机)以及NOW(可转让支付命令账户)等一系列新兴账户的推出；自助银行、电话银行、网络银行的出现；银行间电子资金转账系统和售货点终端机的转账系统等。

②为技术要求日益复杂的金融工具的创新提供技术保障条件 例如，信息处理能力的极大提高，使得金融机构有可能对一些技术含量高的金融创新工具，如日新月异的金融衍生工具进行设计和定价；有可能持续地观察和监控与这些金融创新工具所伴随的风险；有可能为及时分散、转移风险设计相应的如套期保值之类的操作技术。

③新技术的运用使金融交易快速地突破了时间和空间的限制 这几乎使全球各个角落的交易主体都联结在一个世界性的金融市场之上。于是，扩展了创新金融产品的运用和推广范围，促进了金融创新的供给与需求双方的相互推动，并带来相应的规模经济效应。这又鼓励了新一轮的金融创新。

(3) 规避行政管理的创新

规避不合理的、过时的金融行政管理法规也导致了金融创新。例如，在20世纪30年代大危机之后，西方各国纷纷立法，对银行业的经营实行极为严格的管理和限制，其中以美国为最。在激烈的竞争中，金融业为了求得自身的发展，利用法规的漏洞，推出了很多新的业务形式。

自动转账制度(automatic transfer services, ATS)是20世纪70年代的一种创新。在这种业务中，客户在银行开立2个账户：一个储蓄账户，一个活期存款账户。后一账户上的余额永远是1美元。当客户开出支票后，银行就自动地把必要的金额从储蓄账户转到活期存款账户并进行付款。在美国，对储蓄付息，对活期存款不准付息，理由是避免银行为了招揽存款而进行不公平竞争。但是，银行必须争取客户存款。显然，这一创新就是为了规避不准对活期存款付息的规定。

美国不准储蓄账户使用支票。为了规避这一限制，出现了可转让支付命令账户（negotiable order of withdrawal account，NOW）。这种账户是储蓄账户，可以付息；但与一般储蓄账户不同，使用这种账户可以开出有支票作用但无支票名称的"可转让支付命令"。这是储蓄银行在20世纪70年代初开创的，后来所有金融业均获准开办这项业务。

美国对定期存款支付的利率曾有最高限制。在市场利率上升的情况下，对定期存款的利率限制就使得存款不如投资于其他有价证券有利，从而影响了银行的资金来源。为了规避这个限制，在20世纪70年代初创立了货币市场互助基金（money market mutual fund，MMMF）。这种基金吸收小额投资，然后再用来在货币市场上投资（如投资于大额存单、银行承兑票据、国债等）。由于是向基金投资而不是存款，所以从基金得到的是利润，而不是利息，自然不受存款利率的限制。同时，还允许账户所有者签发金额不低于500美元的支票。20世纪80年代初，美国允许商业银行开立货币市场存款账户（money market deposit account，MMDA），这是处于银行内的MMMF。MMDA也可签发支票，但每月限制可签发支票的张数。

类似的创新活动还可追溯到20世纪60年代，如可转让大额定期存单就是其一。定期存款只能到期提取，如果提前提取就要遭受利息的损失。大额定期存单可在货币市场上市，那么定期无论是几年，也可把短期资金吸收到这个领域中来。

在规避法定准备率方面也有途径。对于商业银行的准备存款，市场经济国家的中央银行通常是不付利息的。所以有多少准备，商业银行就会损失相应数量资金所可能获取的利息。由于国内吸收各种存款均需按法定比率保存准备，所以银行力求通过其他方面扩大负债规模，如借入欧洲美元可以不交存准备，因为这是从国外借入；如通过回购协议吸收资金也可不交存准备，因为它不是"存款"等。当然，国际货币市场的形成和回购协议这类业务方式的推出，其主要原因并非出于单纯规避法规的目的。

需要说明，规避法规的金融创新也与新技术的刺激有密切联系。比如自动转账制度、隔日回购协议等，均以进行大量自动操作的计算机运用于银行业务为前提。

8.2 金融创新与金融发展

从20世纪50年代开始，特别是进入70年代以后，西方金融领域出现了一系列重大而引人注目的新事物：广泛采用的新技术，不断形成的新市场，层出不穷的新工具、新交易、新服务。这些新事物浪潮般地冲击着金融领域，人们把这些以新型化、自由化、多样化为特征的新事物统称为金融创新。当代的金融创新不仅革新了传统的业务活动和经营管理方式，模糊了各类金融机构的界限，加剧了金融业的竞争，打破了金融活动的国界局限，形成了放松管制的强大压力，而且改变了金融总量和结构，对货币政策和宏观调控提出了严峻的挑战,由此对世界金融业的发展和经济发展产生了巨大而深刻的影响。

8.2.1 当代金融创新的成因

各国经济学家对当代金融创新发生的原因有多种解释。有的认为新技术革命的出现是促成当代金融创新的主要原因和条件,有的认为20世纪50年代以后的通货膨胀和利率、汇率反复无常的波动是金融创新的重要成因,有的认为是第二次世界大战以后经济高速发展所带来的财富迅速增长激发了金融业通过创新来满足多种需求,有的认为金融机构积极创新的主要目的是逃脱或回避现有的内部传统管理指标约束和外部金融当局的种种管制和限制,有的认为金融需求的变化是刺激金融创新的动因,有的认为金融创新与世界经济深刻的结构性变化有关。上述解说虽各有道理,但却忽略了各因素间的互相作用和合力。当代金融创新的高潮不是某一因素所导致的,而是在特定的经济背景下多因素共同作用和影响的产物。其中最主要的因素有以下几点:

8.2.1.1 经济思潮的变迁

20世纪70年代西方兴盛的经济自由主义思潮,为金融业要求放松管制、追求自由经营提供了思想武器和理论武器。在经济自由主义思潮支配下,金融业强烈要求当局放松第二次世界大战后设置的种种限制和管制,并不约而同地通过金融创新逃避管制,形成了金融自由化浪潮。而各国当局在经济自由主义思潮影响下,一方面主动放弃了一些明显不合时宜的管制,另一方面被迫默认了许多规避管制的创新成果,放松了金融管制的程度,这又进一步促进了金融创新。

8.2.1.2 需求刺激与供给推动

第二次世界大战后,各国经济与金融的快速发展,从需求和供给两个方面掀起了当代金融创新的高潮。在需求方面,经济货币化向金融化发展以后,许多新的金融需求随着金融化程度的提高不断产生出来,对金融业提供的产品和劳务在范围、种类、数量、质量上的要求越来越高。这些新的或更高标准的需求,刺激了金融创新的蓬勃开展;同时,当代西方经济、金融发展的内在矛盾冲突,产生了新的金融需求。例如,长期的通货膨胀、布雷顿森林体系的崩溃和浮动汇率制的实行、国际债务危机的发生等,导致了价格、利率、汇率的易变性和不定性大大增加,日益上升的金融风险成为矛盾的焦点,使得转移风险、增加流动性方面的金融需求极为旺盛,从而引发了期货、期权、互换等各种转移价格风险、利率风险和信用风险的创新,在一定程度上分散或减少了个别风险,缓解了金融发展中的突出矛盾。

从供给方面看,由于金融机构资产的剧增,大大提高了金融创新的规模报酬,刺激了金融机构增加创新的供给。当代金融机构为了实现业务经营的"三性"方针的最佳组合,需要通过创新来回避和分散金融风险,保证流动性,提高收益性,特别是在金融业垄断竞争的格局下和激烈的竞争中,金融机构只有通过创新才能获取潜在收益,扩展或保持自己的市场份额。而当代金融创新的有利条件增多,技术难度和成本呈下降趋势,金融机构的创新能力增强,因此金融创新层出不穷。

8.2.1.3 对不合理金融管制的回避

20世纪70年代前后，随着经济和金融的发展、技术的进步、需求的更新、供给的变化，原有的管制出现了不合时宜或限制过分的问题，管制的副作用开始加大。当管制已经不能适应经济、金融发展的要求而又未做改革时，金融机构就会通过规避管制的创新来冲破障碍，以抵消管制的副作用。

8.2.1.4 新科技革命的推动

新科技革命不仅改变了金融观念和金融运作，而且直接推动了金融创新，掀起一场金融领域的科技革命，使金融发展进入一个更高的层次与阶段。新科技成果的应用，大大降低了创新的平均成本，增加了规模报酬和金融创新的总收益；迅速提高了金融机构的经营效率和业务处理能力，开辟了新的资金来源或业务机会；为各种金融创新提供了必要的物质基础和技术服务，大大增强了金融机构的创新供给能力，20世纪70年代以来，几乎所有的金融创新都直接或间接依赖于新科技革命所提供的物质装备和技术服务。

8.2.2 当代金融创新对金融与经济发展的影响

8.2.2.1 对金融和经济发展的推动作用

当代金融创新对金融和经济发展的推动，主要是通过以下4个方面来实现的。

(1) 提高了金融机构的运作效率

①金融创新通过大量提供具有特定内涵与特性的金融工具、金融服务、交易方式或融资技术等成果，从数量和质量2个方面同时提高了需求者的满足程度，增加了金融商品和服务的效用，从而增强了金融机构的基本功能，提高了金融机构的运作效率。

②提高了支付清算能力和速度　把电子计算机引入支付清算系统后，成百倍地提高了支付清算的速度和效率，使金融机构的支付清算能力和效率上了一个新台阶，大大提高了资金周转速度和使用效率，节约了大量的流通费用。

③大幅度增加了金融机构的资产和盈利率　当代金融创新中涌现出来的大量新工具、新交易、新技术、新服务，使金融机构积聚资金的能力大大增强，信用创造的功能得到充分发挥，导致了金融机构所拥有的资金流量和资产存量急速增长，由此提高了金融机构经营活动的规模报酬，降低了平均成本，加上经营管理方面的各种创新，使金融机构的盈利能力大为增强。

(2) 提高了金融市场的运作效率

①提高了市场价格对信息反应的灵敏度　金融创新通过提高市场组织与设备的现代化程度和国际化程度，使金融市场的价格能够对所有可得的信息做出迅速灵敏的反应，提高了金融市场价格变动的灵敏度，使价格及时地对所获信息做出反应，从而提高了价格的合理性和价格机制的作用力。

②增加了可供选择的金融商品种类　当代创新中大量新型金融工具的涌现，使金融市场所能提供的金融商品种类繁多，投资者选择的余地很大。面对各具特色的众多金融商品，各类投资者很容易实现令自己满意的效率组合。

③增强了剔除个别风险的能力　金融创新通过提供大量的新型金融工具和融资方式、

交易技术，增强了剔除个别风险的能力。投资者不仅能进行多元化资产组合，还能及时调整其组合，在保持效率组合的过程中，投资者可以通过分散或转移法，把个别风险降到较小的程度。特别是金融市场上各种避险性创新工具与融资技术，对于剔除个别风险有较强的功能。

④降低了交易成本与平均成本 使投资收益相对上升，吸引了更多投资者和筹资者进入市场，提高了交易的活跃程度。

(3) 增强了金融产业的发展能力

金融产业发展能力主要体现为金融机构在经营活动中开创未来的能力，包括开拓新业务和新市场的能力、资本增长的能力、设备配置或更新能力、经营管理水平和人员素质的提高能力等。在当代金融创新的浪潮中，金融产业的这些能力都有较大幅度的提高。

(4) 金融作用力大为增强

金融作用力主要是指金融对经济整体运作和发展的作用能力，一般通过对总体经济活动和经济总量的影响及其作用程度体现出来。当代金融创新主要通过以下 4 个方面从总体上提高了金融作用力，极大地推动了经济发展。

①提高了金融资源的开发利用与再配置效率 当代金融创新使发达国家从经济货币化推进到金融化的高级阶段，并大幅度提高了发展中国家的经济货币化程度，导致了金融总量的快速增长，扩大了金融资源的可利用程度，优化了配置效果。

②社会投融资的满足度和便利度上升 投融资成本趋于下降，有力地促进了储蓄向投资的转化；金融机构和金融市场能够提供更多、更灵活的投融资安排，可以从总体上满足不同投资者和筹资者的各种需求，从而使全社会的资金融通更为顺利；各种投融资的限制逐渐被消除，金融创新使各类投融资者实际上都能进入市场参与活动，金融业对社会投融资需求的满足能力大为增强。

③金融业产值的迅速增长，直接增加了一国 GDP 的总量，加大了金融业对经济发展的贡献度。

④增强了货币作用效率 创新后用较少的货币就可以实现较多的经济总量，意味着货币的作用能量和推动力增大。

8.2.2.2 产生的新矛盾和挑战

历史和现实的考察证明，金融创新是金融发展的主要动力源，没有创新推动，就没有高层次的金融发展，就不可能对现代经济发展有如此巨大的推动和促进作用。但同样不容忽视的是，金融创新在繁荣金融、促进经济发展的同时，也带来了许多新的矛盾和问题，对金融和经济发展产生了不利影响。

①金融创新使货币供求机制、总量、结构乃至特征都发生了深刻变化，对金融运作和宏观调控影响重大 在货币需求方面引起的一个最明显变化就是货币需求的减弱，并由此改变了货币结构，降低了货币需求的稳定性。在货币供给方面，由于各类非银行金融机构和复合型金融机构在金融创新中也具备了创造存款货币的功能，增加了货币供给的主体；新型金融工具的不断涌现，使金融资产的流动性强弱已不明显，导致货币定义和计量日益

困难和复杂化。同时由于通货—存款比率、法定存款准备金比率、超额准备金比率下降而加大了货币乘数,增强了货币供给的内生性,削弱了中央银行对货币供给的控制能力与效果,容易导致货币政策失效和金融监管困难。

②在很大程度上改变了货币政策的决策、操作、传导及效果,对货币政策的实施产生了一定的不利影响　金融创新后降低了货币政策中介指标的可靠性,对货币政策的决策、操作和预警系统的运转造成较大困难;同时因创新削弱了法定存款准备金政策和再贴现政策的作用力,减少了可操作工具的选择性。此外还加大了政策传导的不完全性。创新后由于指标增多,时滞不定,使货币政策的传导过程离散化、复杂化,对政策效果的判定也更为困难。

③金融风险有增无减,金融业的稳定性下降　当代金融创新在提高金融微观效率和宏观效率的同时,却增加了金融业的系统性风险。一是因为创新加大了原有的系统性风险,如授信范围的扩大与条件的降低无疑会增加信用风险;二是创新中产生了新的金融风险,如大规模的金融电子化创新所产生的电子风险,金融业务和管理创新中出现的伙伴风险,与金融国际化相伴而生的国际风险等。各种金融机构的业务创新和管理创新虽然带来了高收益和高效率,但也产生了高风险,20世纪80年代以来银行的资产风险和表外业务风险猛增,导致了金融业的稳定性下降,金融机构的亏损、破产、倒闭、兼并、重组事件频繁发生,整个金融业处于一种结构调整和动荡不定的状态之中。

④金融市场出现过度投机和泡沫膨胀的不良倾向　在当代金融创新中,金融市场上出现了许多高收益和高风险并存的新型金融工具和金融交易,尤其是从虚拟资本中衍生出许多新类别,如股票指数期货交易、股票指数期权交易等;一些避险性的创新本身又成了高风险的载体,如外汇互换、利率互换、货币互换等。这些新型的金融工具和交易以其高收益和冒险刺激,吸引了大批的投资者和大量的资金,在交易量成几何级数放大的过程中,价格往往被推到一个不切实际的高度,拉大了与其真实价值的差距,表现为市价大大超过净值,虚拟资本急剧膨胀,由此产生大量的泡沫,极易引发金融危机。

综上所述,当代金融创新虽然利弊皆存,利弊的作用力都放大了,但从总体上看,金融创新的利远远大于弊,并且其利始终是主要的和主流性的。正确认识和客观评价金融创新对于金融发展和经济发展的积极推动作用,是有效利用和充分发挥其动力作用,主动驾驭并把握金融创新的内在规律,最大限度地推动金融、经济发展和社会文明进步的基本前提。当然,当代金融创新的副作用亦不能忽视,必须加以有效的引导和监管,以便进行防范和控制。对创新在不同方面存在的弊病可以采取不同的政策措施予以克服或减轻。例如,对货币供求的不利影响,可以通过完善宏观调控抵消;对货币政策实施的不良作用可以通过中央银行的管理创新来抵御;对系统性风险和经营风险可以通过强化监管、设置金融安全网或增强防范措施,将风险控制在可承受的限度之内;对过度投机和金融寻租等不良现象可以通过矫正创新方向,控制虚拟性或衍生性创新,规范交易并严格监管等措施来抑制。总之,只要改善宏观调控,加强监管,正确引导,当代金融创新中的副作用应该可以减轻到最低限度,安全与效率并非不可兼得。

金融发展既是总量或规模的增长过程,又是结构的演进与优化过程。在金融发展的前期阶段，金融发展主要表现为金融总量或规模的增长，而随着金融发展的持续深入，金融发展则更多地体现为金融结构演进与优化。金融结构不仅对于微观金融运作和宏观金融调控具有重大影响，而且是金融业自身能否稳健发展并充分发挥积极作用的决定性因素。

8.3 中国金融创新的现状

我国的金融创新经过20年的发展，也取得了巨大的成绩，主要体现在以下几个方面：

8.3.1 组织制度的创新

建立了统一的中央银行体制，形成了四家国有商业银行和十多家股份制银行为主体的商业银行体系，城市信用社改成城市商业银行。建立了多家非银行金融机构和保险机构，放宽了外资银行分支机构和保险市场进入条件，初步建立了外汇市场，加快了开放步伐。

8.3.2 管理制度的创新

①中央银行从纯粹的计划金融管制转变为金融宏观调控，调控方式有计划性、行政性手段为主的宏观调控向经济和法律手段转变，调控手段上逐步启用存款准备金，公开市场业务等货币政策工具。加快了外汇改革，实现了人民币经常项目下的可兑换。

②对金融机构业务管制有所放松，各专业银行可以开办城乡人民币、外汇等多种业务，公平竞争，企业和银行可以双向选择。对信贷资金由"切快管理，实存实贷，存贷挂钩"等措施，到1980年改为"统一计划，分级管理，存贷挂钩，差额控制"，1985年改为"统一计划，划分资金，实存实贷，相互融通"，1994年改为"总量控制，比例管理，分类指导，市场融通"的管理体制。此外，对国有银行以外的其他金融机构实行全面的资产负债比例管理；1998年对国有商业银行也实行资产负债比例管理。

8.3.3 金融市场创新

建立了同业拆借、商业票据和短期政府债券为主的货币市场；建立了银行与企业间外汇零售市场、银行与银行间外汇批发市场、中央银行与外汇指定银行间公开操作市场相结合的外汇统一市场。在资本市场方面，建立了以承销商为主的一级市场，以深、沪市核心，以城市证券交易中心为外围，以各地券商营业部为网络的二级市场。

8.3.4 金融业务与工具的创新

从负债业务上，出现了3个月、6个月、9个月的定期存款、保值储蓄存款、住房储蓄存款、委托存款、信托存款等新品种；从资产业务看，出现了抵押贷款、质押贷款、按揭贷款等品种；在中间业务上出现了多功能的信用卡。

从金融工具上看，主要有国库券、商业票据、短期融资债券、回购协议，大额可转让存单等资本市场工具和长期政府债券、企业债券、金融债券、股票、受益债券、股权证、基金证券等。

8.3.5 金融技术创新

在技术上出现了以上海、深圳交易所为代表的电子化装备。

从我国的创新历程可以发现，我国金融创新有如下特征：

①吸纳性创新多，原创性创新少。

②创新层次低，主要表现为数量扩张。

③负债类业务创新多，资产类业务创新少。

④区域特征明显，特区和沿海城市金融管制相对较松，市场比较活跃，创新比较集中。

⑤金融创新靠外力推动，内部驱动不足。创新主要由体制转换和改革等外因推动。

⑥资金滞留在一级市场多，进入实体经济少。

林业金融实践

林业碳汇项目融资

一、林业碳汇

林业碳汇体现了森林能够吸收并储存二氧化碳的量，也即森林吸收并储存二氧化碳的能力。这种观点认为森林既可以是碳汇，也可以是碳源。当森林通过光合作用将大气中的二氧化碳以生物量的形式固定在植被和土壤中，即为碳汇。而当森林遭到砍伐或破坏时，又将其储存及固定的二氧化碳释放到空气中，即为碳源。《联合国气候变化框架公约》将碳汇定义为从大气中清除二氧化碳的过程、活动或机制。

与之相应，林业碳汇是指利用森林的碳储功能，通过植树造林、加强森林经营管理、减少毁林、保护和恢复森林植被等活动，吸收和固定大气中的二氧化碳，并按照相关规则与碳汇交易相结合的过程、活动或机制。

二、林业碳汇项目融资的内涵与类型

1. 林业碳汇项目融资的内涵

林业碳汇项目融资是碳金融的一个分支，是指林业碳汇项目的开发者为了保证项目的顺利运行，通过金融市场或金融中介，从有投资意愿或减排需求的资金供给者处融入资金，从而满足其资金需求的过程。其中林业碳汇是指利用森林的储碳功能，通过植树造林、加强森林经营管理、减少毁林、保护和恢复森林植被等活动，吸收和固定大气中的二氧化碳，并按照相关规则与碳汇交易相结合的过程、活动和机制。只有按照有关规则和被批准的林业方法学开发的林业碳汇项目所产生的净碳汇量才能在相应的市场上进行交易。

2. 林业碳汇项目类型

目前，林业碳汇项目国际上主要有清洁发展机制（CDM）项目、国际核证碳减排标准（VCS）项目和黄金标准（GS）项目，国内主要有中国自愿减排（CCER）项目、福建林业碳汇（FFCER）项目和广东碳普惠项目，主要范围见表8-4所列。

表 8-4　林业碳汇项目及其范围

项目名称	主要范围
CDM 和 GS 碳汇项目	造林、再造林
VCS 碳汇项目	造林、再造林、森林管理、减少毁林等
CCER 碳汇项目	造林、森林经营、竹子造林和竹林经营
福建林业碳汇(FFCER)项目	造林、森林经营、竹子造林和竹林经营
广东碳普惠项目	森林保护、森林经营

资料来源：中国碳排放交易网。

清洁发展机制下的造林和再造林项目，由于申请程序繁琐、限制条件苛刻等多方面的原因，注册数量少，所占 CDM 项目总量的比重也很小，碳汇的减排量和交易量也不大。截至 2018 年 2 月，全球范围内已注册的 CDM 碳汇项目共 66 个，其中我国成功申请 5 个，分别位于广西、四川及内蒙古。

黄金标准(Golden Standard，GS)是第一个针对 CDM(清洁发展机制)和 JI(联合履约机制)温室气体减排项目开发的、独立的、具有良好实用性的基准方法。对林业碳汇项目的要求比较严格，所以申请 GS 的林业项目也相对较少，截至 2018 年 2 月，已注册 33 个，我国成功申请 3 个，分布于内蒙古、云南和广东。

核证减排标准(Verified Carbon Standard，VCS)是气候组织(CG)、国际排放交易协会(IETA)及世界经济论坛(WEF)于 2005 年联合开发的，目的是为自愿碳减排交易项目提供一个全球性的质量保证标准。VCS 林业项目减排量(VCU)在国际自愿碳市场上有一定规模的交易量，主要用于没有减排任务的企业自愿减排，履行社会责任，以提升企业的绿色形象。截至 2018 年 2 月，VCS 碳汇项目共 146 个，我国仅占 6 个，分散分布于四川、云南、江西、福建、内蒙古、青海。

中国自愿减排(CCER)林业碳汇项目主要是中国境内的自愿减排项目，截至 2018 年 2 月，申请仍处于暂停阶段，项目公示共 98 个，已经备案的项目 15 个，分布于广东、河北、内蒙古、黑龙江、北京、江西、湖北、云南 8 个省市。福建林业碳汇(FFCER)项目和广东碳普惠林业项目属于福建和广东省内部的碳汇项目，交易目前仅限于各省内碳交易市场，规模比较小，福建林业碳汇下只有 7 个碳汇项目，碳普惠林业碳汇下只有 5 个。

三、林业碳汇融资项目的国际经验

《京都议定书》《波恩政治协议》《马拉喀什协议》等协议对林业碳汇项目在减缓气候变化、改善生存环境方面的巨大潜力予以肯定，允许《京都议定书》确定的具有减排任务的附件 1 国家通过在发展中国家开展林业碳汇项目来抵消其部分碳排放，这直接赋予林业碳汇项目在碳市场中进行交易的资格。于是，林业碳汇市场就此成为碳市场的重要组成部分。

国际林业碳汇市场的发展大致可分为 3 个阶段：

第一阶段为签订《联合国气候变化框架公约》前，参与主体主要是一些希望树立良好的企业形象、缓和公共关系的发达国家的大公司，这一阶段以自主自愿资助林业碳汇项目为主。

第二阶段为签订《联合国气候变化框架公约》和《京都议定书》后的前期阶段，对缔约方中的附件 1 国家明确规定了减排任务，政府、企业等减排主体开始有意识地实行减排措施，而相较技术减排或能源替代等减排方式，通过开展林业碳汇项目(尤其项目所在地位于发展中国家)进行减排的成本较低，因此一些肩负减排任务的政府、企业等为了寻求减排措施的经济性，按照《公约》和《京都议定书》的相关规定利用林业碳汇抵减其部分碳排放，林业碳汇在这一时期发展迅速。

第三阶段为《京都议定书》签订后的发展阶段，尤其是有关林业碳汇项目具体模式、程序等明晰之前，由于政策和产生的碳汇指标的不确定性，减排主体对林业碳汇项目的热情逐渐退却，但一些具有前瞻性的政府、组织和企业，意识到林业碳汇项目隐藏的巨大商机，开始着手搭建林业碳汇交易平台。

林业碳汇市场主要由非志愿市场(京都市场)和志愿市场组成，非志愿市场主要以项目形式为主，极具代表性的就是欧盟排放贸易计划(EUETS)；志愿市场主要包括核证碳减排标准(VCS)项目市场、美国西部气候倡议排放交易体系、芝加哥气候交易所、澳大利亚新南威尔士温室气体减排计划、南美市场及我国启动的碳交易试点等区域市场。

(1) 林业碳汇非志愿市场

林业碳汇非志愿市场的交易主要以清洁发展机制(CDM)下造林和再造林项目的形式开展。项目的需求方主要是《京都议定书》缔约方中的附件1国家及世界银行下的碳基金组织，如欧盟各国、日本等；项目的供给方主要是发展中国家，如中国、印度等。然而，因CDM林业碳汇项目的准入门槛较高、申请程序繁琐、要求严苛，目前已注册的CDM项目共有7805个，而造林和再造林项目只有66个，可见林业碳汇项目在非志愿市场的发展情况并不理想。

(2) 林业碳汇志愿市场

在志愿市场中，林业碳汇项目的交易量和交易额反而占比较大，据统计，在2010年的志愿市场交易总量中造林再造林、森林管理、减少毁林和森林退化、农林间作等活动产生的碳汇交易占40%。2011年和2012年的国际森林碳交易情况见表8-5所列。

表8-5 2011年和2012年国际森林碳交易情况

	交易量(百万 t CO_2e)		交易额(百万美元)		均价(美元)	
	2011	2012	2011	2012	2011	2012
自愿 OTC	16.7	22.3	172	148	10.3	7.6
加利福尼亚或西部气候倡议	1.6	1.5	13	12	8.1	8.2
澳大利亚农业保碳倡议(CFI)	—	2.9	—	38	—	13.3
自愿市场总和	18.3	27	185	198	9.2	7.7
CDM 或 JI	5.9	0.5	23	0.6	3.9	1.1
新西兰碳市场	—	0.2	—	1.9	—	7.9
其他	1.5	0.6	29	15.6	19.7	25.3
强制市场总和	7.3	1	51.5	18.1	7.2	10.5
总计	25.6	28	237	216	9.2	7.8

资料来源：生态系统服务市场2013年度报告。

①芝加哥气候交易所 芝加哥气候交易所由多个企业通过协议共同创立，属于自愿性质的实行总量管制与碳交易机制的平台，也是目前唯一一个可进行6种温室气体排放交易的碳市场。2003年，来自美国、加拿大等国的13名成员承诺，截至2006年，共减少1998—2001年平均排放量的4%。2004年开始，更多的国际成员开始陆续加入芝加哥气候交易所，如中国、澳大利亚、印度等，2013年其成员数量已达102个，总排放量达700 t CO_2e。芝加哥气候交易所交易的项目类型共有8类，其中就包括林业项目。美国政府间气候变化委员会提出4种林业减排方式即造林、减少毁林和退化、增加林分或单位面积林地碳密度、使用木材产品增加碳存储和提高燃料替代，其中造林项目是目前美国的森林所有者经营数量最多的林业碳汇项目。此外，芝加哥气候交易所首次提出可将多个小规模林业碳汇项目捆绑，形成一个大规模林业碳汇项目进行交易，以简化开发程序、降低交易成本，为小规模林业经营者的参与提供基础。

②加利福尼亚州气候行动 加利福尼亚州气候行动是一种非营利性的温室气体排放交易体系，并于2010年底获得造林、改善森林管理和避免毁林这2个森林碳汇项目的授权。北美林业碳汇市场发展较为成熟，相关的交易规则比较完善，但也存在碳汇价格波动较大，造成投机行为盛行、影响林业碳汇稳定发展等问题。

③新西兰林业碳汇市场 新西兰排放交易计划于2008年创立，其交易单位主要是NZU(1NZU 等于 2t CO_2e)，NZUs的价格规定最高不超过25新西兰元。由于设定了价格上限，其交易价格极易受到京都议定书机制下产生的CERs的影响，并于2012年降至历史最低，而卖方不愿低价交易，导致交易停滞。经过2013—2014两年调整期后，2015年的林业碳汇交易量与交易额增加至130万t和1040万美元，碳价从2014的5.0美元/t上升至7.9美元/t；2016年，新西兰政府又给林业行业签发了870万t二氧化碳排放当量，买方需求持续增加。在林业碳汇政策方面，新西兰是全球仅有的将林业碳汇项目纳入国家减排计划中的国家。新西兰根据造林时间不同，开发了2种不同的林业碳汇项目模式：第一种针对1990年之前的森林，可以通过对碳汇林监管和减少采伐活动的方式参与到行动中来，但若出现面积缩减和碳储量下降，则将面临处罚；第二种是如果1990—2007年砍伐树木，但之后减少采伐，且碳储量明显上升，也可以参加到NZUs项目中，类似于再造林项目。

④澳大利亚森林碳汇市场 新南威尔士温室气体减排计划是澳大利亚较早实行的强制性减排计划之一，主要针对的减排对象是电力生产和消费部门。减排计划明确提出可以通过林业碳汇进行碳吸收获得减排核证量，但是这些林业碳汇项目只能在澳大利亚境内开展。此外，林业碳汇的供给者需承诺维持100年的固碳量，并承担保持林业碳汇持续有效的责任。澳大利亚政府分别于2014年、2015年和2016年以17.7美元/t、9.7美元/t、7.4美元/t的均价竞拍采购了400万t、0.6亿t、0.68亿t林业项目的核证碳减排量，对应的采购总额为0.7亿美元、5.885亿美元、5.095亿美元。虽然竞拍价格逐年降低，但林业碳汇产品的交易量和交易额均占据重要地位。

四、我国林业碳汇项目的发展现状

中国属于《京都议定书》缔约方中的非附件1国家，并不承担强制性减排任务。因此，目前中国的林业碳汇交易模式主要包括2类：国内碳交易试点内发生的碳汇交易；作为清洁发展机制（CDM）的重要供给国之一，开展的 CDM 林业碳汇项目。

1. 林业碳汇交易市场

（1）深圳市碳交易试点

2013 年 6 月，深圳市碳排放权交易所的成立标志着全国第一个碳排放权交易所。2014 年 8 月，国家外汇管理局正式批复同意境外投资者参与碳排放权交易，深圳成为国内首家、也是目前唯一一家获准引进境外投资者的碳试点。

与其他试点地区不同，深圳主要对项目类型和项目地区做出限制。从项目类型来看，深圳碳市场交易的项目类型包括可再生能源和新能源项目（风力发电、太阳能发电、生物质发电）、清洁交通减排项目、海洋固碳减排项目、林业碳汇项目、农业减排项目 5 类。此外，除林业碳汇项目和农业减排项目外，深圳对不同项目类型所处的项目地区做出了限制。

（2）北京市碳交易试点

2012 年 3 月，北京市正式开始碳交易试点建设，并于 2013 年 11 月底实现开市交易。北京市环境交易所的交易品种主要包括：北京市碳排放权配额（BEA）和经审定的碳减排量，其中可使用的经审定的碳减排量包括核证自愿减排量、节能项目碳减排量、林业碳汇项目碳减排量。北京碳市场交易产品的品种在 7 个试点中最丰富，既包括碳排放配额和 CCER（中国核证自愿减排量）等其他试点也进行交易的交易品种，还包括林业碳汇项目、节能项目产生的减排等基于北京市的实际情况推出的特色产品。

北京市碳交易试点规定的控排范围包括：行政区域内的固定设施年二氧化碳直接排放与间接排放总量在 1 万 t（含）以上，且在中国境内注册的企业、事业单位、国家机关及其他单位。北京市的配额分配依据有 2 种：制造业、其他工业和服务业企业（单位）的配额分配基于历史排放总量；供热企业（单位）和火力发电企业的配额分配则基于历史排放强度。此外，北京市还做出重点排放单位可以用经过审定的碳减排量抵消其部分碳排放量，使用比例不得高于当年排放配额数量的 5%。市辖区内项目获得的 CCER 必须达到 50% 以上，京外项目产生的 CCER 不得超过其当年核发配额量的 2.5%。优先使用河北省、天津市等与本市签署应对气候变化、生态建设、大气污染治理等相关合作协议地区的 CCER；重点排放单位可使用的经审定的碳减排量包括 CCER、节能项目碳减排量、林业碳汇项目碳减排量等补充机制的规定。

（3）广东省碳交易试点

广东省于 2013 年 12 月以广州碳排放权交易所为交易平台正式启动碳排放权交易，交易品种主要包括广东省碳排放权配额（GDEA）、经交易主管部门批准的其他交易品种。

广东省规定的控排范围包括：本省行政区域内电力、钢铁、石化和水泥 4 个行业年排放 2 万 t 二氧化碳（或年综合能源消费量 1 万 t 标准煤）及以上的企业。配额分配主要采取基准线法和历史排放法，实行免费和有偿发放（配额竞拍机制）相结合的方式，竞拍的配额来源于企业的剩余配额，拍卖定期举行，企业可自主决定是否购买。其中，电力企业的免费配额比例为 95%，钢铁、石化和水泥企业的免费配额比例为 97%。根据市场运行情况和交易实践经验，广东省对配额有偿分配政策不断进行改进。

此外，广东省明确规定可使用 CCER 作为清缴配额，抵消企业实际碳排放量；但不得超过上年度实际碳排放量的 10%，且其中 70% 以上应当是本省温室气体自愿减排项目产生。而在排放边界范围内产生的 CCER，不得用于抵消广东省控排企业和单位的碳排放。

(4) 天津市碳交易试点

天津市于 2013 年 12 月底正式启动碳排放权交易，天津市是 7 个碳试点中唯一一个同时参与了低碳省份和低碳城市、温室气体排放清单编制及区域碳排放权交易试点的直辖市，并在市场启动初期就允许国内外机构、企业、社会团体、其他组织和个人参与碳排放权交易市场。

在确定配额时，天津碳市场综合考虑该市"十二五"期间的碳强度下降指标、经济发展预测、能源和产业结构调整、新建项目投产运行规模等情况，确定了碳市场 2013—2015 年碳排放总量控制目标，并在此目标下确定配额总量。配额发放方面，除了电力热力行业按照基准法分配配额，其他企业统一采用历史法，并结合企业当年实际产量予以确定。最终，天津市的钢铁、化工、电力热力、石化、油气开采等 5 个行业，以及 2009 年以来年排放二氧化碳 2 万 t 以上的 114 家企业或单位成为第一批强制配额交易主体。天津市配额分配以免费发放为主，拍卖或固定价格出售等有偿发放为辅。

天津市也对补充机制做出明确规定：CCER 抵消量不得超出其当年实际碳排放量的 10%，CCER 仅来自 CO_2 气体项目，且不包括水电项目的减排量；优先使用津京冀地区自愿减排项目产生的减排量，本市及其他碳交易试点省市纳入企业排放边界范围内的 CCER 不得用于本市的碳排放量抵消。

(5) 湖北省碳交易试点

湖北省于 2014 年 4 月以湖北省碳排放权交易中心为交易平台正式启动碳排放权交易。其交易品种主要包括：碳排放权配额（HBEA）和省行政区域内产生的核证自愿减排量（含森林碳汇）。湖北省规定的控排范围包括：2010、2011 年任 1 年综合能耗 6 万 t 及以上的工业企业，涉及电力、钢铁、水泥、化工等 12 个行业。湖北省在试点期间，配额免费发放给纳入碳排放权交易试点企业，并表示根据试点情况，适时探索配额有偿分配方式。湖北采用了配额竞拍机制，拍卖标的的来源为政府预留配额。

湖北省将投资机构引入交易市场，同时允许个人投资者参加，极大地刺激了湖北碳交易市场的活跃度。创新性碳金融产品的数量众多、种类丰富、规模可观。

(6) 上海市碳交易试点

上海市于 2013 年 11 月底以上海环境能源交易所为交易平台正式启动碳排放权交易，交易品种为碳配额（SHEA）和国家核证自愿减排量（CCER）。上海市规定的控排范围包括：钢铁、石化、化工、有色、电力、建材、纺织、造纸、橡胶、化纤等年碳排放量 2 万 t 及以上航空、港口、机场、铁路、商业、宾馆、金融等非工业行业年碳排放量 1 万 t 及以上的企业。

上海的配额分配方式包括历史排放法和基准线法。基于 2009—2011 年试点企业二氧化碳排放水平，按各行业配额分配方法，一次性分配试点企业各年度碳排放配额；对部分有条件的行业（如电力行业），按行业基准线法则进行配额分配，其他行业则采取历史法进行分配。试点期间,碳排放初始配额实行免费发放,并适时推行拍卖等有偿方式。

上海市也对补充交易机制做出规定:可将CCER用于配额清缴;使用比例最高不得超过该年度通过分配取得的配额量的5%。试点企业持有的未来各年度的配额不得低于其通过分配取得的对应年度配额量的50%,本市纳入配额管理的单位在其排放边界范围内的CCER不得用于本市的配额清缴。

(7) 重庆市碳交易试点

重庆市于2014年6月以重庆碳排放交易中心为交易平台正式启动碳排放权交易,交易品种主要包括碳排放配额、CCER及其他依法批准的交易产品。

重庆市规定的控排范围包括:2008—2012年任一年度排放量达到2万t二氧化碳当量的工业企业;自愿加入并经主管部门批准纳入碳排放控制管理的碳排放单位;市政府指定的其他碳排放单位。企业配额分配根据企业历史排放水平和产业减排潜力等因素确定,通过登记簿向配额管理单位发放配额。

重庆市规定的补充机制如下:每个履约期CCER使用数量不得超过审定排放量的8%,减排项目应于2010年12月31日后投入运行(碳汇项目不受此限),且属于以下类型之一:节约能源和提高能效,清洁能源和非水可再生能源,碳汇,能源活动、工业生产过程、农业、废弃物处理等领域减排。

2. 林业碳汇实践(CDM)项目

我国作为《京都议定书》的缔约国之一,具有参与清洁发展机制下的造林再造林碳汇项目的资格。迄今为止,我国已注册的CDM造林再造林项目共有5个,这些项目的名称、注册时间、项目业主、国外合作方、年核证减排量等信息见表8-6所列。

其中,以广西西北部地区退化土地再造林项目为例。2008年7月广西碳汇项目通过专业的第三方认证机构的合格性认证,并于2008年10月获得发改委的批准同意立项。2009年6月,广西隆林各族自治区县林业开发有限责任公司与国际复兴开发银行生物碳基金签订项目书。达成2008—2027年的20年计入期内产生的合同减排量174万t中的44万t生物碳购买协议,碳交易价格为每吨5美元。2010年9月,该项目成功通过联合国CDM执行理事会的注册,成为中国第3个成功注册的CDM造林再造林项目。期间的项目监测结果表明,项目范围内的大部分林木长势较好,符合项目的标准要求。截至2014年年底,该项目的人为净温室气体汇清除(即碳汇)共计105 611t CO_2e,先后4次获得来自生物碳基金的碳汇收入共计528 055美元,扣除项目各项准备费用、交易费用等,实际碳汇收入达415 167美元(合人民币258.89万元)。

表8-6 我国已注册的CDM造林再造林项目

项目名称	注册时间	项目业主	国外合作方	年核证减排量(tCO_2e)
广西珠江流域治理再造林项目	2006.9	环江兴环营林有限责任公司	加拿大,意大利,卢森堡,法国,日本,西班牙	25 795
四川西北部退化土地的造林再造林项目	2009.11	大渡河造林局	—	23 030

(续)

项目名称	注册时间	项目业主	国外合作方	年核证减排量 (tCO_2e)
广西西北部地区退化土地再造林项目	2010.9	广西隆林各族自治区县林业开发有限责任公司	西班牙，爱尔兰，瑞士	87 308
内蒙古和林格尔盛乐国际生态示范区碳汇造林项目	2013.1	内蒙古和盛生态育林有限公司	—	6725
诺华四川西南林业碳汇、社区和生物多样性造林再造林项目	2013.2	大渡河造林局	瑞士	40 214

资料来源：清洁发展机制网。

林业金融实践

林权抵押贷款

一、我国林权抵押贷款的背景

我国政府为了更好地保障林业、林权抵押贷款等业务的稳定发展，先后出台了一系列法律法规来规范相关政策制度，切实地为实现林农根本利益提供理论依据和法律基础，以满足业务开展的有序进行。

自 2003 年林权制度改革进入深化阶段起，国家更加重视对林业的投入与支持，尤其是 2009 年 6 月中央林业工作会议后，各地积极开始了新一轮的集体林权制度改革。

随着集体林权制度改革的不断深化，林业生产关系发生了变化，林业生产力解除了束缚，林业生产效率得到了提高，广大林农的营林造林的积极性也在不断提升。中共中央、国务院也于 2003 年 6 月出台了《关于加快林业发展的决定》赋予林权抵押权能，进一步推进集体林权制度改革。

为了建设与发展林业产业，国家林业局与国家开发银行也于 2004 年 2 月签订了《开发性金融合作协议》。同年颁布的《森林资源资产抵押登记办法》(试行)也明确了林权抵押登记的管理办法，对以往存在的不规范、不清晰的操作进行了全面系统地说明。2005 年的《林业贷款中央财政贴息资金管理规定》更是指出，针对满足一定条件的林业贷款，银行等金融机构及农村信用社可予以贴息，也可以为符合特定规模、范围的林业贷款(工业原料)提供贴息政策。这些政策都为林权抵押贷款的良好发展奠定了基础。

2006 年，中共中央、国务院《关于推进社会主义新农村建设的若干意见》指出，各级地方政府均应针对林农和林业中小企业具体情况成立担保机构或创立担保基金，以此缓解其贷款难的问题，这种做法有利于发展新农村建设，拓宽农村经济格局，实现农村金融改革。

2008 年"全面推进集体林权制度改革"的中央一号文件指出，国务院积极推进，先后提出《关于全面推进集体林权制度改革的意见》和《关于当前金融促进经济发展的若干意见》，指出要全面形成集体林业良性发展机制，就要循序渐进、逐步推进，有目的有层次有步骤地进行林权制度改革，不能急于求成。同时要加强农村金融政策支持力度，引导更多信贷资金投向农村，指导农村金融机构开展林权质押贷款业务。

2009年，中国人民银行、财政部、银监会、保监会、林业局出台的《关于做好集体林权制度改革与林业发展金融服务工作的指导意见》提出，已实行集体林权制度改革的地区，各银行业金融机构要积极开办林权抵押贷款业务。

2010年，国家开发银行和国家林业局联合出台了《关于开展林权抵押贷款工作的指导意见》。

2013年，中国银监会和国家林业局联合出台的《关于林权抵押贷款的实施意见》进一步规范林权抵押贷款制度，林权抵押贷款得到了初步发展。

2017年，《关于推进林权抵押贷款有关工作的通知》进一步破除阻碍林权抵押贷款发展的制度性因素，释放林权抵押贷款的巨大潜能。

林权抵押贷款作为集体林权制度改革的配套措施，为林农贷款融资提供了一条新的路径，解决了林农贷款难的问题，然而林权抵押贷款仍是一个新生的事物，从出现到发展时间仍较短，实践中必然会出现一些新问题、新障碍，加之贷款过程本身存在许多不确定因素，更加重了问题的产生。因此，要实时分析林权抵押贷款出现的问题，找到解决措施与政策完善，有利于有效解决农业发展、农民增收、农村经济发展的"三农"问题，也有助于社会主义新农村的全面建设。

二、我国林权改革的历史与现状

1. 我国林权改革的历史

从20世纪50年代到21世纪初，是我国传统的计划经济体制建立和运行，继而通过改革向社会主义市场经济体制转变的历史时期。伴随着这一过程，我国林权制度也经历了数次重大变迁。这个过程也是林业发展路径、发展模式不断探索、不断调整的过程，也是林业体制机制不断创新、寻求出路的过程。可将变迁过程划分为以下4个阶段：

第一阶段是土改时期的"分山分林到户"。新中国成立前后，我国结合土地改革将没收官僚和地主的山林分配给农民，实行农民私有制，发展林地家庭经营。此时，农民既是林地、林木的所有者，又是使用者，具有完整的林地产权。从1950年开始，中央政府对林产品开征货物税，引导农民开展林业生产经营，对合理采伐林木做了全面规划。此后，为加快国土绿化，又结合农业生产互助合作化运动，原中央林业部党组提出促进群众林业互助合作。林业互助组是在不改变林地农民所有制的基础上，部分农户在林业生产活动中实行生产资料共用、劳动力同出、生产成果共享的一种合作组织形式。

第二阶段是农业合作化时期的"山林入社"。1953—1957年，为防止林业互助组的虚化、异化，结合农业社会主义改造，中央逐步引导农民在林业互助组的基础上，逐步发展林业初级合作社、林业高级合作社。初级合作社时期，农民仍保有自留山房前屋后林地和林木的所有权、使用权、收益权和处置权，合作社仅收回成片山林地和林木的使用权、收益权和处置权；到高级社时期，农民仅保有部分林地和林木的收益权，其他权利都收归合作社所有。

第三阶段是人民公社时期的"四权一统，归集体所有"。1958—1980年，农民所有的林地、林木基本上全部收归人民公社，实行林地集体所有制，实行林地所有权、使用权、收益权和处置权"四权一统，归集体所有"。这一时期，国家对木材实行集中统一管理，林产品不能自由上市，实行统购统销。考虑到人民公社统一组织管理的不便，生产过于集中使农民缺乏发展生产的积极性，又明确了"三级所有、队为基础"的政策。1961年，中共中央发布的《关于确定林权、保护山林和发展林业的若干政策规定（实行草案）》提出，"林木的所有权必须长期固定下来，划清山界，树立标记，不再变动"，这标志着我国林权制度的基本形成。1978年12月党的十一届三中全会后，农村改革撤销了人民公社，恢复了乡村建制，原来的社队林地相应变成了乡村集体经济组织所有的集体林地，统一经营的社队林场调整为乡村集体林场，但集体林业制度并没有发生实质性改变。

第四阶段是改革开放初期的林业"三定"。1981年，结合农村家庭联产承包责任制的推行，中共中央、国务院部署了以"稳定山权林权、划定自留山和确定林业生产责任制"为内容的林业"三定"工作，在林地集体所有制不变的前提下，建立起以家庭联产承包为主要实现形式的林地产权体系。1985年，中央一号文件取消了集体林区木材统购政策，开放木材市场，允许林农和集体生产的木材自行上市，实行议购议销。但是，由于集体林产权不明晰、承包权保护不严格、配套管理政策没跟上，一些地方出现了较为严重的超量采伐现象。1987年6月30日，中共中央、国务院发布《关于加强南方集体林区森林资源管理坚决制止乱砍滥伐的指示》，又制止了分林到户政策。在林木采伐管理上，实行了森林采伐限额制度；在林木市场管理上，"重点产材县，由林业部门统一管理和收购"。

2. 我国林权改革的现状

2003年至今我国开展的新一轮集体林权制度改革似乎沿用农村改革初期实行"大包干"的模式，即在保持集体林地所有权不变的前提下，通过均山、均股、均利等形式将林地的承包经营权和林木的所有权平等落实到户，使林农不仅具有经营林地的主体地位，而且享有对林木的所有权、处置权和收益权。这次改革主要的实行区域为南方重点集体林区，其核心内容为"明晰所有权、放活经营权、落实处置权、确保收益权"，实质上是林地实现了家庭承包责任制，确保了林农获得林地承包经营权和林木所有权后，能依法实现自主经营、自由处置、自得其利，为林农经营林业提供了制度性保障，极大调动了林农经营林业的积极性。

全面推进集体林权制度改革自启动以来，一直是各级党政工作的重点、社会关注的热点和农民期盼的焦点。经过多年的不懈努力，集体林权制度改革取得重大成效。

（1）推进了农村体制机制创新，为进一步解放农村社会生产力注入强大动力

把逾27亿亩集体林地和价值数十万亿元的森林资产确权到农户，使农民真正拥有林地承包经营权和林木所有权，赋予农民充分的占有、使用、处置和收益权，重新唤起农民创业的积极性，进一步盘活农村资源要素。实践证明，通过林权抵押贷款和林权流转，盘活林地、森林资源，吸引资金、技术、人才等现代生产要素向农村流动，破解了长期困扰农村发展的融资难等问题，林地发展潜力得到充分释放，产出效益明显提高，农民的生产性收入和财产性收入大幅度增加。

(2) 促进了节能减排，为转变经济发展方式作出重要贡献

作为发展中国家，我国在林业资源并不富余的情况下，加入发达国家行列，承诺到2030 年我国森林覆盖率达到 30%。加快转变经济发展方式，事关改革开放和社会主义现代化建设全局，是当前面临的一项重大战略任务。转变经济发展方式的一个重要方面，就是要加快摒弃过去主要依靠消耗资源、牺牲环境来换取经济增长的发展方式，大力推进节能减排，走循环经济、绿色经济、低碳经济的发展新路。林业是庞大的循环经济体，是绿色经济的重要组成部分，也是发展低碳经济极其有效的途径。推进集体林权制度改革，赋予农民生产经营自主权，在激发农民造林育林、增加生态产品的同时，有力地促进了森林培育、木材综合利用、森林旅游、森林食品、生物质能源、生物质材料、生物制药等产业大发展，壮大了循环、绿色、低碳产业规模，从而促进产业结构转型升级，加快提升经济发展整体素质和活力。随着林改的全面推开，全国越来越多的地方将林改作为加快经济发展方式转变的重要抓手，逐步摆脱了拼资源、拼能源的旧发展模式，把生态优势转化为经济优势，把"绿水青山"变成了"金山银山"，高耗能、高排放、高污染的传统产业正在被新兴产业所替代，开始步入资源节约、环境友好、创新驱动的发展轨道。

(3) 提升了生态承载能力，为实现可持续发展提供有力保障

我国资源相对短缺、生态承载力较低，自然资源消耗水平已远远超过生态系统供给能力，成为经济社会可持续发展的制约瓶颈。森林是陆地生态系统的主体，又是巨大的资源库和能源库。林业不仅肩负着维护生态平衡、提高生态承载力的神圣使命，而且承担着提供可再生资源和能源、保障经济社会发展的光荣任务。林改后，农民成了山林的真正主人，他们造林、护林、营林的积极性空前高涨，森林资源持续增长、质量明显提升、功能显著增强。较早开展林改的浙江、福建、江西、辽宁等省造林面积连创历史新高。森林还是一种仅次于煤炭、石油、天然气的第四大战略性能源资源，而且具有可再生、可降解的特点。在化石能源日益枯竭的严峻背景下，发展生物质能源已成为世界各国能源替代战略的重要选择。我国高含油量的木本油料树种多达 154 种，每年可用于燃烧发电的枝丫剩余物约有 3 亿 t，发展森林生物质能源潜力巨大、前景广阔。

(4) 激发了山区林区后发优势，为缩小区域发展差距开辟有效途径

区域之间发展不平衡、差距过大，是加快推进现代化、全面建设小康社会面临的突出矛盾。我国发展滞后地区多是革命老区、少数民族地区、边疆地区、贫困地区，主要分布在山区、林区、沙区，是实现区域协调发展的重点和难点。但另一方面，这些地区又大多拥有丰富的林地资源、物种资源、景观资源和劳动力资源，具有独特的后发优势，蕴藏着巨大的发展潜力。加快这些地区的发展，需要多方努力，但最大的希望在山，最大的潜力在林，最好的出路在推进林改。林改后，农村劳动力有了用武之地，林地、物种、景观等生态资源加速转化为发展资本。许多地方"一根翠竹"撑起了一方经济，一个物种成就了一大产业，一处景观带来了一片繁荣。现在，丰富的森林资源和良好的生态环境，日益成为展示地区形象的"绿色名片"、吸引社会投资的重要筹码、赢得新一轮竞争的制胜法宝。

(5) 推动了基层民主政治建设，为完善乡村治理机制发挥积极作用

集体林权制度改革的过程，是一个民主决策、民主管理、民主监督的过程。是一个宣

传政策、普及法律、化解矛盾的过程，也是一个加强党的领导、转变工作作风、密切干群关系的过程。在集体林权制度改革中，各级党委政府和基层组织广泛发动群众，充分依靠群众，热心服务群众。据统计，全国共有逾1000万基层干部投身林改一线，与农民群众同吃同住同劳动，同心同德同改革，尽心为农民勘界发证，真心为农民调处纠纷，热心为农民排忧解难，赢得了群众空前信任，得到了群众衷心拥护。在林改过程中，广大乡村认真落实规则公平、机会公平、林权抵押贷款的实施要点权利公平、分配公平原则，普遍完善利益协调、诉求表达、矛盾调处、权益保障机制，充分保障了农民群众的民主权利和物质利益。各地结合实际创造的许多有效机制和办法，既是林改工作的好经验好做法，也是对党领导的村级民主自治机制的细化、丰富和完善。

阅读与思考

习近平总书记谈普惠金融

2015年11月9日习近平总书记在中央全面深化改革委员会第十八次会议上的讲话指出，发展普惠金融，目的就是要提升金融服务的覆盖率、可得性、满意度，满足人民群众日益增长的金融需求，特别是要让农民、小微企业、城镇低收入人群、贫困人群和残疾人、老年人等及时获取价格合理、便捷安全的金融服务。

农业金融实践

普惠金融

改革开放以来，我国已逐渐步入世界强国之列，但我国仍是一个农业大国，据统计数据显示，我国农业人口占总人口比重达43.9%，但农户融资难、贷款难的问题相当严重，其融资需求面临着严重挑战。究其原因，一方面，由于农户贷款对象分散、财务信息不健全、缺乏有效担保物，加之从事农业生产经营活动风险的不确定性大，使得农户难以从正规金融机构获取贷款，其融资需求得不到满足。另一方面，虽然相关政策要求金融机构为农户经济活动提供贷款支持，但由于农户信用信息整合数据少，农户小额贷款的信用风险评价体系极不完善，致使多数银行中没有构建此体系，金融机构难以识别农户小额贷款的信用风险，进行差异化利率定价。

国家也相当重视农村金融发展，从2004—2021年连续18年的中央一号文件，无一例外都提到要加强"农业、农村、农民"的"三农"工作，推进农村金融体制改革，切实解决涉农融资难、贷款难的问题。2016年2月18日，中国银监会发文，要求银行业"普惠金融"工作部着力做好小微、三农等薄弱环节的服务，加强金融风险识别、监测、预警和评估工作。

在这种背景下，如何响应国家针对农村发展的号召，为银监会、商业银行实践推广普惠金融，有效缓解农户融资难、贷款难的现状，促进普惠金融发展并增加社会就业，同时根据商业可持续发展原则，在实现银行自身的目标利润的前提下，确保获得信贷的客户数最多，实现信贷资金惠及更多客户的"普惠金融"，成为当下亟待解决的问题。

普惠金融这一概念最早于2005年由联合国所提出，是指以可负担的成本为有金融服务需求的社会各阶层和群体提供适当、有效的金融服务，小微企业、农民、城镇低收入人群等弱势群体是其重点服务对象。小微企业、农民、城镇低收入人群、贫困人群和残疾人、老年人等特殊群体是当前我国普惠金融重点服务对象。这一概念提出以后，为各国所引进，尤其是发展中国家，这一理念为世界各国通过金融改革来为国内的弱势群体提供相对公平的金融服务指明了道路，同时也加快了我国农村金融改革的步伐。

我国于2006年引入了普惠金融这一概念，党和政府高度关注、持续重视普惠金融，有关部门、各类金融机构及许多经济学、社会学学者对这一理念进行了细致、深入的解读，不断促进这一理念的推广、普及与发展。2013年，党的十八届三中全会正式提出发展普惠金融，而且在党的执政纲领中正式写入，这为我国的普惠金融发展提供了政策的强力支持。2015年11月正式通过《推进普惠金融发展规划（2016—2020年）》，它为中国的普惠金融发展提供了一个基本的发展方向和总体规划，目的是推进普惠金融的发展来满足人民尤其是农民等弱势群体的金融需求，为农民提供合适的金融服务。实现经济的稳定高速发展对世界各国而言是一个至关重要的问题，而金融在经济发展中始终占据着至关重要的角色，只有实现金融的不断发展，经济才能平稳运行。但是，在推动经济发展的过程中，各国面临着贫富差距不断扩大的难题，尤其是农村地区。为了实现社会公平，控制贫富差距，让经济发展的成果为更多弱势群体所拥有，发展农村普惠金融至关重要。

大力发展普惠金融，是我国全面建成小康社会的必然要求，有利于促进金融业可持续均衡发展，推动大众创业、万众创新，助推经济发展方式转型升级，增进社会公平和社会和谐。

2018年10月，中国银行保险监督管理委员会发布《中国普惠金融发展情况报告》摘编版。白皮书显示，截至2017年年末，我国银行业网点乡镇覆盖率达到95.99%。银行业小微企业贷款余额307 400亿元，比2013年年末增长73.1%；为1521万户小微企业提供贷款服务，比2013年末增长21.7%。2017年大中型商业银行对普惠金融客户取消收费项目335个，对387个项目实行收费减免。

2021年6月15日，从财政部获悉，财政部下达2021年普惠金融发展专项资金（以下简称专项资金）44.67亿元，加上2020年年底提前下达的47.48亿元，2021年度专项资金92.15亿元已全部下达，比上年增长31.2%。

一、福建普惠林业金融——"福林贷"

2016年11月，为了破解林农贷款难的问题，福建省三明市在沙县农村金融改革试验的基础上，充分借鉴其村级融资担保基金模式，在梅列区和三元区等3个行政村试点推行普惠制林业金融新产品，取得积极成效，先后得到国家林业局、福建省委、省政府的高度评价和重视，并开始进行复制和推广。然而，复制和推广中仍存在一些不可避免的问题。2017年10月23日出台的《中共福建省委、福建省人民政府关于深化集体林权制度改革加快国家生态文明试验区建设的意见》提出要"创新投融资支持模式"。对于福林贷模式存在的问题做进一步探索，是福建省进一步落实普惠金融与创新林业发展中投融资支持模式的重要抓手。

福建普惠林业金融的发展发端于福建省三明市。三明市林业资源丰富，林业用地面积190亿 m^2，占土地面积的82.5%；全市森林面积170亿 m^2，森林覆盖率76.8%；活立木蓄积量1.65亿 m^3，毛竹林储量4.18亿株；森林总量和主要林产品约占福建省的1/4。在进行集体林权制度改革以及系列配套改革之后，青山变成了"金山"，但是三明市90%林权分散在各家各户之中，林农手中的自留山、责任山、林权股份等分散的小额林业资源无法盘活。为了解决这个问题，三明市推出了一项成功的普惠金融产品"福林贷"。"福林贷"在三明市推广以后，反响巨大，贷款规模迅速扩大。截至2017年11月，三明市所辖各县级市、区、县均已开展普惠林业金融产品"福林贷"业务，在全市1548个符合条件的行政村中，已授信1123个行政村，占比72.55%；已发放贷款1103个行政村，占比65.44%；全市授信9052户，金额9.22亿元；已发放贷款5624户，金额6.14亿元；户均授信10.17万元，户均已获得贷款10.91万元(部分数据来源于《2017集体林权制度改革监测报告》，国家林业和草原局"国家集体林权制度改革监测"项目组著)。

作为集体林权制度改革的先锋，尤溪县积极构建林业金融支持体系，于2017年8月开始在全县推广创新性普惠金融产品"福林贷"，在促进林业资本的有效流动及循环周转方面取得了初步成效。截至2017年，尤溪县已完成村数191个，全县贷款户数1251户，贷款金额达到14 762万元。林业金融支持体系能够实现对林业资本的动员和配置、对林业投资风险的规避与防范，能够满足林业发展日益增强的资金需求，研究林业金融体系建设问题，具有重要的现实意义。

普惠林业金融产品"福林贷"是三明农商银行针对林权零星分散的广大林农创新推出的一款普惠金融产品，在促进林业资本流通、盘活林业资源方面具有重要作用。

二、重庆市开县普惠金融体系建设

开县位于重庆市东北部，三峡库区小江支流回水末端，大巴山南麓。东与云阳县、巫溪县接壤，南邻万州区，西与四川省开江县、宣汉县交界，北与城口县相连。全县辖区面积3959 km^2，总人口169万人。辖40个镇乡街道、435个村、75个社区。地貌特征大致呈"六山三丘一分坝"，地势由东北向西南逐渐降低，海拔134~2626m，地形复杂，各乡镇经济社会发展极不平衡。开县农村普惠金融发展经历了一个过程，具有阶段性。2006年之前，农村金融发展迟缓，贷款增长率下降，存贷比逐年下降。2006年我国推行的"金融新政"，为开县金融发展提供了活力，遏制了存贷比逐年下降的态势，存贷比、金融相关比率逐渐提高。尤其是2009年后，存贷比、金融相关比率明显提高。

2006年以来，开县开展了一系列工作，为普惠金融体系建设探索出了一条可行的路径。

①以强化金融生态环境建设(2006年)、重视金融投入(2007年)为突破口，展开普惠金融体系宏观层面建设，扭转了不良贷款居高不下的局面，推动了金融业的大发展。2006年，开县全面强化金融生态环境建设，以打造诚信开县为突破口，建立健全"诚信受益，失信惩戒"机制。政策的有效实施，使不良贷款绝对额与相对额呈现"双降"态势：2005年末开县银行金融机构不良贷款余额6.49亿元，占比达30.34%；2006年末不良贷款余额为3.77亿元，占比降到18.94%；到2014年年末，不良贷款余额仅2.33

亿元，占比降到1.23%，绝对额和相对额分别下降了4.16亿元和29.11%，分别下降了64.1%和95.95%。2007年，开县政府将金融工作纳入日常工作管理之中，以重视金融投入为突破口，全面提升县域存贷比。政策的有效实施，促使金融业得到了较快发展。银行金融机构存贷比从2005年末的23.56%提高到2014年末的49.02%，提高了25.46%，增长了108.06%。此外，保险公司也从2005年末的6家增加到2014年末的16家，增长了1.67倍；保费收入从2433.91万元增加到16 760.72万元，增加14 326.81万元，增长了5.89倍。

②改善农村地区支付服务环境(2009年)、推广金融IC多领域运用(2012年)，加强了农村地区金融基础设施建设，金融IC卡功能得以扩展，为普惠金融体系中观层面增加了内容。2009年推出的改善农村地区支付服务环境政策，以增强农村地区金融服务可获得性为目的，采取一系列措施加强农村地区金融基础设施建设，以改善支付服务。到2014年年末，消除了金融服务空白乡镇村。同时，农村移动支付也发展很快，走在重庆市前列。2012年开始推广金融IC卡多领域运用，充分发挥现代科技引领作用，将金融IC卡最终实现一卡通。

③对微观层面的金融服务提供者进行引导，保增长促就业(2008年)，推动农村金融服务创新(2011年)，为农村居民金融消费——尤其是低收入群体、小微企业的金融服务的满足提供了机会。2008年，开县推行保增长促就业政策，加大就业、再就业(创业)贷款投放力度。农民工创业就业贷款由开县农商行与邮政银行经办，针对农民工以及用工企业发放，担保方式可采取第三人保证、有效抵押物抵押或联保，还款方式为分期还息、到期还本。从面对的群体以及单笔贷款额度都可以看出，农民工创业就业贷款专门针对农村地区低收入群体，是农村普惠金融的核心部分。开县的农民工创业就业贷款，自2008年开办以来，取得了很好的成绩。无论从发放额、余额，还是由此增加或带动的创业就业人数来看，农民工创业就业贷款从开办不久连续12次在重庆市夺冠。2011年开始的推动农村金融服务创新政策，旨在创新农村金融服务方式和农村信贷产品。政策执行以来，已经形成了各类银行、保险、证券机构以及小贷公司齐全的金融服务格局，农村信贷产品也得到了极大丰富。

④最终回到普惠金融宏观环境建设的基础环节——金融培训，将金融培训纳入开县全民教育行动，为全民(尤其是管理人员)金融知识的提高提供了可能，为金融环境的根本改善提供了新契机。2012年以来，开县将金融培训纳入开县全民教育行动，以培训干部为突破口，采取点面结合的办法，带动全民学习金融相关知识。

林业金融实践

林票制度

2019年11月开始，福建省三明市在全国率先开展以"合作经营、量化权益、自由流转、保底分红"为主要内容的林票制度改革试点，赋予林票具有交易、质押、兑现等权能，引导国有林场、林业龙头骨干企业与村集体经济组织及其成员采取现有林出让经营、委托经营，采伐迹地合资造林、林地入股等方式开展合作。

一、改革动因

从福建省三明市情况看,集体林地实行家庭承包后,每家农户经营面积仅为 30~50 亩,而且还不集中连片,出现了林权"碎片化"问题,不利于林业经营管理,特别是林农普遍缺技术、缺资金、缺管理,导致更新造林成活率不高、中幼林抚育不到位、林分质量下降,个别地方甚至出现林地抛荒现象,且林农个人所有林木的处置权也无法得到保障,现行的森林质量精准提升、造林和抚育等补助对象,基本上要求为国有或国有控股单位,林农个体难以享受补助政策。为此,福建省三明市创新推出林票制度改革,鼓励和引导村集体、其他单位和个人与国有林业企事业单位合作,实现林业适度规模经营,提高林业集约经营水平,实现国有、集体、个人三方共赢。

二、主要做法

1. 明确概念,规范流程

2019 年 11 月,经过多方调研、反复讨论,并经市政府领导同意,印发了《三明市林票管理办法(试行)》。2020 年 4 月,根据试点反馈的意见建议,进一步完善修订了《三明市林票管理办法(试行第二版)》,将林票分为股权型和债权型 2 类,明确股权型林票和债权型林票的含义。同时,做好林票制度改革的相关政策解读,拟定《林票改革宣传提纲》,制订《三明林票基本操作流程》,规范操作程序。

2. 试点先行,模式多样

2019 年年底,先行在沙县、将乐、泰宁等 3 个县 6 个村开展改革试点,并针对不同的合作标的和不同的合作经营方式,推出出让经营、委托经营、合资造林、林地入股等 4 种改革模式,提供村集体及个人选择,不搞一刀切。截至 2020 年 6 月,已在沙县、泰宁、将乐、宁化、永安、清流、尤溪、大田、明溪、建宁等 10 县(市)87 个村推广林票改革试点。其中,将乐县于 4 月 3 日召开林票改革工作推进会,在全县范围内对历年来"村民企"合作造林经营的山林推行林票制度改革。市国有林场工作站对 13 个省属国有林场下达了 21 000 亩林票改革任务,加快推进各国有林场林票改革进度。

3. 坚持自愿,依法操作

实行林票制度,双方合作经营的模式、收益分成比例、林票量化分配方案等,均须通过村民代表大会讨论决定。尤其是林票量化分配方案,必须按农村产权制度改革要求,将村集体收益部分按 3∶7 分配,30% 的林票归村集体所有,70% 的林票按人口均分。

4. 保底承诺,多方共赢

国有林场对本单位发行的林票进行兜底保证。若林票持有者拟退出合作经营投资,由国有林场按林票投资金额加上年利率为 3% 的合作经营年度单利,予以兜底回购。国有林场确保合作经营的杉木用材林 Ⅰ、Ⅱ 类林地的亩均出材量 $10m^3$ 以上,并按年度预付每亩不少于 10 元的林地使用费。林农利益得到保障,村财政收入有稳定来源,国有林场扩大了经营规模,提升了经营效益,真正实现三方共赢。

三、取得成效

截至 2020 年 6 月底,已在 10 县(市)87 个村开展林票改革。改革面积 58 347 亩,制发林票总额达 5815 万元,惠及村民 10 239 户、43 733 人,平均每位村民获得价值 483 元的林票。通过林票制度改革，有效解决了林业发展中的林业难融资、林权难流转、森林资源难变现、集体林质量难提高、各方难共赢的"五难"问题，取得了初步成效。

探究与思考

1. 简述金融创新的含义与表现及其主要成因。
2. 试分析当代金融创新的利弊与作用及我国在金融创新中应注意的问题。

第 9 章 金融科技

9.1 金融科技的发展

9.1.1 金融科技的概念与分类

9.1.1.1 基本概念

金融科技(FinTech)一词为英文 Financial Technology 合并后的缩写。2016 年,全球金融治理的牵头机构——金融稳定理事会(Financial Stability Board,FSB)发布了《金融科技的描述与分析框架报告》,第一次在国际组织层面对金融科技做出了初步定义,即金融科技是指通过技术手段推动金融创新,形成对金融市场、机构及金融服务产生重大影响的业务模式、技术应用以及流程和产品。自 20 世纪 80 年代开始,以互联网为代表的信息技术快速发展,也带来了人类生产和生活方式的巨大改变。在金融领域,互联网技术与金融业开始融合产生出称为"互联网金融"的业态。特别是随着大数据、人工智能等技术不断应用于金融领域,FSB 对"金融科技"的定义可进一步拓展:由大数据、区块链、云计算、人工智能等新兴前沿技术带动,对金融市场以及金融服务业务供给产生重大影响的新兴业务模式、新技术应用、新产品服务等。

9.1.1.2 "金融科技"与"互联网金融"的联系与区别

2015 年 7 月,中国人民银行联合工信部、公安部、财政部、国家市场监督管理总局、国务院法制办、银监会、证监会、保监会和国家互联网信息办公室十部委提出《关于促进互联网金融健康发展的指导意见》(简称《指导意见》),意见里给出了互联网金融的权威定义:"互联网金融是传统金融机构与互联网企业利用互联网技术和信息技术、通信技术实现资金融通、支付、投资和信息中介服务的新型金融业务模式。"这个定义既包括新兴互联网企业从事的金融业务(互联网金融),也包括银行、证券、保险等传统金融机构通过互联网开展的金融业务(金融互联网),所以称为广义的互联网金融。事实上,谈互联网金融,更多的时候是在谈互联网金融企业,即电子商务企业、第三方支付企业、P2P 等基于互联网技术开展金融业务的企业,这就是狭义的互联网金融。毫无疑问,互联网金融本质上还是金融,它只是利用互联网技术、互联网平台进行了诸多金融创新,其金融的核心属性中介性、风险性并没有改变。

"金融科技"与国内的"互联网金融"概念既有联系,又有区别。从相似性看,二者均体现了金融与科技的融合,都是对运用各种新技术手段提供、优化、创新金融服务等行为的概括;从差异性看,"金融科技"更强调新技术对金融业务的辅助、支持和优化作用,其运用仍需遵循金融业务的内在规律、遵守现行法律和监管要求。国内的"互联网金融"概念既涵盖金融机构的"金融+互联网"模式,也涵盖互联网企业的"互联网+金融"模式。在实践中,一些"互联网+金融"模式注重运用互联网技术促进业务发展,推动产品创新,提高运营效率和改进客户体验,但也存在忽视金融本质、风险属性和必要监管约束的现象,出现了业务运作不规范、风险管理不到位、监管适用不恰当或不充分等问题。一些非持牌机构未经批准从事金融业务,一些持牌机构超范围经营或违反监管规定开展业务,甚至引发了风险事件。从中长期看,国内的"互联网金融"概念可能逐步趋近并融入"金融科技"的概念体系,最终与国际通行概念保持一致。

9.1.1.3 金融科技发展的重要意义

在新一轮科技革命和产业变革的背景下,金融科技蓬勃发展,人工智能、大数据、云计算、物联网等信息技术与金融业务深度融合,为金融发展提供源源不断的创新活力。坚持创新驱动发展,加快金融科技战略部署与安全应用,已成为深化金融供给侧结构性改革、增强金融服务实体经济能力、打好防范化解金融风险攻坚战的内在需要和重要选择。

(1) 金融科技成为推动金融转型升级的新引擎

金融科技的核心是利用现代科技成果优化或创新金融产品、经营模式和业务流程。借助机器学习、数据挖掘、智能合约等技术,金融科技能简化供需双方交易环节,降低资金融通边际成本,开辟触达客户全新途径,推动金融机构在盈利模式、业务形态、资产负债、信贷关系、渠道拓展等方面持续优化,不断增强核心竞争力,为金融业转型升级持续赋能。

(2) 金融科技成为金融服务实体经济的新途径

发展金融科技能够快速捕捉数字经济时代市场需求变化,有效增加和完善金融产品供给,助力供给侧结构性改革。运用先进科技手段对企业经营运行数据进行建模分析,实时监测资金流、信息流和物流,为资源合理配置提供科学依据,引导资金从高污染、高能耗的产能过剩产业流向高科技、高附加值的新兴产业,推动实体经济健康可持续发展。

(3) 金融科技成为促进普惠金融发展的新机遇

通过金融科技不断缩小数字鸿沟,解决普惠金融发展面临的成本较高、收益不足、效率和安全难以兼顾等问题,助力金融机构降低服务门槛和成本,将金融服务融入民生应用场景。运用金融科技手段实现滴灌式精准扶持,缓解小微企业融资难融资贵、金融支农力度需要加大等问题,为打赢精准脱贫攻坚战、实施乡村振兴战略和区域协调发展战略提供金融支持。

(4) 金融科技成为防范化解金融风险的新利器

运用大数据、人工智能等技术建立金融风控模型,有效甄别高风险交易,智能感知异常交易,实现风险早识别、早预警、早处置,提升金融风险技防能力。运用数字化监管协议、智能风控平台等监管科技手段,推动金融监管模式由事后监管向事前、事中监管转变,有效解决信息不对称问题,消除信息壁垒,缓解监管时滞,提升金融监管效率。

9.1.1.4 主要分类

目前,巴塞尔银行监管委员会将金融科技分为支付结算、存贷款与资本筹集、投资管理、市场设施4类(表9-1)。这4类业务在发展规模、市场成熟度等方面存在差异,对现有金融体系的影响程度也有所不同。

表 9-1 金融科技业务模式分类

支付结算		存贷款与资本筹集	投资管理		市场设施
零售类支付		借贷平台	智能投顾		跨行业通用服务
	移动钱包	借贷型众筹	财富管理		客户身份数字认证
	点对点汇款	线上贷款平台	电子交易		多维数据归集处理
	数字货币	电子商务贷款	线上证券交易	技术基础设施	
批发类支付		信用评分	线上货币交易		分布式账户
跨境支付		贷款清偿			大数据
	虚拟价值交换网络	股权融资			云计算
		投资型众筹			

(1) 支付结算类

支付结算类主要包括面向个人客户的小额零售类支付服务(如 PayPal、支付宝等)和针对机构客户的大额批发类支付服务(如跨境支付、外汇兑换等)。目前,互联网第三方支付业务发展迅速并趋于成熟,但由于其对银行支付系统仍有一定程度的依赖,并未从根本上替代银行的支付功能或对银行体系造成重大冲击,二者更多的是实现分工协作、优势互补。金融机构的支付服务主要针对客户大额、低频次以及对效率和费用不敏感的支付需求;互联网第三方支付则主要满足客户在互联网环境下,对小额、高频、实时、非面对面、低费用的非现金支付需求,更多的是发挥对传统金融支付领域的补充作用。从各国实践看,此类业务的监管框架已较为明确,监管机构普遍关注客户备付金的管理,以及反洗钱、反恐融资、防范网络欺诈、网络技术安全、客户信息保密和消费者保护等问题。

(2) 存贷款与资本筹集类

存贷款与资本筹集类主要包括 P2P 网络借贷和股权众筹,即融资方通过互联网平台,以债权或股权形式向一定范围内的合格投资者募集小额资金。此类业务主要定位于传统金融服务覆盖不足的个人和小微企业等融资需求,虽然发展较快,参与机构数量众多,但与传统融资业务相比,所占比重仍然较低,更多是对现有金融体系的补充。从各国实践看,此类业务与传统债务或股权融资的风险特征没有本质区别,现行的风险管理、审慎监管和市场监管要求基本适用。监管上普遍关注信用风险管理、信息披露、投资者适当性管理和网络技术安全等问题。

(3) 投资管理类

投资管理类主要包括智能投资顾问和电子交易服务,智能投资顾问是运用智能化、自动化系统提供投资理财建议,电子交易服务是提供各类线上证券、货币交易的电子交易服务。目前,智能投资顾问模式主要出现在少数交易标准化程度较高的发达国家金融市场,应用范围还比较有限,其发展前景也有赖于计算机程序能否提升自我学习分析能力、最终能否提供比人工顾问更优的投资建议,以及市场和投资者能否逐步适应和接受。针对此类业务,各国监管机构主要沿用现行对资产管理业务的监管标准,重点关注合规推介、信息披露和投资者保护等。

(4) 市场设施类

市场设施类既包括客户身份认证、多维数据归集处理等可以跨行业通用的基础技术支持,也包括分布式账户、大数据、云计算等技术基础设施。此类业务的科技属性较为明显,大多属于金融机构的业务外包范畴。因此,监管机构普遍将其纳入金融机构外包风险的监管范畴,适用相应的监管规则,在监管上除关注操作风险、信息安全之外,还关注金融机构外包流程是否科学合规、外包服务商道德风险和操作风险的防控等。

在上述4类业务中,前3类业务具有较明显的金融属性,一般属于金融业务并纳入金融监管;第4类并不是金融行业特有的业务或技术应用,通常被界定为针对金融机构提供的第三方服务。但随着科技与金融的深入融合,其对持牌金融机构的稳健运行将产生越来越重要的影响,需要监管机构给予更多关注。

9.1.2 中国金融科技发展历程

中国金融科技发展主要经历了4个阶段,分别是第一阶段(2004—2012年)市场启动期、第二阶段(2013—2015年上半年)高速发展期、第三阶段(2015年下半年—2018年)市场调整期以及第四阶段(2019年至今)稳步增长期。

(1) 第一阶段市场启动期(2004—2012年)

金融科技公司萌芽,科技开始渗透进金融核心业务。2004年前后,第一批第三方支付企业出现;2007年,我国首家网络借贷平台"拍拍贷"成立,采用纯线上模式运作,平台本身不参与借款,而是通过信息匹配、工具支持和服务等功能实现借贷,是中国第一家真正意义上的P2P网络信用借贷平台;2011年5月,央行颁发首批27张第三方支付牌照,支付宝、财付通、快钱等民营第三方支付获牌,标志着第三方支付纳入监管,也为国内第三方支付企业参与国际竞争带来政策支撑;2012年5月,银保监会印发《关于鼓励和引导民间资本进入银行业的实施意见》,明确支持民营企业参与商业银行增资扩股,允许民营企业参与城市商业银行风险处置的持股比例适当放宽至20%以上,民营银行开闸;同年7月,扫码支付试水,之后迅速线下推广,科技对金融行业的渗透从线上互联网金融扩展至线下零售支付。认为,2004年至2012年是金融科技发展的"市场启动期",期间,第三方支付、P2P网贷、虚拟货币等纷纷萌芽,监管鼓励民营银行开闸及第三方支付发展,科技在金融行业的应用由此前辅助性的"IT工具"开始渗透进支付、借贷等核心金融业务,金融科技发展正式启动。

(2) 第二阶段高速发展期(2013—2015年上半年)

各机构开始大规模互联网化布局。2013年6月,支付宝推出增值服务平台"余额宝",上线不到6d用户数量即突破100万人,互联网金融概念大火,活期宝、现金宝等类似的"理财宝"纷纷现身;同年9月,北京银行首次建立直销银行,计划以线上和线下融合的方式提供服务,2014年,全国首家民营银行深圳前海微众银行正式获准开业,也是中国首家互联网银行;P2P网贷也迎来爆发式增长,全年新成立P2P平台高达

1600多家;2015年3月,全球市值最大的商业银行——工行推出"e-ICBC"互联网金融品牌,标志着互联网金融进入"大象"起舞时代。2013年至2015年上半年,互联网金融高速发展,传统银行纷纷开始直销银行探索和互联网转型,理财平台和P2P网贷平台数量大幅增长,资本市场也对互联网金融保持热情,金融科技处于高速发展期。但监管发展脚步未能跟上行业发展速度,导致这一时期行业发展处于"野蛮生长"状态,行业乱象频生,急需监管落地。

(3) 第三阶段市场调整期(2015年下半年—2018年)

监管政策密集出台,行业发展趋于平缓。2015年年末,e租宝事件爆发,引发公众对P2P理财安全的质疑;2016年4月,国务院组织14部委召开电视会议,将在全国范围内启动有关互联网金融领域的专项整治,为期一年,推动对民间融资借贷活动的规范和监管;2016年8月,《网络借贷信息中介机构业务活动管理暂行办法》正式发布,要求银行金融机构对网贷客户资金实行第三方存管,禁止网贷机构发售金融理财产品,禁止P2P开设线下门店、线下宣传及推介融资,标志着P2P网贷正式进入监管时代;同年,央行牵头开展非银行支付机构风险专项整治工作,2017年发布《关于将非银行支付机构网络支付业务由直连模式迁移至网联平台处理的通知》,取缔支付机构与银行的直连模式,互联网支付公司正式告别直连时代。经历了前几年的野蛮生长后,2015年下半年至2018年,行业进入市场调整期,监管趋严,行业发展趋缓,伴随金融科技领域数条监管政策落地,网络借贷、网络支付等细分领域的监管框架逐步完善,行业规范度进一步提升。

(4) 第四阶段稳步增长期(2019年至今)

监管压力减小,行业健康稳步发展。一系列监管政策落地使行业乱象得到有效整治,行业清理洗牌后,不合规平台已淘汰出局,留下的重合规、重风控的金融科技公司将迎来增长红利,监管压力逐渐减小。2019年8月,央行印发《金融科技(FinTech)发展规划(2019—2021年)》,明确提出到2021年建立健全我国金融科技发展的"四梁八柱",进一步增强金融业科技应用能力。业内认为,《规划》的出台起到了"定海神针"的作用,是行业重大利好。整体来看,《规划》给予金融科技的定位具有相当的政策高度,对金融科技创新赋能金融发展给予高度认可。在《规划》的指导下,金融科技发展将进入健康有序、稳步增长的新时期。

9.1.3 金融科技发展的基本格局

金融科技从21世纪初开始在以美国为代表的发达国家率先发力,其他国家纷纷跟进,其中又以中国的表现一枝独秀。金融科技在全球的迅速崛起有着深刻的技术和制度背景。技术背景是指移动终端和互联网,以及其他技术的发展和应用;制度背景是指金融行业的放松管制。以美国为例,1975年,美国证券行业佣金的自由化带来了在线折扣经纪券商的发展;1986年,利率的市场化则为互联网银行的发展铺平了道路;2010年,奥巴马医保法案催生了一大批保险科技公司;2012年通过的JOBS法案更是为股权众筹融资模式的发展扫除了障碍。

金融科技在中国的发展也面临同样的机遇。一方面,我国信息技术在金融领域应用先后经历了金融业务电子化阶段、金融渠道网络化阶段，信息技术逐步由支撑业务向引领业务方向发展，不仅如此，信息技术从 21 世纪初开始至今获得了长足的发展，网民数量和智能手机用户数量都位居世界前列，信息技术和金融业的发展日益融合；另一方面，我国金融体系的改革不断深入，多层次资本市场的建设和利率市场化制度加速推进，不仅如此，我国先后出台《促进大数据发展行动纲要》《新一代人工智能发展规划》等政策文件，陆续发布云计算、声纹识别等新技术金融应用规范，为金融科技发展创造了良好的政策环境。更重要的是，中国经济经过改革开放逾 40 年的持续发展，居民可支配收入和财富水平不断增加，家庭资产负债表内的品类极大丰富，家庭资产和负债的管理为金融科技的发展提供了广阔的市场空间。与此同时，经济结构的转型，创业型经济的发展等制度变迁所催生的大量中小微企业也成为金融科技重要的目标市场。此外，经过多年持续积累，金融科技产业发展取得长足进步，部分领域关键核心技术的研发应用实现重要突破，重点细分领域市场规模成倍增长，用户渗透率快速提升。

从世界各国的发展状况来看，金融科技在经过早期的酝酿和缓慢发展之后，开始进入加速发展的新阶段，呈现出多业态、交叉性和爆发式的特点。多业态不但指传统的银证保机构的数字化转型，也指 P2P 网贷和众筹等全新的业态，既包括金融产品的互联网创新，也包括营销渠道创新和服务模式创新。交叉性指互联网平台尝试开展金融业务，同时，也包括金融产品和服务融入了社交和 O2O 等元素。爆发式是指金融科技能够巧妙利用互联网技术和平台进行获客，面对庞大的市场容量，其用户数量和业务往往能取得爆发式的增长。从 20 世纪末互联网和传统金融开始结合，到如今的金融科技不断向纵深发展，当前金融科技的发展格局大致分为 4 个方面：传统金融转型与重塑，金融数据与信息服务及金融科技基础设施，资管与借贷的赋能，全新的融资模式。

9.1.3.1 传统金融转型与重塑

金融科技对金融业的改变第一个方面是推动传统金融的转型与重塑，具体表现为传统银行转型和银行科技、传统券商转型和证券科技、传统保险转型和保险科技。

(1) 传统银行转型和银行科技

传统的商业银行一直是金融系统的核心支柱之一，互联网技术的发展推动了银行业的变革。20 世纪 90 年代，出现了没有实体营业网点、通过互联网技术来提供服务的银行，将其称为"互联网银行 1.0"。

近年来，互联网银行模式进一步创新，出现了完全基于移动手机应用开展银行服务的数字银行，将其称为"互联网银行 2.0"。互联网银行 2.0 在发展初期普遍没有独立的银行牌照，多数选择与传统银行合作开展业务，类似于附在银行体系外的，提供创新技术服务、改善用户体验的外包公司。随着大数据、云计算与人工智能等创新型技术的发展，科技公司为银行提供的服务逐渐丰富，并且深入到前、中、后各个业务领域。此外，从 2018 年开始兴起开放银行，金融科技公司通过提供 API 技术，实现银行与第三方之间的数据共享，为未来银行业务模式的发展提供了新的可能性。

我国在传统银行的数字化转型及新型数字化银行的创新这两条路上都进行了积极的探索。一方面，网商银行、微众银行和百信银行等新成立的银行以完全基于互联网的方式开展经营活动;另一方面,大量的传统银行开始使用互联网、大数据和人工智能等技术提升运营效率,改善客户体验,同时把越来越多的非核心业务外包给金融科技公司。

(2) 传统券商转型和证券科技

互联网等技术对于证券行业的推动在美国表现得比较典型。在互联网出现之前,证券投资者的交易需要注册经纪代理的协助。20世纪中末期,随着1975年颁布的《有价证券修正法案》取消了交易固定佣金制度、20世纪90年代末计算机的普及开始兴起网上证券交易业务,以及1999年颁布的《金融服务现代化法案》废除了分业经营的限制,使得传统的全服务券商开始分化,券商收取更低的交易佣金,提供更多样化的线上金融产品和服务,在线折扣经纪券商开始出现。与此同时,另一类券商模式"平台型券商",也开始逐渐将科技应用到证券行业中来。平台型券商主要存在于美国,通常称为独立经纪券商 (Independent Broker Dealer),如 LPL Financial 等。平台通过为挂靠平台的理财师提供展业条件及合规服务,来经营证券交易与资产管理业务。

此后,随着移动互联网的兴起,以及年轻投资者对于证券交易更多样化的需求,"创新型经纪券商"诞生,其中,典型的代表为零佣金的 Robinhood 与社交型的 Motif Investing。创新型经纪券商进一步满足了个人投资者对于低价、投资建议、流动性等方面的需求。而与此同时,在线经纪券商模式已经进入成熟型阶段。伴随着创新型经纪券商的发展,另一类服务于证券行业的科技公司也于21世纪开始兴起,将之称为"证券科技"公司。该类公司旨在通过互联网及创新型技术,为证券公司等提供如投研、风控等业务的服务。

由于我国券商牌照的发放及交易佣金的管理比较严格,证券业基于互联网等技术的创新发展多表现为证券公司与证券科技公司的合作。需要指出的是,我国的证券市场虽然建立相对较晚,但还是较快地赶上了基于互联网提供交易服务的节奏。近年来,随着金融科技的不断发展与此领域创业公司的不断涌现,以及投资者对于金融服务要求的提高,越来越多的证券机构和基金公司开始着眼于将创新型技术引入传统的业务中。

(3) 传统保险转型与保险科技

互联网与保险的结合也是发端于20世纪末,早期以渠道为切入点,体现为传统保险公司的网销电销。随着互联网和移动终端的不断普及,出现了一批集中发力互联网销售的保险中介平台,这些平台有些具有独特的获客能力,有些建立了保险产品的网上比价机制,大幅度推进了基于互联网销售的保险业务的比例。在这个过程中,创新能力较强的保险中介开始跟保险公司合作,基于场景开发了新的保险品种,例如,手机碎屏险、航空延误险和旅行意外险等,保险中介基于场景和保险公司联合开发新产品,特别是财险的新产品——保险业和互联网结合的第一个重要的成果,财险在互联网的推动下迎来了自己的春天。

与此同时,传统保险公司也开始探索除网销电销之外的新技术以改善产品设计及运营的效率,这一方面体现为公司内部的创新,另一方面体现为跟越来越多涌现出来的保险科技公司的合作。公司内部的创新以使用 UBI 技术为代表,UBI 的含义是基于使用者的保险,即通过在车辆上安装传感器等设备,保险公司可以提取车辆的行驶数据和驾驶员的行为数据,从而实现差别化定价。还有的大型传统健康险公司通过鼓励投保人使用可穿戴设备来采集客户的日常数据,在进行差别化定价的同时还能够鼓励客户培养健康的生活习惯等。传统保险公司还有一个重要的转型路径就是跟保险科技公司合作来推动创新,这也有助于建立一个友好的保险科技的生态,进而鼓励保险科技的新创公司不断涌现出来。这些新创公司针对市场需求和保险公司的效率低下的环节,利用大数据和人工智能等技术在产品设计、营销、定损理赔、反欺诈、数据服务和其他增值服务等方面都进行了探索和突破。在这个过程中也出现了全新类型的保险公司,例如,中国的众安保险和美国的奥斯卡公司。

9.1.3.2 金融数据与信息服务

随着金融科技的发展,围绕金融产品和服务的信息和数据服务生态开始建立起来,出现了一大批提供金融数据与信息服务的创新型企业,这类金融科技模式本身不属于金融业务的范畴,但是其为金融业务提供信息和数据,起到了支持金融业务发展的功能,能够大大地提升人们对金融产品和业务的认知,从而提高金融体系的运营效率,也是金融科技的重要组成部分。这类金融科技模式主要包括但不限于:另类数据服务、金融产品搜索和个人信用管理等。

(1) 另类数据服务

另类数据(Alternative Data),即非传统数据,目前没有统一明确的定义,泛指区别于传统金融数据的有价值的数据和信息。传统金融数据是指通过常规渠道获得的数据,例如,股票、债券等的交易数据、上市公司年报和财务数据、银行用户的借贷数据等;而另类数据是指由各类信息终端、平台或者系统产生的数据,这些数据也能够用来帮助进行金融决策。另类数据近年来快速发展,应用也越来越广泛。

另类数据首先是典型的大数据(Big Data),主要体现在 3 个方面。体量大(Volume),体现在数据规模与传输量巨大;流动速度大(Velocity),因为数据的获取和传输往往是实时或者接近实时;数据种类多(Variety),数据结构形式多样化,或者是已经存在自己的数据结构,或者是无数据结构。其次,另类数据之所以另类,是因为数据获取的方式和渠道跟传统数据有很大不同。互联网的普及,特别是移动终端的普及,使得积累数据的基础设施不断加强,以前无法留存的数据现在可以积累,并得到有效利用。另类数据主要有 3 个方面来源。个人产生数据(Data generated by individuals),如社交网络信息、产品评价、搜索记录、购物喜好等;商业过程数据(Data generated by business process),如物流数据、支付数据等,也有另类数据公司采集传统商业数据,如大型百货公司客流量、大型游乐场客流量等数据;传感器数据(Data generated by sensors),如利用卫星数据通过光感和热感采集钢厂、化工厂、原油等的开工、采集、运输情况,另外还有来自 GPS 定位、车辆轨迹和个人穿戴设备的另类数据。

另类数据快速积累和广泛应用的原因在于全球经济和社会生活的数字化趋势,互联网和移动终端的普及、物联网和传统行业的数字化转型、存储技术的提高和成本的大幅度下降都给另类数据的发展提供了广阔的空间。据 Alternative Data 的统计,2018 年全球另类数据公司将近 400 家,国内另类数据公司约占 100 家,发展非常迅速。另类数据的快速发展也为学术研究提供了新的机会和有利条件,另类数据不仅可以作为传统数据的补充来更深入地研究原来的问题，完善现有的研究，更可以用来研究以前由于数据限制而无法研究的问题。同时，也可以使用另类数据和新的研究方法，例如，机器学习来研究新的问题。近年来，基于另类数据的学术文章迅速普及，涉及以个体、企业、宏观为研究对象的各个领域。

(2) 金融产品搜索

金融产品搜索平台能够聚合各类金融机构提供的产品，并在网站上进行全面罗列，根据用户的需求进行匹配，通常包括储蓄产品、贷款产品、信用卡、保险产品等。这类平台的典型代表为 Bankrate、LendingTree 和国内的融 360 等。金融市场化导致各个金融机构利用提供多样化的产品价格和服务内容来争夺用户，也因此带来了金融产品搜索的需求。随着互联网的发展，越来越多的消费者开始转向线上搜索金融产品信息。金融产品搜索平台通过将各个金融机构提供的同类金融产品整合聚集起来，提供在线比价服务，降低了消费者的信息搜集成本，从而能够帮助他们作出更明智的金融决策。

(3) 个人信用管理

个人信用管理是互联网金融信息服务模式中非常重要的一个分支，我国正在积极推动个人征信体系建设，因此，发达国家的个人信用管理模式具有非常重要的启发意义。经过近百年的演变，发达国家的个人征信体系趋于完善。以美国为例，其征信体系由 20 部左右的法律及市场化的信用报告局和评分机构所构成，征信局负责征信，评分机构进行评分。对于个人来说，不断提高并维持高的信用分数是一项非常重要的日常事务。在互联网技术手段不断提高的背景下，在线个人信用管理的商业模式应运而生，这些模式通常都提供信用查询服务、信用管理服务，以及在此基础上的金融产品推荐和其他金融服务的对接等。

9.1.3.3 资管与借贷的赋能

金融科技对企业和家庭特别是家庭的作用体现在需求侧，使其非常方便和高效地进行借贷和资产配置管理，即资管和借贷的赋能。针对家庭和企业的借贷主要表现为互联网消费金融和互联网公司金融，针对家庭资产的配置管理则表现为智能投顾。

(1) 互联网消费金融

互联网消费金融是传统消费金融业务的线上化，其技术基础是移动支付、互联网获客，以及根据客户大数据实现的风险定价和反欺诈，其业务生态可以分为从事互联网消费金融业务的机构及消费金融科技公司。

从事互联网消费金融业务的机构，涵盖了由传统银行、消费金融公司等持牌金融机构、各类大型互联网电商平台、大型消费品公司的互联网平台、新兴的互联网消费金融公司及互联网小贷公司等。从全球范围内来看，互联网消费金融在金融体系较为发达的国家以传统消费金融机构的互联网化为主，我国的消费金融尽管起步较晚，但是互联网消费金融的商业模式相比美国等发达国家更加具有多样性，产业生态也有所不同。在互联网消费金融的推动下，我国短期消费借贷的余额从 2015 年的 40 000 亿元增长到目前的 80 000 亿元。应该说，消费金融的爆发式增长比较集中地展现了我国互联网金融在第一个十年的发展成果。

消费金融科技公司服务于持牌金融机构的消费金融业务,可以将其分为提供获客导流的聚合平台、提供风控反欺诈服务的公司及提供智能催收服务的公司,统称为消费金融科技公司。它们分别服务于消费金融全业务链的前端获客、中端放款及后端催收环节,也有部分公司覆盖了不止一个业务环节。值得一提的是,在国内监管政策收紧的环境下,国内部分消费金融科技公司积极拓展海外特别是东南亚的消费金融市场并初步取得了成效。

(2) 互联网公司金融

互联网公司金融通过金融科技的方式向中小微企业提供小额商业贷款,有效弥补了传统银行贷款的不足。与传统银行贷款相比,新兴的企业贷款提供平台结合基于互联网产生的数据,包括交易数据、资金流数据、物流数据、社交数据、财务数据等,通过对这些数据信息的分析有效地解决了传统银行面临的信息不对称和风险定价问题,从而快速满足中小微企业的贷款需求。

这类平台的典型代表包括蚂蚁微贷、京东京小贷,以及美国的 Ondeck 和 Kabbage。蚂蚁微贷和京东京小贷是我国电商贷款平台的代表,它们更多是基于自身平台的客户开展业务,由于拥有卖家的基本资料和交易信息,这些电商平台可以依靠自身的交易数据从平台卖家或者上游供应商中挖掘优质客户,并基于数据分析提供贷款服务。Ondeck 和 Kabbage 则是完全基于第三方平台的客户信息和全网络数据对网商进行放贷,这类平台通常具有大数据采集、人工智能、机器学习等技术分析能力,通过与电商及其他第三方数据源合作,获取商户的交易数据和社交数据,并基于这些数据为中小微企业提供小额贷款服务。此外,还有一类公司金融科技平台并不面向中小微企业直接发放贷款,而是通过赋能银行、小贷公司等贷款机构间接服务中小微企业。这类平台通常具有技术优势和数据优势,能够向贷款机构提供获客、风控审批、贷后管理等服务,随着国内数据的日益开放,这类金融科技企业生存和发展的空间也会越来越大。

(3) 智能投顾

随着经济的不断发展,人类社会逐步走向富裕,越来越多的国家的居民开始拥有了自己的可支配资产,家庭的资产管理和增值日益成为社会生活的中心话题。从 21 世纪初开始,部分传统金融机构和新创企业尝试使用互联网、大数据和人工智能的技术提供资产管理服务,智能投顾就是在这样的背景下产生和发展起来的。

智能投顾是指在一个或者多个投资顾问环节使用机器代替人工实现投资顾问的服务,这些环节包括客户的风险识别、客户画像、资产配置、投资组合选择、交易执行、投资组合调整及税收管理等方面。智能投顾的兴起解决了传统投顾的两个痛点:机器可以服务海量的投资者,解决了传统投顾数量不足的问题;机器服务的成本并不会因为客户的大规模增加而大幅度上升。同时,智能投顾还能在发掘海量信息、提高交易的效率及克服人性弱点等方面大大地提升资产管理的专业性。

智能投顾 2008 年开始于美国的新创公司 Betterment,之后其他创业公司以及传统的资产管理公司开始跟进,基于智能投顾管理的资产快速增长,成为全球金融科技的亮点。目前,在美国既有 Betterment、Personal-Capital 和 Wealthfront 这样的新创公司,也有 Fidelity 及 Vanguard 等老牌资产管理公司内部的智能投顾产品。国内的智能投顾在 2015 年开始起步,也是创业公司和大型基金公司内部探索并存的局面,有所不同的是国际上智能投顾配置的基础资产大多是交易所交易基金 ETF,而国内则以配置公募基金为主。

9.1.3.4 全新的融资模式

从 21 世纪初至今,金融科技对于金融业最具革命性的贡献就是 P2P 网贷和众筹等全新的融资模式的兴起。移动支付和互联网技术的发展使得个人和企业通过网络面向不特定人群进行大规模小额融资成为可能,这不但填补了传统金融机构长期没有覆盖的群体,也给家庭和个人甚至机构提供新的投资资产类别。

(1) P2P 网贷

由于无须抵押和担保、撮合速度快、借款利率相对较低,P2P 网贷作为一种创新型的借贷方式在开始阶段发展迅速。随着 P2P 网贷的不断发展,商业模式也开始呈现多样化。在资产端从最早期的信用消费贷扩展到小微企业贷款,以及票据、汽车抵押等细分资产领域,在投资端也从最早期的个人扩展到机构投资者(包括资产证券化的方式)。从全球范围来看,P2P 网贷领域的创新以英国、美国和中国最为突出。

英国是 P2P 网贷的发源地,2005 年 Zopa 的成立标志着 P2P 网贷的开端,英国至今成立了近 30 家 P2P 网贷平台,资产的类型主要是个人消费贷款和中小企业贷款,近年来开始向资产细分领域发展,如针对房地产贷款的网贷平台和针对商业票据的网贷平台。美国的 P2P 借贷起源于 2005 年 Prosper 的建立,随后是 2006 年成立的 Lending Club。之后在细分市场涌现了几十家网贷平台,在资产端分别专注于学生贷、中小企业贷和车贷等。我国 P2P 网贷行业起步于 2007 年,从 2014 年起进入快速发展时期,交易规模迅猛增长,在 2017 年达到顶峰,之后开始明显回落。P2P 网贷在我国的迅速发展,依赖于资金供需两端的现实背景,无论是从信贷产品还是投资产品的角度来看,网贷都反映了我国金融业还有很大的市场空白,显示了我国的普惠金融之路还很漫长。

(2) 众筹

其英文是 Crowdfunding,即向众人筹集资金的意思。现代意义上最早的众筹平台是 2001 年上线的 ArtistShare,这家以音乐迷资助艺术家的创作为主的融资平台第一次真正通过互联网实现了众筹特征:大规模、小额、便捷和快速。众筹平台通过互联网将有融资需求的项目和个人与他们的投资人直接连接,迅速成为广受欢迎的新型融资渠道。根据投资人获得的回报类型,众筹模式在广义上可以分为 4 种类型:捐赠型、产品型、股权型和债权型。

捐赠型众筹是指平台上的项目都是以捐赠形式从支持者处筹资的,支持者不以获得任何回报为目的,项目发行人也无须承诺给予支持人回报。捐赠型众筹,其实就是传统慈善捐赠的线上版,由于互联网技术而使得捐赠活动更加高效和精准,例如,美国的 Gofundme 及我国的水滴筹和轻松筹,都是这个方面的代表。产品型众筹平台允许项目发起向投资人提供项目的产品和其他优惠作为回报的筹资活动,也被理解为预售型众筹。美国的 Kickstarter 和 Indiegogo 这两家初步获得成功的众筹平台都是产品型众筹。产品型众筹的魅力在于,一方面满足了消费者优先获得独特产品的心理,另一方面也测试了市场反馈、使融资者获得了早期开发和生产的资金。股权众筹是指初创企业通过互联网众筹平台进行股权融资。互联网的规模、高效性，以及小额融资的低门槛使得互联网股权众筹平台这一创新的商业模式迅速得到了市场的认可。对于初创企业来说，股权众筹不仅丰富了其融资渠道，更重要的是向初创企业提供了一个展示的平台。债权型众筹就是前面介绍的 P2P 网贷。

9.2 金融科技在风险管理中的运用

金融科技涉及的技术具有更新迭代快、跨界、混业等特点，是大数据、人工智能、区块链技术等前沿颠覆性科技与传统金融业务与场景的叠加融合。颠覆性技术不仅会释放巨大能量，甚至还会和其他技术创新相互叠加，带来更为颠覆性的技术变革，技术变革推动的颠覆式创新往往会成为经济发展的新引擎。伴随着金融科技这一生产力的改变，生产关系也需做出相应的调整。因此，科技赋能下的金融行业必将经历颠覆性的发展。目前，由于金融、互联网等技术的复杂性和专业性，金融科技的内涵与外延尚在演进之中，但概括起来，主要包括大数据金融、人工智能金融、区块链金融和量化金融4个核心部分。

大数据金融重点关注金融大数据的获取、储存、处理分析与可视化。一般而言，金融大数据和核心技术包括基础底层、数据存储与管理层、计算处理层、数据分析与可视化层。基础底层一般指由计算资源、内存存储与网络互联的物理性基础设施，例如，数据中心、集群和计算节点等则是基础层的具体表现形式。数据存储与管理层主要包括大数据文件系统、大数据数据库和大数据资源管理系统。计算处理层主要是指常见的大数据集群计算环境，如 Hadoop、MapReduce 和 Spark。数据分析与可视化层主要负责简单数据分析、高级数据分析(与人工智能有若干重合)以及对相应的分析结果的可视化展示。大数据金融往往还致力于利用互联网技术和信息通信技术，探索资金融通、支付、投资和信息中介的新型金融业务模式的研发。

人工智能金融主要借用人工智能技术处理金融领域的问题，包括股票价格预测、评估消费者行为和支付意愿、信用评分、智能投顾与聊天机器人、保险业的承保与理赔、风险管理与压力测试、金融监管与识别监测等。人工智能技术主要包括机器学习理论等前沿计算机科学知识，主要基于算法。机器学习理论是人工智能概念范畴下的一个子集，主要覆盖三大理论：监督学习、无监督学习和强化学习。

区块链技术是一种去中心化的大数据系统，是数字世界里一切有价物的公共总账本，是分布式云计算网络的一种具体应用。一旦区块链技术成为未来互联网的底层组织结构，将直接改变互联网的治理机制，最终彻底颠覆现有底层协议，导致互联网金融的智能化、去中心化，并产生基于算法驱动的金融新业态。一旦成熟的区块链技术落地金融业，形成生态业务闭环，则金融交易可能会出现接近零成本的金融交易环境，其巨大影响绝不可低估。但需注意的是，由于共识机制、私钥管理和智能合约等存在技术局限性和安全问题，区块链技术整合和应用落地将是一个长期的过程。

量化金融以金融工程、金融数学、金融计量和金融统计为抓手开展金融业务，它和传统金融最大的区别在于其始终强调利用数理手段和计量统计知识，定量而非定性地开展工作，其主要金融场景有高频交易、算法交易、金融衍生品定价以及基于数理视角下的金融风险管理等。量化金融一直被视为是金融业高端资本与智力密集型领域，科技含量极高，但近几年，高频与算法交易、金融风险管理、保险精算越来越依靠工业级大数据（如实时、海量、高维和非结构化数据）、人工智能前沿技术以及区块链技术来解决问题或重构原有金融业务逻辑、产品设计流程、监管监测控制环节。

农业金融实践

深度学习与农户违约风险预测

一、深度学习与农户违约风险预测的背景

我国是农业大国，自2004年起我国连续18年发布以"三农"为主题的中央一号文件，以推动我国"三农"事业的发展。2021年中央一号文件提出"全面推进乡村振兴加快农业农村现代化"，坚持把解决"三农"问题作为全党工作重中之重。大力发展"三农"事业、推进实施"乡村振兴战略"，这些都离不开农村金融强有力的支持。然而长期以来，农户融资困难现象广泛存在。一般而言，农户的融资需求会随着生产经营规模的扩大而增加，但由于农户自身存在"规模小、资金实力弱、财务信息不健全"等情况，再加上农户小额贷款具有"贷款期限短、频次高、时间紧、额度小"等特点，致使农户"贷款难、贷款贵"问题相当严峻，制约了我国农村社会经济的发展。

此外，涉农信贷主体金融需求难以满足，供求不平衡问题依然严峻。从需求方角度来看，由于部分贷款农户金融知识和受教育水平偏低、信用意识差、还款能力弱，致使其信贷可得性较低、金融抑制现象严峻。从供给方角度看，据人民银行统计数据显示，2017年末农村本外币贷款余额351 900亿元，仅占金融机构人民币各项贷款余额的22.98%，金融机构在农村投入不足。究其原因，除了农业本身的弱质性、金融机构的趋利性之外，一个重要原因是农户自身信用风险难以测度，同时存在"信用等级很高、但违约损失反而不低"的客户，导致金融机构涉农贷款不良率严重偏高。为此，国家出台一系列政策，要求拓宽涉农融资渠道、缓解涉农融资约束，推进农村金融改革。银监会、中国人民银行也相继发文，要求大中型商业银行成立普惠金融事业部，注重金融风险监测和评估，着力为"三农"、城镇低收入人群等薄弱环节和特殊群体提供价格合理、便捷安全的金融服务。

不难看出，缓解农户"贷款难、贷款贵"的问题是践行金融支持乡村振兴、推进农村金融改革发展的关键。信用风险评价模型在帮助金融机构识别违约风险和贷款发放中发挥了重要作用，构建能精准识别信用风险的判别模型，既是缓解贷款客户融资约束的有效手段，也是保障放款金融机构稳定运行的关键。

常用的基于数理统计方法的信用风险评价方法，对低维信用数据建模具有一定优势，但对高维、非线性数据具有一定的挑战。而现实中，贷款数据多呈现高维、非线性的特点，在解决非线性问题方面具有很大优势的机器学习方法如支持向量机、决策树等被应用于信用评价。然而浅层机器学习算法在进行分类或预测前，需要人为设计或选取某些指标作为机器学习的输入，实现指标提取。该指标提取方法通常是简单层面的提取，无法遴选

出对判别结果有显著影响的关键信息，致使评价模型不能准确揭示指标与违约状态之间的规律性联系。基于此，以神经网络为主要模型的深度学习算法逐渐被研究者们应用到信用风险评价中，该算法可以通过逐层指标转换抽象高阶指标，并根据学习到的高阶指标进行分类或预测，有效提高分类模型的判别精度。

现实中，由于信用评价样本有简单与困难之分，简单样本比困难样本对深度学习目标损失函数的贡献要小，因此，改善模型预测性能的关键是提升其识别困难样本的能力。然而，现有以交叉熵为目标损失函数的深度学习信用评价模型，认为难易样本对目标损失的贡献度没有差别，致使模型无法有效识别困难样本。针对上述问题，本案例将图像识别中得到广泛应用的焦点损失（Focal Loss）函数引入信用风险评价，从原理、方法、实证等方面介绍一种基于Focal Loss修正交叉熵损失函数的自适应综合过采样神经网络信用评价模型（ADASYN-BPNN-FocalLoss）。

二、基于深度学习的农户贷款信用风险评价原理及方法

1. 信用风险评价困难样本和简单样本界定

（1）困难样本

评价模型较难对违约状态进行正确判别的样本，即违约状态真实值与预测值相差较大，不容易被评价模型准确识别的样本。例如，设 y_i 为客户 x_i 违约状态的真实值，y_i' 为违约状态预测值，对于违约客户（$y_i=1$）而言，当误差 $|1-y_i'|$ 越大时，客户被评价模型准确判别为违约客户的可能性就越小，则该客户为困难样本；同理，对于非违约客户（$y_i=0$），当误差 $|0-y_i'|$ 越大时，客户为困难样本。

（2）简单样本

评价模型比较容易对违约状态进行正确判别的样本，即违约状态真实值与预测值相差较小，容易被评价模型准确识别的样本。

2. 指标数据标准化方法

（1）定量指标标准化

由于不同类型信用评价指标单位量纲的差异，为避免人为打分的主观误差影响，需要对原始指标数据进行标准化处理。定量指标标准化处理前文已有叙述，此处不再赘述。

（2）定性指标标准化

通过对中国某小额信贷机构风险管理部总经理、授信审批部业务经理等多位业界专家进行访谈调研，结合中国农业银行总行农户金融部、各高校专家学者建议，制订了适合农户贷款信用风险评价的定性指标打分标准，见表9-2所列。

表9-2 定性指标打分标准

(a) 序号	(b) 准则层	(c) 指标	(d) 选项标号	(e) 选项内容	(f) 打分
1	贷款人基本情况	性别	1	男	1.00
			0	女	0.80
...	...	...	...	...	...

(续)

(a) 序号	(b) 准则层	(c) 指标	(d) 选项标号	(e) 选项内容	(f) 打分
17	贷款人家庭特征	劳动力人口数	1	≥4	1.00
			2	3	0.75
			3	2	0.50
			4	1	0.25
			5	0	0.00

3. 基于 ADASYN 的信用评价数据均衡化处理方法

贷款数据中违约、非违约样本比例失衡会导致评价模型对非违约样本识别过度，对违约样本识别不足。而现实中，对违约样本的准确识别是商业银行风险管控的重点。本案例利用自适应综合过采样(ADASYN)算法，通过计算贷款数据训练集中每个违约样本 K 近邻中非违约样本占比，结合训练集总样本中违约、非违约样本个数，确定该违约样本需新生成的违约样本数目；进而，利用数据扩充 SMOTE 算法生成新样本，最终使训练集中违约、非违约样本达到均衡，均衡化信用评价数据原理，如图 9-1 所示。

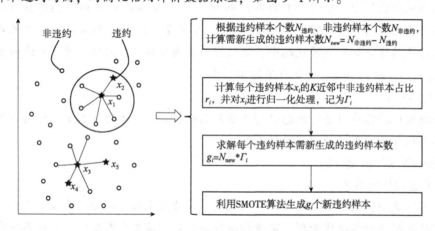

图 9-1　基于 ADASYN 的信用评价数据均衡化处理原理

4. BPNN-Focal Loss 信用风险评价模型构建

困难样本识别不足是影响模型预测性能的关键，实践中，需要提升模型对困难样本的识别能力来改善模型的预测性能。反向传播神经网络(Back Propagation Neural Network，简记 BPNN)是一种按照误差反向传播算法训练的多层前馈神经网络。由于其具有较强的非线性处理、指标学习和预测能力，已经被使用在信用风险评价中。本案例以 BPNN 信用风险评价模型为基础，在 BPNN 标准交叉熵损失函数中引入聚焦参数 γ，调整 BPNN 模型对困难样本的预测损失权重，实现模型对困难样本的深度学习，提升模型对困难样本的判别能力。

BPNN 信用风险评价模型由客户信用风险评价信息的正向传递和误差反向传播两部分构成。以两层 BPNN 为例，信用评价信息正向传递是指从评价指标(输入层)入手，利用隐

藏层的非线性激活函数逐层处理，求解输出层客户违约状态的一种信息判别过程。误差反向传播是指在计算输出层违约状态 y_i 与预测值 y_i' 误差 $|y_i-y_i'|$ 基础上，通过逐层反向测算各隐藏层神经元对最终误差 $|y_i-y_i'|$ 的影响，利用梯度下降法调整各网络层权重矩阵与偏置，找出使模型预测误差最小的最优参数组合的过程。

5. 模型判别能力的评价标准

为判定 ADASYN-BPNN-FocalLoss 是否具有较强的违约判别能力，使用准确度 Accuracy、AUC(Area Under Curve)、第一类错误率(Type1-error)、第二类错误率(Type2-error)4 个标准进行综合判定。

设 TP 为非违约样本正确判定为非违约的个数，FN 为非违约样本误判为违约样本的个数，TN 为违约样本正确判定为违约样本的个数，FP 为违约样本误判为非违约样本的个数，则 Accuracy 可表示为：

$$\text{Accuracy} = \frac{TP+TN}{TP+FN+FP+TN} \quad (9-1)$$

AUC 被定义为 ROC 曲线下的面积。使用 AUC 作为评价准则是因为很多时候 ROC 曲线并不能清晰的说明哪个模型的效果更好，而 AUC 作为一个数值，值越大说明模型鉴别违约、非违约的能力越强。AUC 的计算过程：计算模型的灵敏度和特异度；利用特异度和灵敏度 2 个指标，做模型的 ROC 曲线图，AUC 就是曲线下的面积。

Type1-error 为第一类错误率，指将非违约样本错判为违约样本的比率。Type2-error 为第二类错误率，指将违约样本错判为非违约样本的比率。则：

$$\text{Type1-error} = \frac{FN}{TP+FN} \quad (9-2)$$

$$\text{Type2-error} = \frac{FP}{TN+FP} \quad (9-3)$$

前沿专栏

分位数回归与商户违约特征挖掘

一、商户发展现状

改革开放初期，在政策开放和商品经济快速发展的条件下，成就了一大批个体工商业者。1987 年出台的《中华人民共和国民法通则》对商户给出了明确定义，规定："公民在法律允许的范围内，依法经核准登记，从事工商业经营的，为个体工商户"；同年，国务院颁布了《城乡个体工商户管理暂行条例》，这些法律法规为当时个体工商业的发展营造了适宜的制度环境，而商户的快速发展也为活跃市场、增强创新、解决就业、增加税收起到重要作用，并且由于制度变迁的依赖性，该主体一直存续至今，并依旧发挥重要作用。

对外开放后，国内市场竞争日趋激烈，个体商户在规模化生产和新技术的开发应用方面，同企业的差距越来越大。不仅如此，受限于较高的生产成本和较低的产品质量之间的冲突，其抵抗风险的能力相对偏弱，个体商户这一主体的数量出现了明显波动。尽管如此，我国的商户主要由城市下岗失业者、农村转移劳动力等构成，在人流量不大的环境中个体商户会因为它的便民的优点而存活于市场中，其短期内不会消失。

当前，个体工商户经营规模小、信息不透明、风险测算难度大，银行更倾向于贷款给资信水平更高的企业，融资难成为制约个体工商户发展的瓶颈，进而直接影响了我国整体经济的发展。截至 2019 年年底，我国在工商登记注册的个体工商户共有 8261 万户，占全部市场主体（12 339.5 万户）的 66.95%，工商登记注册的个体工商户就业人员达到 16 935.05 万人。然而，据小微商户信用指数报告相关统计显示，我国小微企业和个体工商户能够获得银行贷款的仅占到 1/3 左右，贷款金额小于 12%，个体工商户的市场地位与其获得的金融服务并不匹配。

由此可以看出，个体商户是我国由计划经济向市场经济转变的过程中的产物，其行业分布广泛，数量庞大，有助于加强竞争，为市场注入活力，推动经济发展，生产经营方式多以个体或家庭形式为主，是个人参与劳动、创新创业的重要途径，但由于个体商户在市场中是一种过渡性安排的存在，拥有准入门槛低的特性，并未像企业等经济主体需要满足较多的信息披露要求，因此，商户在借贷市场上处于劣势地位。尽管商户这一经济主体由于公司法的不断完善，其存续应该废止。但现阶段，结合商户的经济地位、转型阻碍及社会影响考虑，短期内商户这一经济主体还是具有其存在的价值，因此，通过筛选对个体商户信用风险有重要影响的指标因素并挖掘关键指标中的重要属性，通过分析结果有针对性地对个体商户的发展提出指导性的整改意见，不仅可以缓解其面临的融资困境，使其更好地发挥带动就业、促进经济发展的作用，而且也能为完善其征信体系提供有益借鉴，帮助个体工商户规范经营管理模式，重视信用风险管理，加快其向独资企业或其他组织形式的转变。

二、商户违约特征挖掘方法——分位数回归

1. 分位数回归原理

分位数回归模型由 Koenker & Bassett 于 1978 年提出，他们将普通的分位数扩展为一般线性回归模型，假设条件分位数具有线性形式。

与普通 OLS 回归模型相比，分位数回归模型存在 3 个方面的优势：能反映自变量对因变量局部变化的影响，不同于普通 OLS 回归关注均值影响，分位数回归可以聚焦于任意分位点上的影响情况；能够捕捉尾部特征，保留大部分信息；对异常值的敏感程度远小于 OLS，因此，估计结果更加稳健。由于此处的因变量违约损失率 LGD 的分布存在非正态性，所以，采用分位数回归更能准确和全面地反映所研究对象的规律性变化。

当 y 为被解释变量，X 为解释变量时，X 的 τ 分位数：

$$Q_Y(\tau|x) = inf\{y \mid F(y|x) \geq \tau\} \tag{9-4}$$

则分位数回归模型如下：

$$Q_Y(\tau|X=x) = x'\beta_\tau + \alpha_\tau \tag{9-5}$$

其中，$Q_Y(\tau|X=x)$ 为给定解释变量 x 时，被解释变量 y 的第 τ 个条件分位数；β_τ 为对应被解释变量第 τ 个分位数，各解释变量的回归系数 τ 的取值在 0~1，表示不同的分位点，α_τ 为截距项。

在本案例中，解释变量回归系数 τ 表示为不同程度违约损失率的贷款商户，其信用风险评价指标的影响程度与方向。当 τ 较小时，系数反映违约损失率低的客户，对应的关键指标和关键特征的影响；当 τ 较大时，系数反映违约损失率高的客户，对应的关键指标和关键特征的影响。

近年来，有研究发现违约损失率的分布较为特殊，呈现出极度偏斜与双峰的特点。将本案例样本商户的违约损失率绘制成 $Q-Q$ 图（图9-2），可以看出违约损失率的散点并没有全部落在回归直线上，取对数后也是如此，因此认为其分布存在非正态、非对称和厚尾特征，并且样本值主要集中在0或1附近，表现为给银行造成严重损失和基本没有给银行造成损失这2个极端情况的商户数量占到多数，而违约损失率介于这之间的，表明给银行造成的损失程度存在差异，靠近0和靠近1的违约损失率给银行造成的损失明显不同。在这种情况下，侧重对解释变量均值进行解释的普遍意义上适用的 OLS 预测会忽视大量信息。因此，通过采用分位数回归模型，在遴选出的评价指标中，进一步挖掘指标的关键特征，深入分析商户违约损失率不同分位点上关键指标的影响差异，可以更加直观和全面地反映出违约损失率不同的贷款商户其影响因素之间的差异及变化过程。

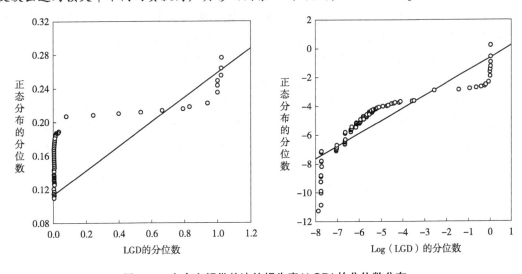

图9-2 商户小额贷款违约损失率（LGD）的分位数分布

2. 商户信用风险关键特征挖掘思路

（1）基于同一分位点不同关键指标及特征的横向挖掘

分位数回归可以得到任意感兴趣的分位点上自变量对因变量的拟合结果，因此，本案例拟通过对违约损失率较高和较低的几个分位点进行拟合，对较低分位点（给银行造成较少损失）和较高分位点（给银行造成较多损失）的商户分别分析其中关键指标的影响以及挖掘有重要影响的关键特征。例如，当 $\tau=0.2$ 时，表示违约损失率为0.2的贷款商户，其对应的关键指标和特征的回归系数不同，则各个指标和特征的影响程度不同。

（2）基于同一关键指标及特征不同分位点的纵向挖掘

从纵向的角度分析，可以通过比较同一关键指标及特征不同分位点上的回归系数，找到较低分位点（给银行造成较少损失）和较高分位点（给银行造成较多损失）的商户同一关键指标及特征影响的差异性规律，为贷款机构在识别贷款客户时提供参考，提高其风险管理能力。例如，当 τ 从 0.1 变化到 0.9 时，某一指标或特征的回归系数不同，表示违约损失率为 0.1 和违约损失率为 0.9 的贷款商户，其对应的某一关键指标和特征的影响程度不同，表明银行对违约损失率不同的贷款商户，需要分别关注不同指标和特征。

探究与思考

1. 简述金融与科技发展的内在关系。

2. 试述依照当前经济发展的现状并结合实际发生的案例，分析 P2P 网络借贷风险爆发的原因，并提出在当下"科技+金融"情形下，风险管理的可行措施。

3. 比特币作为一种新生的互联网虚拟货币，自 2009 年产生以来就受到了人们的广泛关注，但由于比特币自身特性、网络的复杂性以及缺乏监管机构的管理和机制约束，容易为比特币持有者造成损失。试从比特币自身机制、社会经济环境与政策调控等方面分析互联网虚拟货币易诱发风险的原因，并提出相应可行措施。

4. 简述金融科技与科技金融、数字金融的关系。

5. 简述在金融科技的发展过程中，大数据、区块链等技术的应用使得其业务模式背后是庞大、复杂、相互关联的信息系统，这对监管机构识别风险和调控风险提出了较高的难度。针对上述问题和挑战，银保监会应当采取怎样的监管思路。

6. 简述金融科技可以推动普惠金融的发展。

7. 从金融的供给方看，小贷公司、商业银行等追求的是单位风险的收益最大化，不仅如此，供给方还承担着在向金融需求方提供服务时落实"普惠金融"政策的社会责任，从而进一步推动乡村振兴战略。试分析，在金融科技的时代背景下，金融供给方应采取怎样的措施，以实现与涉农主体、小微企业的需求相匹配。

8. 试分析当今高校如何培育金融科技人才。

第 4 篇
货币当局与金融监管

第10章 中央银行

10.1 中央银行的产生及其类型

10.1.1 中央银行产生的必然性

现代银行出现后的一个相当长的时期，并没有专门发行银行券的银行，更没有中央银行(central bank)。中央银行建立的必要性主要有以下几个方面：

(1) 银行券统一发行的必要

在银行业发展的初期，并无商业银行和发行银行之分，众多的银行均从事银行券的发行。分散的银行券发行逐步暴露出其严重的缺点：①不利于保证货币流通稳定。因为为数众多的小银行信用实力薄弱，它们所发行的银行券往往不能兑现，尤其在危机时期，不能兑现的情况非常普遍，从而容易使货币流通陷于混乱的状态。②许多分散的小银行，其信用活动领域有着地区的限制，因此它们所发行的银行券只能在有限的地区内流通。随着资本主义经济的发展，要求有更加稳定的通货，也要求银行券成为能在全国市场广泛流通的一般信用流通工具，而这样的银行券显然只能由信誉卓著、信用活动有全国意义的大银行集中发行。事实上，在资本主义的发展过程中，已经出现了一些大银行，它们拥有大量资本并在全国范围内具有威信。这些银行所发行的银行券在流通中已经排挤着小银行的银行券。在这样的基础上，国家遂以法令形式限制或取消一般银行的发行权，而把发行权集中于专司发行银行券的中央银行。

(2) 票据交换和清算的必要

银行林立，银行业务不断扩大，债权债务关系错综复杂，票据交换及清算若不能得到及时、合理处置，将阻碍经济顺畅运行。于是，客观上需要建立一个全国统一的且有权威的、公正的清算机构为之服务。

(3) 商业银行流动性支持的需要

在经济周期的发展过程中，商业银行往往陷于资金调度不灵的窘境，有时则因支付能力不足而破产，银行缺乏稳固性，不利于经济的发展，也不利于社会的稳定。因此，客观上需要一个统一的金融机构作为其他众多银行的后盾，在必要时为它们提供货币资金，即流动性的支持。

(4) 金融监管的必要

同其他行业一样，银行业的经营竞争也很激烈，而且它们在竞争中的破产、倒闭给经济造成的动荡，较之非银行行业要大得多。因此，客观上需要有一个代表政府意志的专门机构专司金融业管理、监督、协调的工作。

10.1.2 中央银行的形成与发展

上述建立中央银行的几方面客观要求并非同时提出的,中央银行的形成也有一个发展过程。通常在谈及中央银行起源时,往往首先提到瑞典银行和英格兰银行。瑞典银行成立于 1656 年,英格兰银行成立于 1694 年,但它们成立之初并不是中央银行。瑞典银行初建时是私营银行,后于 1668 年改组为国家银行。实际上,直到 1897 年它才独占货币发行权。真正最早全面发挥中央银行功能的应是英格兰银行。英格兰银行作为世界上最早的私人股份银行,成立之初就已具有与其他银行不同的特权。例如,接受政府存款并向政府提供贷款,以及在发行银行券上有优势等。但成为中央银行的决定性的第一步,即基本垄断货币发行权,却是它成立 150 年以后的事情。1844 年通过的银行法,结束了在英国有 279 家银行发行银行券的局面。同时,因为其他商业银行需要银行券时只能从英格兰银行提取,所以必须在英格兰银行存款,这就使英格兰银行又成了集中其他商业银行存款准备金的银行。于是,这就奠定了英格兰银行作为中央银行的基础。1854 年,英格兰银行成为英国银行业的票据交换中心;1872 年,它开始对其他银行负起在困难时提供资金支持(即"最后贷款人")的责任。此外,由于它在发生金融危机时的特殊作用,又使之具有了相当程度的全国金融管理机构的色彩。

在整个 19 世纪到第一次世界大战爆发前这一百多年里,出现了成立中央银行的第一次高潮。例如,成立于 1800 年的法兰西银行到 1848 年垄断了全法国的货币发行权,并于 19 世纪 70 年代完成了向中央银行的过渡;德国于 1875 年把原来的普鲁士银行改为国家银行,于 20 世纪初基本独享货币发行权等。1913 年美国联邦储备系统的建立,是这个阶段最后形成的中央银行制度。在此期间,世界上约有 29 家中央银行相继设立,其中绝大部分是在欧洲国家。它们的产生主要是本国经济、金融客观发展的产物,并且除个别例外,都是由普通银行通过逐步集中货币发行和对一般银行提供清算服务及资金支持而演进为中央银行的。

第一次世界大战结束后,面对世界性的金融恐慌和严重的通货膨胀,1920 年在布鲁塞尔召开的国际经济会议上,要求尚未设立中央银行的国家应尽快建立中央银行,以共同维持国际货币体系和经济的稳定。由此,推动了又一次中央银行成立的高潮。20 世纪 20 年代以后新成立或新改组的中央银行,由于有老的中央银行创设和发展的经验可资借鉴,所以许多都是运用政府力量直接设计成为从法律上具有明确权责的特定机构。在 30 年代经济大危机后,新老中央银行大多建立起存款准备金制度并以重点管理其他金融机构为己任。中央银行的三大职能——发行的银行、银行的银行、国家的银行——在这段迅速扩展时期中逐渐完善。

第二次世界大战以后,一批经济较落后的国家摆脱了宗主国或殖民者的统治而获得独立,它们皆视中央银行的建立为巩固民族独立和国家主权的一大标志。

10.1.3 国家对中央银行控制的加强

中央银行一经产生就与政府有着密切的联系,经常体现着政府的某些意图,包括在金融管理中承担一定的责任。从这个意义上说，国家都在一定程度上控制着中央银行，尽管这种控制程度在不同的国家以及在同一国家的不同时期强弱不一。

国家对中央银行的控制，总的说来，是加强的趋势，尤其是20世纪30年代经济、金融大危机以来更为明显。20世纪30年代的经济大危机把西方世界推入混乱动荡的深渊，动摇了传统认为经济自身能够达到均衡和稳定的观念。应运而生的凯恩斯经济理论论证了资本主义经济不能自发达到充分就业的均衡，并强调指出了国家干预经济的必要性。在这一理论的指导下，中央银行就成为政府对宏观经济施以调节的重要机构之一。中央银行的货币政策已不仅着眼于稳定金融业自身，而是着眼于稳定整个国民经济。

既然国家要利用中央银行干预宏观经济生活，那么加强对中央银行的控制就是顺理成章的事情，而且必然会引起中央银行制度发生新的变化。第二次世界大战后，国家对中央银行控制的加强直接表现为：

(1) 中央银行的国有化

在此之前，中央银行虽然作为政府的银行存在，但它们的股本大多是私人持有，如英格兰银行、法兰西银行基本上是私人股份银行。第二次世界大战后，各国中央银行的私人股份先后转化为国有；有些新建的中央银行，一开始就由政府出资；即使继续维持私有或公私合营的中央银行，也都加强了国家的控制。总之，各国中央银行实质上成为国家机构的一部分。

(2) 制订新的银行法

第二次世界大战后，各国纷纷制订新的银行法，明确中央银行的主要职责就是贯彻执行货币金融政策，维持货币金融的稳定。例如，第二次世界大战后，日本的银行法规定，日本银行必须"以谋求发挥一国的经济力量，适应国家政策的需要，调节货币，调整金融及保持并扶植信用制度为目的"。

10.1.4 中央银行制度的类型

就各国的中央银行制度来看，大致可归纳为4种类型：单一中央银行制度、复合中央银行制度、跨国中央银行制度及准中央银行。

(1) 单一中央银行制度

指国家单独建立中央银行机构，使之全面、纯粹地行使中央银行的制度。单一中央银行制度中又有如下2种具体情形：

①一元式中央银行制度　这种体制是在一个国家内只建立一家统一的中央银行，机构设置一般采取总分行制。目前，世界上绝大部分国家的中央银行都实行这种体制，我国也是如此。

②二元式中央银行制度　这种体制是在一国国内建立中央和地方两级中央银行机构，中央级机构是最高权力或管理机构，但地方级机构也有一定的独立权力。这是一种带有联邦式特点的中央银行制度，属于这种类型的国家有美国、德国等。例如，美国的联邦储备体系就是将全国划分为12个联邦储备区，每个区设立一家联邦储备银行为该地区的中央银行。它们在各自辖区内的一些重要城市设立分行。这些联邦储备银行不受州政府和地方政府的管辖，各有自己的理事会，有权发行联邦储备券和根据本地区实际情况执行中央银

行的特殊信用业务。在各联邦储备银行之上设联邦储备委员会，进行领导和管理，制订全国的货币政策。同时，在联邦储备体系内还设有联邦公开市场委员会（Federal Open Market Committee，FOMC）和联邦顾问委员会等平行管理机构。联邦储备委员会是整个体系的最高决策机构，是实际上的美国中央银行总行，直接对国会负责。

(2) 复合中央银行制度

指一个国家没有设立专司中央银行职能的银行，而是由一家大银行集中中央银行职能和一般商业银行经营职能于一身的银行体制。这种复合制度主要存在于过去的苏联和东欧等国。我国在1983年以前也一直实行这种银行制度。

(3) 跨国中央银行制度

由参加某一货币联盟的所有成员国联合组成的中央银行制度。第二次世界大战后，许多地域相邻的一些欠发达国家建立了货币联盟，并在联盟内成立参加国共同拥有的统一的中央银行。这种跨国的中央银行发行共同的货币和为成员国制订金融政策，成立的宗旨则在于推进联盟各国经济的发展及避免通货膨胀。例如，由贝宁、科特迪瓦、尼日尔、塞内加尔、多哥和布基纳法索等国组成的西非货币联盟所设的中央银行，由喀麦隆、乍得、刚果、加蓬和中非共和国组成的中非货币联盟所设的中非国家银行，以及东加勒比海货币管理局等，都是完全的或不完全的跨国中央银行体制。

1998年7月，一个典型的跨国中央银行欧洲中央银行（European System of Central Bank，ESCB）正式成立。如果说上面所说的跨国银行基本是过去流通宗主国货币的地区在第二次世界大战后适应新的政治经济形势成立起来的，那么欧洲中央银行则有着完全不同的政治经济背景，它是欧洲一体化进程逐步深入的产物。欧共体（现为欧盟）成员国为适应其内部经济金融一体化进程的要求，于1969年12月正式提出建立欧洲经济与货币联盟，以最终实现统一的欧洲货币、统一的欧洲中央银行、统一的货币与金融政策。1979年3月，正式开始实施建立欧洲货币体系的计划以后，其进程虽然缓慢且困难重重，但还是在一步一步地向前推进。特别地，1989年以后的进展十分明显：1991年底，对实现欧洲单一货币的措施和步骤做了具体安排；1994年1月1日，欧洲中央银行的前身欧洲货币局建立，它在规定的时间内完成了未来欧洲中央银行货币政策运作框架的设计工作；1995年底正式命名欧洲货币为"欧元"（EURO）；1998年3月宣布德、法等11国达到实施统一欧元所要求的标准，并规定1999—2002年为欧元实行的过渡期，到2002年7月1日，欧元成为唯一的法定货币。

欧洲中央银行总部设在德国的法兰克福，其基本职责是制订和实施欧洲货币联盟内统一的货币政策，以维持欧元地区内的币值稳定为首要目标。从制度构架上讲，欧洲中央银行由2个层次组成：欧洲中央银行本身；欧洲中央银行体系，由欧洲中央银行和所有参加欧元区的成员国中央银行组成，欧洲中央银行本身具备法人身份，欧洲中央银行体系没有法人身份。欧洲中央银行和各成员银行之间的关系为：欧洲中央银行本身是决策机构，欧洲中央银行体系是执行机构，即欧洲中央银行将为欧元区内所有国家制订统一的货币政策，然后交由各成员国中央银行去实施。各国中央银行将失去其独立性，从而事实上成为欧洲中央银行的分行。

(4) 准中央银行

指有些国家或地区只设置类似中央银行的机构，或由政府授权某个或几个商业银行行使部分中央银行职能的体制。新加坡、中国香港属于这种体制，如新加坡设有金融管理局和货币委员会（常设机构为货币局）2个机构来行使中央银行的职能。新加坡金融管理局负责制订货币政策和金融业的发展政策，执行除货币发行以外的中央银行的一切职能；新加坡货币委员会主要负责发行货币、保管发行准备金和维护新加坡货币的完整性。

中国香港在过去很长时期中并无一个统一的金融管理机构，中央银行的职能由香港政府、同业公会和商业银行分别承担。1993年4月1日，香港成立了金融管理局，集中了货币政策、金融监管及支付体系管理等中央银行的基本职能。但是，它又不同于一般中央银行。如发行钞票职能就是由渣打银行、汇丰银行和中国银行履行的；票据结算所一直由汇丰银行负责管理；而政府的银行这项职能一直由商业银行执行。

此外，斐济、马尔代夫、利比里亚、莱索托、伯利兹等国也都实行各具特点的准中央银行体制。

10.1.5 中央银行的资本组成类型

(1) 全部资本为国家所有的中央银行

这种类型的中央银行或是在成立时国家就拨付全部资本金，或者是国家通过购买中央银行资本中原来属于私人的股份，而对中央银行拥有全部股权。目前，大多数国家的中央银行均属于这种类型，如英国、法国、德国等，中国人民银行也属于这种类型。

(2) 国家资本与民间资本共同组建的中央银行

日本、墨西哥的中央银行属于这种类型。民间资本包括企业法人和自然人的股份。这种资本组成类型，国家资本大多在50%以上，并且法律一般都对非国家股份持有者的权利作了限定，如只允许有分取红利的权利而无经营决策权，其股权转让也必须经中央银行同意后方可进行等。由于私股持有者不能参与经营决策，所以对中央银行的政策基本上没有影响。

(3) 全部股份非国家所有的中央银行

美国、意大利和瑞士等少数国家是这种情况。美国联邦储备银行的股本全部由参加联邦储备体系的会员银行所拥有；会员银行按自己的实收资本和公积金的6%认购所参加的联邦储备银行的股份，并享受年息6%的股息。

(4) 无资本金的中央银行

这种中央银行在建立之初根本没有资本，而由国家授权执行中央银行的职能，中央银行运用的资金主要是各金融机构的存款和流通中的货币，自有资金只占很少部分。韩国的中央银行是目前唯一没有资本金的中央银行。

(5) 资本为多国共有的中央银行

货币联盟中成员国共同组建中央银行的资本金是由各成员国按商定比例认缴的，各国按认缴比例拥有对中央银行的所有权。

10.1.6 中央银行的组织结构

中央银行的组织结构包括权力分配结构、内部职能机构和分支机构设置等方面。

10.1.6.1 中央银行的权力分配结构

权力分配结构是指最高权力的分配状况。最高权力大致可概括为决策权、执行权和监督权3个方面。对于决策权、执行权和监督权，有些国家的中央银行是合一的。例如，英国、美国、菲律宾等国中央银行的理事会，既是各项政策和方针的制订者，又负责这些政策方针的贯彻实施和监督。有些国家则分别设立不同的机构来行使这3种权力，如日本银行、瑞士银行等。日本银行的最高决策权力机构是政策委员会，负责货币政策的制订；最高执行权力机构是理事会，负责执行政策委员会的决定和研究处理日常经营中的重大事项；监事会负责监督检查日本银行的业务和政策执行情况。

2003年12月新修订的《中华人民共和国中国人民银行法》的规定，中国人民银行实行行长负责制，即行长行使最高决策权。为有助于货币政策的正确制订，1997年根据《中华人民共和国中国人民银行法》规定设立货币政策委员会，2003年修改后的法律进一步明确，其应当在国家宏观调控、货币政策制订和调整中发挥重要作用。由于货币政策委员会的性质是咨询议事机构，因此中国人民银行属于决策权、执行权、监督权合一并且权力高度集中的中央银行。

10.1.6.2 中央银行的内部机构设置

各国中央银行内部的职能部门都是根据其担负的任务设置的。尽管各国中央银行的内部机构设置数量不等，名称也有差别，但总体来看，大多包括如下几个部门：

①与行使中央银行职能直接相关的部门。这是中央银行内设机构的主体部分，包括办理与金融机构业务往来的部门、货币政策操作部门、负责货币发行的部门、组织清算的部门、金融监管部门等。

②为行使中央银行职能提供咨询、调研和分析的部门，包括统计分析部门、研究部门等。

③为中央银行有效行使职能提供保障和行政管理服务的部门。

10.1.6.3 中央银行分支机构的设置

①按经济区域设置分支机构　这种设置方法是根据各地的经济金融发展状况，视实际需要按经济区域设立分支机构，主要考虑地域关系、经济金融联系的密切程度、历史传统、业务量等因素。分支机构一般都设立在该区域内的经济和金融中心。目前，世界上大多数国家中央银行的分支机构都是按照经济区域设置的，如美联储、英格兰银行。

②按行政区划设置分支机构　这种设置方式一般与计划经济体制相适应。苏联以及其他实行计划经济体制的国家基本上都是采取这种方式。中国人民银行在1998年以前也是按行政区划设置分支机构。

③以经济区域为主、兼顾行政区划设置分支机构　一般是按经济区域设置分行，而分行之下的机构设置则考虑行政区划并尽量与行政区划相一致。日本、德国、意大利等国中央银行分支机构的设立基本上是按这种模式。中国人民银行于1998年底改按此原则调整分支机构的设置。

10.2 中央银行的职能与地位

中央银行代表国家管理金融,制订和执行金融方针政策,但它不同于一般的国家行政管理机构。除赋予的特定金融行政管理职责采取通常的行政管理方式外,其主要管理职责都是寓于金融业务的经营过程之中。那就是以其所拥有的经济力量对金融领域乃至整个经济领域的活动进行调节和控制。

10.2.1 中央银行的经营活动特征

①不以营利为目的 中央银行以金融调控(如稳定货币、促进经济发展)为己任。一般来说,在其业务经营过程中也会取得利润,但营利不是目的;否则,势必导致忽略甚至背弃其职责。

②不经营普通银行业务 中央银行不对社会上的企业、单位和个人办理存贷、结算业务,而只与政府或商业银行等金融机构发生资金往来关系。有的国家的中央银行,目前还有一部分对私人部门的业务,但均不占主要地位。

③在制订和执行国家货币方针政策时,中央银行具有相对独立性。

10.2.2 中央银行的基本职能

对于中央银行的基本职能,归纳与表述的方法各有不同。一般的、传统的归纳是表述为发行的银行、银行的银行和国家的银行3个职能。此外,有归纳为政策功能、银行功能、监督功能、开发功能和研究功能5类的;有归纳为服务职能、调节职能与管理职能3类的;有归纳为独占货币发行、为政府服务、保存准备金、最后融通者、管制作用、集中保管黄金和外汇、主持全国银行清算、检查与监督各金融机构的业务活动等。在这里,我们按一般的划分进行介绍。

10.2.2.1 发行的银行

发行的银行就是垄断银行券的发行权,成为全国唯一的现钞发行机构。银行券的发行是中央银行的重要资金来源,为中央银行调节金融活动提供了资金实力。目前,世界上几乎所有国家的现钞都由中央银行发行。一般硬辅币的铸造、发行,也多由中央银行经管。有些国家的硬辅币铸造、发行是由财政部负责,发行收入归财政。

在实行金本位的条件下,对于银行券发行的管理,各国均有由立法程序确定的银行券发行保证制度。那时,币值和银行体系的稳定取决于:银行券能否随时兑换为金铸币;存款货币能否保证顺利地转化为银行券。因此,中央银行的集中黄金储备首先成为支持庞大的货币流通的基础和稳定币值的关键。黄金储备多,银行券及整个货币流通有可能扩大;黄金储备下降,则必须紧缩货币供给。正是在这样的背景下,银行券的发行首先要求黄金保证。在要求黄金保证的同时,还要求信用保证,即钞票发行应以持有的金融债权(主要是通过再贴现而持有的商业票据)为保证。按照真实票据论,商业票据的存在意味着缺乏相应数量的货币,根据商业票据发行的银行券是经济之所必需,不会要求兑换黄金;商业票据到期，经济所不必要的银行券回流到银行。也就是说，这个原则还被用来从整个经济角度论证有利于稳定货币流通和控制过度的信用扩张。但实践同样证明，它的作用是有限的。无论是黄金保证还是信用保证，往往在经济周期刚刚出现困难苗头时，就保证不了银行券的兑现而引发金融振荡。

自 20 世纪以来，各国的货币流通均转化为不兑现的纸币流通。对货币供给的控制，均已扩及存款货币。这是因为稳定与否的关键已主要取决于较大口径的货币供给状况。

目前对银行券发行的实际控制措施，有的国家限制现钞使用范围，有的国家则没有这种限制。在对现金的使用不进行限制的国家，如果说制约，那就是只有当商业银行在中央银行有超额准备存款时，在超额准备存款限度之内，才有权提取现金。

人民币的具体发行是由中国人民银行设置的发行基金保管库（以下简称"发行库"）来办理的。所谓发行基金是中国人民银行保管的已印制好而尚未进入流通的人民币票券。发行库在中国人民银行总行设总库，下设分库、支库；在不设中国人民银行机构的县，发行库委托商业银行代理。

各商业银行对外营业的基层行处设立业务库。业务库保存的人民币是作为商业银行办理日常现金收付业务的备用金。为避免业务库过多存放现金，通常由上级银行和同级中国人民银行为业务库核定库存限额。

具体的操作程序是当商业银行基层行处现金不足以支付时，可到当地中国人民银行在其存款账户余额内提取现金。因此，人民币从发行库转移到商业银行基层行处的业务库。这意味着这部分人民币进入流通领域。当商业银行基层行处收入的现金超过其业务库库存限额时，超过的部分应自动送交中国人民银行，该部分人民币进入发行库，意味着退出流通领域。

10.2.2.2 银行的银行

作为银行固有的业务特征——办理"存、放、汇"同样是中央银行的主要业务内容，只不过业务对象不是一般企业和个人，而是商业银行与其他金融机构。作为金融管理的机构，中央银行对商业银行和其他金融机构的活动施以有效的影响，如前所述，主要也是通过自己以商业银行和其他金融机构为对象的银行业务活动。作为银行的银行，其职能具体表现在 3 个方面：

(1) 集中存款准备

通常法律规定，商业银行及有关金融机构必须向中央银行存入一部分存款准备金。其目的在于，保证存款机构的清偿能力；有利于中央银行调节信用规模和控制货币供应量。存入准备金的多少，通常是对商业银行及有关金融机构所吸收的存款确定一个法定比例；有时还对不同种类的存款确定几个比例。同时，中央银行有权根据宏观调节的需要，变更、调整存款准备金的存入比率。集中统一保管商业银行存款准备金的制度，是现代中央银行制度的一项重要内容。但有些国家一直不太重视这一制度，重视的国家近年来的情况也有较大变化。

(2) 最后贷款人

19 世纪中叶前后，连续不断的经济动荡和金融危机使人们认识到，金融恐慌或支付链条的中断往往是触发经济危机的导火线，因此提出应由中央银行承担"最后贷款人"的责任。"最后贷款人"可以发挥以下作用：支持陷入资金周转困难的商业银行及其他金融机构，以免银行挤提（或叫挤兑）风潮的扩大而最终导致整个银行业的崩溃；通过为商业银行办理短期资金融通，调节信用规模和货币供给量，传递和实施宏观调控的意图。实施货币局制度与"美元化"的国家，则失去了这一功能。

商业银行从中央银行融进资金的主要方式是将自己持有的票据，包括国库券，向中央银行办理再贴现，再抵押；回购协议；直接取得贷款。为了配合政府的经济政策，中央银行往往主动采取降低或提高再贴现率和贷款利率的措施，以调节商业银行的信贷规模。"最后贷款人"原则的提出确立了中央银行在整个金融体系中的核心地位和主导地位。

(3) 组织全国的清算

这一职能也始自英国。19 世纪中期，随着银行业务的扩大，银行每天收受票据的数量日趋增加，各银行之间的债权债务关系日趋紧密。1854 年，英格兰银行采取了对各种银行之间每日清算的差额进行结算的做法，后来其他国家也相继效仿。

10.2.2.3 国家的银行

所谓国家的银行，是指中央银行代表国家贯彻执行财政金融政策，代理国库收支以及为国家提供各种金融服务。作为国家的银行的职能，主要是通过以下几方面得到体现：

(1) 代理国库（我国多年习惯称为"经理"国库）

国家财政收支一般不另设机构，而交由中央银行代理。政府的收入与支出均通过财政部门在中央银行内开立的各种账户进行，具体包括按国家预算要求协助财政、税收部门收缴库款；根据财政支付命令向经费单位划拨资金；随时反映经办预算收支上缴下拨过程中掌握的预算执行情况；经办其他有关国库的事宜。

(2) 代理国家债券的发行

当今世界各国政府均广泛利用发行国家债券的有偿形式以弥补开支不足。不少国家的中央银行通常代理国家发行债券以及债券到期时的还本付息事宜。

(3) 对国家财政给予信贷支持

中央银行作为国家的银行，在国家财政出现收不抵支的情况时，事实上负有提供信贷支持的义务。这种信贷支持主要是采取以下 2 种方式：

①直接向国家财政提供贷款　这大多是用以解决财政先支后收等暂时性的矛盾。除特殊情况外，各国中央银行一般不承担向财政提供长期贷款的责任。因为人们普遍认为那样做容易导致中央银行沦为弥补财政赤字的简单货币供给者，从而可能有损于货币的正常供给及金融稳定。所以，在正常情况下，国家的长期性资金大多需要通过其他途径解决。

②购买国家公债　中央银行在一级市场上购进政府债券，资金直接形成财政收入，流入国库；若中央银行在二级市场上购进政府债券，则意味着资金是间接地流向财政。无论是直接还是间接，从中央银行某一时点的资产负债表来看，只要持有国家证券，就表明是对国家的一种融资。

(4) 保管外汇和黄金储备，进行外汇、黄金的买卖和管理

一个独立自主的国家，通常均拥有一定数量的外汇和黄金储备。中央银行通过为国家保管和管理黄金及外汇储备，以及根据国内外情况，适时、适量地购进或抛售某种外汇或黄金，可以起到稳定币值和汇率、调节国际收支、保证国际收支平衡的作用。

(5) 制订和实施货币政策

货币政策是政府对经济实行宏观调控的基本经济政策之一。各国一般都是通过法律赋予中央银行制订和实施货币政策的职责。货币政策必须与国家经济社会发展的根本利益与长远利益保持一致，并通过货币政策的具体实施达到稳定币值和物价、促进经济增长等目的。

(6) 制订并监督执行有关金融管理法规

在法律赋予的权限内，中央银行自身或与其他金融管理机构一道，对各商业银行及其他金融机构进行监督管理。通常，人们把对这方面的任务称为金融行政管理。有些国家的中央银行不承担金融行政监管的任务。

此外，中央银行作为国家的银行，还代表政府参加国际金融组织，出席各种国际性会议，从事国际金融活动以及代表政府签订国际金融协定；在国内外经济金融活动中，充当政府的顾问，提供经济、金融情报和决策建议。

10.2.3 中央银行的地位

中央银行在现代经济体系中处于一个非常重要的特殊地位，它既为现代经济稳健运行提供基本条件，又是现代经济稳定运行的基本保障，还是现代国际经济联系与合作的纽带。

(1) 中央银行为经济发展创造货币和信用条件，为经济稳健运行提供保障

在现代经济发展的要素投入中，货币已成为一个先决条件，在经济的发展中对货币的需求也在不断增长。在不兑现信用货币流通条件下，中央银行是货币供应的源头。中央银行的货币供应在为经济体系提供必要条件的同时，还提供了新的货币推动力，从而使中央银行成为推动经济发展的重要力量。同时，还为经济运行提供稳定的货币环境和为经济体系的信用活动提供支付保障。

(2) 中央银行是最重要的宏观调控部门之一

在现代经济中，金融成为经济的核心，所有的经济活动均伴随着货币的流通和资金的运动，中央银行则处于货币流通的起点和信用活动的中心。中央银行通过货币政策工具，可以改变货币供应和信用量，通过利率的调整还可以改变金融资产的价格和结构，通过金融市场机制影响经济的结构。中央银行作为金融的管理者与调节者，通过调控金融可以实现对经济的调节，从而实现经济的稳定发展。

(3) 中央银行是现代国际经济联系与合作的纽带

现代国际经济体系是一个相互依存的开放经济体，频繁的国际贸易、国际经济技术合作、国际资本流动和跨国公司活动等，把各国经济连成一个整体。中央银行作为政府的银行，能代表政府国际经济金融形势合作与谈判；大量的国际经济活动如国际结算、国际资本流动、汇率变动等都与中央银行有着极强的相关性，同时中央银行又对这些国际经济活动具有较强的控制能力或调节能力。因此，中央银行在国际经济交往中，有能力也应当成为国际经济联系与合作的纽带。中央银行在国际经济关系中所发挥的纽带作用包括国际货币体系的参与与维护、国际金融业务合作、国际金融监管合作与国际经济金融政策协调等。

总之，在现代经济体系中，中央银行具有极为重要而关键的地位，它已成为经济体系中最为重要的组成部分，成为经济运行的轴心。

10.2.4 中央银行在社会中的关系

10.2.4.1 中央银行与政府的关系

中央银行的独立性问题主要是与货币政策密切相关的。在市场经济体制下，所谓中央银行的独立性问题就是指在货币政策的决策和运作方面，中央银行由法律赋予或实际拥有的自主程度。根据国际货币基金组织公布的文献，中央银行独立性是指中央银行在公布通货膨胀率、汇率或货币政策目标以及根据自己的操作决定货币供应量和利率水平时不受政府的干预，在解决中央银行与政府间的矛盾时存在公开和透明的程序，并且中央银行的管理和财务是独立的。显然，这一问题结合货币政策讨论是较为理想的。

中央银行的独立性问题集中反映在中央银行与政府的关系上。如何处理这种关系，可概括为两点：中央银行应对政府保持独立性；中央银行对政府的独立性总是相对的。

(1) 中央银行对政府保持独立性

①中央银行与政府所处的地位、行为目标不尽相同　虽然经济工作是政府贯彻始终的中心工作，但社会问题往往也是政府关注的重点，如扶贫救灾、就业、医疗保健、社会保障等问题；在经济工作中，政府面临着经济成长、基础设施建设、结构调整、地区平衡等一系列问题，而不仅限于金融。同时，政治矛盾突出时，政治所要解决的目标则压倒一切。中央银行工作的重点虽然也同样要根据政治的、经济的、社会的总体形势调整自己的行为，却有一个独特之处，即其全部活动所围绕的中心始终是货币政策所要追求的稳定货币币值这一基本原则和目标。这就使中央银行的行为目标与政府的目标不可能时时保持全面的吻合。而简单地遵从政府的目标，经验证明，并不利于长期的利益。

②中央银行不同于一般的行政管理机构　无论是制订和执行货币政策以调控宏观经济运行，还是确定对金融业实施监管的指导方针，都需要具备必要的专业理论素养和较为长期的专业经验积累。在如货币政策的决策和实施中，形势的判断、时机的掌握、力度的控制、灵活的反应，均为专业性极高的问题。一般的而非金融专业的理论素养无论如何高深，一般的而非金融专业的经验积累无论如何丰富，仅凭政治经济的普遍原理和普遍经验在这一领域作原则判断和指挥，往往是不充分、不准确的。

(2) 中央银行对政府的独立性是相对的

①从金融与经济整体及社会政治的关系看，虽然金融在现代经济中作用极大，但在经济社会大系统中，它终归是一个子系统　中央银行处于金融系统的核心地位，自然应当服从于经济社会大系统的运转，服从于国家的根本利益。正确的货币政策、稳定的货币币值、安全有序的金融运行，都是为了服务于经济与社会发展的最终目的和国家的根本利益。

②中央银行是整个宏观调控体系中的一个组成部门　中央银行货币政策目标的实现，也需要其他政策特别是财政政策的协调与配合，而不可能孑然独立。

③中央银行的活动都是在国家授权下进行的，大多数国家的中央银行主要负责人也由政府委任　此外，中央银行在履行自己的职责时，也需要政府其他部门的协作与配合，而中央银行与其他部门的关系则需要由政府来协调。

中央银行的独立性问题，作为一个理论提出，时间并不长。但回溯中央银行的发展历程，在实践中这一问题始终存在。19世纪，鉴于一些政府过分利用钞票发行弥补财政支出的教训，主导的见解是中央银行的运作对于政府应保持独立。金本位制的基本原则，特别是对国债能否或以怎样的比例作有发行保证的规定，即体现了这样的精神。在第一次世界大战期间，由于战时财政问题，各国政府都开始加强对中央银行的控制，为政府筹集战争经费一度成为中央银行的主要任务。同时，中央银行在货币发行方面也获得了更多的授权。在战后经济恢复期间，中央银行在政府的干预下，货币发行迅速增加，致使许多国家出现了严重的通货膨胀。因此，在1920年布鲁塞尔和1922年日内瓦召开的国际经济会议上，许多国家的中央银行提出了减少政府干预的主张。这是中央银行发展史上第一次比较集中地提出中央银行独立性问题。此后，许多国家都在法律上明确了中央银行相对独立的地位。

如前所述，在第二次世界大战后相当长的一段时期内，政府对中央银行的控制实际上是加强的趋势。到20世纪70年代，国际货币体系发生了很大变化，经济运行出现了许多新的特点，中央银行的独立性问题再次被提出。总体说来，当各国经济、社会处于平稳发展的时候，政府与中央银行的关系是比较协调的，中央银行能够比较自主地履行自己的职责。而在经济、金融出现困难甚至危机的时候，政府较多地考虑就业、保障等社会问题，中央银行则较多地考虑涉及稳定的经济、金融问题，出现不协调的情况在所难免。问题的反复出现，推动决策者思考如何把握正确处理这样问题的基本准则，这就把中央银行独立性的问题提上理论层次。

(3) 中央银行相对独立的不同模式

由于各国的国情与历史传统不同，政府赋予中央银行的法律地位也有所不同，从而中央银行独立性的强弱也不同。即使在同一个国家，中央银行独立性的程度也有强弱交替的变化。

中央银行独立性的强弱体现：

①法律赋予中央银行的职责及履行职责时的权限是较大还是较小　有些国家把稳定货币明确为中央银行的主要职责，并授予中央银行独立制订和执行货币政策的特权，不受政府制约。当中央银行的政策目标与政府的经济目标出现矛盾时，中央银行可以按自己的目标行事。这种类型的中央银行独立性属于最强层次。而有些国家法律对中央银行的授权就较小。

②中央银行的隶属关系　一般来说，隶属于国会的中央银行，其独立性较强，而隶属于政府或政府某一部门(主要是财政部)的中央银行，其独立性就弱一些。

③中央银行负责人的产生程序、任期长短与权力大小。

④中央银行与财政部门的资金关系，主要为是否允许中央银行对财政部直接融通资金、融资的条件是否严格、限额是大是小、期限是长是短等。

⑤中央银行最高决策机构的组成，政府人员是否参与决策等。

中央银行独立性的强弱主要有3种模式：

①独立性强的中央银行　如美国联邦储备体系、德国联邦银行等　欧洲中央银行诞生之前，德国联邦银行曾是独立性最强的中央银行，它的地位写入了宪法。1957年通过、1992年修改的《德国联邦银行法》明确规定其基本职责是保持货币稳定，在行使授予的权力时不受政府指令的干涉；虽然德国联邦银行也有义务在保证其完成自身任务的前提下支持政府总的经济政策，但当两者出现矛盾时，德国联邦银行则以完成自己的职责为主。德国联邦银行严格限制用货币发行弥补财政赤字，只允许以非现金贷款和购买国库券的方式向联邦政府、联邦特别基金和州政府提供短期融资，且对融资限额做了严格规定。德国联邦银行的行长由总统任命，任期8年，一般不得中途罢免。德国联邦政府的成员虽有权参加德国联邦银行理事会的会议并可提出动议，但没有表决权；对德国联邦银行理事会的决定，政府有要求推延两周执行的权力，但一般也很少使用这种权力。美国联邦储备体系直接对国会负责。1913年通过的《联邦储备法案》规定，联邦储备委员会有权独立地制订和执行货币政策，总统未经国会批准，不能对联邦储备委员会发布指令。联邦储备体系没有向政府提供长期融资的义务。财政融资只能通过公开市场发行债券；只有在特殊情况下才可提供规定限额内的短期融资。实际上，美国财政部只向联邦储备银行借过少数几次期限只有几天的款项，而且是以财政部发行的特别库券作担保。瑞典银行法规定，瑞典银行直属国会，银行理事会只接受来自国会的指示，而不受政府的干预。

欧洲中央银行具有较强的独立性是很容易理解的。1991年的《马斯特里赫特条约》禁止欧洲中央银行和成员国中央银行向任何欧共体机构、组织、成员国政府及其他机构寻求或接收命令，禁止为成员国政府的财政赤字提供资金融通。

②独立性弱的中央银行　如意大利银行、法兰西银行等　意大利银行受财政部统辖，财政部代表可以出席意大利银行的理事会会议，并且在认为会议做出的决议与政府意图不符时，可以提出暂停决议的执行。意大利银行提出的货币政策措施，一般也要经过政府有关部门的批准；当意大利银行的意见与政府不一致时，一般也是以政府的指令为准。法兰西银行理事会的成员大多是由财政部提名，经内阁会议通过后由总统任命。一些处于经济体制转轨时期国家的中央银行，其独立性也较弱。这类中央银行的特点是，中央银行隶属于政府，不论是在名义上还是在实际上，中央银行在制订和执行政策、履行其职责时，都较多地服从政府或财政部的指令。应当指出，独立性较弱的中央银行在货币政策的具体操作和决策的执行方面基本上也是独立进行操作的。

③独立性居中的中央银行　如英格兰银行、日本银行等，一些新兴的工业化国家的中央银行也大致属于这种类型　这类中央银行的特点是中央银行隶属于政府，在名义上独立性较弱，但在实际上，中央银行拥有较大的决策与管理权和独立性。英格兰银行的理事会是最高决策机构，理事会成员均是由政府推荐、国王任命。按照法律规定，财政部在认为必要时，可在与英格兰银行总裁磋商后直接向英格兰银行发布命令，但实际上，财政部从

未使用过这个权力；政府一贯尊重英格兰银行有关货币政策的意见，一般不过问货币政策的制订，也不参与理事会的评议。在与政府的资金融通关系方面，英格兰银行一般不给政府垫款，只提供少量的隔夜资金融通。在货币政策工具的运用方面，英格兰银行也有直接决定的权力，如调整利率等。日本银行曾隶属于大藏省（即财政部），《日本银行法》规定，日本银行的总裁、副总裁由内阁任命，日本银行开展国际金融交易，为保障与扶植信用制度而提供必要的业务时，须经大藏省主管大臣批准。但在货币政策制订与执行方面，日本银行具有独立行使权。1997年4月修订的《日本银行法》规定，日本银行的根本职责是通过调节货币及金融，追求物价稳定以利国民经济的健全发展，并赋予日本银行独立地制订货币政策及自行决定采取措施，运用政策工具去实现货币政策目标的权力。在与政府的资金关系方面，日本银行原则上不承担向政府提供长期贷款和认购长期政府债券的义务，但政府发行的短期债券则大部分由日本银行认购。日本银行的利润扣除规定的比例后，全部上缴财政，如果发生亏损，由国库款弥补。

(4) 中国的中央银行独立性问题

从中华人民共和国成立至今，中国人民银行一直是中央政府所属部委中的一个部门。在1983年9月国务院决定中国人民银行专门行使中央银行职能之前，当然无从提出中央银行独立性问题。即使在明确中国人民银行的中央银行地位之后的好几年，这一问题也未受到关注。只有在货币政策开始显示其重大作用之后，中央银行独立性问题才逐步进入经济金融理论界乃至政府有关部门的视野。

2003年新修订的《中华人民共和国中国人民银行法》中规定："中国人民银行在国务院领导下依法独立执行货币政策，履行职责，开展业务，不受地方政府、各级政府部门、社会团体和个人的干涉"；"中国人民银行就年度货币供应量、利率、汇率和国务院规定的其他重要事项作出的决定，报国务院批准后执行"；"货币政策委员会的职责、组成和工作程序，由国务院规定，报全国人民代表大会常务委员会备案"。《中华人民共和国中国人民银行法》规定中国人民银行隶属于国务院，即中国的中央银行仍然是政府的一个部门，不过，明确了是国务院（即中央政府）领导下的部门，"不受地方政府、各级政府部门、社会团体和个人的干涉"同时，对于中央银行独立性的要求也有所反映，如"依法独立执行"之类的规定。

10.2.4.2 中央银行与政府部门之间的关系

不论中央银行独立性是强还是弱，中央银行与政府所属部门之间都有一定的联系。一般来说，独立性较强的中央银行与政府部门之间的联系相对松散，而独立性较弱的中央银行与政府部门之间的联系大多比较紧密。

与中央银行联系最密切的是财政部门。由于财政部门在经济方面最能代表政府，所以中央银行与政府的关系在很大程度上反映在中央银行与财政部门的关系上；国家或政府对中央银行的管理和干预在许多方面也是通过财政部门进行的。

中央银行与财政部门的关系主要反映如下：①中央银行资本金的所有权大多由财政部门代表国家或政府持有；②绝大多数国家中央银行的利润除规定的提存外全部上交国家财政，如有亏损，则由国家财政弥补；③财政部门掌管国家财政收支，而中央银行代理国库;④中央银行代理财政债券发行,需要时按法律规定向政府财政融资;⑤许多国家财政部门的负责人参与中央银行的决策机构,有的有决策权,有的则是列席权;⑥有些国家的中央银行直接隶属于财政部;⑦在货币政策和财政政策的制订及执行方面,中央银行与财政部门需要协调配合。

除财政部门之外,中央银行还与其他政府部门具有一定的联系,如经济运行的管理调节部门、贸易管理部门,经济方面的有关决策部门和咨询部门、统计部门等。中央银行与这些部门之间的关系体现在协作、信息交流、政策配合等方面,无隶属关系。除中央银行因代理国库与这些部门在国家预算资金拨付上有所联系之外,一般也无其他业务往来关系。

中国人民银行与财政部门的关系基本上也反映在前述几个方面。中国人民银行的全部资本由国家出资,属于国家所有;中国人民银行实行独立的财务预算管理制度,其预算经国务院财政部门审核后纳入中央预算,接受国务院财政部门的预算执行监督,每一会计年度的收入减除该年度支出并按国务院财政部门核定的比例提取总准备金后的净利润全部上交中央财政,如有亏损,则由中央财政拨款弥补;中国人民银行代理国库,按照批准的国家预算要求收财政收入(即国库款),按财政支付命令拨付财政支出,反映预算收支执行情况并经办有关国库事务;在需要时,中国人民银行代理财政部向各金融机构组织发行、兑付国债和其他政府债券;中国人民银行不对政府财政透支,不直接认购、包销国债和其他政府债券;不得向地方政府、各级政府部门提供贷款;财政部一位负责人参加中国人民银行货币政策委员会;中国人民银行和财政部作为货币政策及财政政策的制订者和执行者必须协调配合;在行政关系上,中国人民银行和财政部同属国务院组成部门,均承担着国家宏观经济调控的任务,但互不隶属。

除财政部之外,与中国人民银行联系比较密切的政府部门还有国家发展和改革委员会、国家经济贸易委员会(2003年3月,与对外贸易经济合作部一并撤销,设立商务部)。这两个委员会与中国人民银行和财政部,是1998年和2003年国务院机构改革后国务院组成部门中的4个宏观调控部门。

10.3 中央银行的主要业务

中央银行首先是银行机构,有其业务活动,主要体现在其资产负债表上。但中央银行又是特殊的银行机构,其职能都要通过业务活动来履行。因此,中央银行的负债业务、资产业务和清算业务具有特殊的重要性。

10.3.1 中央银行的资产负债表

10.3.1.1 中央银行资产负债表的概念

中央银行职能作用的充分发挥有赖于中央银行业务活动的广泛开展。中央银行业务中与货币资金相关的业务主要通过资产业务和负债业务反映出来,因此要了解中央银行的业务活动和资产负债情况,就必须了解中央银行的资产负债表及其构成。中央银行资产是指其在某一时点所拥有的各种债权,中央银行负债则是指其在某一时点对社会各经济主体的负债。资产负债表是其全部业务活动的综合会计记录,它可以反映中央银行在任何时点上的资产负债情况。

在现代金融条件下,中央银行要通过自身的业务操作来调节金融机构的资产负债和社会货币总量,借以实现宏观金融调控的近期和远期目标,因此,深入研究中央银行业务、分析其资产负债表就成为把握宏观金融调控的基础。

10.3.1.2 中央银行资产负债表的构成

中央银行资产负债表虽是中央银行业务的综合记录,但由于各国在金融体制和信用方式方面存在差异,中央银行资产负债表中项目的多寡及包括的内容、各项目在总资产或总负债中所占比重等颇不一致。为促进国际金融信息交流,国际货币基金组织定期编制《货币与金融统计手册》,以相对统一的口径提供各成员国有关货币金融和经济发展的主要统计数据,中央银行的资产负债表就是其中之一,称作"货币当局资产负债表"。以国际货币基金组织编制的"货币当局资产负债表"为基础简化的中央银行资产负债表见表10-1所列。

表10-1 简化的中央银行资产负债表

资　产	负　债
国外资产	流通中通货
贴现和放款	商业银行等金融机构存款
政府债券和财政借款	国库及公共机构存款
外汇、黄金储备	对外负债
其他资产	其他负债和资本项目

中国人民银行从1994年起根据国际货币基金组织《货币与金融统计手册》规定的基本格式,编制中国货币当局资产负债表并定期向社会公布。中国人民银行提供的信息非常及时,可登录中国人民银行网站,在"调查统计"栏目中查找"统计数据"——"货币当局资产负债表"即可。虽然各国中央银行资产负债表的格式和主要项目基本一致,但各项目所占的比重却有明显不同(表10-2)。

10.3.2 中央银行的负债业务

中央银行的负债是指政府、金融机构、其他经济部门及社会公众持有的对中央银行的债权,中央银行的负债业务如下:

10.3.2.1 货币发行业务

社会上流通的现金都是通过货币发行业务流出中央银行的,货币发行形成中央银行对社会的负债。

货币发行是指中央银行向社会投放现金的业务。货币发行有两重含义:指货币从中央银行的发行库,通过各家商业银行的业务库流到社会;指货币从中央银行流出的数量大于从流通中回笼的数量。这两者通常都被称为货币发行。中央银行作为发行的银行,一方面

表 10-2 中国人民银行 2020 年 10 月资产负债表

资产		负债	
项目	金额(亿元)	项目	金额(亿元)
国外资产	218 185.21	储备货币	302 380.38
外汇	211 577.49	货币发行	86 357.71
货币黄金	2855.63	金融性公司存款	198 214.43
其他国外资产	3752.09	其他存款性公司存款	198 214.43
对政府债权	15 250.24	其他金融性公司存款	
其中：中央政府	15 250.24	非金融机构存款	17 808.25
对其他存款性公司债权	120 745.14	不计入储备货币的金融性公司存款	5275.50
对其他金融性公司债权	4740.42	发行债券	950
对非金融性部门债权		国外负债	981.22
其他资产	12 891.70	政府存款	49 894.37
		自有资金	219.75
		其他负债	12 111.49
总资产	371 812.72	总负债	371 812.72

可以通过对商业银行提供再贴现、再贷款，向社会收购黄金外汇，在公开市场上购买有价证券（如政府债券、央行票据等）等方式将货币发行出去；另一方面还可以通过减少或回收再贴现、再贷款资金，减少黄金外汇收购，在公开市场上卖出有价证券等方式回笼货币。从中央银行流出的数量大于从流通中回笼的数量，形成净投放；反之，则为净回笼。中央银行的货币发行是其提供基础货币的主要构成部分。

中国人民银行对人民币发行的管理，在技术上主要是通过货币发行基金和业务库的管理来实现的。发行基金是人民银行为国家保管的待发行的货币。发行基金有 2 个来源，人民银行总行所属印制企业按计划印制解缴发行库的新人民币；开户的各金融机构和人民银行业务库缴存人民银行发行库的回笼款。保管发行基金的金库称为发行库。发行基金由设置发行库的各级人民银行保管，并由总行统一掌握。各分库、中心支库、支库所保管的发行基金，都只是总库的一部分。业务库是商业银行为了办理日常现金收付业务而建立的金库，它保留的现金是商业银行业务活动中现金收付的周转金，是营运资金的组成部分，经常处于有收有付的状态。

具体的操作程序是当商业银行基层行业务库的现金不足以支付时，可到当地中国人民银行分支机构在其存款账户余额内提取现金，于是人民币从发行库转移到业务库，意味着这部分人民币进入流通领域；而当业务库的现金收入大于其库存限额时，超出部分则由业务库送交发行库，这意味着该部分人民币退出流通。

中国人民银行对人民币发行与流通的管理，主要体现在发行基金计划的编制、发行基金的运送管理、反假币及票样管理和人民币出入境管理等方面。

中央银行通过货币发行业务，满足了社会经济活动和公众生活对货币的需求。同时，中央银行通过对货币发行的控制,可以调节社会货币流通量,进而调节社会经济活动,从而实现宏观调控的目的。

10.3.2.2 存款业务的构成

(1) 中央银行的存款业务构成

中央银行作为"银行的银行",在集中存款准备金并为金融机构提供清算等服务的过程中,形成了各金融机构在中央银行的存款;中央银行作为"政府的银行",代理收受国库资金时形成了政府存款;中央银行也会接受一些非银行金融机构存款、外国存款和特定机构存款。这些存款成为中央银行重要的资金来源。

(2) 中央银行存款业务的目的

与前述的存款机构不同,中央银行吸收存款、组织资金来源的主要目的有3个:

① 有利于调控信贷规模与货币供应量 例如,通过对法定存款准备金比率的规定与调整,调控商业银行的信贷规模;通过存款业务集中资金以利于公开市场操作,从而达到调控社会货币供应量的目的。

② 有利于维护金融业的安全 中央银行集中保管准备金,可以在商业银行出现清偿力不足时发挥其最后贷款人职能;通过对商业银行存款账户的监测,分析其资金运用状况,督促商业银行在经营管理中注意安全性和流动性。

③ 有利于国内的资金清算 各类金融机构在中央银行开户,使之可以开展全国的资金清算,有利于顺利结清各金融机构之间的债权债务关系,从而加速全社会资金的周转。

(3) 中央银行存款业务的特点

中央银行的性质和职能决定其存款业务不同于一般商业银行,主要特点有:

① 存款原则的特殊性 中央银行遵循一国的金融法规制度开展存款业务,具有一定的强制性。存款准备金制度便是典型的例证,大多数国家的中央银行都依法规定存款准备金比率,强制要求商业银行按规定比率缴存存款准备金,而且在法定比率之内不能动用。一些国家对财政部门、邮政机构的存款也以法律形式规定存入中央银行。

② 存款动机的特殊性 中央银行吸收存款不是以营利为目的,而是出自金融宏观调控和监督管理的需要,是执行中央银行职能的需要。更多的是为了便于调控社会信贷规模,监督管理金融机构的运作,从而达到稳定币值的目的。例如,中央银行的准备金存款业务是其控制货币供给的主要政策工具。

③ 存款对象的特殊性 中央银行的存款对象是商业银行、非银行金融机构、政府部门等机构。中央银行吸收的这些存款,一般不易脱离中央银行的控制,有利于实施货币政策操作。

10.3.2.3 其他负债业务

中央银行的负债业务除了货币发行和存款业务外,还包括发行中央银行债券和票据、对外负债和资本业务等。

(1) 发行中央银行债券与票据

各国法律一般都赋予中央银行发行债券或票据的权利。中央银行通过发行债券或票据,可从社会回笼资金,实现调控货币供应量的目的。因此,当中央银行认为社会流动性过于充足，或为了压缩社会货币资金时，会增加债券或票据发行；相反，则通过回收债券或票据来向社会增加货币供给。

中国人民银行从 2003 年 4 月 22 日起正式发行中央银行票据，至当年年底，共发行 63 期央行票据，发行总量为 7226.8 亿元，央行票据余额为 3376.8 亿元。此后，中国人民银行逐渐加大央行票据发行力度，其中，最多的是 2008 年全年累计发行央行票据 86 次，金额为 43 000 亿元，年末央行票据余额为 46 500 亿元。

(2) 对外负债

对外负债主要包括从国外银行借款、对外国中央银行的负债、国际金融机构的贷款、在国外发行的中央银行债券等。中央银行对外负债一般出于以下目的：平衡国际收支，维持本币汇率的基本稳定，应付货币危机或金融动荡。

(3) 资本业务

中央银行的资本业务是中央银行筹集、维持和补充自有资本的业务。中央银行资本形成的途径主要有政府出资、国有机构出资、私人银行或部门出资、成员国中央银行出资等。由于中央银行由国家赋予相应的特权，由国家信用作保证，因此中央银行实力的高低与其资本金多少无关。当然，中央银行也需要有一定的资本金来抵消其政策实施所带来的某些经济损失，保证货币政策实施的独立性与有效性。

10.3.3 中央银行的资产业务

中央银行的资产业务即其资金运用，主要包括贴现与放款业务、证券业务、黄金和外汇储备业务及其他资产业务。

10.3.3.1 贴现及放款业务

中央银行的贴现及放款业务主要包括中央银行对商业银行的再贴现和再贷款，对政府的各种贷款和对国外政府、金融机构的贷款等业务。其中，中央银行以再贷款方式对商业银行等金融机构提供资金融通和支付保证，既是履行"最后贷款人"职能的具体手段，也是其提供基础货币的重要渠道。

在票据业务发达的国家(如欧洲各国)，中央银行办理票据再贴现成为向商业银行融通资金的重要方式。再贴现又叫重贴现，是指商业银行将其对工商企业已经贴现的票据向中央银行再办理贴现的资金融通行为。

在一些国家，由于票据业务不发达，商业银行的贴现业务量并不大，因而可向中央银行办理再贴现的合格票据就更少。在这种情况下，中央银行主要靠再贷款业务向商业银行融通资金。与再贴现相比，再贷款采取的是信用放款的授信方式，没有任何抵押与担保，中央银行既无选择融资对象的依据，亦无贷款发放量的约束，容易出现再贷款量的失控。因此，与再贴现业务相比，再贷款业务并非理想的资产业务。

10.3.3.2 证券业务

中央银行的证券业务是指在公开市场上进行证券买卖操作的业务，是中央银行货币政策操作三大基本工具之一。此项业务操作在调控货币供应量的同时，也为中央银行调整自己的资产结构提供了手段。中央银行买卖证券最重要的意义在于影响金融体系的流动性，调控基础货币，从而调节货币供应量，实现货币政策目标。中央银行在公开市场进行业务操作的证券一般都是优质证券，如政府债券、央行票据、回购协议等。中央银行买进证券就是直接投放了基础货币，卖出证券就是回笼了基础货币。中央银行买卖证券的目的不是盈利，而是通过买卖投放或回笼基础货币，对货币供求进行调节。

10.3.3.3 黄金和外汇储备

自不兑现信用货币制度建立以来，黄金和外汇始终是稳定币值的重要手段，也是用于国际支付的重要储备。为了稳定一国货币的币值，稳定本国货币对外汇率，也为了能灵活调节国际收支，防止出现国际支付困难或危机，中央银行担负着为国家管理外汇和黄金储备的责任，而黄金和外汇储备要占用中央银行资金，因而属于中央银行的重要资金运用。

在中国人民银行的资产项目中，2000年以后外汇储备已经成为第一大项，2011年年底已经超30 000亿美元，占总资产的82.7%。2012年外汇储备增幅放缓，年底国家外汇储备余额为33 100亿美元，占总资产的比重降为80.35%。截至2020年12月末，我国外汇储备规模为32 200亿美元。

10.3.3.4 其他资产

除以上3项外，未列入的所有项目之和都可列入其他资产，主要包括待收款项和固定资产等。

10.3.4 中央银行的清算业务

10.3.4.1 清算业务及其产生发展

中央银行的清算业务是指中央银行作为一国支付清算体系的管理者和参与者，通过一定的方式和途径，使金融机构的债权债务清偿及资金转移顺利完成，并维护支付系统的平稳运行，从而保证经济生活和社会生活的正常运行的业务。

世界上最早的支付清算体系是票据交换制度。票据交换所(Clearing House)是同城内各商业银行相互之间进行票据交换和集中清算的场所。票据清算的基本原理是，所有商业银行的应收应付款项，在相互轧差之后仅对差额数进行收付。1773年，第一个票据交换所在英国伦敦成立，随后，各地、各国都纷纷效仿，票据交换制度开始发展起来。随着商品经济的进一步发展，单纯依靠票据交换制度已不能满足支付清算需求，于是中央银行在其产生后逐渐承担起该项业务。1854年，英格兰银行首先建立了票据清算制度，支付清算便很快发展为中央银行的基本业务之一。随着信息技术的飞速发展，电子清算网络普遍应用，现代中央银行主要是通过直接经营支付清算系统开展清算业务。

在现代社会市场经济，每时每刻都在发生着无数的、错综复杂的经济交易，引起庞大而复杂的资金支付，这些支付一般都通过银行体系来完成，这就引起银行之间的资金支付与清算问题。中央银行是一国或地区金融体系的核心，各商业银行及其他金融机构都在中央银行开立账户，中央银行具有向金融机构提供支付清算服务的基础条件。另外，中央银行作为货币流通体系的管理者，具有制订支付清算的相关规则和维护支付清算体系稳定的义务。因此，中央银行就自然地承担起支付清算的角色。从世界范围来看，大多数国家都有法律明文规定中央银行负有组织支付清算的职责。例如，《中华人民共和国中国人民银行法》明确规定，中国人民银行具有"维护支付、清算系统的正常运行"的职能。

10.3.4.2 清算业务的作用

由中央银行组织的支付清算系统是各国金融体系中重要的基础设施，它不仅可以安全、高效地清偿债权债务关系，加速社会资金的周转，还有利于中央银行正确地制订和实施货币政策。其具体作用主要有以下几方面：

(1) 支持跨行支付清算

商业银行总行及其分行与所在地支付系统的城市处理中心连接，通过支付系统提供的开放的业务处理路径，实现跨行支付业务的快捷、安全、方便处理，并有利于实现其最终清算。

(2) 支持货币政策的制订和实施

中央银行负责支付清算系统，可以全面及时掌握支付信息，有利于正确地分析金融形势、制订货币政策。同时支付系统又是实施货币政策的重要渠道。例如，通过提供便利或设置障碍，支付系统可以加快或放慢货币流通的速度；通过公开市场操作业务与支付系统连接，使中央银行的债券买卖与金融机构的账户处理同步完成，实现资金的即时转账，可以有效地缩短公开市场业务这一货币政策工具的时滞等。

(3) 有利于商业银行的流动性管理

商业银行总行及其分行可以通过支付系统实时监控本机构及辖署各分支机构清算账户的变动情况，并灵活地进行头寸调度，提高资金使用效率。系统还可以为商业银行提供紧急融资服务，提高商业银行的支付能力。

(4) 有利于防范和控制支付风险

支付系统通常设置头寸预警功能，金融机构清算账户达到余额警戒线时，系统自动报警，中央银行可对清算账户实施必要的控制。此外，系统还具有支付清算信息和异常支付监测等功能。

10.3.4.3 支付清算系统的主要类型

(1) 大额实时全额支付系统

该系统实行逐笔实时处理支付指令，全额清算资金，旨在为各银行和广大企事业单位以及金融市场提供快速、安全、可靠的支付清算服务。大额支付系统主要处理银行间、证券和金融衍生工具交易、黄金和外汇交易及跨国交易等引发的债权债务清偿和资金转移，通常每笔资金转账数额都很大，如美联储的 FEDWIRE 系统转账支付的每笔平均额为 300 万美元。大额支付系统处理的业务笔数大大低于小额支付系统，但支付金额占各国支付业务总量的绝大部分，如瑞士中央银行的 SIC 系统占 95% 以上，日本中央银行的 BOJ-NET 系统占 75%，所以，大额支付系统是一国支付清算体系中的主干线。

(2) 小额定时批量支付系统

该系统实行批量发送支付指令，轧差净额清算资金，旨在为社会提供低成本、大业务量的支付清算服务，支持各种小额支付业务，满足社会各种经济活动的需求。小额支付系统的服务对象主要是工商企业、个人消费者以及其他小型经济交易的参与者。

探究与思考

1. 简述中央银行区别于一般商业银行的特点。试通过中央银行的资产负债表来说明其特定的职能。

2. 通过对我国中央银行资产负债表主要项目的内容与比重变化的分析，试归纳出：职能变迁的原因及特点；与发达市场国家中央银行的异同点。

3. 简述中央银行的独立性。

4. 简述目前我国中央银行独立性的状况。

5. 简述中央银行作为最后贷款人重要意义日益受到重视的原因。

第 11 章 金融监管

11.1 金融监管概述

11.1.1 金融监管的定义

金融监管是金融监督和金融管理的总称。

金融监管是指政府通过特定的机构(如中央银行)对金融交易行为主体进行的某种限制或规定。金融监管本质上是一种具有特定内涵和特征的政府规制行为。综观世界各国,凡是实行市场经济体制的国家,无不客观地存在着政府对金融体系的管制。

从词义上讲,金融监督是指金融主管当局对金融机构实施的全面性、经常性的检查和督促,并以此促进金融机构依法稳健地经营和发展。金融管理是指金融主管当局依法对金融机构及其经营活动实施的领导、组织、协调和控制等一系列的活动。

金融监管有狭义和广义之分。狭义的金融监管是指中央银行或其他金融监管当局依据国家法律规定对整个金融业(包括金融机构和金融业务)实施的监督管理。广义的金融监管在上述含义之外,还包括了金融机构的内部控制和稽核、同业自律性组织的监管、社会中介组织的监管等内容。

11.1.2 金融监管的目标与原则

11.1.2.1 对金融机构实施监管的主要目的

①维持金融业健康运行的秩序,最大限度地减少银行业的风险,保障存款人和投资者的利益,促进银行业和经济的健康发展。

②确保公平而有效地发放贷款的需要,由此避免资金的乱拨乱划,制止欺诈活动或不恰当的风险转嫁。

③金融监管还可以在一定程度上避免贷款发放过度集中于某一行业。

④银行倒闭不仅需要付出巨大代价,而且会波及国民经济的其他领域。金融监管可以确保金融服务达到一定水平从而提高社会福利。

⑤中央银行通过货币储备和资产分配来向国民经济的其他领域传递货币政策。金融监管可以保证实现银行在执行货币政策时的传导机制。

⑥金融监管可以提供交易账户,向金融市场传递违约风险信息。

11.1.2.2 金融监管的原则

为了实现上述金融监管目标,中央银行在金融监管中坚持分类管理、公平对待、公开监管 3 条基本原则。

①分类管理原则是将银行等金融机构分门别类,突出重点,分别管理。

②公平对待原则是指在进行金融监管过程中,不分监管对象,一视同仁适用统一监管标准。这一原则与分类管理原则并不矛盾,分类管理是为了突出重点,加强监测,但并不降低监管标准。

③公开监管原则是指加强金融监管的透明度。中央银行在实施金融监管时须明确适用的银行法规、政策和监管要求,并公布于众,使银行和金融机构在明确监管内容、目的和要求的前提下接受监管,同时也便于社会公众的监督。

11.1.3 金融监管的对象与内容

(1) 金融监管的主要对象

金融监管的传统对象是国内银行业和非银行金融机构,但随着金融工具的不断创新,金融监管的对象逐步扩大到那些业务性质与银行类似的准金融机构,如集体投资机构、贷款协会、银行附属公司或银行持股公司所开展的准银行业务等,甚至包括对金边债券市场业务有关的出票人、经纪人的监管等。

目前,一国的整个金融体系都可视为金融监管的对象。

(2) 金融监管的主要内容

金融监管的主要内容包括对金融机构设立的监管;对金融机构资产负债业务的监管;对金融市场的监管,如市场准入、市场融资、市场利率、市场规则等;对会计结算的监管;对外汇外债的监管;对黄金生产、进口、加工、销售活动的监管;对证券业的监管;对保险业的监管;对信托业的监管;对投资黄金、典当、融资租赁等活动的监管。

其中,对商业银行的监管是监管的重点。主要内容包括市场准入与机构合并、银行业务范围、风险控制、流动性管理、资本充足率、存款保护以及危机处理等方面。

11.2 金融监管模式

金融监管模式是指一国关于金融监管机构和金融监管法规的体制安排。根据监管主体的多少,各国的金融监管模式大致可以划分为单一监管模式和多头监管模式。

11.2.1 金融监管模式的类型

11.2.1.1 单一监管模式

这是由一家金融监管机关对金融业实施高度集中监管的体制。目前,实行单一监管模式的发达市场经济国家有英国、澳大利亚、比利时、卢森堡、新西兰、奥地利、意大利、瑞典、瑞士等国。此外,大多数发展中国家,如巴西、埃及、泰国、印度、菲律宾等国,也实行这一监管体制。

单一监管模式下的监管机关通常是各国的中央银行,也有另设独立监管机关的。监管职责是归中央银行还是归单设的独立机构,并非确定不变。以英国为例,1979年的英国银行法正式赋予英格兰银行金融监管的职权。直到1997年以前，英格兰银行在承担执行货币政策和维护金融市场稳定的职责同时，还肩负着金融监管的责任。在1997年10月28日，英国成立了金融服务局(FSA)，实施对银行业、证券业和投资基金业等金融机构的监管。2013年，英国再次对金融监管体系进行改革，废除FSA，设立审慎监管局(PRA)和金融行为监管局(FCA)，形成"双峰监管"模式(twin peaks model)。

11.2.1.2 多头监管模式

多头监管模式是根据从事金融业务的不同机构主体及其业务范围的不同，由不同的监管机构分别实施监管的体制。而根据监管权限在中央和地方的不同划分，又可将其区分为分权多头式监管模式和集权多头式监管模式2种。

①实行分权多头式监管模式的国家一般为联邦制国家 其主要特征表现为：不仅不同的金融机构或金融业务由不同的监管机关来实施监管，而且联邦和州(或省)都有权对相应的金融机构实施监管。美国和加拿大是实行这一监管体制的代表。

②实行集权多头式监管模式的国家，对不同金融机构或金融业务的监管，由不同的监管机关来实施，但监管权限集中于中央政府 一般来说，该体制以财政部、中央银行或监管当局为监管主体，日本和法国等国采用这一监管体制。

11.2.2 金融监管体制的变迁

从历史的发展看，金融监管体制的变迁大致经历了以下3个阶段：

(1)混业经营与集中监管

从全球视角看，20世纪30年代以前，金融业基本上是混业经营的格局，银行业是金融业的核心，证券业、保险业不发达。19世纪初期，美国的商业银行就开始兼营证券业务，尤其是证券承销，那时的州银行可以经营所有的证券业务，国民银行则受一定的限制。1900年之后，大批国民银行把证券业务转交其附属的州银行经营。1927年的《麦克法登法》授权国民银行承销和自营"投资性证券"，虽然通货监理署把投资性证券限定为"可销售债券"，但是无论国民银行还是州银行几乎都不受限制地继续经营所有的证券业务。在混业经营的金融体制下，金融监管职能基本上归中央银行履行，中央银行是唯一的监管机构，是典型的集中监管体制。英格兰银行、法兰西银行、德意志银行和美国联邦储备体系都承担了金融监管的职能。

(2)分业经营与分业监管

20世纪30年代的大危机对银行和证券业是一个毁灭性的打击。1933年美国国会通过了《格拉斯-斯蒂格尔法》，该法案确立了银行与证券、银行与非银行机构分业经营的制度，成为划时代的一部金融立法，对全球金融经营体制的影响长达66年。《格拉斯-斯蒂格尔法》确立了美国金融业的分业经营格局，规定银行业与证券业分业经营，严禁商业银行认购企业股票和债券，更不能从事与银行业无关的商业活动。为了加强对证券业的监管，同年美国又颁布了《证券法》，1934年出台了《证券交易法》，1939年颁布《信托契约法》，1940年颁布《投资公司法和投资顾问法》，于1934年特设了"证券交易委员会"，专司监管证券业之责。强有力的金融监管对维护金融业的稳健经营、确立公众信心发挥了重要作用，使美国经济在较为安全的金融环境中得到快速发展。美国的分业监管模式也成为第二次世界大战后许多国家重建金融体系的参照。

(3) 金融再度混业经营下的监管体制变革

从 20 世纪 70 年代末开始，随着新的竞争者崛起，商业银行由于面临着前所未有的生存危机，成为推动金融创新的重要力量。而不断出现的金融创新模糊了不同金融机构的业务界限，银行、证券和保险三者的产品日益趋同，相互融合。金融机构在规避管制的创新中，再次走向了混业经营。20 世纪 90 年代以来，金融区域化、全球化发展进一步加剧国际金融机构之间的竞争，金融机构通过兼并重组来达到壮大资本实力、扩大市场份额的目的，出现了花旗集团、汇丰集团、瑞银集团等巨型金融集团公司，它们已不再单纯是银行机构，而变成可以提供全方位金融服务的混业机构。1999 年 11 月，美国国会通过了《金融服务现代化法》，允许金融持股公司下属子公司对银行、证券、保险兼业经营，证券公司和保险公司也可通过上述方式经营商业银行业务，美国金融重新进入混业经营的时代。在这种背景下，过去追随美国实行分业经营的国家，纷纷放弃分业经营，转向混业经营。当然，金融混业经营不一定完全对应集中监管，金融分业经营也不一定完全对应分业监管，各国的选择是综合因素作用的结果(表 11-1)。

表 11-1 世界部分国家和地区的金融经营和监管模式

国家和地区	经营方式		监管方式
	过去	现在	
美国	分业	混业	分业监管
英国	分业	混业	混业监管
日本	分业	混业	混业监管
德国	混业	混业	分业监管
瑞士	混业	混业(与保险业分开)	混业监管
荷兰	混业	混业	分业监管
卢森堡	混业	混业	银行、证券混业监管，保险单独监管
比利时	分业	混业	银行、证券混业监管，保险单独监管
意大利	分业	分业	分业监管
加拿大	分业	分业	银行、证券混业监管，保险单独监管
法国	分业	分业(可持非银行公司的股份，但不超过 20%)	分业牵头监管
韩国	分业	分业(业务范围在不断开放)	混业监管
中国	分业	分业	分头监管
中国香港	混业	混业	分头监管

11.2.3 金融监管模式的国际比较

11.2.3.1 美国模式

在混业经营前提下,美国仍然采用分业监管模式,既没有合并各监管机构成立一个统一的监管当局,也没有设立专门针对混业经营的监管部门。在金融控股公司框架下,美国仍然采取机构监管的方式,集团下属的银行子公司仍然由原有的(联邦或州)主要银行监管机构进行监督和检查。为了从总体上对金融控股公司进行监督,《金融服务现代化法案》规定,美联储是金融控股公司的"伞型监管者",从整体上评估和监管金融控股公司,必要时对银行、证券、保险等子公司拥有仲裁权。同时,该法案规定当各具体业务的监管机构认为美联储的监管措施不当时,可优先执行各监管机构自身的制度,以起到相互制约的作用。在协调性和兼容性方面,要求美联储、证券管理机构与保险管理部门加强协调与合作,相互提供关于金融控股公司和各附属子公司的财务、风险管理和经营信息。美联储在履行监管职责时,一般不得直接监管金融控股公司的附属机构,而应尽可能采用其功能监管部门的检查结果,以免形成重复监管。

11.2.3.2 德国模式

德国金融系统的稳定性是大家公认的,这自然也与它的金融监管制度有关。德国实行的是全能银行制度,即商业银行不仅可以从事包括银行、证券、基金、保险等在内的所有金融业务,而且可以向产业、商业大量投资,成为企业的大股东,具有业务多样化和一站式服务的特点。德国的全能银行能够渗透到金融、产业、商业等各个领域,在国民经济中起着主导作用。为了减少和控制风险,德国政府对全能银行的经营行为进行了严格的监管和一定的限制。例如,规定银行的投资总额不得超过其对债务负责的资本总额;代客户出售证券可以卖给银行自己,但价格不得低于官价;代客户买入证券可以收购银行自有的证券,但价格不得高于官价等。德国虽然实行全能银行制度,但仍实行分业监管。德国的联邦金融监管司下有银行、证券、保险3个监管局,独立运作,分业监管。德国银行监管的法律基础是《联邦银行法》和《信用制度法》(KWG)。《联邦银行法》目的在于保障银行业的稳定性和债权人的利益,它规定了联邦银行在金融监管方面的权力。《信用制度法》规定了从事信用活动的金融机构,要在哪些方面接受监管。根据规定,德国的金融监管主要来自2个方面,即联邦金融监管局和德国联邦银行。联邦金融监管局是德国联邦金融业监督的主要机构。德国联邦银行是德国的中央银行。由于联邦金融监管局没有次级机构,具体的金融监管工作由联邦银行的分支机构代为执行,执行效果反馈给联邦金融监管局。联邦金融监管局和联邦银行的职能界定为主管权属于联邦金融监管局;在制订重大的规定和决策时,联邦金融监管当局必须和联邦银行协商并取得一致;联邦银行和金融监管局相互共享信息。

11.2.3.3 英国模式

英国的混业经营采用了金融控股集团模式。英国金融控股集团的母公司多为经营性的控股公司,且一般经营商业银行业务,而证券、保险等业务则通过子公司来经营。同时,英国的金融控股集团内部有较严格的防火墙制度,以防止各业务的风险在集团内部扩散。

英国的监管体系已由分业监管过渡到统一监管。1998年，英国整合了所有的金融监管机构，建立了金融服务监管局，由其统一实施对金融机构的监管。2000年又颁布了《金融服务和市场法》，从而实现了由分业监管向统一监管的转变。2001年12月1日，英国金融服务管理局(FSA)依照《2000年金融服务和市场法》规定，正式行使其对金融业的监管权力和职责，直接负责对银行业、保险业和证券业的监管。FSA也获得了一些其前任监管机构所没有的监管权力，如关于消除市场扭曲或滥用、促进社会公众对金融系统的理解和减少金融犯罪等。

11.2.3.4 日本模式

日本战后逾50年的金融监管体制一直是一种行政指导型的管制。日本大藏省负责全国的财政与金融事务，把持对包括日本银行在内的所有金融机构的监督权。大藏省下设银行局、证券局和国际金融局。银行局对日本银行、其他政府金融机构以及各类民间金融机构实施行政管理和监督。证券局对证券企业财务进行审查和监督。国际金融局负责有关国际资本交易事务以及利用外资的政策制订与实施。这种监管体制的行政色彩十分浓厚，大藏省在监管中经常运用行政手段，对金融机构进行干预。1997年，日本政府进行了金融改革，取消了原来对银行、证券、信托子公司的业务限制，允许设立金融控股公司进行混业经营。1997年6月，日本颁布了《金融监督厅设置法》，成立了金融监督厅，专司金融监管职能，证券委也从大藏省划归金融监督厅管辖。1998年末，又成立了金融再生委员会，与大藏省平级，金融监督厅直属于金融再生委，大藏省的监管权力大大削弱。2000年，金融监督厅更名为金融厅，拥有原大藏省检查、监督和审批备案的全部职能。2001年，大藏省改名为财务省，金融行政管理和金融监管的职能也分别归属给财务省和金融厅。金融厅成为单一的金融监管机构，从而形成了日本单一化的混业金融监管体制。

比较以上4种模式，美国模式可以称为"双元多头金融监管体制"，即中央和地方都对银行有监管权，同时每一级又有若干机构共同行使监管职能。联邦制国家因地方权力较大往往采用这种监管模式。德国、英国模式基本可以划为"单元多头金融监管体制"，其优点是有利于金融体系的集中统一和监管效率的提高，但需要各金融管理部门之间的相互协作和配合。从德国、英国的实践来看，人们习惯和赞成各权力机构相互制约和平衡，金融管理部门之间配合是默契的，富有成效的。然而，在一个不善于合作与法制不健全的国家里，这种体制难以有效运行。而且，这种体制也面临同双元多头管理体制类似的问题，如机构重叠、重复监管等。虽然德国和英国同划为"单元多头金融监管体制"，但是德国模式和英国模式相比，更加强调其银行监管局、证券监管局和保险监管局之间既要相互协作而且还要保持各自的独立。而日本的金融监管事务完全由金融厅负责，因此，日本模式可以划为"集中单一金融监管模式"，其优点是金融管理集中，金融法规统一，金融机构不容易钻监管的空子；有助于提高货币政策和金融监管的效率，克服其他模式的相互扯皮、推卸责任弊端，为金融机构提供良好的社会服务。但是，这种体制易于使金融管理部门养成官僚化作风，滋生腐败现象。

11.2.4 我国金融监管模式的发展现状

11.2.4.1 我国金融监管的发展历程与现状

我国现行的金融监管模式是分业监管模式。1983年，工商银行作为国有商业银行从中国人民银行中分离出来，实现了中央银行与商业银行的分离，标志着现代金融监管模式初步成形。当时，人民银行作为超级中央银行既负责货币政策制订又负责对银行业、证券业和保险业进行监督。这时的专业银行虽然对银行经营业务有较严格的分工，但并不反对银行分支机构办理附属信托公司，并在事实上成为一种混业经营模式。1984—1993年，混业经营、混业监管的特征十分突出。

20世纪90年代，随着金融衍生产品的不断增加，以及资本市场和保险业的迅速发展，1992年10月26日中国证监会成立；1998年11月18日，中国保监会成立，进一步把对证券、保险市场的监管职能从人民银行剥离出来；2003年初银监会的成立，使中国金融业"分业经营、分业监管"的框架最终完成，由此形成了我国"一行三会"的金融监管体制。其中，银监会主要负责银行业的监管，包括四大国有商业银行、三家政策性银行和十大股份制银行，以及规模不一的各地近百家地方金融机构；保监会负责保险业的监管；证监会负责证券业的监管；人民银行则负责货币政策制订。

2004年6月，银监会、证监会和保监会公布了《金融监管分工合作备忘录》，明确指出三家监管机构建立"监管联席会议机制"和"经常联系机制"。《备忘录》还提出，可以邀请中国人民银行、财政部以及其他相关部委参加"联席会议"和"经常联系"会议。《备忘录》的公布标志着监管联席会议机制的正式建立，并确立了金融控股公司的主监管制度。《备忘录》中提出，对金融控股公司的监管仍应坚持分业经营、分业监管的原则，对金融控股集团的母公司按其主要业务的性质，归属相应的监管机构，对子公司和各职能部门，按业务性质实行分业监管。

11.2.4.2 我国当前金融监管模式的缺陷

(1) 缺乏信息共享和行动的一致性

由于"三会"彼此地位平等，没有从属关系，各监管者可能对本部门的市场情况考虑的较多，而对相关市场则不太关心。尽管建立了监管联席会议机制，但监管联席会议机制更多地表现为部门之间利益的均衡和协调，信息沟通和协同监管仍比较有限。

(2) 可能产生跨市场的金融风险

当金融机构的业务范围越来越广，涉及多个金融市场时，分业监管的模式使得同一金融机构虽在不同的金融市场上经营，但却面对不同的监管者，缺少统一金融监管的约束，故在决策时缺乏全局利益考虑，容易滋生局部市场投机行为。因此，综合经营趋势与分业监管的不匹配可能产生一些跨市场的金融风险。

(3) 致使金融创新乏力

在分业监管模式下，由于各个监管者都选择直接管制的监管方式，对所监管范围内的市场风险过于谨慎，对所有创新产品进行合规性审查，强制金融机构执行其规定的资本要求,从而增加了金融监管的社会成本;而金融机构创新产品研发成本居高不下,同时又需要背负沉重的创新产品审查成本,则抑制了金融创新的动力。

11.3 金融监管的实施

11.3.1 金融监管的方式与手段

采用恰当的监管手段与方式是实现监管目标、提高监管效率的重要途径。各国金融监管主要运用法律手段、经济手段和行政处罚手段,并建立了成套的系统性规章制度,创立了多种方式方法。从总体上看,各国的金融监管主要依据法律、法规来进行,在具体监管过程中,主要运用金融稽核手段,采用"四结合"并用的全方位监管方法。

11.3.1.1 金融监管的方式

(1) 公告监管

公告监管是指政府对金融业的经营不做直接监督,只规定各金融企业必须依照政府规定的格式及内容定期将营业结果呈报政府的主管机关并予以公告,至于金融业的组织形式、金融企业的规范、金融资金的运用,都由金融企业自我管理,政府不对其多加干预。

公告监管的内容包括公告财务报表、最低资本金与保证金规定、偿付能力标准规定。在公告监管下金融企业经营的好坏由其自身及一般大众自行判断,这种将政府和大众结合起来的监管方式,有利于金融机构在较为宽松的市场环境中自由发展。但是由于信息不对称,作为金融企业和公众很难评判金融企业经营的优劣,对金融企业的不正当经营也无能为力。因此公告监管是金融监管中最宽松的监管方式。

(2) 规范监管

规范监管又称准则监管,是指国家对金融业的经营制订一定的准则,要求其遵守的一种监管方式。在规范监管下,政府对金融企业经营的若干重大事项,如金融企业最低资本金、资产负债表的审核、资本金的运用、违反法律的处罚等,都有明确的规范,但对金融企业的业务经营、财务管理、人事等方面不加干预。这种监管方式强调金融企业经营形式上的合法性,比公告监管方式具有较大的可操作性,但由于未触及金融企业经营的实体,仅一些基本准则,故难以起到严格有效的监管作用。

(3) 实体监管

实体监管是指国家订立有完善的金融监督管理规则,金融监管机构根据法律赋予的权力,对金融市场尤其是金融企业进行全方位、全过程有效的监督和管理。

实体监管过程分为3个阶段:第一阶段是金融业设立时的监管,即金融许可证监管;第二阶段是金融业经营期间的监管,这是实体监管的核心;第三阶段是金融企业破产和清算的监管。

实体监管是国家在立法的基础上通过行政手段对金融企业进行强有力的管理,比公告监管和规范监管更为严格、具体和有效。

11.3.1.2 金融的手段

(1) 法律手段

各国金融监管体制和风格虽各有不同,但在依法管理这一点上是共同的,这是由金融业的特殊地位和对经济的重大影响所决定的。金融机构必须接受国家金融管理当局的监管,金融监管必须依法进行,这是金融监管的基本点。要保证监管的权威性、严肃性、强制性和一贯性,才能保证它的有效性。而要做到这一点,金融法规的完善和依法监管是绝对不可少的。市场经济就是要充分发挥各个生产要素和环节的主动性和积极性,鼓励和支持竞争,而竞争要做到规范有序,必须而且只能由法律做保障。

(2) 金融稽核

金融稽核是指中央银行或金融监管当局根据国家规定的职责对金融业务活动进行的监督和检查。它是以管辖行在稽核机构派出人员以超脱的公正的客观地位,对辖属行、处、所等,运用专门的方法,就其真实性、合法性、正确性、完整性做出评价和建议,向派出机构及有关单位提出报告。它属于经济监督体系中的一个重要组成部分,与纪检、监察、审计工作有着密切的联系。金融稽核的主要内容包括业务经营的合法性、资本金的充足性、资产质量、负债的清偿能力、盈利情况、经营管理状况等。

11.3.1.3 "四结合"的监管方法

(1) 现场稽核与非现场稽核相结合

现场稽核是指监管当局派员直接到被稽核单位,按稽核程序进行现场稽核检查;非现场稽核是指由被稽核单位按规定将各种报表、统计资料、记录等文件如期报送监管当局,稽核部门按一定程序和标准凭以进行稽核分析。

(2) 定期检查与随机抽查相结合

定期检查是按事先确定的日期进行稽核检查,被监管机构预先可知;随机抽查则根据情况随时进行,随机抽查事先不通知被监管金融机构。

(3) 全面监管与重点监管相结合

全面监管是指对金融机构从申请设立、日常经营到市场退出的所有活动自始至终进行全方位的监管,重点监管是指在全面监管的基础上抓住关键问题或重要环节进行特别监管。

(4) 外部监管与内部自律相结合

外部监管除了官方的监管机构外,还包括社会性监管。社会性监管主要指协助监管的各种社会机构,如会计师事务所、审计师事务所、律师事务所、信用评级机构等,以及社会公众和新闻媒体的监督。内部自律一方面包括金融机构内部的自我控制机制,另一方面包括行业公会展开的同业互律,如各国的银行业公会、证券业公会、保险业公会等行业公会都通过共同制订行业活动规则,彼此约束和自我约束,保护共同的利益和良好的秩序,实现行业内部的互律性监管。

11.3.2 银行业监管

银行作为公众存款机构和存款货币创造机构,在社会经济运作中具有特殊重要的作用与地位，因而也成为金融监管的重点。各国对银行业的监管除了设置政府部门的监管当局以外，还通过银行业公会等行业自律组织和存款保险机构等特设机构共同参与监管，并且通过各种制度安排，要求银行自身加强公司治理与内部控制。各国监管机构对银行业的监管重点放在以下3个方面：

11.3.2.1　市场准入监管

市场准入是监管的首要环节。把好市场准入关是保障银行业稳健运行和整个金融体系安全的重要基础。批准高质量的银行和高级管理人员进入市场，并根据审慎性标准审批银行的业务范围，将有利于降低银行的经营风险，提高银行管理水平和服务水准，促进银行的稳健发展和金融体系的稳定。各国对商业银行市场准入的监管主要包括以下2个方面：

(1) 商业银行设立和组织机构的监管

商业银行的设立都制订有一套严格的监管规定，主要包括确定商业银行设立的基本条件、最低注册资本、申请设立时必须提交的文件资料、商业银行的组织形式、分支机构的设立规定、分立或合并的规定、商业银行高级管理人员的任职资格和条件等。

(2) 对银行业务范围的监管

各国一般都通过相应的法律对银行业务经营范围作出规定。商业银行的经营范围一般也要在各自的章程中予以明确。银行业监督与管理机构在商业银行设立时也要对其业务范围进行核准，商业银行应当严格按照被批准的业务范围从事经营业务活动。在商业银行的经营范围上，有以德国为代表的全能型银行业务制度和以英国为代表的分离型银行业务制度2种基本类型。实行全能型银行业务制度的国家对银行业务活动的限制较少，银行几乎可以经营全部的金融业务；实行分离型银行业务制度的国家对银行业务活动的限制较多，原则上银行只能从事规定领域的银行业务。

11.3.2.2　经营与管理监管

(1) 资本充足性监管

对于商业银行的资本金，除注册时要求的最低标准外，一般还要求银行自有资本与资产总额、存款总额、负债总额以及风险投资之间保持适当的比例，监管的重要指标就是资本充足率。资本充足率(Capital Adequacy Ratio，CAR)是指资本对加权风险资产的比例，是评价银行自担风险和自我发展能力的一个重要标志，银行在开展业务时要受自有资本的制约，不能脱离自有资本而任意扩大业务。1988年《巴塞尔协议》关于核心资本和附属资本与风险资产保持不少于4%和8%的比率规定，已经被世界各国普遍接受，作为对银行监管中资本充足率的最重要、最基本的标准。1997年9月，巴塞尔银行业监督与管理委员会正式通过的《有效银行监管的核心原则》第6条指出，监管者要规定能反映所有银行风险程度的适当的审慎最低资本充足率要求。2010年的《巴塞尔协议Ⅲ》规定一级资本充足率下限从原来的4%提升到6%，核心一级资本占银行风险资产的下限从2%提高到4.5%，包含二级资本即附属资本在内的资本充足率则要维持在8%以上的水平，同时设2.5%的防护缓冲资本(表11-2)。我国目前规定商业银行的资本充足率不得低于8%，次级债务可计入附属资本。

表 11-2 《巴塞尔协议Ⅲ》对资本充足率监管标准

	普通股/风险加权资产	一级资本(核心资本)/风险加权资产	总资本/风险加权资产
最低资本要求	4.5%	6.0%	8.0%
资本留存缓冲		2.5%	
最低资本要求+资本留存缓冲	7.0%	8.5%	10.5%
逆周期资本缓冲范围		0~2.5%	
系统重要性银行附加资本要求		1%	

(2) 对存款人保护的监管

此类监管主要包括制订存款业务的原则、对存款人权益的保护性规定、对存款利率的监管、对存款方式的监管、对存款保险的规定等。例如，为了维护存款者利益和金融业的稳健经营与安全，许多国家在金融体制中设立负责存款保险的机构，规定本国金融机构按照吸收存款的一定比例向专门保险机构缴纳保险金，当金融机构出现信用危机时，由存款保险机构向金融机构提供财务支援。

(3) 流动性监管

流动性是指银行根据存款和贷款的变化，随时以合理的成本举债或者将资产按其实际价值变现的能力。当流动性不足时，银行无法以合理的成本获得所需的足够资金，其后果就是银行利润受到侵蚀，甚至导致支付危机，所以监管当局对银行的流动性非常重视。我国目前规定商业银行的资产流动性比率不低于 25%。

(4) 贷款风险的控制

追求最大限度的利润是商业银行经营的直接目的，因此，商业银行会把以存款方式吸收来的资金尽可能地用于贷款和投资，并集中于高盈利资产，相应地也会产生高风险。因而，大多数国家都限制商业银行的存款与贷款比例，防止贷款对象过度集中，重点监管不良贷款的比例以分散风险。我国目前规定，商业银行贷款余额与存款余额的比例不得超过 75%，对同一借款人的贷款余额与商业银行资本余额的比例不得超过 10%。

(5) 准备金管理

商业银行的存款准备金不仅是保持商业银行清偿力的必要条件，而且是中央银行操作存款准备金工具实施货币政策的基础。因此，对商业银行的监管必须考虑准备金因素。监管当局的主要任务是确保银行及时足额地提取法定存款准备金，提取和保留必要的超额准备金。

(6) 对商业银行财务会计的监管

此类监管主要包括规定商业银行的财务会计制度、对商业银行会计账册真实性的监管、对商业银行财务会计审计的规定、对商业银行提取坏账准备金的规定等。

11.3.2.3 市场退出监管

当商业银行可能或已经发生信用危机，严重影响存款人利益时，监管当局将对商业银行做出退出市场的处理。为了保证其退出市场的平稳性和最大限度地保护存款人利益,监管当局主要对商业银行的接管、终止、清算、解散等做出具体规定,并进行全过程监管。监管的内容大体上包括3个方面:金融机构破产倒闭等行为,包括接管、解散、撤销和破产;金融机构变更、合并(兼并)行为;终止违规者经营行为。

11.3.3 证券业监管

由于金融市场在市场经济中的特殊重要性和在市场体系中的特殊重要地位,金融市场的活动涉及面广,影响面宽,作用力大,对微观金融运行、宏观金融调控乃至整体经济运行都具有重大影响,因此,保证金融市场的稳健与正常运作具有极为重要的意义。由于证券机构是金融市场的组织者和参与主体,上市公司是金融市场上最基础、最有影响力的参与方,但追逐收益最大化是它们的最终目标,在利益驱使和激烈的市场竞争中,可能会出现欺诈、违约、操纵市场、哄抬价格、过度投机等不良行为,危害金融市场的安全与稳定。因此,对证券机构、上市公司和金融市场的活动进行有效的监管,规范市场行为,防范金融风险,形成合理的市场价格,保护广大投资者的权益,增强投资者信心,保持货币流通的稳定和良好的金融秩序,提高金融市场效率,就显得极为必要和重要。正因为如此,自20世纪30年代以来,各国都对证券业的监管予以高度重视并采取了各种有效措施。对证券业的监管主要体现在以下3个方面:

11.3.3.1 对证券机构的监管

证券机构属于特许经营行业,只有经证券监督机构审查批准,在工商部门注册的合法证券公司才能从事承销证券发行、自营买卖证券、代理买卖证券、资产管理、兼并与收购、研究及咨询、代理上市公司还本付息或支付红利等各项证券业务。为了将证券机构的经营活动纳入规范化轨道,《中华人民共和国证券法》(简称《证券法》)第6章专门对证券公司的设立、业务范围、经营规则等做出了具体规定。

在我国,由证监会统一负责证券公司设立、变更、终止事项的审批,依法履行对证券公司的监督管理职责。其监管内容主要包括对证券经营机构设立、变更和终止的监管,对证券从业人员的管理以及对证券经营机构的日常监管和检查。

除证监会的监管之外,证券交易所对会员公司的监管、证券业协会的自律监管以及证券公司内部控制与风险管理都是证券机构监管体系中不可或缺的组成部分。

11.3.3.2 对证券市场的监管

我国证券市场由于发展历史不长,许多方面仍不健全,突出表现在违规现象层出不穷,投资者利益得不到应有的保护,不利于证券市场的长远发展。今后一段时期证券市场的主要发展方向是规范化、市场化和国际化,其中规范化的一个主要内容就是保护投资者特别是中小投资者的合法权益,坚持公开、公平、公正的"三公"原则。公开原则包括价格形成公开和市场信息公开两层含义,其意义在于防止欺诈,接受监督,便于投资者分析选择。公平原则主要指参与证券市场活动的一切当事人法律地位平等,合法权益受到公平保护,能够进行公平竞争,禁止相关人员入市,防止内幕交易。公正原则是指在市场交易中实行价格优先、时间优先、客户委托优先等操作程序;监管机构和自律组织对市场所有参与者给予公正待遇，执法公正，各种纠纷和争议的处理都应当公正地进行。

证券市场的监管主要包括对内幕交易的监管、对证券欺诈的监管以及对市场操纵的监管。

(1) 防止内幕交易

所谓证券内幕交易又称知情证券交易，是指内部知情人利用地位、职务或业务等便利，获取未公开但将影响证券价格的重要信息，利用信息进行有价证券交易或泄露该信息的行为。《证券法》针对我国证券市场存在的屡禁不止的内幕交易问题，规定了"禁止证券交易内幕信息的知情人和非法获取内幕信息的人利用内幕信息从事证券交易活动"。为了配合《证券法》的立法宗旨，《中华人民共和国刑法》(简称《刑法》)中也增加了相关的罪名及内容。

(2) 防止证券欺诈

证券欺诈行为是指证券公司及其从业人员违背客户真实意思表示，从事损害客户利益的行为。为了禁止证券欺诈行为，维护证券市场秩序保护投资者的合法权益和社会公共利益，国务院曾于1993年9月2日发布了《禁止证券欺诈行为暂行办法》。该办法对我国证券发行、交易及相关活动中的证券欺诈行为进行了明确的界定并制订了相应的处罚措施。该办法已于2008年1月废止，其相关内容已被《证券法》代替。

(3) 防止操纵市场

证券市场中的操纵市场行为，是指个人或机构背离市场自由竞争和供求关系原则，人为地操纵证券价格，以引诱他人参与证券交易，为自己牟取私利的行为。中国证监会曾于1996年11月颁布《关于严禁操纵证券市场行为的通知》，对操纵市场的行为进行了明确界定。该通知已于1999年废止，其相关内容由《证券法》等法律、法规替代。

11.3.3.3 对上市公司的监管

上市公司监管着眼于2个基本目标，即提高上市公司运作效率和运作质量，充分保护投资者利益。为了实现这2个目标，对上市公司的监管主要集中在2个方面：建立完善的上市公司信息披露制度，对其信息披露进行监管；加强对上市公司治理结构的监督，规范其运作。

11.3.4 对保险业的监管

对保险业的监管是指当局通过法律和行政的手段对保险市场的构成要素(如保险人、保险中介人等)进行的监督管理，是对保险业进行的规范与调控。

11.3.4.1 对保险业监管的必要性

世界各国之所以对保险业进行严格管理，是因为保险业具有不同于其他行业的特殊性。

(1) 社会公益性

保险行业承担着风险的集中和损失分担功能，即保险的基本职能是经济补偿。保险经营是以吸收社会公众的资金为前提的。由于风险遍及各种行业、千家万户，保险也就具有广泛的社会性，为社会全体公众服务，成为社会的稳定器。保险业的经营直接影响着广大公众的利益和社会的稳定。

(2) 保险精算技术的特殊性

在保险经营实务中，需要专门的寿险精算技术与非寿险精算技术。而大多数投保人不了解这些技术，因此政府需要对之加以监管，以保障投保人在合理的保险条件下支付合理的费用。

(3) 偿付能力的重要性

保险业承担的是未来的损害赔偿或给付保险金的责任，而它能否真正承担保险责任，取决于它是否具有足够的偿付能力。如果投保人投保的保险公司没有足够的偿付能力做后盾，他将不能获得任何保障。作为投保人，对保险人的偿付能力难以做出准确的判断。因此，政府为保障广大投保人及被保险人的利益，有义务加强监管，以保证保险人具有足够的偿付能力。

11.3.4.2　保险市场的监管机构

在世界各国，保险监管职能主要由政府依法设立的保险监管机关行使。虽然立法和司法部门也在一定程度和范围内对保险市场进行监管，但对保险市场的监管主要是由政府监管机构承担的，即政府会委托某一职能部门来负责对保险市场的监管。保险公司也会在政府支持下，成立行业协会、同业公会等组织，协商行业内部关系，进行自我约束、自我管理。

在各国保险市场上，保险行业的自律组织——行业协会因其特有的协调功能而在监管中发挥着重要作用。在我国，除中国保险行业协会外，有3家以上的保险公司分公司的地区也可以成立地区保险行业协会。这些协会对于沟通保险信息、加强行业自律，起着越来越重要的作用。

11.3.5　宏观审慎监管

宏观审慎监管是为了维护金融体系的稳定，防止金融系统对经济体系的负外部性而采取的一种自上而下的监管模式。由于意识到金融监管过分关注个体金融机构的安全从而忽视了保障整个金融系统的稳定这一更为重要的目标，早在20世纪70年代末，国际清算银行(BIS)就提出了"宏观审慎"的概念，以此概括一种关注防范系统性金融风险的监管理念。

从微观层面看，某单个金融机构审慎理性的行为，如果成为金融机构的一致行动，在宏观层面反而可能影响整个金融系统的稳定。例如，在2007年金融危机前，大量金融机构依赖短期批发性融资(如货币市场拆借)。从单个金融机构的角度看，这样做是理性的行为。然而，从整个金融系统的角度看，如果大量金融机构普遍依赖短期批发性融资，增加了金融系统期限错配的程度，放大了流动性冲击对金融系统的影响，可能将形成系统性风险。此外，金融系统与实体经济通过信贷供给和资产价格等渠道的相互作用会产生系统性风险。金融机构之间的内在关联性特别是违约相关性和更广义的金融传染将进一步放大系统性风险及其传播，并难以被监控。应将系统性风险纳入金融监管框架，建立宏观审慎监管制度。如建立与宏观经济金融环境和经济周期挂钩的监管制度安排，弱化金融体系与实体经济之间的正反馈效应。加强对系统重要性金融机构的监管,建立"自我救助"机制,降低"大而不倒"所导致的道德风险等。

> **阅读与思考**

习近平总书记谈金融监管

2019年2月22日,习近平总书记在中共中央政治局就完善金融服务、防范金融风险举行第十三次集体学习时指出,防范化解金融风险特别是防止发生系统性金融风险,是金融工作的根本性任务。要加快金融市场基础设施建设,稳步推进金融业关键信息基础设施国产化。要做好金融业综合统计,健全及时反映风险波动的信息系统,完善信息发布管理规则,健全信用惩戒机制。要做到"管住人、看住钱、扎牢制度防火墙"。要管住金融机构、金融监管部门主要负责人和高中级管理人员,加强对他们的教育监督管理,加强金融领域反腐败力度。要运用现代科技手段和支付结算机制,适时动态监管线上线下、国际国内的资金流向流量,使所有资金流动都置于金融监管机构的监督视野之内。要完善金融从业人员、金融机构、金融市场、金融运行、金融治理、金融监管、金融调控的制度体系,规范金融运行。

习近平总书记强调,要把金融改革开放任务落实到位,同时根据国际经济金融发展形势变化和我国发展战略需要,研究推进新的改革开放举措。要深化准入制度、交易监管等改革,加强监管协调,坚持宏观审慎管理和微观行为监管两手抓、两手都硬、两手协调配合。要统筹金融管理资源,加强基层金融监管力量,强化地方监管责任,做到抓小抓早、防微杜渐。要建立监管问责制,由于监督不力、隐瞒不报、决策失误等造成重大风险的,要严肃追责。要解决金融领域特别是资本市场违法违规成本过低问题。要提高金融业全球竞争能力,扩大金融高水平双向开放,提高开放条件下经济金融管理能力和防控风险能力,提高参与国际金融治理能力。要培养、选拔、打造一支政治过硬、作风优良、精通金融工作的干部队伍。

> **阅读与思考**

中国金融改革——将"脱虚向实"进行到底

实体经济是金融的根基,服务实体经济是金融业的天职。目前,在这个百年未有之大变局和疫情冲击下,整个世界面临的"脱实向虚"问题更加严重。全世界金融与实体经济的适配性问题面临前所未有的挑战。一方面,经济增长速度越来越低,从20世纪90年代整个世界差不多接近5%的中速增长,降低到新世纪前10年的3%,再降低到近10年的2%,并出现负增长。在这种情况下,均衡利率已经从过去的4%、5%下降到1%。

在这种低增长、低利率、高债务、高风险的格局里,几乎所有的资金都向金融领域流动。以美国为例,美国经济增长速度从过去的3%下降到今年二季度的负增长,而利率基本上维持在零的水平;然而,美国纳斯达克指数、道琼斯指数已经接近疫情前的水平,同时2019年八九月美国房价指数同比上涨4.8%。在整体经济全面萎缩的情况下,美国金融资产价值全面上扬,资金在金融领域打转的现象也更为严重。

这种现象在中国会不会出现？国务院于近期推出的金融改革11条措施，包括：给予小微企业贷款差别定价；加快中小银行补充资本；聚焦支小支农；推行注册制；推进新三板转板上市；规范标准化票据融资机制；推进标准化债权类资产认定；督导会计师事务所完善质量控制体系；加强金融违法行为行政处罚等。其中的指向重点就是中小企业，化解中小企业融资难的问题以及配套的管理办法，让金融去杠杆，"脱虚向实"。

金融服务实体经济质效"双升"，近年来，我国金融业服务实体经济质效持续提升，最为重要的是金融业端正了发展的指导思想，回归本源。金融业努力增加有效供给，大力支持稳增长，保证融资的供给满足经济社会发展需求。

2019年12月27日，出台《全国中小企业股价转让系统分层管理办法》，把新三板划为"基础层-创新层-精选层"，2020年6月3日中国证监会发布《关于全国中小企业股价转让系统挂牌公司转板上市的指导意见》，规定在新三板精选层挂牌满一年，且符合交易所上市条件的，可以申请转板上海科创板或深圳创业板上市，无需经中国证监会核准或注册，只由对应交易所进行审核即可，从而打通了新三板转上市的通道。2019年7月22日，科创板首批3家企业上市，以每周3家的速度快速推进，到今天创业板注册制正式实施，中国的改革已经进入深水区，这些配置政策的目的性十分明确，用力精准，困扰实体经济融资难的问题将会从根本上得到解决，各个领域如高铁般速度飞奔着。

金融是实业的血液，实业是金融的根基，防范金融风险历来是政府工作的重心，从资管新规去杠杆到如今金融改革11条注册制的推出，一系列监管制度的实施，使金融业回归到"脱虚向实"的大道。

探究与思考

1. 试述对金融机构的监管要强于对其他行业的监管的原因及金融监管具有的作用。
2. 试述金融监管的目标和原则及有效的金融监管体系包括的基本要素。
3. 试述美国次贷危机后金融监管的哪些方面有了改善。
4. 试述一国的金融监管体制是如何构成的。
5. 试述我国的金融监管体制经历了怎样的变迁及未来的发展方向。
6. 简述集中监管体制和分业监管体制及各自的优缺点。我国当前为何选择分业监管体制？
7. 简述巴塞尔协议的演变说明了国际金融监管发生的变化。

参考文献

陈静,2015. 金融风险管理[M]. 北京：高等教育出版社.

陈尧荣,2017. 小农生产在茶叶产业价值链中的作用及对策[J]. 福建茶叶,39(11)：43-44.

程鑫,石洪波,董媛香,2018. 基于 MIC-MAC 的农户信用评价指标体系优化研究[J]. 数学的实践与认识,48(8)：17-25.

迟国泰,张亚京,石宝峰,2016. 基于 Probit 回归的小企业债信评级模型及实证[J]. 管理科学学报,19(6)：136-156.

迟国泰,章穗,齐菲,2012. 小企业贷款信用评价模型及实证研究——基于最优组合赋权视角[J]. 财经问题研究(9)：63-69.

迟国泰,潘明道,程砚秋,2015. 基于综合判别能力的农户小额贷款信用评价模型[J]. 管理评论,27(6)：42-57.

方匡南,章贵军,张惠颖,2014. 基于 Lasso-Logistic 模型的个人信用风险预警方法[J]. 数量经济技术经济研究,31(2)：125-136.

冯栗,2019. 浅谈景谷林业公司的应收账款管理[J]. 商讯(6)：112-113.

黄达,2020. 金融学[M]. 5 版. 北京：中国人民大学出版社.

黄卓,2017. 金融科技的中国时代——数字金融 12 讲[M]. 北京：中国人民大学出版社,36.

鞠荣华,许云霄,朱雯,2014. 农户的信贷供给改善了吗[J]. 农业经济问题(1)：49-54.

李海鹏,杨海晨,2020. 贫困山区农户茶叶生产技术效率及影响因素研究[J]. 林业经济问题,40(1)：88-95.

李健,2014. 金融学[M]. 2 版. 北京：高等教育出版社.

李勇,2016. 陕西茶产业面临的困境及对策[J]. 西北农林科技大学学报(社会科学版),16(5)：150-154.

刘露霏,2017. 全国林业产业投资基金政策要点解读[J]. 中国林业产业(12)：15-17.

刘文佳,2016. 中国林业金融支持的框架构建与发展模式[J]. 林业经济,v.38；No.285(4)：65-68.

吕建兴,陈富桥,2015. 我国茶产业全要素生产率增长及其分解——基于随机前沿生产函数的分析[J]. 技术经济与管理研究(4)：117-122.

聂强,张颖慧,姚顺波,2017. 西部林业县普惠金融体系建设研究——以重庆市开县为案例[J]. 林业经济,39(2)：47-53.

潘焕学,田治威,2006. 我国森林资源资产证券化探析[J]. 北京林业大学学报(社会科学版),12.

秦涛,2018. 林业金融工具创新与应用案例[M]. 北京：经济管理出版社.

邱栩,黄凌云,刘丰波,2018. 南方集体林区县域普惠林业金融发展策略分析——以福建省尤溪县"福林贷"为案例[J]. 中国林业经济(6)：5-8.

石宝峰,刘锋,王建军,等,2017. 基于 PROMETHEE-II 的商户小额贷款信用评级模型及实证[J]. 运筹与管理,26(9)：137-147.

宋晓梅,刘士磊,潘焕学,2013. 国外森林资源资产证券化研究综述[J]. 世界林业研究,26(3)：1-5.

王春云,2017. 对当前林业贴息贷款工作的认识与思考[J]. 国家林业局管理干部学院学报(3).

王妍,2010. 个体工商户:中国市民社会的重要力量及价值[J]. 河南省政法管理干部学院学报同,25(1):57-66.

魏吴琴,支玲,张磊磊,2015. 林业投资风险分析及其对策研究[J]. 中国林业经济(2):20-23.

吴庆春,2019. 福建普惠林业金融发展探究——以"福林贷"应用为例[J]. 泉州师范学院学报,37(4):7-11.

鲜艳,2014. 对个体工商户制度的整合与重塑[J]. 理论与改革,2:84-87.

翟相如,曹玉昆,2016. 林业产业发展金融支持机制研究——基于资本运动理论的思考[J]. 东北农业大学学报(社会科学版),14(5):6-10.

中国工商银行,2005. 关于印发《中国工商银行小企业法人客户信用等级评定办法》的通知[R]. 北京:中国工商银行.

中国农业银行,2008. 中国农业银行"三农"客户信用等级评定管理办法[R]. 北京:中国农业银行.

中国邮政储蓄银行,2009. 中国邮政储蓄银行农户信用评级表[R]. 北京:中国邮政储蓄银行.

周世军,李清瑶,2017. 学历越高越会信贷消费吗?——基于中国青年样本的一项实证研究[J]. 中国青年研究,5:39-46.

Agis Papadopoulos, Avraam Karagiannidis, 2008. Application of the multi-criteria analysis method Electre III for the optimisation of decentralised energy systems [J]. Omega, 36(5):766-776.

Alexis Derviz, Jiri Podpiera, 2008. Predicting bank CAMELS and S&P ratings: the case of the Czech Republic [J]. Emerging Markets Finance and Trade, 44(1):117-130.

Baofeng Shi, Bin Meng, Jing Wang, 2016. An Optimal Decision Assessment Model Based on the Acceptable Maximum LGD of Commercial Banks and Its Application [J]. Scientific Programming, Vol. Article ID 9751243:1-9.

Baofeng Shi, Jing Wang, Junyan Qi, et al., 2015. A Novel Imbalanced Data Classification Approach Based on Logistic Regression and Fisher Discriminant [J]. Mathematical Problems in Engineering (2015):1-12.

Bezdek, James C, 1981. Pattern Recognition with Fuzzy Objective Function Algorithms [J]. Advanced Applications in Pattern Recognition, 22(1171):203-239.

Fitch Ratings, 2013. Fitch ratings global corporate finance 2012 transition and default study [R]. Credit Market Research-Fitch Ratings, March, 2-27.

Glorot X, Bordes A, Bengio Y, 2011. Deep sparse rectifier neural networks [J]. Journal of Machine Learning Research, 15:315-323.

Hinton G, Salakhutdinov R, 2006. Reducing the dimensionality of data with neural networks [J]. Science, 5786(313):504-507.

Lin T, Goyal P, Girshick R, et al., 2017. Focal loss for dense object detection [J]. IEEE Transactions on Pattern Analysis & Machine Intelligence, 99:2999-3007.

Moody's Investors Service, 2016. Rating Symbols and Definitions [R]. Moody's Investors Service, 1-48.

Ruspini E H, 1969. A new approach to clustering [J]. Information and Control, 15(1):22-32.

Standard & Poor's Ratings Services, 2012. S&P's study of China's top corporates highlights their significant financial risks [R]. Standard & Poor's Ratings Services, September 13, 175-199.

Steffen Krüger, Daniel Rösch, 2017. Downturn lgd modeling using quantile regression[J]. Journal of Banking & Finance, 79:42-56.